Eine Serie von Verbrechen hält die Münchner Polizei in Atem, bis der geniale Kriminalist Keller, der stets von seinem Hund Anton begleitet wird, den Fall in die Hand nimmt.

Hans Hellmut Kirst, Jahrgang 1914, gehört zu den erfolgreichsten deutschen Schriftstellern der Gegenwart. Berühmt wurde er mit seiner Romantrilogie »Null acht fünfzehn«, die auch verfilmt wurde. Heute erreichen seine in rund 25 Ländern verbreiteten Bücher eine Auflage von mehr als 6 Millionen. Hans Hellmut Kirst erhielt 1964 den Literaturpreis (Goldene Palme) von Bordighera und 1966 den amerikanischen Edgar Allan Poe Award. 1967 stiftete er die Ludwig-Thoma Medaille in Gold.

Vollständige Taschenbuchausgabe
Droemersche Verlagsanstalt Th. Knaur Nachf.
München/Zürich
Lizenzausgabe mit freundlicher Genehmigung
des Hoffmann und Campe Verlages, Hamburg

Umschlaggestaltung Atelier Blaumeiser
Satz IBV Lichtsatz KG, Berlin
Druck und Bindung Ebner Ulm
Printed in Germany
ISBN 3-426-00453-4

1.–20. Tausend November 1976
21.–30. Tausend Februar 1977
31.–40. Tausend April 1977
41.–52. Tausend August 1977
53.–67. Tausend April 1978
68.–77. Tausend Februar 1979
78.–87. Tausend Oktober 1979

Hans Hellmut Kirst:
Alles hat seinen Preis

Roman

Droemer Knaur

Inhalt

Dies ist ein Roman.

Die darin geschilderten kriminalpolizeilichen Methoden und Möglichkeiten entsprechen in fast allen Einzelheiten den angewendeten Praktiken.

Die Zwischenberichte über gesellschaftliche, kriminelle oder sozialpolitische Vorgänge bestehen aus Nachrichten und Zitaten, die Tageszeitungen entnommen sind – ausschließlich in jenem Monat und in jener Stadt, die den Hintergrund dieser Vorgänge bilden.

Die Handlung selbst und ihre Gestalten sind freie Erfindungen des Autors.

1 Ein schöner, scheußlicher Tag

Von diesem Mann, der da im Park saß, hieß es, er könne den Tod wittern. Doch nicht das Geringste deutete darauf hin. Denn er wirkte denkbar harmlos. Er hielt ein Buch in beiden Händen, hatte es aufgeschlagen, las aber nicht darin. Dieser Münchner Sommer war wie ein heftig aufglühendes Feuer. Die Blumen drohten zu zerbersten, die Erde trocknete aus, das Laub der Bäume zeigte schon jetzt – in den ersten Augusttagen – fahle herbstliche Farben. Tauben taumelten dahin, als hätte man sie vergiftet. Der bedächtig wirkende Mann auf der Bank im Hofgarten registrierte, was er erblickte, mit großer Gelassenheit, doch keinesfalls gleichgültig. Und wenn auch fast alle, die ihn zu kennen glaubten, der Ansicht zuneigten, ihn könne in diesem Dasein nichts mehr beeindrucken – er war da nicht ganz so sicher. Denn selbst er kannte noch nicht alle Scheußlichkeiten dieser Welt. Nur eben – er konnte sie sich vorstellen.

Wenn er dennoch ein wenig besorgt wirkte, dann wohl nur seines Hundes wegen, der Anton hieß. Das war ein höchst seltsames, merkwürdig verknäultes grauschwarz-dunkles Wesen, ein Trolltraumgeschöpf von einem Tier, völlig unbestimmbarer Rasse. Und der Mann namens Keller, intern auch »Leichenkeller« genannt, suchte jetzt nach seinem Anton, um ihn dann beim Konzertpodium zu erblicken, das auch der Hund, auf seine Weise, sehr anziehend fand – er bepinkelte es mit ernsthafter Wonne.

Soweit mutete hier alles äußerst idyllisch an. Der frühe Hochsommernachmittag im Hofgarten strömte spürbar heiße Behaglichkeit aus: nicht sonderlich viele Menschen, ein sehr fernes Autogedröhn vom Odeonsplatz her, flirrende Hitze über Wegen und Rasen. Dennoch wirkte dieser ältere Mann mit den großen Kinderaugen seltsam wach und neugierig. Er rief seinen Hund zu sich, der unverzüglich herbeieilte, sich vor ihm hinhockte, ihn fragend ansah. Und er sagte: »Anton, mein Lieber, bleib bitte in meiner Nähe.«

Und der Hund schien wissen zu wollen: Warum?

»Warum fragst du, Anton? Wer von uns beiden besitzt den stärkeren Instinkt? Doch wohl du! Und eben deshalb, mein Bester, sollte dir nicht entgangen sein, daß hier irgend etwas nicht stimmt – also nicht so ist wie gewöhnlich.«

Anton blickte seinen Freund aufmerksam an. Seine dunkel leuchtenden Augen bekundeten vorbehaltlose Verständnisbereitschaft.

»Was mich irritiert«, erklärte der Mann seinem Hund, »ist das Gefühl,

daß unser sonst so geruhsames Hofgartenidyll diesmal gestört scheint.«
Abermals schien der Hund zu fragen: Warum?
»Irgendwas braut sich hier zusammen, Anton – aber was, kann ich nicht sagen. Noch nicht. Ich stelle zunächst nur fest, daß sich hier mehr Leute aufhalten, als gewöhnlich um diese Zeit, noch dazu jüngere Leute, also solche, die hier sonst nicht anzutreffen sind. Das ist ungewöhnlich, aber eben das Ungewöhnliche hat mich schon immer interessiert.«
Dieser Mann war, wie einige behaupteten, in Fachkreisen ›weltweit bekannt‹, eine ›internationale Kapazität‹ – der Lehrmeister von Hunderten von Todesermittlungsbeamten in fünf Kontinenten; dazu ein Mordspezialist von höchsten Graden. Doch keine Tageszeitung hatte jemals Notiz von ihm genommen; keiner Illustrierten war sein Bild bekannt; auch das Fernsehen wußte nichts von seiner Existenz.
Und diese Anonymität pflegte Keller beharrlich und mit Erfolg. Nicht die geringste Besonderheit versuchte er erkennen zu lassen. Sein Blick: sanft-gelassen, manchmal sogar gütig. Sein Haar: stets sorgfältig gekämmt, wenn auch ein wenig zu lang. Seine Stimme: nicht sonderlich laut, aber stets deutlich. Alles an ihm wirkte ›normal‹.
Man hätte ihn für einen älteren Geschäftsmann halten können, für einen äußerst soliden dazu – auf ausgedehnte Freizeit bedacht. Erhielt aber etwa irgend jemand, der Keller noch nicht kannte, den Auftrag, ihn aufzusuchen, so wurde erst gar nicht der Versuch unternommen, eine Art Personenbeschreibung von ihm auszugeben. Allein der Hinweis genügte: »Sie erkennen ihn an seinem Hund.«
Es war, als versuche Anton, der Hund, zu sprechen; seine aufleuchtenden Augen suggerierten das. Seine Bemühungen wirkten unendlich rührend. Der ihn liebevoll betrachtende Mann, sein Freund, versuchte ihn zu verstehen.
Er sagte: »Einzelne Menschen muß man nicht gleich fürchten, Anton; aber wenn sie in Massen auftreten, sollte man stets vorsichtig sein. Und zwar nicht nur, wenn man ein kleiner Hund ist. Sobald erst irgendwo einige hundert Füße herumtrampeln, kann man leicht unter sie geraten. Bleib also in meiner Nähe.«
Tue ich das nicht immer, schien Anton fragen zu wollen. Was, bitte, macht dich besorgt?
»Das Unberechenbare, mein Lieber – das wittere ich. Du nicht? Dir gefallen diese jungen Leute? Mir auch. Aber Jugend garantiert Torheiten – darunter gewiß auch sehr schöne; neidvoll zugegeben. Jugend ist leicht verführbar, nicht nur von modischen Einflüssen, auch von berechnenden Menschen. Und unter denen könnte einer sein, der kleine Hunde nicht liebt und alte Männer verachtet. Und was dann?«

Nur wenige hundert Meter vom Hofgarten entfernt, saß zur gleichen Zeit – 14 Uhr 15 – ein gewisser Karl Schlesinger in seinem Fünfzimmerappartement an der Leopoldstraße, beim sogenannten Haupteingang zum Stadtteil Schwabing. Und er sagte langsam: »Man muß unseren jungen Menschen dabei behilflich sein, sich zu bestätigen, sich zu erkennen, zu sich selbst zu finden. Sie verdienen es.«
Das sagte er zu Werner, seinem Geschäftsführer, der in ergebener Haltung vor ihm stand und ihm berichtete: »Die sind äußerst großzügig unterstützt worden, wie Sie gewünscht haben – was von Ihnen sehr nobel ist.«
»Für mich«, behauptete Schlesinger überzeugt, »ist das nur selbstverständlich.« Er war nahezu vierzig, wirkte jedoch wie Mitte dreißig. Denn er hatte sich dazu entschlossen, seinen Körper pflegen zu lassen, sich stets ›fit‹ zu halten – er legte Wert auf hohes Leistungsvermögen. »Schließlich haben gerade Menschen wie wir unsere ganz besonderen Verpflichtungen – wir sind keine Gemeinplatzscheißer!«
Er bevorzugte, sozusagen offiziell, möglichst massive Deutlichkeiten, bis hin zu vulgären Formulierungen. Doch intern gab er vor, Goethe zu lieben – versuchte ihn sogar zu zitieren, besonders den »Faust«, wenn auch ohne Rücksicht auf mögliche Zusammenhänge.
Eines seiner Lieblingszitate lautete:

Den Himmel über mir
und unter mir die Wellen –
der Adler ausgebreitet schwebt ...

»Aber man sollte niemals auf die Idee kommen«, versicherte Schlesinger, »mich möglicherweise für einen schwächlichen Schwärmer zu halten. Ich bin ein ganz harter Realist.«
»Ich bin sicher, Ihren Anregungen sinngemäß entsprochen zu haben«, versicherte Werner dezent. »Ich habe mit diesen jungen Leuten Kontakt aufgenommen und ihnen unser Interesse an ihren Bestrebungen bekundet ...«
»Dabei Namen genannt?«
»Selbstverständlich nicht, Herr Schlesinger. Genau wie von Ihnen gewünscht. Ich habe diesen jungen Leuten erklärt, daß sie unsere Sympathie besitzen; und zwar keinesfalls nur symbolisch, vielmehr ganz realistisch. Wir wären also bereit, habe ich gesagt, sie finanziell zu unterstützen – und zwar denkbar großzügig.«
»Und – wurde dieser Vorschlag angenommen?«
»Aber natürlich«, berichtete Werner. »Der Anführer dieser jungen Leute, ein gewisser Aschaffenburg, scheint rechnen zu können. Er wollte sofort die Summen wissen, die wir in seine Unternehmungen zu investieren gedenken, wobei er zugleich versicherte, daß ihm Spender für seine gute Sa-

che stets willkommen seien; doch irgendwelchen Einfluß auf seine Aktionen könne er niemandem zugestehen.«
»Was reine Taktik von diesem Burschen ist – oder?«
»Genau«, fuhr Werner fort. »Gleich darauf bestätigte er meine, also die von Ihnen gegebene Anregung: er sei durchaus bereit, gewisse an ihn herangetragene Aktionsanregungen zu akzeptieren. Und das ist doch wohl der entscheidende Punkt, wenn ich nicht irre.«
Karl Schlesinger nickte zustimmend. Er galt als einer der ganz großen, der ganz schnellen Geschäftemacher in dieser Stadt. Ein nicht unbedeutender Teil von München-Schwabing gehörte ihm bereits: ein Großhotel, zwei Drugstores, drei Kinos, vier Boutiquen, fünf Nachtlokale. Und dazu diverse Restaurants, sechs bis neun wurde geschätzt – großbürgerliche, kleinbürgerliche, auch von der Jugend bevorzugte: Steakroom, Mexicana, African-Way, China-China, Hawaii-International. Und so weiter.
Dennoch legte Karl Schlesinger Wert darauf, von der gesellschaftlich dominierenden Öffentlichkeit möglichst unterschätzt zu werden. Er gab sich sogar gelegentlich sentimental, schien bewundert werden zu wollen, ließ sich von weiblichen Freunden Charlie nennen, von männlichen auch Carlos. Er wollte gerne als ein Mann ›von großem Lebensstil‹ gelten, dennoch aber auch als einer mit ausgeprägtem ›sozialem Sinn‹, wie neulich in einer Zeitung nachzulesen war – sehr zu seinem Wohlgefallen.
Seine interne Erklärung hierfür: »Es kommt nicht darauf an, was irgend jemandem gefällt oder mißfällt, entscheidend ist: die sich jeweils dadurch anbietende Wirksamkeit. Danach richte ich mich. Ich weiß, was ich will!«
»Und dazu gehört auch die großzügige Unterstützung dieser wohl etwas abseitigen Studentengruppe, die von Aschaffenburg angeführt wird?« Werner konnte sein hellwaches Interesse kaum verbergen. »Versprechen Sie sich von denen irgend etwas Besonderes, ganz Bestimmtes, Herr Schlesinger?«
»Sie fragen zu viel, Werner«, sagte Schlesinger warnend. »Versuchen Sie nicht mitzudenken – führen Sie meine Anordnungen aus.«
»Herr Schlesinger, ich frage nur, um keinen Fehler zu machen, also ganz in Ihrem Interesse.«
Die Antwort kam gedämpft, aber sehr intensiv: »Wenn ich diese Studenten in ihrem Bemühen um ein höheres Maß an Meinungsfreiheit unterstütze, dann geschieht das aus zwei Gründen. Erstens: ich will nicht ausschließlich verdienen, sondern auch sinnvoll investieren – was sich hier anbietet. Zweitens: im Grunde meines Wesens bin auch ich ein eminent fortschrittlicher Mensch – eine Art Revolutionär also, was wohl eng zusammengehört.«
»Scheint tatsächlich so«, sagte Werner ergeben lauernd.
»Das ist so«, stellte Schlesinger mit einiger Schärfe fest, wobei er seinen

Mitarbeiter prüfend musterte: »Wenn unsere Gesellschaft mich nicht versteht, so ist das nicht weiter schlimm; das kann geschäftlich sogar recht lohnend sein. In meinem engsten Kreis jedoch hoffe und wünsche ich, nicht mißverstanden zu werden. Ich bin entschlossen, zielstrebig und zukunftsbewußt zu arbeiten.«

»Also mit denen, die möglicherweise morgen bestimmen werden?«

»Eine äußerst hoffnungsvolle Jugend«, urteilte Schlesinger. »Erfreulich bereit, sich von einer dumpfen, verfressenen, fernsehgeilen Generation zu trennen. Bestrebungen, die jede Unterstützung verdienen.« Worauf er unverzüglich wissen wollte: »Wird alles so ablaufen wie geplant?«

Davon war Werner überzeugt. »Nach den Angaben von diesem Aschaffenburg versammeln sich seine Demonstranten ab 14 Uhr im Hofgarten. Von dort aus wird dann, gegen 15 Uhr, eine Protestkundgebung auf dem Odeonsplatz stattfinden – eine sogenannte spontane.«

»Mit hinreichender Beteiligung?«

»Mit einigen Hundert ist durchaus zu rechnen; einige Hundert, die gern Bürgerschreck betreiben, lassen sich immer finden – was hier genügen dürfte. Sie werden den Odeonsplatz besetzen, dabei auch etliche Dutzend Gaffer mobilisieren und gemeinsam mit ihnen jeden Verkehr blockieren. Ab 15 Uhr, wie gesagt, und dann mindestens eine halbe Stunde lang.«

»Gut – sehr gut!« rief Karl Schlesinger aus. »Das muß ich sehen.« Er blickte dabei auf seine Armbanduhr – das allerneueste Produkt schweizerischer Elektronik; sie tickte nicht mehr, sie summte nur noch und ging auf die Zehntelsekunde genau. Er liebte Präzision – nicht nur in der Uhrenbranche.

»Mucki soll mich begleiten«, forderte er dann.

›Mucki‹ war ein gewisses Fräulein Stein, ein erfolgreiches Zeitprodukt aus Fernsehen, Schlager und Film, gemeinhin auch ›die süße Mucki‹ genannt: ein dunkles, mittelgroßes, nicht sonderlich zierliches, aber sehr sexy wirkendes Mädchen. Mucki Stein gehörte eindeutig zur zeilenfüllenden Prominenz und schien einem Schlesinger höchst angemessen.

»Fräulein Stein ist in ihrer Wohnung nicht zu erreichen«, erfuhr er von seinem Sekretariat.

»Dann sucht sie gefälligst!« rief Karl Schlesinger mit plötzlich hervorbrechendem Unwillen – seine Stimme war übergangslos scharf und laut geworden. »Sie wird hier gebraucht!« Eine Bestätigung dieser Anordnung war überflüssig. Er war der Boss.

Dann gab er sich schnell wieder gelassen, fast gemütlich. Er blinzelte Werner, seinem Geschäftsführer, zu. »Aber Sie sind doch bei diesem Studenten, diesem Aschaffenburg, äußerst diskret vorgegangen?«

»Genau Ihren Anregungen entsprechend, Herr Schlesinger: Unterredungen nur unter vier Augen, keine sonstige Namensnennung, auch kein

Hinweis in dieser Richtung, Geldübergabe ohne Quittung. Alles denkbar anonym.«

»Sehr gut«, bestätigte Schlesinger. »Ich will nicht, daß sich so was herumspricht, also daß mich möglicherweise eine Menge Weltverbesserer für eine Art Mäzen halten. Was ich ja gern wäre, mir aber vorläufig noch nicht leisten kann.«

»Ihre Anonymität ist weisungsgemäß gewahrt worden – sozusagen hundertprozentig.«

»Das hoffe ich auch«, bestätigte Schlesinger. »Einfach nicht auszudenken, wenn etwa dabei irgendeiner auf dumme Gedanken kommen sollte. Aber solche Leute, die wie um drei Ecken herum denken können, gibt es. Auf die muß man achten.«

Der Mann namens Keller auf einer Bank im hinteren Teil des Hofgartens konnte sich diesmal nicht völlig auf seine Lieblingslektüre konzentrieren: auf den ›Henri Quatre‹ von Heinrich Mann. Er las dieses Buch nun bereits zum fünften oder sechsten Mal – mit anhaltendem Genuß. Diesmal jedoch wurde er ständig gestört.

Keller stellte fest: es war um ihn sehr schnell lauter und immer lauter geworden. Jugendliche Stimmen, von allen Seiten auf ihn zuflutend, übertönten jetzt sogar das Verkehrsgedröhn auf dem Odeonsplatz und in der Ludwigstraße. Jedoch auf recht angenehme Weise, registrierte er weiter. Denn diese jungen Menschen wirkten bei aller Lautstärke zumeist heiter, unternehmungsfreudig, dazu erfreulich unbekümmert.

Wobei für ihn nicht unwichtig war: die jungen Leute schienen ihn zu akzeptieren, zumindest zu übersehen – als einen älteren, harmlos wirkenden Mann, der mit einem Buch auf einer klobigen Bank saß. Und in dessen Nähe: ein seltsam verknäult wirkender Hund, mit dem zwei betont unkosmetisch wirkende Mädchen spielten. Sie hatten sich im Gras auf den Rücken gelegt und wehrten Antons Angriffe freudig ab. Und der stürzte sich heftig wedelnd auf sie. Keller betrachtete den Vorgang lächelnd. Und er lächelte auch noch, als er Heinz Boerner auf sich zukommen sah. Den kannte er. Er war ein recht ernsthaft wirkender Jüngling, bemüht salopp gekleidet, möglichst farbenfroh. Diesmal: taubenblaue Cordsamthose, rostrotes Hemd, chinagelbes Halstuch.

»Welch ein erfreulicher, wenn auch unerwarteter Anblick!« sagte Keller. »Setzen Sie sich zu mir, Heinz – oder haben Sie was Besseres vor?«

»Sie – hier? Warum?« fragte Heinz Boerner neugierig. Denn er wußte, wer Keller war. Zumindest wußte er dies von ihm: eine Art höheres Tier im Präsidium, doch vorzeitig pensioniert.

Ein unbequemer Zeitgenosse, so harmlos er auch aussah – er steckte seine Nase in alles. Auch in das Privatleben der Restfamilie Boerner – angeblich

aus Fürsorge.
»Ein sehr schöner Tag, nicht wahr?« sagte Keller sanft. »Wenn man auch dabei erkennen kann, wie schnell der Sommer stirbt. Aber junge Leute haben wohl noch kein rechtes Gefühl für Jahreszeiten, Temperaturwechsel und Atmosphäre.«
»Ich habe mir erlaubt zu fragen, warum Sie hier sind«, wollte der Jüngling wissen. »Ausgerechnet Sie – zu diesem Zeitpunkt. Ist das nur ein Zufall, oder etwa mehr?«
»Ich halte mich fast täglich um diese Zeit hier auf«, erklärte ihm Keller entgegenkommend. »Bei so gut wie jedem Wetter – eine Art Gewohnheit. Meines Hundes wegen. Aber Sie, Heinz, habe ich hier noch nie gesehen. Warum diesmal? Haben Sie etwa vor zu demonstrieren? Denn wenn ich alle Anzeichen richtig deute, bahnt sich hier eine Demonstration an – oder etwas, das dafür gehalten wird.«
»Kann sein«, sagte Heinz Boerner ablehnend. »Aber was geht mich das an? Ich bin sozusagen zu meinem Privatvergnügen hier.«
»Also vermutlich eines weiblichen Wesens wegen«, stellte Keller erfreut fest. »Was ich Ihnen nur wünschen kann. Um welches handelt es sich denn?«
»Ihre Neugier, Herr Keller, ist tatsächlich grenzenlos«, sagte Boerner in plötzlicher Abwehr. »Daß es so ist, meint auch meine Mutter; sie hat mich davor gewarnt. Wenn auch nur indirekt.«
Was wohl mit einiger Berechtigung geschehen war. Heinz Boerners Mutter war Witwe. Wofür vermutlich Keller, zumindest aber etliche seiner Kollegen, verantwortlich gemacht werden konnten. Denn der Vater des Jungen war bei einer Verfolgungsjagd ins Schleudern geraten, bei 140 Stundenkilometern. Er raste gegen eine Hauswand und war sofort tot.
»Immer wieder, das meint auch meine Mutter, versuchen Sie sich einzumischen. Aber doch nicht auch noch hier, bitte. Nicht bei mir. Mein Privatleben geht Sie einen Dreck an.«
Keller sah dem schnell davontrabenden Boerner lächelnd nach. Und zu seinem Hund Anton, der sich mit plötzlicher Heftigkeit an ihn drängte, sagte er: »Nur Geduld, Kleiner! Wir haben doch gar keine andere Wahl, als uns in Ausdauer zu üben – du mit deinem Instinkt, ich mit meiner Phantasie. Wer weiß, was dabei herauskommt.«
Durch den nun nahezu belagerten Hofgarten hindurch, direkt auf Keller zu, bewegte sich ein Mann von erlesener Eleganz, allen Hindernissen spielerisch ausweichend. Er umkurvte sie mit lässiger, verständnisvoller Höflichkeit. Sein Anzug leuchtete seidiggrau, silbergrau war seine Krawatte, das Hemd schneeweiß. Er schwenkte eine dünne Aktenmappe aus Krokodilleder wie einen Fächer gegen die Hitze.
Bei Keller angekommen, verbeugte er sich höflich, was einen der in un-

mittelbarer Nähe lagernden Studenten zu der heiteren Bemerkung »Lackaffe« veranlaßte; sie wurde stillschweigend überhört. Dieser wahrhaft elegante Mann, derzeit Kriminaloberinspektor, wartete auf die Aufforderung, Platz zu nehmen; erst dann ließ er sich neben Keller nieder, nicht ohne den sich neugierig herandrängenden Hund Anton kurz und zärtlich gestreichelt zu haben. Dann öffnete er seine Aktenmappe.
»Womit gedenken Sie mich zu erfreuen, Herr von Gotha?« wollte Keller wissen, »oder eben: zu verführen? Doch nicht etwa mit diesem Kidnapping-Fall, der neuerdings das Präsidium zu beunruhigen scheint?«
»Damit«, erklärte von Gotha erleichtert, »beschäftigt sich Kriminaldirektor Hädrich persönlich.«
»Was ihr ihm wohl alle gönnt – was?« Keller lachte verständnisvoll. »Aber immerhin – Mut hat er. Wenn er vielleicht auch noch nicht ahnt, auf was er sich da eingelassen hat. Diesmal scheinen da ganz kalt kalkulierende Kriminelle am Werk zu sein. Das Verbrechen beginnt wie vom Computer gesteuert abzulaufen. Überlassen wir sowas unseren Kriminalstrategen. Warum sind Sie hier?«

Registrierte kriminelle Vorgänge zu diesem Zeitpunkt – außer den alltäglich hundertfachen Normalvorgängen Diebstahl und Einbruch, Überfall und Raub, Betrug und Erpressung, Kindesmißhandlung, Notzucht und Familienmorden:
»Brandlegung im Wild-West-Volksvergnügungspark ›Hot Gun Town‹ bei München – vermutlich begangen von empörten Lebensreinerhaltungsbürgern; randalierenden, vandalistisch veranlagten Freizeitgestaltern; konsequenten Konkurrenzkämpfern.
Versandleiter, 48, Vater von vier Kindern, übergoß sich mit Benzin, verbrannte sich in seinem Auto. Ein anderer Vater, Betriebsbuchhalter, 39, warf zwei seiner Kinder, zwei und drei Jahre alt, aus dem Fenster seiner Wohnung im sechsten Stock. Ein Kind, zwanzigmonatig, wurde verhungert aufgefunden; seine Mutter, 21, war seit drei Tagen in einem Massagesalon pausenlos beschäftigt.
Tod einer Hochschwangeren, verursacht von deren Ehemann, 27, angegebener Beruf: Textilwarenvertreter. Sein monatliches Einkommen: 10000 Mark – durch Prostitution seiner Ehefrau, von ihm gelenkt. Als sie jedoch, da bereits im sechsten Monat, weitere Einsätze verweigerte, erschlug er sie. Mit einer Eisenhantel, angeschafft zwecks Körperertüchtigung.«
Und so weiter. Und so fort.

Der Kriminalbeamte von Gotha, neben Keller im Hofgarten sitzend, sagte gedehnt: »Das ist wie eine endlose Flut, der wir hoffnungslos ausgeliefert sind. Dennoch versuchen wir, immer wieder Dämme dagegen zu errichten – auf die Dauer ein unendlich ermüdender und aussichtslos erscheinender Versuch.«

»Verschonen Sie mich mit solchen Gemeinplätzen«, sagte Keller nachsichtig. »Der kriminalistische Alltag hat schon immer nur aus Kleinarbeit bestanden. Damit haben wir uns abzufinden. Was also erwarten Sie diesmal von mir?«

»Das Amt«, sagte von Gotha höflich, was also hieß: das Polizeipräsidium, »erbittet Ihre Stellungnahme zum Fall des dreifachen Mordes in einem Pelzgeschäft in der Sendlinger Straße. Die Einzelheiten, Herr Keller, sind Ihnen bekannt. Hier nun die Ergebnisse unserer Kriminaltechniker. Wenig ermutigend das alles – wenn Sie mich fragen.«

Keller ergriff das ihm entgegengehaltene dünne Aktenstück und blätterte darin, schnell und zielsicher. Er sah sofort: anhand der hier vorliegenden Ergebnisse war ein aufgegriffener Täter nicht mit absoluter Sicherheit zu überführen. Wohl stimmte, wieder einmal, so gut wie alles: Blutgruppe plus Speichelanalyse positiv; Tatmerkmale eindeutig; Alibiauswertung keinesfalls negativ; Mikrospurenuntersuchung belastend. Dennoch – kein letzter, zwingender, juristisch einwandfreier, für ein Gerichtsverfahren überzeugender direkter Beweis.

Während sich Keller mit diesem unerfreulichen Aktenstück beschäftigte, betrachtete der im Amt als ›aussichtsreich‹ geltende Kriminalbeamte von Gotha die bunte, lebhafte Menschenansammlung im Hofgarten mit steigendem Vergnügen. »Was ist denn hier eigentlich los?« wollte er wissen. »Eine Art Wallensteins Lager? Und Sie mitten darin?«

»Ich habe mich da nicht hineingedrängt«, erklärte ihm Keller gelassen. »Aber da ich nun mal hier bin, gedenke ich auch hier zu bleiben.«

»Sie scheinen da offenbar unter die modisch-revolutionäre Jugend geraten zu sein«, meinte von Gotha vorsichtig amüsiert. »Fühlen Sie sich wohl dabei?«

»Zumindest wohler als beim Studium dieses Aktenstückes.« Keller lächelte dennoch. »In dem hier vorliegenden Fall habe ich das Gefühl, daß die Arbeit unserer Kriminaltechniker nicht völlig ausreicht.«

»Sie wollen damit sagen – Überweisung an das Landeskriminalamt?«

Keller nickte zustimmend. Die Kriminaltechniker des Bayerischen LKA waren absolute Spitzenklasse; sie verfügten nicht zufällig über hochentwickelte Spezialgeräte. Einige ihrer Präsidenten waren einfallsreiche Ingenieure und begabte Wissenschaftler gewesen.

»Lassen Sie dort alles Material noch einmal nachprüfen. Sie kennen meine Ansicht: es gibt keinen Kriminalfall, nicht einen einzigen, der nicht ganz aufgeklärt werden könnte. Vorausgesetzt jedoch: beste Spezialisten, exakteste Technik, ein voll funktionierender Apparat. Dazu dann noch ein

wenig schöpferische Phantasie. Was allerdings sehr viel Geld kosten kann; aber alles hat nun mal seinen Preis.«
»Der Kriminalrat, also Herr Zimmermann«, gab von Gotha vorsichtig zu bedenken, »meinte, falls Sie persönlich an diesem Fall interessiert wären, würde er sich freuen.«
Keller lachte auf – sein Lachen klang jungenhaft hell.
»Das könnte unserem Freund Zimmermann so passen! Der will wohl endlich einmal erleben, daß ich mir an einem kleinen Massenmord die Zähne ausbeiße. Und wenn Sie ein auch noch so prächtiger Lockvogel sind, Herr von Gotha – Zimmermann und Sie sollten mich kennen.«
Wer, im Präsidium, kannte Keller nicht? Aber wer, selbst dort, kannte ihn wirklich? Der Präsident pflegte ihn zwar als »unseren großen alten Mann« zu bezeichnen, mit eindeutigem Respekt, doch stets auf Distanz bedacht. Er behandelte Keller wie ein rohes Ei, oder eben wie ein heißes Eisen – etwa mit dem Vermerk: hohe Anerkennung jederzeit, doch äußerste Vorsicht stets geboten. Dringend!
Keller wirkte keinesfalls alt, sondern vielmehr knabenhaft munter, unstillbar neugierig, wieselhaft flink. Doch die Schwierigkeiten, die er dem Amt beharrlich bereitet hatte, konnten als wahrhaft groß bezeichnet werden. Und zwar nicht nur mit seinen ungewöhnlichen Methoden, auch mit seinen unkonventionellen Forderungen: Bekämpfung der Kriminalität mit allen sich anbietenden Mitteln – also auch mit krimineller Phantasie. Mithin eine Art Genie, dieser Keller. Er schien dem heimlichsten Wunschtraum zahlloser Polizisten in aller Welt zu entsprechen: völlig uneingeschränkte Verfolgungsfreiheit. Doch eben das war ein großer Irrtum. Ganz abgesehen davon, daß sowas im Bereich von Beamten einfach nicht zu machen war. Nicht einmal in Deutschland – neuerdings nicht.
Jetzt aber sagte Keller: »Wie Sie wissen, bin ich außer Dienst, und das gedenke ich zu bleiben. Gelegentlich ein Ratschlag für liebe, alte Kollegen – warum nicht? Aber hört endlich damit auf, euch bei mir als Rattenfänger zu betätigen. Mein Bedarf an kriminalistischen Aktionen ist gedeckt. Ich gedenke nur noch möglichst schöne Bücher zu lesen, in der Sonne zu sitzen und mich mit meinem Hund zu beschäftigen.« Von Gotha zeigte sich bereit, diese Einstellung zu akzeptieren. Er entfernte sich mit einer höflichen, betont respektvollen Verbeugung. »Auf bald – sehr bald, hoffe ich. Gemeinsam mit Herrn Kriminalrat Zimmermann.«
Dabei drohte er über das vorgestreckte Bein eines Studenten zu stolpern; er fing sich jedoch schnell, mit fast tänzerischen Bewegungen. Er entschuldigte sich sogar: »Pardon, ich dachte, dies wäre ein normaler Weg.« Wobei er grüßend die Hand hob, zu Keller hin.
Der jedoch hatte keine Zeit mehr, dem vielversprechenden Kollegen nachzusehen. Denn er entdeckte ein Kind, das auf ihn zueilte. Ein Mäd-

chen, etwa zwölf Jahre alt, mit wehenden Haaren, die ein zartes, ernsthaftes Gesicht umflatterten. Es hieß Sabine. Und dieses Kind stürzte sich auf Keller und fragte ihn, wie atemlos: »Wo ist denn Anton? Ich bin mit ihm verabredet – ich möchte mit ihm spielen!«

»Liebe Sabine«, sagte Keller sichtlich besorgt, »ich fürchte, das hier dürfte jetzt nicht der richtige Tummelplatz für dich und unseren Hund sein. Hier ist es viel zu unruhig.«

»Ach was!« sagte das Kind Sabine, erwartungsvoll nach Anton Ausschau haltend. »Das hier ist ja fast schon wie in einem Zirkus. So was gefällt mir.«

»Mir sonst ja auch«, sagte Keller, Sabine zunickend. »Nur eben, daß mir das alles kaum noch wie eine Veranstaltung für kleine Mädchen und gutwillige Hunde erscheinen will – für alte, erfahrene Kriminalisten schon eher.«

»Hast du irgendwelche Sorgen?« wollte Sabine wissen. »Warum eigentlich?«

»Warum genau, kann ich nicht sagen – noch nicht.« Keller unterhielt sich mit dem Kind, und zwar mit großer Selbstverständlichkeit, als habe er einen erwachsenen Menschen vor sich. »Aber irgend etwas irritiert mich hier.«

»Vermutlich die Hitze!« vermutete Sabine. »Die macht alle Menschen krank. Seit Tagen diese fürchterliche Hitze! Mutter hat sich hingelegt und die Vorhänge zugezogen; vorher hat sie für Vater mehrere Flaschen Mineralwasser in den Eisschrank gestellt. Und schließlich muß unser Anton immer einen Pelz tragen, selbst bei dieser mörderischen Wärme? Ist er trotzdem munter?«

»Er ist es, Sabine. Du wirst dich sehr schnell davon überzeugen können: so ein Hund kann sogar einem Kriminalisten beibringen, was Ausdauer ist. Bei jeder Witterung.«

Das Wetter in den ersten Augusttagen in dieser Stadt München, auch »Weltstadt mit Herz« genannt:

Sehr sonnig – warm bis schwül – Temperaturen nahezu 30 Grad Celsius. Tagsüber. In den Nächten jedoch schnell absinkend auf 11 bis 15 Grad. Alle Münchner Freibäder, geöffnet von 8 bis 19 Uhr: garantiert 24 Grad. Außer Prinzregentenbad, dort lediglich 22; Floriansmühle und Maria Einsiedel sogar nur 18.

Und in der unmittelbaren Umgebung: Starnberger See 21 Grad; Ammersee gleichfalls 21; Tegernsee 20, Kochelsee nur 18; Steinsee aber 26.

Tendenz: Temperaturen steigend. Immer noch.

Der heißeste August in dieser Stadt, seit nahezu einhundert Jahren, kündigte sich an.

»Hier also vergeudest du deine Zeit«, stellte Karl Schlesinger nachsichtig fest. Er traf Mucki Stein bei ihrem Friseur. Seine Leute hatten schnell herausgefunden, wo sie sich aufhielt. »Laß hier alles sausen und komm mit – es ist höchste Zeit.«

»Wofür?« fragte sie schmollend. Sie saß unter einer chromblitzenden Trockenhaube; ihre Augen funkelten lebhaft. »Jetzt ist doch erst Mittag.«

»Schon Nachmittag«, sagte er drängend. »Und du mußt mich begleiten.«

»Wohin?«

»Frag nicht immer so viel!«

»Ich weiß, ich weiß«, sagte sie, ihm zublinzelnd, »meine Fragen sind saudumm, aber deine Antworten machen mich auch nicht klüger. Kannst du nicht ein wenig warten – ich will mir die Haare rot färben lassen, kupferrot. Das ist enorm sexy.«

»Laß diesen Unsinn!« rief Schlesinger unwillig. »Du bist sexy genug – für mich. Das genügt. Dein Image ist das süße Mädchen, kein hochgetrimmter Vamp! Mach gefälligst konsequent auf naive Lebensfreude, aber nicht auf dumpfe Sinnlichkeit. So was kann glatt geschäftsschädigend sein. Ich verstehe da keinen Spaß.«

Er unterbrach rigoros ihre Verschönerungsversuche, warf einen Fünfzigmarkschein hin, übersah devote Friseurergebenheit und zerrte Mucki Stein ins Freie – auf die Leopoldstraße hinaus. »Wir machen jetzt einen Spaziergang«, befahl er ihr, »zum Odeonsplatz.«

»Und – was soll ich da?«

»Alles ist ganz zufällig. Ein Spaziergang – wie gesagt.«

»Ich muß aber mal – ganz dringend«, versicherte sie.

»Unterdrücke das«, forderte er aufgebracht, sie dabei mit sich ziehend. »Von mir aus kannst du dir sogar in die Hosen machen, deine Strümpfe sitzen danach nur noch hautnäher.« Das sollte ein Witz sein; er belachte ihn aber nur kurz. »Jedenfalls müssen wir noch vor fünfzehn Uhr beim Odeonsplatz eintreffen.«

»Warum?«

»Mein Gott – wie kann man nur so schön und zugleich so dämlich sein?« fragte er. Um sich dann selbst die richtige Antwort darauf zu geben: »Man kann eben nicht alles zugleich haben – sogar dann nicht, wenn man ein Mann ist wie ich.«

»Ich muß aber ganz dringend«, versicherte sie, nun nahezu flehend.

»Immer diese Verzögerungen!« rief Schlesinger verärgert aus. »Was denkst du dir eigentlich dabei?«

»Ich entwickle mein Eigenleben«, erklärte sie. »Und das kann ich mir wohl noch gönnen. Ich will nur mal wohin. Das ist doch geradezu bescheiden, etwa verglichen mit dem, was sich die sonstigen Mitglieder unserer Gesellschaft so leisten.«

Diese Münchner Gesellschaft, soweit in diversen örtlichen Zeitungen für ›prominent‹ erklärt, leistete sich an diesem Tag lediglich folgendes:
»Derzeit prominenter Schlagerstar, ein gewisser Michael, gab weltbewegende Erkenntnisse von sich; bei Champagner: er scheiße auf Tiefsinn, erstrebe vielmehr wahre Lebensfreude. Diese gipfele in der Behauptung: wer noch echte Gefühle hat, muß nicht über sie nachdenken – so was ist Zeitverschwendung. Er muß sie praktizieren – freudig!
Ehemalige Eislaufgröße, Hans-Jürgen, betätigte sich als Kellner. Monika, Filmsternchen, präsentierte sich ›oben ohne‹. Veit, mit ehemaligem Leinwandwunder verheiratet, nahm bei Monika Maß – Oberweite 95.
Zugleich Night-Club ›Bachmeier‹, Tegernsee. Dieser verwandelte sich, wie nachzulesen, ›in ein Tollhaus‹ – eines gewissen Les wegen, der dort mit seinen ›buntgemischten Singern‹ agierte. Dabei sitzend, ›cool bis ans Herz‹, Les' derzeit Angetraute – aus Jugoslawien importiert. Beide anschließend bei Filmgesprächen, höchst vielversprechenden, da hohe Summen garantierend.
Dann Christine – Import aus Wien. So um die zwanzig. Doch bundesweit in allen Einzelheiten bekannt: pralle Brüste, strammer Po. ›In den‹, versicherte sie herzig, ›hat mir mein Regisseur einen Fußtritt gegeben, daß ich drei Meter durch die Luft geflogen bin.‹ Worauf der so intensiv beanspruchte Körperteil bereitwillig entblößt wurde.«

»Also«, sagte Schlesinger nachsichtig, »falls du unbedingt mal dringend pinkeln mußt – von mir aus mach das. Aber strapaziere meine Geduld nicht endlos.«
Worauf er sich mit ihr eilig in ein Café beim Siegestor begab. Dort bestellte er einen Espresso, dazu einen Cognak und eine Flasche Mineralwasser; Mucki eilte derweil in die hinteren Räumlichkeiten. Von dort kam sie dann sichtlich erleichtert und geradezu fröhlich wieder zurück. Sie meinte lediglich: »Mein Pipi war goldgelb – also bin ich hundertprozentig in Ordnung.«
Mucki Stein pflegte ihre Verdauungsvorgänge nicht nur aufmerksam zu beobachten, sondern auch ungehemmt darüber zu sprechen. Sie legte Wert darauf, als ein natürliches Wesen zu gelten.
Karl Schlesinger störte das nicht weiter. Ihre pralle Naivität, in Klatschspalten halbweltweit bekannt, war ihm als Tarnung durchaus willkommen. Bei derartigen gesellschaftsspielerischen Beschäftigungen, hoffte er, würde kaum jemand auf die Idee kommen, ihm Gewichtiges, wenn nicht gar Bedeutsames zuzutrauen. Um so ungestörter würde er es erreichen.
Mucki und er bewegten sich sodann, eng nebeneinander einherschlendernd, Hand in Hand – »ein beständig verliebtes Paar, seit einigen Monaten schon«, berichtete der Gesellschaftskolumnist Argus – auf der linken

Seite der Ludwigstraße auf den Odeonsplatz zu, an einer vor sich hinstinkenden Verkehrskolonne entlang, die langsam, wie abgewürgt, ins Stokken zu geraten schien. Bläuliche Gasschwaden krochen auf sie zu.
Ansichten des Polizeipräsidenten:
»Daß Polizisten auch Menschen sind, wird zwar immer wieder versichert, aber nicht uneingeschränkt geglaubt. Zumindest sind sie Beamte; womit sich vieles vergleichsweise komplikationslos erledigt. Nicht ganz unproblematisch wird er erst, wenn jemand – aber das ist wohl eine sehr seltene Ausnahme – sein Metier derart souverän beherrscht, daß er wie zwangsläufig zu einer Autorität, wenn nicht zu einer Institution wird. Womit ich diesen Keller meine.
Laut interner Buchführung des Amtes ist er im Verlauf weniger Jahrzehnte mit weit mehr als dreitausend Leichen konfrontiert worden – als Todesermittlungsbeamter; auch bei Sondereinsätzen, als Chef von Mordkommissionen. Dabei entwickelte er, im Amt ›Leichenkeller‹ genannt, bald recht eigenwillige Ansichten, aber auch geradezu alarmierend ungewöhnliche Methoden. Eine kriminale Katastrophe war dabei so gut wie vorprogrammiert.
Und diese drohte vor einigen Jahren, kurz vor den Olympischen Spielen, einzutreten. Denn damals schien es diesem Keller zu gelingen, einen Bauskandal allererster Größenordnung aufzudecken – mit einem ganzen Rattenschwanz schäbigster Kriminalität; Betrug, Urkundenfälschung, Bestechung, Erpressung, Meineid. Selbst mir haben diese Enthüllungen schlaflose Nächte bereitet.
Dann aber ersuchte Keller vorzeitig um seine Pensionierung. Und ich gestehe: ich habe nicht gezögert, sie zu bewilligen. Dennoch wollte ich damals wissen: ›Warum?‹ Und Keller erklärte lapidar: ›Um einen unschuldigen Menschen vor den Mühlsteinen der Justiz zu bewahren – und dann auch eines Hundes wegen. Das sind Gegebenheiten, für die sich jeder Einsatz lohnt – oder eben jeder Verzicht.‹
Damit war dieser Keller aus dem Amt; jedoch noch lange nicht aus unserem beruflichen Leben. Denn niemand, der ihn näher kannte, wollte auf ihn verzichten. Weder Kriminalrat Zimmermann, ›der Löwe‹; noch Kriminaldirektor Hädrich, ›die Schlange‹ – und ich auch nicht.
Denn ich denke: diese Welt ist wohl ein wenig gerechter, wenn Menschen wie er darin existieren. Wenn auch unbequemer. Das in Kauf zu nehmen, fällt nicht immer leicht. Selbst mir nicht.«

Als Schlesinger mit Mucki Stein das Film-Casino erreicht hatte, zog er sie auf ein Schaufenster zu. An diesem Fenster lehnte ein Mann.
Er schien einem mittelalterlichen, sehr deutschen Tafelbild entstiegen zu sein; etwa Münchner Alte Pinakothek, unterer Saal links: stämmig, hell

gelockt, von lässiger Schönheit und tierhafter Gelassenheit. Er lächelte vor sich hin. Doch dieser Mann lächelte, wie sich noch herausstellen sollte, so gut wie immer; bei allem, was er tat.
Schlesinger, Karl, Mucki Stein dezent an ihn geschmiegt, tat so, als betrachte er die ausgehängten Filmfotos. Hierbei erkennbar: eine reine Liebe zu dritt; eine der vielfachen Variationen davon. Diesmal zwischen zwei Homosexuellen und einer Lesbierin.
»Die totale Freiheit«, erklärte er ihr, »alles, was uns befreit, gewinnt immer mehr an Boden. Aber eben immer noch nicht schnell und gründlich genug. Da müssen wir nachhelfen, wir entschlossenen fortschrittsbewußten Zeitgenossen.« Und er blickte den lächelnden Mann hoffnungsvoll an.
Der Mann sagte vor sich hin: »Keinerlei Veränderungen erkennbar. Die Scheiße beginnt genau wie erwartet zu stinken.«
»Was ich auch nicht anders erwartet habe«, sagte Schlesinger, fast ohne die Lippen zu bewegen.
Worauf sich der mittelalterliche Tafelbildmensch von der Schaufensterscheibe abstieß und sich pantherhaft in Bewegung setzte – in Richtung Odeonsplatz. Jedoch nicht, ohne Mucki Stein anerkennend, ja fast augenzwinkernd zugelächelt zu haben. Sie starrte ihn abweisend an.
»Wer war denn das?« wollte Mucki dringlich wissen.
»Einer von meinen Leuten«, klärte Schlesinger sie auf. »Ein gewisser Hetzing. Absolut verläßlich.«
»Und dazu«, sagte sie fast heftig, »reichlich ordinär – sagt Scheiße in Gegenwart einer Dame, die er noch nicht einmal näher kennt. Der gefällt mir nicht!«
»Geht durchaus in Ordnung«, meinte Karl Schlesinger zufrieden. »Es reicht doch völlig, wenn ich dir gefalle.«
»Du würdest mir noch mehr gefallen«, versicherte Mucki, »wenn du mir ein wenig entgegenkämst. Schließlich habe auch ich meine besonderen Sehnsüchte. Wie wäre es etwa, wenn du mir einen Hund schenken würdest – einen Terrier vielleicht; selbstverständlich einen absolut rassereinen, mit bestem britischem Stammbaum. Am liebsten gleich zwei – einen schneeweißen und einen pechschwarzen. Die würde ich dann Black und White nennen.«
»Das fehlte gerade noch!« Schlesingers schroffe Ablehnung duldete keinen Widerspruch. »Ich will keine dreckigen Köter in deinem Schlafzimmer. Also in meinem.«
»Ich würde die Hunde täglich baden«, versicherte Mucki Stein. »Sie würden riechen wie Kleinkinder.«
Karl Schlesinger schnaufte abweisend. Dabei betrachtete er den vor ihm liegenden Odeonsplatz: bei der Feldherrnhalle begannen sich jüngere

Leute zu versammeln. Zunächst noch in kleinen Gruppen – sie hockten auf den Treppenstufen, umlagerten die beiden bayerischen Löwen, drängten sich ganz langsam bis zu den beiden Fahrbahnen hin – wenn auch noch nicht die große Kreuzung Odeonsplatz erreichend. Schlesinger sah nun auf seine elektronische Armbanduhr – noch fehlten mehr als zwanzig Minuten bis zur vorgesehenen Stunde Null – bis 15 Uhr.

»Hunde«, sagte er, »sind im Grunde ganz fürchterlich ordinäre Geschöpfe. Sie wälzen sich im Dreck anderer Tiere, scheißen mitten auf der Straße vor sich hin, stecken ihre Schnauzen wahllos in jeden anderen erreichbaren Hundearsch. Und mit so was willst du dich umgeben?«

»Ist das nicht irgenwie menschlich?« rief Mucki klagend aus. »Kann ich mir nicht einmal mehr das leisten?«

Wohl war sie eine Art ›Star‹ – aber sie war es durch ihn geworden. Denn er verschaffte ihr Engagements, finanzierte ihre Filme mit, und die Schallplattenfirma, bei der sie sang – Haupterfolge: »Rosen sind rot« und »Wer will denn schlafen bei Nacht« –, gehörte ihm zu mehr als 50 Prozent; ihr Fernsehproduzent glaubte sich zu Schlesingers intimen Freunden zählen zu dürfen. Damit mußte sie wohl leben.

»Du und ich, Mucki – allerbeste Harmonie, ein überaus inniges Liebespaar! Das müssen wir immer suggerieren.«

»Auch jetzt?«

»Überlaß das Denken mir. Du brauchst dich nur anzupassen. Falls man dich etwa fragen sollte, warum du dich zu diesem Zeitpunkt gerade hier aufhältst, dann wirst du antworten: rein zufällig! Ich mache, wirst du sagen, einen Spaziergang, schlendere so dahin, von meinem Freund begleitet. Aber nun, wirst du weiter sagen, sehe ich diese Menschenansammlung; ich staune und frage mich: was ist denn hier los?«

»Also – was ist hier los?«

»Junge Leute. In rauhen Mengen. Und denen gehört deine ganze Liebe; sie lieben dich ja auch. Auch du bist jung, und du wünschst dir, mitten unter ihnen zu sein.«

»Warum, bitte, sollte ich mir so was wünschen?«

»Weil ich es so will!« sagte Karl Schlesinger ungeduldig. Um dann schnell hinzuzufügen: »Jedenfalls hast du erkannt: hier tritt unsere geliebte, freiheitsbewußte Jugend in Aktion – und eben die besitzt deine volle Sympathie. Wirst du dir wenigstens das merken können?«

»Wenn du mir einen Hund bewilligst, möglichst sogar zwei – dann ja.«

»Ohne jede Bedingung, Mucki!« sagte Schlesinger warnend. »Du bist mir lieb und wert – ich habe eine ganze Menge in dich investiert. Und das sogar gern. Was ich aber nicht vertragen kann, sind mögliche Verlustgeschäfte – jeder Art.«

»Schon gut«, versicherte sie eilig. »Ich mache genau das, was du von mir verlangst.«

»In Ordnung«, bestätigte er. Um dann äußerst vertraulich hinzuzufügen: »Ich verlange von den Menschen meiner näheren Umgebung uneingeschränktes, vorbehaltloses Vertrauen. Später wirst du vielleicht erkennen, warum – und andere mit dir. Mit Staunen!« Worauf er dann hinzufügte, Goethe – wie immer leicht abgewandelt – zitierend: *»Das Erstaunen ist der Menschheit bester Teil!«*

»Ich staune ja, wenn du es willst. Aber – worüber eigentlich?«

Keller, Konstantin mit Vornamen – Kriminalbeamter außer Dienst, dazu Bücherleser, Freizeitgenießer, Menschenfreund, Spielgefährte eines Hundes –, betrachtete nunmehr Sabine und Anton. Beide tummelten sich unbeeindruckt von der kochenden Hitze dieses Tages gerade hingebungsvoll auf dem Hofgartenrasen. In unmittelbarer Nähe eines Schildes: Hunde sind an der Leine zu führen.

Das Kind und der Hund sprangen dabei über lässig herumliegende junge Leute hinweg, die sich das entweder lachend gefallen ließen oder überhaupt keine Notiz davon nahmen. Sie schienen mit wichtigen, sie beherrschenden Gesprächen beschäftigt. Aus einem Handlautsprecher von modernster Bauart, Stückpreis etwa DM 300,– ertönte eine muntere Stimme: »Nur noch fünfundzwanzig Minuten bis zum Zeitpunkt Null.«

Keller schien die Demonstration der jungen Leute nicht weiter zu beachten, sondern sich vielmehr auf das Kind Sabine und den Hund Anton zu konzentrieren. Erfreut stellte er fest: diese beiden folgten seinen Weisungen – hielten sich also in seiner unmittelbaren Nähe auf. In Sicht- und Rufweite. Dennoch entging ihm so gut wie nichts von dem, was sonst um ihn geschah: das Gedränge im Hofgarten wurde schnell dichter, die Stimmung entschlossener, im Grundton jedoch heiter bleibend. Keller registrierte weiter, mit dem stets wachen Sinn eines lebenslänglichen Kriminalbeamten: daß sich nunmehr etwa vier- bis fünfhundert junge Menschen versammelt hatten, vermutlich Studenten – kaum mehr als ein Viertel davon weiblich. Aber ob nun männlich oder weiblich – fast alle trugen enge Hosen und waren durch ihre Haartracht kaum voneinander zu unterscheiden. Ein Erscheinungsbild, das eine Anzahl kleinerer Rätsel aufgab, die zu lösen Keller einiges Vergnügen bereitete.

Dann sah er abermals Heinz Boerner auf sich zukommen. Der junge Mann blieb vor ihm stehen und betrachtete ihn mißtrauisch. »Sie sind ja immer noch hier!«

»Und warum«, fragte Keller freundlich, »sollte ich das nicht?«

»Weil Sie hier wie ein Fremdkörper wirken. Fast wie eine Art Dinosaurier, inmitten von Beton, Glas und Stahl. Merken Sie das nicht?«

»Nein, so komme ich mir nicht vor. Aber es ist durchaus möglich, daß

ich mich irre. Was aber neuerdings immer seltener der Fall ist. Denn das Alter schützt zwar nicht vor Torheit, aber es darf mit gewissen Erkenntnissen rechnen.« Keller gab sich verwundert. »Sollten Sie etwa besorgt um mich sein?«
»Wie käme ich dazu!« protestierte Heinz Boerner. »Ich will nur nicht, daß Sie hier in irgendeine Situation hineingeraten, die für Sie nicht unbedenklich ist. Zumal Sie womöglich meiner Mutter sagen könnten, auch ihr Sohn sei dabei gewesen.«
»Werde ich ihr nicht sagen«, versicherte Keller erheitert. »Auch wenn ich Ihre Mutter in den nächsten Tagen wieder einmal besuchen sollte. Doch deshalb keine Sorge, Heinz! Ich werde ihr weder davon erzählen, daß ich sie als revolutionäres Element in Ausgangsstellung bestaunt habe, noch als bemühten Interessenten an irgendeiner jungen Dame – falls ich dieses weibliche Wesen so bezeichnen darf. Was ich gern täte.«
»Sie versuchen tatsächlich, sich in alles einzumischen!« rief Heinz Boerner streitbar. »Selbst wenn ich mich um irgend jemanden bemühte – was geht Sie das an?«
»Nichts.« Keller saß auf der harten Bretterbank wie in einem verschwenderisch gepolsterten Ledersessel. »Mir ist nur aufgefallen, um welch ein weibliches Wesen es sich dabei handelt. Um eines, das ich kenne. Rein zufällig.«
»Eine Studienkollegin von mir«, beeilte sich Boerner zu versichern. »Ein gewisses Fräulein Hädrich – Tochter irgendeines Beamten.«
Keller nickte zustimmend; um dann zu ergänzen: »Sie heißt Isabella mit Vornamen und ihr Vater ist Kriminaldirektor. Im Präsidium.«
»Das geht mich nichts an.«
»Seien Sie da nicht ganz so sicher, Heinz«, meinte Keller warnend. »Immerhin: diese Isabella ist ein sehr nettes, äußerst attraktives Mädchen, wenn Sie mich fragen.«
»Sie ist nicht nur das, sie hat sogar Gemüt. Auch sie macht sich Sorgen – und zwar Ihretwegen.«
»Gewiß doch nicht etwa, weil ich möglicherweise ihren Vater über die besonderen politischen Ambitionen seiner Tochter aufklären könnte? Das befürchten Sie doch wohl nicht, Heinz? Oder sollten Sie mich für einen Schwätzer halten? Ganz abgesehen davon, daß Isabellas Vater und ich schon seit geraumer Zeit nur noch schriftlich miteinander verkehren. Hört sich das nicht ganz gut an?«
»Sie haben offenbar mit der halben Welt Streit«, sagte Heinz nicht ohne Staunen. »Es ist, als suchten Sie ihn geradezu – sogar hier.«
»Ach, mein lieber junger Freund, sehen Sie das bitte so: zunächst war ich hier – erst danach kamen alle anderen. Aber wenn der Hofgarten in Zukunft zum Aufmarschgelände für Weltverbesserer werden sollte, müßte

ich mich wohl nach einem anderen halbwegs ruhigen Ort umsehen.«
»Genau das sollten Sie tun, Herr Keller, und zwar möglichst sofort! Auch Isabella ist dieser Ansicht – sie hat mich zu Ihnen geschickt.«
»Na, das freut mich aber!« Keller blinzelte Heinz Boerner interessiert an. »Das ist, für einen normalen Mitbürger, eine geradezu fürsorgliche Geste, für einen alten Kriminalbeamten aber eine Anregung, nach dem Warum zu fragen. Also – warum sind Sie besorgt um mich – was befürchten Sie? Beide?«
»Sie könnten sich, möglicherweise, von dem, was hier geschieht, herausgefordert fühlen, und eben das wollen wir nicht. Denn falls Sie sich hier einmischen...«
»Aber ich bitte Sie, Heinz! Jemand, der mich provozieren und dann sogar noch abdrängen könnte«, erklärte Keller fast behaglich, »der müßte wohl erst noch geboren werden.«
»Überschätzen Sie sich nicht!« sagte Heinz Boerner, offenbar ehrlich besorgt. »Schließlich sind Sie ein alter Mann.«
»Das ist relativ, Heinz.«
»Nur zwei, drei Leute, die sich von Ihnen herausgefordert fühlen, könnten genügen – und Sie landen in einem Krankenhaus.«
»Entweder ich – oder eben diese zwei, drei Leute. Nur wäre dann für sie nicht ein Krankenhaus die Endstation, sondern eine Gefängniszelle.«
»Sie sind offenbar völlig verbohrt. Sie halten allein Ihre Ansichten für maßgeblich.«
Keller lachte amüsiert auf. »Ich bin nun mal höchst eigensinnig, mit Wonne borniert und verkalkt – ein haltlos dahinsiechender alter Knabe. Kümmern Sie sich nicht um mich.«
Heinz Boerner sah Keller betrübt und bittend zugleich an. »Mutter hat einmal von Ihnen gesagt: wenn der alt wird, dann wie ein Fuchs, dessen Schlauheit nur noch zunimmt.«
»Ihre Frau Mutter hat mich durchschaut«, versicherte Keller erheitert.
»Ich vergeude offenbar meine Zeit mit Ihnen«, stellte nun der Jüngling Boerner fest.
»Stimmt genau, Heinz. Sie sollten sich Isabella widmen, sie könnte das nötig haben. Und für Sie wäre das vermutlich weit sinnvoller, als hier eines alten Knaben wegen Rätselspiele zu betreiben.«
Heinz Boerner entfernte sich, beherrscht von dem Gefühl, wieder einmal völlig sinnlos gegen massive Wände aus Vorurteilen angerannt zu sein. Was Keller genoß. Er fühlte sich gerne verkannt.
Ein erheiterndes Gefühl, für das Keller jedoch nur wenig Zeit blieb. Denn nunmehr erblickte er – nach Sabine und Anton suchend – zwei kräftige Männer, die nahezu feierlich auf ihn zuschritten. Beide waren von Übergröße, wohl auch Übergewicht und betont unauffällig gekleidet: Bank-

angestelltenhabitus. Sie gaben sich, mit spürbarer Mühe, solide, gelassen und gleichgültig.
»So was wie Sie«, rief ihnen Keller gedämpft entgegen, »hat mir hier in meiner Sammlung gerade gefehlt.«
Beide waren Kriminalbeamte der sogenannten ›guten alten Schule‹; verläßliche Befehlsvollstrecker, gut durchtrainiert, jederzeit voll einsatzbereit. Legionäre der Gerechtigkeit – der derzeitigen.
Der eine von ihnen war Keller schon mehrmals begegnet: Butand. Er gehörte zur Sonderkommission Zimmermann und hatte sich vielfach bewährt; wo er Posten bezog, war größtmögliche Sicherheit garantiert.
Aber eben dieser Butand sollte hier, in wenigen Minuten, seinem Tod gegenüberstehen. Was niemand ahnen konnte. Später freilich wurde behauptet: ein Keller hätte das ahnen müssen! Der andere der beiden Beamten, nicht weniger gewichtig, war ein gewisser Berg, ein nicht gerade vom Instinkt geleiteter Mann, nur auf Befehl, dann aber sicher reagierend. Auch er war, wie Keller mit schnellem Blick herausfand, unbewaffnet. Beide näherten sich dienstbereit, bauten sich dann vor ihm auf. »Wir sind hier nicht im Amt«, meinte Keller nachsichtig. »Setzen Sie sich zu mir.«
Was prompt geschah. Butand und Berg ließen sich rechts und links von ihm nieder. Sie registrierten: keine unmittelbar erkennbare Bedrohung. Und das veranlaßte sie dazu, sich halbwegs entspannt zurückzulehnen.
»Was verschafft mir die Ehre?« wollte Keller wissen. »Sollen Sie mich etwa bewachen? Und wer, bitte, hat das veranlaßt?«
Butand war der Wortführer, während Berg nur zustimmend zu nicken pflegte. Und Butand sagte: »Wir sind Ihnen zugeteilt worden, Herr Keller. Von Kriminalrat Zimmermann.«
»Ich habe niemanden angefordert, benötige also auch niemanden. Mit meinen Problemen werde ich selbst fertig.«
»Dieser Ansicht war Herr Kriminalrat Zimmermann auch«, versicherte Butand, während Berg, mit irritierender Ausdauer, zustimmend nickte. »Wir sind hier lediglich zu Ihrer Verfügung abkommandiert worden, Herr Keller.«
»Was praktisch heißt: wenn ich will, kann ich über Sie beide verfügen? Nach meinem Ermessen?«
»In jeder Hinsicht«, bestätigte Butand.
»Ahnen Sie vielleicht, was Zimmermann sich dabei gedacht haben könnte?«
Butand blickte verwundert. »Bin ich denn Gedankenleser – ausgerechnet bei Zimmermann? Oder gar bei Ihnen?«
Während Berg bieder erklärte: »Dienst ist schließlich Dienst! Was angeordnet wird, ist zu machen. Wo ist denn dabei irgendein Problem?«
Und nun verkündete eine röhrende Lautsprecherstimme den demonstrie-

renden Studenten: »Nur noch zehn Minuten bis zum Zeitpunkt Null.«
Schlesinger, Karl, war inzwischen – begleitet von Mucki Stein – beim Odeonsplatz angelangt. Mit ihr postierte er sich beim rechten Löwen der Feldherrnhalle und lauerte offenbar auf Kommendes. Zunächst jedoch mußte er registrieren: alles wirkte nahezu normal.
Denn der Verkehr lief, wie hier am Odeonsplatz üblich, recht zähflüssig. Weit mehr fahrende Autos als gehende Menschen; kaum mehr als fünf bis acht Dutzend Fußgänger bevölkerten den Platz, drängten also noch nicht über ihn hinaus, etwa die Fahrbahn blockierend.
Schlesinger sah besorgt auf seine Armbanduhr – um dann erleichtert festzustellen: mindestens noch zehn Minuten Zeit – plus weitere fünfzehn Minuten, die man Studenten zubilligen mußte: die unvermeidliche akademische Viertelstunde; selbst bei einer Demonstration.
»Was sollen wir hier?« wollte Mucki Stein gelangweilt wissen.
»Das wirst du schon noch merken«, versicherte ihr Schlesinger ermunternd. »Vermutlich bahnt sich hier so etwas ähnliches an, wie neulich beim Feilitzschplatz. Und das war doch nicht uninteressant – oder?«
Mucki Stein zeigte sich desinteressiert; sie versuchte ablenkende Vorschläge zu machen. Etwa: Besuch der Maxie-Boutique in unmittelbarer Nähe; dort neueste Kleider, soeben aus London eingetroffen, wunderschön schreiend bunt. Oder: Alexis' Inn, in der Passage, wo zu jeder Tageszeit Kaviar und Krimsekt genossen werden konnte. Dann aber auch: Barbaras Menshop, mit herrlich ausgefallenen Krawatten; sie hatte vor, ihm eine davon zu kaufen.
»Versuche gefälligst«, forderte Schlesinger sie barsch auf, »dich auch für andere, sozusagen höhere Werte zu interessieren. Also nicht nur für feine Fetzen, gutes Fressen und viel Ficken! Bilden solltest du dich, habe ich dir gesagt! Nur eine süße Doofe genügt mir auf die Dauer nicht; nicht bei all dem, was ich noch vorhabe. Darauf muß man sich einstellen. Weißt du wenigstens inzwischen, wer Karl Marx ist?«
»Klar!« rief sie aus, bereit, sich zu bestätigen. »Das ist der mit dem Kapital. Und Kapital ist immer gut.«
Hierauf antworten zu müssen, blieb Karl Schlesinger erspart. Er sah Walter Waldmann auf sich zukommen, den Chefreporter der Zeitung ›München am Morgen‹, abgekürzt ›MAM‹. Er war nicht zu übersehen; etliche seiner Artikel, etwa seine Serien »Hinter die Kulissen geblickt« oder »Geraubte Unschuld« waren es erst recht nicht. Trotz seiner Fettpolster war Waldmann von einiger Beweglichkeit; wenn auch zumeist schnaufend, was sich jedoch geradezu behaglich anhörte.
Walter Waldmann, kurz WW genannt, stets von irritierend munterem Wesen, eilte zu Schlesinger und Mucki die Stufen hinauf; es waren nur neun bis zum rechten Löwen der Feldherrnhalle. Bei ihnen angekommen,

fragte er: »Du hier?«
»Ganz zufällig«, versicherte Schlesinger gewinnend herzlich. Sie waren miteinander bekannt, fühlten sich sogar befreundet – von hundert mehr oder minder genossenen Vergnügungsveranstaltungen her. »Wir haben nur einen Spaziergang gemacht.«
»Eine Art Verdauungsspaziergang«, ergänzte Mucki Stein. »Auf so was muß man achten.«
»Haben Sie doch gar nicht nötig«, meinte WW, Mucki erfreut musternd, besonders ihre Hüft- und Brustpartie. »Bei uns in München sollte man einiges Holz vor der Türe haben, wenn man dem Volk gefallen will.«
»Kann sein«, stimmte Mucki zu. »Aber ich drehe demnächst einen internationalen Film – ›Die vor der Sintflut kommen‹. Und bis dahin muß ich noch ein, zwei Kilo abgenommen haben. Besonders hinten.«
WW zeigte sich animiert. »Das schaffen Sie bestimmt – geradezu spielend. Und falls Sie mal jemanden zum Spielen benötigen sollten...«
Schlesinger hielt es für geboten, ablenkend in Aktion zu treten. »Jedenfalls kamen wir rein zufällig hier am Odeonsplatz vorbei. Und ich meinte: hier scheint sich irgend etwas zusammenzubrauen. Oder sollte ich mich da irren?«
»Du irrst dich nicht«, bestätigte WW. Er genoß es stets, als informiert zu gelten. »Hier tritt irgendein studentischer Haufen in Aktion, einer von der lautstarken Minderheit, ganz links vermutlich. Mit einem Wort: eine solide Demonstration.«
»Wogegen denn – oder wofür?« Schlesinger gab sich uninformiert.
»Wogegen – alles! Wofür – kaum erkennbar! Bei diesen radikal-revolutionären Radaubrüdern ist so gut wie alles negativ. Hauptsache für diese Leute: sie behaupten möglichst lautstark gegen irgend etwas, gegen irgend jemanden zu sein.«
WW schwelgte schnell weiter in seinen Kenntnissen, die er für Erkenntnisse hielt: »Die sind einfach gegen alles. Was sich gerade anbietet. Etwa gegen den korrupten, imperialistischen US-Präsidenten; oder gegen den wohl sozialistisch getönten, aber nicht sozialbewußten deutschen Bundeskanzler; gegen angeblichen Rassenhaß, auch jetzt israelischen; gegen Luftverschmutzung durch konsumlüsterne Wohlstandsbürger; oder auch nur gegen die Anmaßung von Professoren, sich für Fachautoritäten zu halten, während sie in Wirklichkeit nur Fachidioten sind.«
»Scheußlich intolerant«, urteilte Schlesinger. »Und was versprechen sich diese Leute davon?«
»Sie machen Radau«, erklärte WW, der Chefreporter, sachverständig. »Und das genügt ihnen schon. Denn damit liegen sie durchaus richtig – bei einer gewissen Sensationspresse, bei fast allen Fernsehanstalten. Besonders diese Bilderlieferanten haben endlose Sendestunden auszufüllen,

greifen also alle sich anbietenden Außenseiterkrawalle mit Wonne auf, verbreiten sich darüber völlig ungehemmt, um nicht zu sagen: geil – die jubeln so was hoch!«
»Das«, mutmaßte Mucki Stein, »sind vermutlich ähnliche Schreihälse, wie neulich die bei der Premiere meines Films ›Eine wahre große Liebe‹. Einfach fürchterlich, wie die gebuht und gebellt haben; einer warf sogar mit rohen Eiern. Nach mir!«
Und zwar nicht ganz unberechtigt, dachte Schlesinger. Doch er unterdrückte die Versuchung, es auch zu sagen. Er schob Mucki Stein zur Seite, was sie sich auflachend gefallen ließ, und wollte von Waldmann wissen: »Aber du berichtest doch auch darüber?«
»Natürlich – so was ist schließlich Chronistenpflicht.« Walter Waldmann, also WW, schwebte sozusagen über allen Vorgängen dieser Art. »Ich werde mich selbstverständlich sehr kritisch damit auseinandersetzen. Im Dienst der Öffentlichkeit – und im Interesse unserer Stadt.«
»Im Interesse unserer Stadt?« fragte Schlesinger vergnügt. »Das hört sich gut an – aber was verstehst du darunter?«
»Indem wir Mißstände aufdecken, schaffen wir die Möglichkeit, sie zu beseitigen. So helfen wir mit, unsere Stadt – die wir doch wohl alle lieben, nicht wahr? – zu einem wohnlichen, sauberen und auch gemütlichen Gemeinwesen zu machen.«

Diese Stadt, in diesen Tagen – nach Meldungen aus Münchner Zeitungen:
»Urlauberwelle, zweite bis dritte, verursachte Stauungen in und um München. Mittlerer Ring völlig überlastet. Verkehr in der Innenstadt nur noch für intime Kenner der örtlichen Verhältnisse möglich.
Weitere Engpässe: Ausfahrt Autobahn nach Nürnberg und Salzburg. Dort über 25 000 Autos, zumeist im Schrittempo dahinkriechend. Vor dem Effnerplatz ein Stau von fast zehn Kilometern Länge. Die Zahl der alkoholbedingten Unfälle nahm innerhalb eines Jahres um 23 Prozent zu. Autofahrer vermochten sich, laut Befragung, mit den neuerbauten olympischen S- und U-Bahnen nicht zu befreunden. Sie halten ihrem Kraftwagen die Treue. Die Stoßzeiten in dieser Stadt: sieben bis neun, zwölf bis vierzehn, siebzehn bis neunzehn Uhr.
Ein Verkehrsexperte des Polizeipräsidiums hierzu: ›Während dieser Zeitspannen ist ein kleines Chaos jederzeit denkbar – dazwischen aber, unter Umständen auch.‹ «
Schlesinger wollte von WW weiter wissen: »Und was wohl, glaubst du, wird hier geschehen?«
»Das Übliche! Diese Horde wird den Odeonsplatz blockieren. Und damit den Verkehr lahmlegen – für etwa eine Stunde. Wie erst neulich beim

Feilitzschplatz. Mit den sattsam bekannten Parolen – stets am wirksamsten dabei: gegen unsere Polizei!«
»Was sie gewiß nicht verdient hat«, sagte Schlesinger einfühlsam.
Das bestätigte WW unverzüglich. Etwa: unsere Polizei – ein wahrer Freund und Helfer! Dann jedoch: unsere Polizei – mutwillig verkannt und hinterhältig verleumdet. Weiter: unsere Polizei – stets strebsam bemüht, doch völlig überfordert.
»Es müßte purer Selbsterhaltungstrieb aller bewußt Nichtkriminellen sein, sich mit unseren Beamten tatkräftig zu solidarisieren!«
»Haben diese Leute so was wie ein Spendenkonto?« wollte Schlesinger bereitwillig wissen. »Ein paar Tausender könnte ich für sie abzweigen.«
»Du hast die Zeichen der Zeit erkannt«, versicherte WW erfreut. »Ich werde das arrangieren – das mit der Spende. Etwa für Hinterbliebene von Polizeiopfern im Dienst. Möglicherweise springt dabei ein Foto heraus – du und der Präsident, bei Überreichung eines Schecks – Kennwort: Bürgerinitiative. Und das veröffentlichen wir dann.«
Schlesinger nickte dankbar. Dann sprach er eine sehr persönliche Einladung aus – zur internen Vorbesichtigung eines zu eröffnenden Lokals. Danach sagte er: »Da versuchen wir nun, eine freundliche, gesellige, allen Mitmenschen gefällige Welt aufzubauen. Und dann, mein Lieber, diese Leute!«
»Die zumeist schlecht riechen, auf deutsch: stinken«, ergänzte Mucki Stein.
Womit sie wohl sagen wollte: diese Leute haben kein Schwimmbad im Haus, keinen Pool im Garten, und wenn überhaupt, dann nur eine Badewanne neben der Küche, die sie kaum mehr als einmal wöchentlich benutzen, denn so was kostet Geld: Strom, Seife, Tücher. Mithin müssen diese Typen stinken.
»Drei Uhr«, bemerkte Schlesinger. Um alsbald erfreut feststellen zu können: der Odeonsplatz füllte sich immer schneller. Nun machten sich dort bereits zwei-, dreihundert junge Menschen breit. Sie strömten vom Hofgarten her auf das Hauptverkehrszentrum zu.
»In Kriminal- oder Aktionsfilmen«, erläuterte Waldmann, »ist dies der Augenblick, in dem zumeist Hindernisrennen oder Verfolgungsjagden beginnen. Aber unsere Polizei ist leider hoffnungslos überfordert, hat also anderweitig alle Hände voll zu tun. Ich bitte dich: zwei massive Raubmorde und ein krasser Kidnappingfall innerhalb von drei Tagen. Unsere Freunde und Helfer scheinen noch gar nicht erkannt zu haben, was sich hier zusammenbraut.«
»Aber du wußtest es. Rechtzeitig!« stellte Schlesinger wie bewundernd fest. »Woher?«
»Ich bin eben ein guter Journalist – einer der besten.« WW war da sehr

sicher. »Und ich habe Telefon!«
»Du bist also durch einen Anruf über diese Vorgänge im voraus unterrichtet worden?« Schlesinger gab sich höchst erstaunt. »Ist das nicht ungewöhnlich?«
»Nicht bei mir«, versicherte WW überzeugt. »Mir vertraut man. Ich habe selbst hartnäckigste Raubmörder dazu veranlassen können, mir ihre Memoiren zu diktieren.«
»Sie sollten mal einen Film für mich schreiben«, meinte Mucki Stein spontan.
Schlesinger griff die Anregung unverzüglich auf. »Das ist eine glänzende Idee! Darüber sollten wir uns gleich bei nächster Gelegenheit unterhalten.«
»Warum nicht«, meinte WW, der sich sichtlich geschmeichelt fühlte. »Von mir aus gleich heute abend – nachdem ich diese Burschen hier journalistisch verbraten habe.«

Der Mann namens Keller saß noch auf seiner Bank im Hofgarten. Links von ihm hockte Butand, der in jeder Hinsicht verwendbare Polizist; rechts Berg, wohltuend selbstverständlich befehlsempfangsbereit. In Rufweite vor ihm: Sabine, das Kind, und Anton, der Hund; beide trollten sich munter inmitten der Menschenansammlung. Alles schien ein vergnügliches Spiel zu sein.
Keller machte nahezu den Eindruck, einem angenehmen Nachmittagsschläfchen nicht abgeneigt zu sein. Vor sich hinblinzelnd, registrierte er jedoch:
Flugblätter, zu Hunderten gebündelt, wurden im Hofgarten verteilt – genauer wohl: herumgeworfen. Sie bedeckten bald die Gehwege, lagen auf dem Rasen herum, wirkten wie fahle Fremdkörper. Ihre Parolen – bevorzugt: ›Wir fordern!‹ – wurden jetzt auch tönend über Lautsprecher verkündet.
»Wir fordern Gleichberechtigung, Freiheit, Mitbestimmung. Wie im Grundgesetz garantiert!«
Zugleich kam es an mindestens zwei, drei erkennbaren Stellen zur Verwendung moderner Funksprechgeräte. Eine ziemlich aufwendige Angelegenheit das Ganze, sagte sich Keller; aber schließlich gab es auch unter den Studenten fortschrittsbewußte Sportwagenfahrer. Was sie nicht daran hinderte, antikapitalistische Empörungsschreie auszustoßen.
»Was für ein Lärm!« meinte der rechts von Keller postierte Berg. »Die toben sich wieder einmal aus! Für die ist immer Fasching – das ganze Jahr über. Die betreiben so was hingebungsvoller als ihr Studium.«
Butand, links von Keller, erkannte die sich nunmehr ergebende Situation klarer. »Die ziehen schon ab – in Richtung Odeonsplatz. Wir werden hier

bald völlig ungestört sein.«
Keller blickte nun aufmerksam um sich, auch zum hinteren Ende des Hofgartens hin – in Richtung der Armeemuseumsruine, die immer noch, nach nahezu dreißig Jahren, seit dem Ende des bisher letzten Weltkrieges ein langsam in sich zusammenfallender Trümmerhaufen war.
Von dort aus bewegte sich nun, die hier versammelte Herde antreibend, eine Art Stoßtrupp herbei: kaum mehr als drei, vier Dutzend Leute, rund ein Fünftel davon weiblich. Sie schwenkten Transparente, wirkten gut geordnet und reagierten zielsicher; sie gingen in Reihe vor. Sie rollten also sozusagen den Hofgarten auf und trieben die Versammelten vor sich her.
»Das«, stellte Butand staunend fest, »sieht ja geradezu nach Organisation aus.«
Und Berg fügte hinzu: »Vermutlich mischen sich da artfremde Elemente ein, die nutzen so was gern aus, um ihre Suppen zu kochen.«
»Empfehle Lektüre über Stadtguerillas, Kaderbildung und Schwerpunkteinsatz«, sagte Keller, nun sichtlich wieder wach geworden. »Entsprechende Veröffentlichungen sind in jeder guten Buchhandlung erhältlich. Daraus läßt sich entnehmen, verehrte Kollegen, was ein sogenannter harter Kern ist. Im Grunde nur ein kleiner Haufen scharfer Schäferhunde. Doch der treibt jede noch so große Politherde in die gewünschte Richtung. Ganz erstaunlich, wie diese jungen Leute bereits ihre Lektionen beherrschen.«
»Gehen wir, Herr Keller«, schlug Butand plötzlich dringend vor. »Hier könnte es gefährlich werden.«
»Nicht für mich«, sagte der alte, unendlich gelassene Mann. »Wohl aber möglicherweise für Kinder und Hunde.«
Er rief Sabine und Anton zu sich. Die eilten unverzüglich herbei und blieben erwartungsvoll vor ihm stehen. »Du solltest unseren Hund mitnehmen, Sabine – zu dir nach Hause; ich hole ihn dort ab. Herr Berg wird dich und Anton begleiten.«
»Erlauben Sie, bitte, Herr Keller«, sagte der andere der beiden Beamten, Butand also, »wir sind hier, um Sie persönlich zu schützen. Beide gemeinsam.«
»Versuchen Sie bitte keine Auslegung Ihrer Order, die mich zu einer Art Objekt degradieren könnte. Sie sind hier, um meinen Anweisungen zu folgen. Berg begleitet also Sabine und Anton – dabei nach halbrechts ausweichend, in Richtung Haus der Kunst.«
Diesem Befehl wurde nunmehr unverzüglich und wortlos Folge geleistet. Berg, als eine Art Geleitschutz deklariert, setzte sich unverzüglich mit Kind und Hund in Bewegung. Nach nur wenigen Minuten waren sie dem Aufmarschgelände entkommen.

Das Gedränge im oberen Teil des Hofgartens wurde nun immer dichter. Butand hatte erhebliche Mühe, eine Art Übersicht zu bewahren. Er gab den Versuch jedoch schnell wieder auf, war dann nur noch entschlossen, sich allein an Keller zu orientieren.
Dabei schob der ›harte Kern‹ der Demonstranten, also die eigentliche ›treibende Kraft‹ immer mehr auf sie zu. Erreichte sie schließlich. Schien bei ihnen Halt machen zu wollen. Eine Art Anführer – ein gewisser Aschaffenburg, wie sich später herausstellte – sah in Keller offenbar ein mögliches Hindernis. Er ging auf ihn zu und betrachtete ihn forschend. Breitbeinig dastehend wollte Aschaffenburg wissen: »Wen haben wir denn da?«
»Ich sitze hier – nur so«, antwortete Keller freundlich. »Gemeinsam mit einem Freund – was dagegen?«
»Immer wieder sitzen einige herum – nur so!« stellte Aschaffenburg mäßig belustigt fest. »Aber dies ist nicht die Zeit der festsitzenden Ärsche, sondern die der vorwärtsschreitenden Füße.«
»Bemerkenswert formuliert«, gab Keller zu. »Aber wohl nicht ganz vollständig, denn manche haben außerdem auch noch ein Hirn.«
Aschaffenburg blickte Keller sekundenlang ungläubig an; der vermutlich alte, irritierend harmlos wirkende Mann schien ihn zu beschäftigen. Das Rudel Gesinnungsgenossen neben und hinter ihm lachte rauh und drohte aktionsbereit näherzurücken.
Nun lachte auch Aschaffenburg, hell und amüsiert. »Warum kommen Sie nicht mit uns? So einer wie Sie hätte uns gerade noch gefehlt.«
»Ich würde auch sehr gerne demonstrieren«, versicherte Keller nahezu ernsthaft. »Es gibt eine Menge Mißstände, die dazu herausfordern. Wo aber, bitte, soll man da anfangen?«
»Irgendwo, Mann! Und jeder Anfang ist gut.« Aschaffenburg erklärte das bemüht mitreißend. »Also los, alter Herr! Hier geht es um eine gerechte Sache.«
»Was ich gar nicht bezweifeln will – aber doch wohl nicht um meine Sache. Denn ich bin kein Student, was Sie vermutlich erkannt haben werden.«
»Nun gut – Sie sind ein Witzbold.« Aschaffenburg lachte abermals. Und nun lachte seine Meute mit – eine solche kuriose Abwechslung war ihnen willkommen, zumal sie noch Zeit hatten, mindestens fünf bis acht Minuten. »Aber eine Art Kapitalist sind Sie doch wohl kaum?«
»Das nicht«, bestätigte Keller blinzelnd. »Aber wenn ich Sie richtig verstehe, sind Sie für Mitbestimmung. Das ist gut. Aber eben nicht auch gleich für mich. Denn ich, müssen Sie wissen, bin tatsächlich eine Art Unternehmer – nur eben ein Ein-Mann-Unternehmen. Also bestimme ich allein über mich selbst.«

Aschaffenburgs Wohlgefallen an diesem seltsamen Zeitgenossen nahm rapide zu. »Sie«, versicherte er, »müßten eigentlich unser Mann sein – warum machen Sie nicht mit?«
»Die Zeit drängt!« rief einer seiner vorwärtsstrebenden Gesinnungsfreunde.
Und ein anderer sagte: »Lassen wir uns nicht aufhalten, jedenfalls nicht durch einen senilen Politclown.«
Doch Aschaffenburg schien sich von Keller nur schwer trennen zu können. Er nickte ihm zu und sagte: »Hoffentlich begegnen wir uns noch mal!«
Dann eilte er vorwärts – von seinen von ihm in Bewegung gesetzten Freunden zum Odeonsplatz hin mitgerissen. Er winkte Keller zu. Seine Antwort vernahm er nicht mehr. Sie lautete: »Hoffentlich nicht.«
Butand, der geduckt neben Keller saß, sagte: »Eine völlig entfesselte Meute! Wild nach dem, was sie für ihre Wahrheit halten. Dafür gehen sie womöglich über Leichen, zum Glück nicht gleich auch über die Ihre. Das hätte mir das Präsidium, speziell Kriminalrat Zimmermann, niemals verziehen.«
Keller winkte lächelnd ab. »Alles ist relativ«, bemerkte er. »Wie von Einstein festgestellt. In dieser unserer Welt existiert keine größere Geschwindigkeit als die des Lichts. Woraus sich zwangsläufig zu ergeben scheint: unser Dasein könnte dennoch berechenbar sein – selbst bei noch so absurd erscheinenden kriminalistischen Konstellationen. Was praktisch wohl heißt: es müßte gelingen, unsere Welt in den Griff zu bekommen.«
Butand blieb gelassen. Schließlich kannte er Keller schon mehrere Jahre – und damit auch seine Vorliebe für verwirrende Formulierungen. An die man sich wohl gewöhnen mußte. Zumal Keller jetzt, wie von einem Logenplatz aus, den abschließenden Akt eines Schauspiels interessiert zu betrachten begann.
Keller registrierte: dieses Politrudel, der ›harte Kern‹, trieb die versammelte Demonstrationsherde weiter vor sich her, in Richtung Odeonsplatz – munter, zielstrebig, mit gutem Erfolg. »Die verstehen ihr Geschäft«, stellte er anerkennend fest.
Dabei erblickte er einen einzelnen Menschen, der gleichfalls aus der Richtung Heeresmuseumsruine herankam und ganz gemächlich durch den immer leerer werdenden Hofgarten spazierte – unmittelbar hinter der Antriebskolonne des Aschaffenburg einhertrottend.
»Sehen Sie sich diesen Herrn mal an«, empfahl Keller dem Kriminalbeamten Butand.
»Eine Art Handwerker«, stellte Butand sachverständig fest. »Mit einem Werkzeugkasten – einem für Schlosser, Elektriker, Installateure, schätze

ich.«
»Und mit Handschuhen«, fügte Keller bedächtig hinzu.
»Was neuerdings, auch bei Handwerkern, gar nicht so unüblich sein soll«, meinte Butand leicht belustigt. »Die Herren wollen sich die Hände nicht unnötig schmutzig machen. Schließlich sind sie keine Arbeiter mehr, sondern lebensnotwendige Dienstleistungsbetriebsangehörige. Die haben erkannt, was sich mit dem schönen alten Sprichwort – ›Handwerk hat einen goldenen Boden‹ – heutzutage anfangen läßt. Erst neulich hat mir mein eigener Schwager für das Abdichten einer Wasserleitung...«
»Sie sind nicht bewaffnet«, sagte nun Keller mit plötzlichem Entschluß.
»Um so vorsichtiger werden Sie also sein, Butand – ich empfehle es Ihnen.«
»Soll ich etwa?«
»Sie sollen nichts. Zumindest dürfen Sie nichts unternehmen, was Sie in Gefahr bringen könnte«, stellte Keller lapidar fest. »Aber ich meine, Sie sollten diesem Handwerker nachspüren.«
Das war eine Anweisung, die einem Todesurteil gleichkam. Was niemand auch nur zu ahnen vermochte. Doch wieder einmal sollte es bald danach heißen: wo ein Keller ist, das sind auch Leichen. Wie unvermeidlich.
»Dann muß ich also wohl«, sagte Butand und stand entschlossen auf.
»Doch mit äußerster Vorsicht, Herr Kollege! Sie dürfen nur beobachten. Vermeiden Sie es unter allen Umständen, direkt in Aktion zu treten – egal, was passiert.«

Karl Schlesinger wurde vorübergehend abgedrängt, und mit ihm auch Mucki Stein; dazu Walter Waldmann, also WW, der Journalist. Die plötzlich auf sie zubrodelnde Menschenmenge schob sie von der oberen Plattform der Feldherrnhalle hinunter, auf den Odeonsplatz zu. Doch dann drängten sie sich wieder aufwärts, abermals zum rechten Löwen hin. WW ihnen voraus, mit dem Ausruf: »Presse!«, der respektiert wurde.
»Die haben nach mir gegriffen!« rief Mucki Stein aus, gurrend empört. »Mit Vorliebe – unten!«
»Die Gelegenheit war eben günstig«, meinte WW schnaufend. »Nehmen Sie es als Kompliment. Mir jedenfalls hat kein Schwuler zwischen die Beine gelangt, was bei diesem Gedränge ohne weiteres zu machen gewesen wäre.«
Und Karl Schlesinger sagte: »Welch ein einzigartiger Anblick.«
Dabei wies er, WW fast umarmend, mit großer Geste um sich. Vor ihm, zu seinen Füßen, ein Gewimmel aus Menschenleibern: Hunderte und Aberhunderte. Lärmend und lachend. Sie blockierten die große Kreuzung und zwei Fahrbahnen. Aschaffenburg war dabei erkennbar der Mittelpunkt.

Ein Mikrofon wurde ihm hingehalten, von einem weiblichen Wesen, das später als Isabella Hädrich auszumachen war, die Tochter des Kriminaldirektors. Und dieses Mikrofon war an eine äußerst leistungsfähige Verstärkeranlage angeschlossen, die der populären Pop-Gruppe ›Underground-Heroes‹ gehörte.
Weithin vernehmbar – bis zum Siegestor und zum Marienplatz hin – verkündete Aschaffenburg: »Dies ist eine friedliche Kundgebung! Wir sind nur hier, um unsere Forderungen anzumelden. Wir fordern Mitbestimmung! Ein gemeinsames gleichberechtigtes Forum, gebildet aus Studenten und Professoren, zu gleichen Teilen. Mehr fordern wir nicht!«
»Dieser Junge«, rief Schlesinger spontan aus, »ist geradezu Gold wert!«
»Finde ich nicht unbedingt«, meinte Mucki Stein, auf ihre Weise sachverständig. »Sein Hintern ist zu dick, sein Gesicht wirkt schwammig, seine Haare sind ungepflegt. Als sonderlich leistungsfähig – in bestimmter Hinsicht – kann ich ihn mir kaum vorstellen.«
Und WW fragte besorgt: »Wo bleibt denn unsere Polizei? Hier ist der Verkehr völlig lahmgelegt, alle Zufahrtsstraßen sind blockiert – und niemand unternimmt was dagegen! Das werde ich in meinem Artikel bestimmt ansprechen.«
»Freunde«, rief nun Aschaffenburg in sein Mikrofon hinein, und seine Worte hallten über den Platz, durch die Straßen, waren noch bei der Frauenkirche vernehmbar. »Räumt die Fahrbahnen! Behindert nicht den Verkehr! Laßt die heiligen Blechkühe unseres Fortschritts durch – ihre Zeit ist sowieso bald abgelaufen.«
Freudiges, vielfaches Zustimmungsgeschrei ertönte. Die blockierten Kraftfahrer begannen zu hupen. Ein betäubender, doch alsbald ungemein gleichförmig wirkender Höllenlärm erhob sich – hielt an.
Und mitten darin – wie ein störendes akustisches Element – ein paar scharfe, kurze, trockene Knallgeräusche. Wie Schüsse. Vielleicht nur von kochenden, detonierenden Auspuffgasen erzeugt. Innerhalb von zwei, drei Sekunden.
Dann dominierte schnell wieder die von Menschen und Fahrzeugen erzeugte Lärmorgel.
Im Hofgarten saß Keller immer noch auf seiner Bank. Es schien, als versuche er seine Lektüre wieder aufzunehmen, die wohltuende Menschenleere um sich zu genießen. Doch er lauschte, mit fast geschlossenen Augen, vor sich hin.
Er versuchte, die nunmehr etwa zweihundert Meter entfernten Lärmquellen zu analysieren, die jedoch, da von einer Häuserreihe abgetrennt, wesentlich weiter entfernt zu sein schienen. Nur eine akustische Täuschung, der Keller nicht erlag. Selbst dabei noch vermochte er zu unterscheiden: Menschenlärm, wenn auch mehr munterer, nun jedoch ver-

mengt mit Motorengebrüll: dumpf, röhrend, spuckend, ratternd, fauchend. Ein Großstadtinferno – ein zeitgemäßes Vorhöllenspektakel. Und dabei nicht ungeschickt, dieser Jüngling, der Aschaffenburg hieß, stellte Keller fest; der war geradezu begabt. Der wußte noch, was wirksame Gemeinplätze waren. Nun brauchte er nur noch – wie einstmals und immer wieder – an die schönen, großen Menschheitsgefühle oder an den Fortschritt durch revolutionären Schwung zu appellieren, um freudige Zustimmung zu erlangen.
Doch dann vernahm der intensiv vor sich hinlauschende Keller mitten in diesem motorisierten Geräuschgebrodel zwei, drei kurze, helle, scharfe Geräusche. Alarmierend deutlich. Er schnellte hoch.
Wie ein Wiesel setzte er sich in Bewegung, sein Buch in den Händen. Er eilte quer über den Rasen, Blumenbeete und eine fast einen Meter hohe Hecke überspringend, in Richtung der Häuserreihe rechts, unmittelbar hinter den seitwärts der Ludwigstraße gelegenen Arkaden.

Keller hierzu später in einem Gespräch mit Kriminalrat Zimmermann im Polizeipräsidium:
»Woher diese Geräusche kamen, also aus welcher Richtung, war einigermaßen auszumachen. Ich wußte sofort, was diese kurz aufbellenden Töne bedeuteten: Schußwaffengebrauch – vermutlich Pistole.
Ich stürzte also davon – zu den Häusern rechts vom Haupteingang des Hofgartens. Denn da diese Schüsse für mich deutlicher als der ganze sonstige Lärm zu vernehmen gewesen waren, mußten sie vor den Häusern produziert worden sein. Also dort, wohin ich mich in Bewegung setzte. Dabei versuchte ich mir alle Gebäude vorzustellen, an denen ich so oft mit Anton vorübergegangen war: ein mittelbürgerliches Massenabspeisungslokal; ein der angeblich künstlerischen Pornographie zugeneigtes Filmtheater; ein Modefriseur; eine Kunstwarenhandlung; noch ein Modegeschäft. Alle bemüht zeitgemäß, also anpassungsfähig. Dann aber – eine Bank!«
Keller stürzte in die Bank, kam durch den hinteren Eingang in die Schalterhalle. Marmorbekleidete Wände, vornehm zurückhaltende Farben, viel Glas. Bayerischer Bankverein – BBV – »die Bank, der Sie vertrauen können«. Irgendeine Filiale oder Zweigstelle; allein in dieser Stadt gab es mindestens fünfzig davon.
Und darin: Menschen – ein, zwei Dutzend nur. Sie waren sichtlich verstört; schutzsuchend an die Wände geflüchtet, starrten sie auf einen Mann, der mitten im Raum lag. Der erschien klein, verkrümmt, unendlich hilflos. Blut sickerte aus ihm hervor.
Es war Butand.
Keller eilte auf ihn zu, kniete vor ihm nieder, beugte sich über ihn. Ohne

ihn zu berühren, erkannte er seinen Zustand. Der Mann war lebensgefährlich verwundet worden – offenbar von mehreren Kugeln getroffen. Anzunehmende Verletzungen: Brust, linker Teil; Bauch, Mitte. Butands sonst so kraftvoll-männlich wirkendes Gesicht schien nun das eines hilflosen Kindes zu sein.

Keller richtete sich auf und ordnete mit heller, ganz klar und deutlich klingender Stimme an: »Niemand verläßt diesen Raum. Jeder hält sich möglichst dort auf, wo er sich im Augenblick des Überfalls befunden hat. Die Polizei ist zu alarmieren – falls das nicht schon geschehen ist. Nun aber mit dem Zusatz: ein Schwerverwundeter. Ein Krankenwagen ist erforderlich. Die notwendige Erste Hilfe leiste ich – alle vorhandenen Verbandkästen zu mir.«

2 Fragwürdig ist so gut wie alles

Der Polizeipräsident hatte unverzüglich mit einigen seiner wichtigsten Beamten eine Art »kleinen Krisenstab« gebildet: führende, bewährte, verläßliche Leute. Dabei Hauptmann Kramer-Marein, Verkehr; Hauptmann Sonnenholzer, Sondereinsätze und Funkstreifen; Kriminaldirektor Hädrich, Chef aller Kriminaldienststellen; Kriminalrat Zimmermann, Leiter der Sonderkommissionen.
Der Polizeipräsident: »Wir haben es hier, meine sehr verehrten Herren Kollegen, offenbar mit einem recht bedenklichen Vorgang zu tun, der unangenehme Folgen zeitigen könnte. Eine unangemeldete Demonstration, die eines unserer Verkehrszentren blockiert. Ohne daß es rechtzeitig erkannt wurde!«
Hauptmann Kramer-Marein: »Die unvorhergesehene Unterbrechung des Verkehrs, Schwerpunkt Odeonsplatz, begann etwa gegen 14 Uhr 50, konnte aber bereits um 15 Uhr 35 als beendet angesehen werden. Sie war also nicht von besonderer Dauer. Außerdem erfolgte die Behinderung glücklicherweise nicht zu einer der Hauptverkehrszeiten.«
Hauptmann Sonnenholzer: »Die ersten Funkstreifenwagen waren bereits kurz vor 15 Uhr im Einsatz; die ersten Alarmeinheiten trafen gegen 15 Uhr 15 ein. Dabei kein erkennbarer Widerstand. Es gelang, die Ansammlung schnell zu zerstreuen.«
Der Polizeipräsident: »Sagten Sie, Herr Hauptmann: die ersten Funkstreifenwagen wären bereits kurz vor 15 Uhr eingesetzt worden? Haben Sie sich falsch ausgedrückt, oder bin ich da einem Irrtum erlegen?«
Hauptmann Sonnenholzer: »Weder – noch, Herr Präsident. Daß wir gerade noch rechtzeitig über diese Vorgänge unterrichtet wurden, ist einem Kollegen von der Kripo zu verdanken, der sich zufällig im Hofgarten aufhielt. Oberinspektor von Gotha machte uns darauf aufmerksam, und wir konnten alles Notwendige organisieren.«
Der Polizeipräsident war ein hellwacher, schnell reagierender Beobachter. Er blickte zu Kriminaldirektor Hädrich hinüber und sah ihn unruhig werden. Kriminalrat Zimmermann bot unverzüglich den wohl notwendig gewordenen Ausweg an: »Nähere Einzelheiten darüber, Herr Präsident, im internen Arbeitsbericht.«
Der Polizeipräsident nickte schnell zustimmend. Er schien es plötzlich sehr eilig zu haben. »Demonstrationen, gleich welcher Art, zumal von Studenten, und ob nun genehmigt oder nicht, sind an sich nichts Beson-

deres – daran hat sich unsere Öffentlichkeit bereits gewöhnt. Auch an kleine oder größere Verkehrsunterbrechungen; eine halbe Stunde ist dabei keine Zeitspanne, über die sich irgend jemand aufregen wird. Vorausgesetzt: man findet nicht zugleich auch einen Grund, sich über die Polizei aufzuregen.«
Die beiden Hauptleute – Verkehr und Funkstreifen – nickten zustimmend. Der eine sagte: »Die Schnelligkeit, mit der unsere Leute diese Störung behoben haben, war beispielhaft.« Der andere fügte hinzu: »Sehr bemerkenswert auch die fast völlig gewaltlose Auflösung dieser Demonstration; drei unserer Beamten wurden verletzt, davon zwei nur leicht.«
»Gut«, bestätigte der Polizeipräsident. »Das hört sich überzeugend an. Bereiten Sie sich dennoch darauf vor, daß sich die eine oder andere Zeitung für diese Vorgänge interessieren könnte. Sollte dies der Fall sein, geben Sie jede gewünschte Aufklärung, so überzeugend wie nur irgend möglich.«
Der Präsident blickte besorgt in die Runde. »Schließlich können wir uns in unserer derzeitigen Situation kaum noch heikle Mißverständnisse leisten. Erst vorgestern diese scheußliche Kindesentführung, gestern dieser dreifache Familienmord – und dann heute dieser brutale Bankraub. Dabei ein Schwerverletzter. Und die erbeutete Summe: vermutlich eine halbe Million. Das, meine Herren, kann ein verdammt heißer Sommer werden, wenn es so weitergeht.«
Womit er die beiden Hauptleute, Verkehr und Funkstreifen, mit herzlichem Händedruck entließ – und gleichzeitig seine leitenden Kriminalbeamten aufforderte, noch zu verweilen, zwecks angekündigtem internen Arbeitsbericht.
Als er mit Hädrich und Zimmermann allein war, fragte er höflich, aber auch vorsichtig: »Wie war das, bitte, mit dem Oberinspektor von Gotha? Warum hielt er sich während seiner Dienststunden im Hofgarten auf?«
Hädrich zeigte sich uninformiert. Doch Zimmermann erklärte: »Ein Zufall. Herr von Gotha ist derzeit bei mir mit einem Mordfall beschäftigt; Schwerpunkt: Kriminaltechnik. Er suchte im Hofgarten unseren Herrn Keller auf, um ihn um ein Gutachten zu bitten.«
»Das scheint wohl unvermeidlich zu sein«, kommentierte Hädrich wenig begeistert. »Nur weiter so, und dieser Keller wächst sich hier noch zu einer Pythia aus.«
Daraufhin warf der Polizeipräsident überzeugt, aber vorsichtig ein: »Wir können es uns kaum leisten, auf die einzigartigen Kenntnisse dieses Mannes zu verzichten.«
Hädrich blickte starr vor sich hin. Der Polizeipräsident betrachtete seine Hände; sie wirkten äußerst gepflegt.
Zimmermann berichtete weiter: »Der Kollege von Gotha hatte den Auf-

trag, Herrn Keller amtliche Unterlagen vorzulegen. Dabei fiel ihm diese ungewöhnliche Ansammlung im Hofgarten auf, und er unterrichtete mich darüber. Ich verständigte die Funkstreifenzentrale und ordnete zusätzlich persönlichen Schutz für Keller an.«
»Einen Sondereinsatz – für einen einzelnen Mann?« fragte Hädrich gedehnt.
»Ja, ja, schon gut«, sagte der Polizeipräsident drängend. »Durchaus in meinem Sinne. Und was geschah weiter?«
»Den persönlichen Schutz übernahmen zwei Beamte. Und zwar die Assistenten Berg und Butand.«
»Nein!« rief nun Kriminaldirektor Hädrich ungläubig aus. »Das darf doch nicht wahr sein!«
»Und warum nicht?« Der Präsident lehnte sich zurück, als ahne er instinktiv, daß nunmehr Abstand dringend geboten sei. »Was macht Sie dabei so besorgt, Herr Kollege?«
»Der beim Bankraub aufgefundene schwerverletzte Mann«, berichtete Hädrich, »war unser Kriminalassistent Butand. Also der gleiche Butand, der zu Herrn Keller abkommandiert worden war. Aber wie, so muß ich mich nun fragen, kommt der eine zum anderen?«
Der Polizeipräsident erhob sich schroff. »Bitte, klären Sie das unverzüglich, mit allen Einzelheiten! Untereinander. Danach erstatten Sie mir Bericht, möglichst beide gemeinsam.« Der Präsident erkannte das äußerst Heikle dieser Situation sofort: die niemals ganz ungefährliche Vermischung von exakter Dienstausübung und privat erscheinender Initiative. »Ich möchte Sie bitten, mich mit willkürlichen, also ausdeutungsfähigen Halbheiten zu verschonen.«
Doch bevor sich noch Kriminaldirektor Hädrich und Kriminalrat Zimmermann von ihrem Präsidenten verabschieden konnten, stürzte Kriminaloberrat Schulz, der Leiter der Präsidialkanzlei, in den Raum und berichtete, ohne seine Erregung verbergen zu können: »Die Kidnapper haben sich gemeldet, sie verlangen eine Million.«
»Eine glatte Unverschämtheit!« stellte der Präsident spontan fest.
»Eine glatte, runde Summe!« meinte Kriminalrat Zimmermann robust.
Und Hädrich, der Kriminaldirektor, stellte fest: »Die Kerle werden langsam größenwahnsinnig.«
»Das ist doch selbstverständlich – in dieser total versauten Zeit!« Zimmermann war sicher, sich nicht zu irren. »Früher gab es Kriminelle, die sich als eine Art Berufsgruppe verstanden wissen wollten, aber das scheint langsam auszusterben. Was nun in Erscheinung zu treten versucht, sind ganz schnelle, brutal radikale Geldmacher. Äußerst entschlossene Inkassounternehmer, ob nun bei Banküberfall oder Kidnapping.«
»Diesen Kidnappingfall bearbeite ich persönlich«, erklärte Hädrich so

souverän, als wäre damit bereits alles gesagt. Doch Kriminaloberrat Schulz berichtete: »Dafür zuständig gemacht hat sich jetzt auch noch ein Rechtsanwalt namens Messer.«
»Bekannt«, bestätigte Hädrich ein wenig mühsam.
»Bekannt auch mir«, stellte der Präsident beunruhigt fest.
»Wem denn in unserer Branche nicht?« sagte Zimmermann gelassen. »Dieser Messer ist alles andere als ein bequemer Zeitgenosse; ein Mann voller Tricks, einfallsreich, unbedenklich provozierend. Wenn uns einer wirklich Schwierigkeiten machen kann, dann der. Dagegen müssen wir schnellstens was unternehmen. Und ich kenne eigentlich nur einen, der selbst mit dem fertig werden könnte.«
»Doch nicht etwa Keller?« fragte der Präsident. »Ist der denn wirklich unvermeidlich?«
Sein Kanzleichef Schulz berichtete weiter: »Rechtsanwalt Messer ist von den Eltern des entführten Kindes beauftragt worden, jede verlangte Summe zu zahlen. Und zwar ohne Einschaltung, vielmehr unter weitmöglicher Ausschaltung der Polizei. Was zu reichlich heiklen Situationen führen muß.«
Der Polizeipräsident: »Das, Herr Kollege Hädrich, ist Ihr spezieller Fall und soll es auch bleiben. Dennoch möchte ich Sie fragen: hätten Sie irgend etwas dagegen, wenn Herr Keller zusätzlich gebeten wird, sich mit diesem Rechtsanwalt Messer zu beschäftigen?«
Der Polizeipräsident war höchst erfreut, seinen Kriminaldirektor eindeutig zustimmend nicken zu sehen, so gut wie ohne jedes Zögern. »Warum nicht? Mir ist jeder willkommen, der mithilft, diese Kidnapper aufs Kreuz zu legen. Wo steckt denn unser alter Mann?«
»Herr Keller«, konnte Zimmermann berichten, »hält sich zur Zeit im Krankenhaus rechts der Isar auf. Er hat dem schwerverwundeten Butand Erste Hilfe geleistet und ihn dann dorthin begleitet.«
Der Polizeipräsident: »Herr Keller wird also gebeten, sich mit Rechtsanwalt Messer zu beschäftigen. Und zwar in direktem Einvernehmen mit Ihnen, Herr Hädrich. Sie, Herr Zimmermann, überwachen die angelaufenen Recherchen, den Bankraub betreffend; die beaufsichtigen Sie also gewissermaßen direkt, aber ohne die bisher dort eingesetzten Beamten zu entlasten.«
»Verstehe«, sagte Zimmermann nahezu dankbar. Damit war ihm zugleich auch die Untersuchung über das Zusammenspiel Keller-Butand zugeschoben worden. Ein möglicherweise ganz heißes Eisen! Doch er war wohl der richtige Mann dafür, in einen solchen Fall eine kühle, sachliche Atmosphäre hineinzubringen.
»Berichte darüber an mich«, ordnete der Polizeipräsident abschließend an. »Sie können mich Tag und Nacht erreichen. Falls Situationen eintre-

ten sollten, mit denen Sie nicht allein fertig werden. Was ich aber nicht annehme.«

An diesem Tag, gegen Abend, wurde das Restaurant ›Provence rustica‹ offiziell eröffnet. Es befand sich in der Ohmstraße; nahe Schwabing-Mitte. Eine Edelholztür – dann eine Eichentreppe abwärts in ein Kellergewölbe.
Dort vorzufinden: Feldsteinwände, Steinfliesen, Holztische, Holzsessel, schwere rotgrüngestreifte Leinendecken – alles garantiert in der Provence eingekauft, in Nîmes, Aix und Avignon. Dezente Beleuchtungskörper, Kneipenlampen, zwischen Spiegel, Tüllschleier und Fischernetze montiert.
»Wie von Cézanne persönlich entworfen«, schrieb Argus, der beliebte, bewährte Gesellschaftsberichterstatter. »Alles denkbar exklusiv.«
Sich dort alsbald versammelnd, herandrängend, herumwimmelnd: ein Großteil der sogenannten Elite dieser Stadt. Also: zwei Schlagersängerinnen, Katja und Peggy; Schlagersänger gleich drei: Udo, Vittorio und Michael. Drei Gesellschaftskolumnisten mit Anhang, halbweltweiblich; diverse Schauspieler, einer Staatstheater, drei Kammerspiele; zwei davon wenigstens einmal in der bundesdeutsch erfolgreichsten Fernsehserie ›Der Kommissar‹ beschäftigt, also prominent. Weiter etwa vier zeitgemäße Präsentierdamen, also Fotomodelle und Mannequins, von einem vielfachen männlichen Gefolge begleitet.
»Mannequins sollte man ermorden, möglichst mit vergoldeten Messern«, scherzte Schlesinger, hier Charlie oder auch Carlos genannt. »Aber völlig ausrotten könnte man sie dennoch nicht, weil es nämlich viel mehr Mannequins als Mörder gibt. Woran man wieder einmal mehr erkennen kann, daß diese Welt nicht im Gleichgewicht ist.«
Mucki Stein, dicht neben ihm, lachte freudig erregt auf. »Das sind doch nichts als Nutten – und ziemlich schäbige noch dazu. Besonders die, die sich neulich nachts bei dir zu betätigen versucht hat – nicht nur in deinem Bett, auch an deinem Schreibtisch. Die hat da herumgewühlt, und dabei habe ich sie erwischt – diese Evi, eine Miss Europa aus dem vorigen Jahrhundert. Angeblich suchte sie nach Zigaretten.«
»Wollte sie etwa telefonieren?« fragte Schlesinger plötzlich höchst aufmerksam.
»Die fummelte überall herum. Vermutlich wollte sie dich beklauen, während du gepennt hast – vollgesoffen und verrammelt!«
»Mich beklaut niemand«, sagte Schlesinger nun wieder bemüht lässig. »Bei mir hat alles seinen Wert, also seine Preise, und überzahlt wird dabei keiner. Wenn Evi, diese sogenannte Schönheitskönigin, sich zufällig bei mir aufgehalten hat, so doch wohl nur, weil du gerade von einem anhal-

tenden Durchfall abgehalten wurdest. Aber mehr als zweihundert Mark pro Nummer ist die kaum noch wert. Ich kenne Leute, die so was als Trinkgeld geben.«

»Bevorzugt an Kellner«, scherzte Mucki, »die einen schönen Hintern haben.«

»Du entwickelst langsam einen brauchbaren Sinn für Unterschiede«, bestätigte ihr Schlesinger. »Du machst Fortschritte. Dieses Leben ist nichts weiter als ein kalkulierter Geschäfts- und Geschlechtstrieb.«

Sexualleben – an diesem Tag – in München, soweit öffentlich registriert: »Masseusen verdienen täglich bis zu 300 Mark! Hierzu erklärte eine gewisse Julischka aus Budapest dem zuständigen Richter: ›Bei mir nur Gesundheitsmassage! Aber: wenn sich die Herren dann noch nicht wohl fühlten, gab's auch Sex!‹

27 Massagesalons, seit Beginn dieses Jahres, offiziell geschlossen – auf Antrag der Staatsanwaltschaft. Weitere zwei bis drei Dutzend betriebswirksam blockiert – durch zugreifende Untersuchungen der Kripo, Dezernat Sitte. Gesamtzahl dieser Unternehmungen wurde auf zweihundert geschätzt. Ein Massagesalonbesitzer, 40, wurde zu drei Jahren Freiheitsstrafe verurteilt. Er hatte fünfzehn- und sechzehnjährige Schülerinnen beschäftigt. Ein anderer, ein Expolizist, 34, behauptete vor Gericht: ›Ich wollte Zuhältern und Erpressern eine Falle stellen.‹ Konkurrenzunternehmer hätten neben der Eingangstür seines Instituts in roter Farbe hingepinselt: ›Puff‹. Auch: ›Saustall‹. ›Diese Schmierer wollte ich entlarven.‹ Ein Jurastudent, 23, als Zuhälter überführt, behauptete: ›Irgendwie mußte ich mir schließlich mein Studiengeld verdienen!‹ Er hatte seine Schwester, seine Verlobte und auch seine Mutter dafür eingespannt. Sein abschließender Kommentar: ›Erst befreite Sexualität macht die uns garantierte Freiheit glaubhaft. Wer will da als rückständig gelten?‹«

Hierzu Kriminalkommissar Krebs, Chef des Dezernates Sitte: »Wer sich mit so was abgeben muß, hat stets auf das Extremste gefaßt zu sein. Aber wer, bitte, kann das wirklich, mit auch nur einiger Vollkommenheit?«

Keller, der Kriminalbeamte außer Dienst, hockte am Sterbebett seines Kollegen Butand und betrachtete ihn mit unendlicher Ausdauer. Unmittelbar hinter ihm stand eine Krankenschwester. In Türnähe hielt sich ein Arzt auf. Butand stöhnte vor sich hin, mit geschlossenen Augen und weit klaffendem Mund.

»Wann«, fragte Keller den Arzt, »werden Sie operieren?«

»Vermutlich gar nicht«, bekannte der.

»Sie haben ihn aufgegeben?«

»Wir warten darauf, daß sich sein Zustand bessert, ein wenig nur. Erst dann können wir einen Eingriff wagen.«

Der Arzt hieß Dr. Lobner; er war der Sohn des Gerichtsmediziners Professor Lobner, einer Weltkapazität – einer der wenigen Freunde von Keller. Nur deshalb durfte sich der große, alte Mann hier aufhalten.
»Ich habe Ihren Kollegen«, sagte der Arzt, »zunächst betäubt, dann durchleuchten lassen, dann wieder betäubt, mehrmals, um seine Schmerzen zu lindern.«
»Sie haben nicht viel Hoffnung?«
»So gut wie keine«, bekannte Dr. Lobner ergeben. »Nur noch ein Wunder könnte hier ein Überleben bewirken.«
»Es gibt Wunder!« behauptete Keller suggestiv.
»Durchaus«, bestätigte der Arzt. »Sogar in den Bereichen der Kriminalistik, weil es dort, sagt mein Vater, Menschen gibt wie Sie. Aber es mag ja sein, daß mein Vater möglicherweise ein Genie ist, wie vermutlich auch Sie – ich jedoch kann leider mit einer solchen Möglichkeit nicht dienen, schon gar nicht damit spekulieren.«
Lobner jun. zog sich zurück. Die Krankenschwester mit ihm – auf seine Weisung. Keller blickte ihnen nach, jedoch nur kurz. Dann beugte er sich über den schwerverwundeten Butand, der hilflos vor sich hinstöhnte. Würgende Schmerzen drohten ihm das Sprechvermögen zu rauben.
»Butand – ich bin Keller. Hören Sie mich?«
Und Butand preßte mühsam, wie mit letzter Kraft, ein Wort hervor, das wie ›ja‹ klang. Was also bedeutete: Ja – ich höre Sie.

Zur Eröffnungsfeier des Restaurants ›Provence rustical‹ hatte sich inzwischen auch die sogenannte obere Oberschicht der Geld- und Geltungsgesellschaft dieser Stadt eingefunden.
Dabei eine Prinzessin, preußisch; eine weitere Prinzessin, bayerisch; dazu die Enkelin eines sogenannten Dichterfürsten. Dann auch noch eine ehemalige mittelöstliche Kaiserin: ein zerquollenes weibliches Wesen, fettig und feuchtwarm anmutend; »völlig aus dem Leim gehend«, bemerkte Argus, der Wohlinformierte sachverständig, schrieb das aber nicht nieder. In seiner Kolumne war lediglich nachzulesen: »Wie vom Schicksal gezeichnet... den tragischen Verlust ihres bisherigen ständigen Begleiters... zu überwinden trachtend...«
»Eine Ansammlung von Quallen«, stellte Schlesinger lässig fest. Er zog Mucki Stein enger an sich, was sie sich bereitwillig gefallen ließ; sie fühlte sich beneidet. »Ständig die gleichen Geschlechtsparterreakrobaten, die sich gegenseitig hochgeilen. Man kennt sich eben, auch seine intimsten Macharten, man schläft miteinander, durcheinander, findet das schick – eben: l'arsch pour l'arsch!«
Mucki gurrte Zustimmendes. Dabei sah sie zum Eingang hin und erblickte dort Hetzing, der sich in dieses schnell entfesselte Freßfestival fast

besitzergreifend hineindrängte. Enge Hosen, fordernder Blick, wallendes Haupthaar – dem blonden deutsch-germanischen Siegfried, empfand Mucki, nicht unähnlich. Geradezu nibelungenhaft, wie in jenem Film, in dem sie beinahe eine Hauptrolle...
»Da ist dieser Kerl ja wieder!« rief sie aus. Sie konnte ihr Interesse an diesem Hetzing nur mühsam verbergen. »Was ist das eigentlich für einer?«
»Einer von uns«, erklärte ihr Schlesinger kurz. »Aber keiner für dich. Wie schon gesagt.«
Dann wurde Champagner ausgeschenkt, ›auf Kosten des Hauses‹, zwar nur ein mittelmäßiges französisches Produkt, eine der großen Allerweltsmarken, doch von schneller, voll ausreichender Wirkung.
Freudiges Gestammel war alsbald die Folge, Bettleinwandblicke, wahlloses Herumgetätschel. Anlaufzonen zunächst: Schultern, Knie, Busen. Bis sich dann ein anregendes, internes theatralisches Intimspielchen auf dem Mittelparkett ergab.
Veranstalter waren – angeblich ›aus Freude am Spaß‹ – doch eindeutig zwecks werbewirksamer Selbstinszenierung: ein Showman, Fernsehen, 1. Programm; ein Showgirl, gleichfalls Fernsehen, doch zumeist 2. Programm. Ihre gemeinsame Darbietung: Münchner Mannequinnachtleben; also Leid und Lust. Womit praktisch demonstriert wurde: ein Mord in einem Mittelklassenappartementpuff.
Ein Mörderspiel, das nur einen Tag später wie ein vorgeliefertes Modell anmuten sollte. Eine Art Zufallstreffer, würde Krebs, der Kommissar, Chef des Dezernates Sitte, dann feststellen können. Während Keller dazu nur meinte: im Grunde gleichen alle kriminellen Vorgänge einander weit mehr, als gemeinhin für möglich gehalten wird. Denn Verbrecher entwickeln nur höchst selten Phantasie – am wenigsten solche, die ihrem Triebleben ausgeliefert sind.
Hier nun jedoch dieses Fernsehgirl, sich spreizend: »Hasch mich! Vernasch mich! Mach' mich fertig! Du kannst alles von mir haben – wenn du dafür zahlen kannst.«
Sodann der Showman, ihr nachstelzend: »Ich bin kein gewöhnlicher Mensch, mußt du wissen! Ich bin eine Ausnahmeerscheinung. Und als solche fange ich nicht erst von vorne an, sondern gleich von hinten.«
Worauf sie, das Showgirl, sich vorbeugte und dabei rückwärts entblößte, was allgemeinen Beifall hervorrief. Sie forderte von ihrem Partner auf dem Mittelparkett: »Los – feuere hinein.«
»Mit Wonne!« rief er ihr zu. »Ich muß nur mal erst meine Pistole entsichern. Scharf geladen bin ich immer.«
Dann spreizte er seinen rechten Zeigefinger, richtete ihn auf ihren Hintern und rief aus: »Peng-peng!« Sie zuckte, schauspielerisch gekonnt, zusammen, ließ sich fallen, wälzte sich auf dem Boden. Wie in ihrem Blut.

Champagnerflaschen wurden über sie ausgeleert.
»Das hast du nun davon!« rief der Showman ihr marktschreierisch zu. »Denn niemand pimpert hier ungestraft in Pistolennähe! So was auszurotten ist ein Gebot der Menschlichkeit. Damit die Preise für den Geschlechtsverkehr nicht gleich ins Unbegrenzte ansteigen.«
Eine Darbietung, die heftigste Begeisterung hervorrief. Die Anwesenden gröhlten freudig auf. Auch Schlesinger klatschte animierend. Während Mucki Stein sich mit eng zusammengepreßten Beinen erhob – sie behauptete, wieder einmal dringend zu müssen. Dabei blinzelte sie zu Hetzing hinüber.
Der hatte sich in Türnähe niedergelassen; von dort aus blickte er überlegen verächtlich um sich und erklärte provozierend: »Nur ein Loch im Arsch genügt diesen Sittensäuen offenbar nicht. Man sollte also alle diese Ärsche mehrfach durchlöchern, mit Geschossen von möglichst großem Kaliber; bei jeder sich bietenden Gelegenheit!«

»Butand«, sagte Keller, der Kriminalbeamte außer Dienst, tief über seinen Kollegen gebeugt. »Sie erkennen mich also! Sagen Sie jetzt nichts – mir genügt es, daß Sie mich erkannt haben. Antworten Sie jetzt nur, wenn ich Sie ausdrücklich darum bitte. Sonst hören Sie mir nur zu.«
Ja – schien Butand unendlich mühsam vor sich hinstöhnend sagen zu wollen. Es war, als sei er am Ende seiner Lebenskraft. Er tastete nach Kellers Hand, legte seine feuchte, schlaffe, schwere Hand darauf – sie drohte abzugleiten, griff dann jedoch wie im Krampf zu. Krallte sich fest, einen letzten Halt suchend.
»Versuchen Sie, zu hören, was ich sage, Butand«, forderte Keller suggestiv. »Unterbrechen Sie mich nur, wenn ich etwas Falsches sage. Was richtig ist, brauchen Sie nur hinzunehmen.«
»Ja«, sagte Butand plötzlich überraschend laut, wobei er jedoch, wie von Schmerzen überwältigt, die Augen schloß.
»Sie müssen nichts sagen, Butand. Wenn Sie die Augen öffnen, kann ich Ihre Antwort darin ablesen.« Keller sagte das klar und deutlich – Wort für Wort zelebrierend. »Es ist also folgendes geschehen: Sie sind – vom Hofgarten aus – dem Mann gefolgt, auf den ich sie aufmerksam gemacht habe?«
Butands weit geöffnete Augen signalisierten Zustimmung.
»Sie folgten diesem Mann mit Abstand, mit der gebotenen Vorsicht. Sie gingen ihm nach bis zum Bayerischen Bankverein. Sie betraten nach ihm die Schalterhalle. Und er...«
»Nicht nur er – mehrere waren dort«, stöhnte Butand hervor.
»Aber Sie verfolgten nur diesen Mann – Ihr Zielobjekt. Und der hat dann auf Sie geschossen. Ja?«

Ja – sagten Butands mühsam geöffnete Augen. Kurz bevor er, unendlich hilflos, zusammenbrach. Einer von den vielen Polizeibeamten, die sterben mußten, nur weil sie keinen anderen Beruf gewählt hatten.

Aus den Münchner Gesellschaftsberichten dieser Tage:
»TV-Star Fritz sprengt Prinzenehe. Dieser Fritz mit Prinzessin Hohenzollern auf Urlaub in Afrika. Der Prinz reicht Scheidungsklage ein. ›Ich konnte mir das nicht mehr bieten lassen.‹
Walter, einst Privatsekretär bei einem Konzernerben, beabsichtigte sich nunmehr als Filmproduzent zu betätigen. Er hatte zwar keine feste Freundin, aber eine Idee. Und die sah so aus: ›Das wird ein Porno, wie ihn Deutschland noch nie gesehen hat!‹ Zumindest der Titel stand bereits fest: ›Hoch den Po!‹ Ein Gebiet, auf dem er sich auskannte, hieß es. Weitere Schlagzeilen gleich am Tage danach: ›Schöner Trost für den Hohenzollern-Prinzen.‹ ›Sie ist ein Superzahn und wäre eine Todsünde wert.‹ Er lernte sie während seiner Scheidungsaffäre in Paris kennen, ›wo es beim ersten Blick sofort gefunkt hat‹. Sie, ›die blutjunge Französin‹, nennt ihn zärtlich Chéri.«

»Verehrter Herr Kollege Zimmermann«, sagte der Kriminaldirektor Hädrich, in seinem Arbeitszimmer angekommen, »das sind Vorgänge, die einige Leute teuer zu stehen kommen können.«
»Aber doch nicht unseren Keller?« meinte der Kriminalrat Zimmermann vorsichtig belustigt. »Der ist doch selbst für den Präsidenten so gut wie tabu. Oder sollten Sie etwa Wert darauf legen, mit Keller direkt konfrontiert zu werden?«
»Davor werde ich mich hüten«, gestand Kriminaldirektor Hädrich unwillig ein. »Ich habe nicht vor, mich mit einer Legende anzulegen. Ich halte mich vielmehr an Sie – also an den allein Verantwortlichen für diese Vorgänge.«
»Vorgänge, die Keller direkt betreffen?«
»Lieber Herr Zimmermann, ich will nicht annehmen, daß Sie versuchen, diesen Mann gegen mich auszuspielen; wenn es auch manchmal so aussieht. Das würde ich Ihnen nicht raten, aber lassen wir das – zunächst. Sehen Sie die Konstellation so: wir beide wissen, wer Herr Keller ist; fast das ganze Präsidium weiß es. Aber was bitte, wenn irgendein Reporter herausbekommen sollte, aus welchem Grund sich ein Kriminalbeamter namens Butand beim Bankraub direkt am Tatort eingefunden hat – um dann dort zusammengeschossen zu werden?«
»Nun, dann wird dieser Reporter lediglich feststellen, daß zwei unserer Beamten den Auftrag hatten, Herrn Keller aufzusuchen, und zwar in meinem Auftrag. Ich übernehme also, falls notwendig, jede Verantwor-

tung dafür.«

»Sie und Ihre Sondertouren!« rief Kriminaldirektor Hädrich ungehalten aus. »Ich meine Sie beide – Keller also auch. Sie leisten sich Methoden, die manchmal hart an den Rand der Legalität reichen.«

»Leider noch nicht darüber hinaus«, sagte Zimmermann bewußt provozierend. »Denn die bei uns übliche Verfahrensweise muß manchen krassen Kriminellen wie Kinderspiel vorkommen – ebenso heftig wie harmlos.«

»Wie auch immer Sie darüber denken mögen, Herr Kollege, wichtig ist wohl nur eins: wie konnte es dazu kommen, daß dieser Kriminalbeamte Butand schwer verwundet in einer Bank vorgefunden wurde, wo er doch lediglich in den Hofgarten abkommandiert war?«

»Abkommandiert für Keller«, korrigierte Zimmermann höflich. »Sie sollten nicht mich danach befragen, sondern ihn.«

»Das werde ich auch tun. Sobald er sich bei mir meldet, um sich, laut Weisung des Präsidenten, mit unseren Unterlagen und meinen Ansichten über den Kidnapping-Fall bekannt zu machen. Also – wo bleibt dieser Keller?«

»Er hält sich immer noch im Krankenhaus auf – beim Kollegen Butand.«

»Eine schöne Geste«, sagte Hädrich unzufrieden. »Wenn nicht gar ein Vorgang, der von Psychologen als eine Art Reaktion auf mögliche Schuldgefühle gedeutet werden könnte.«

»Aber doch nicht bei Keller!« versicherte Zimmermann robust. »Der ist nämlich dabei, eine Beschreibung des Täters zu erarbeiten. Und wenn jemand das unter den gegebenen Umständen gelingen könnte, dann ihm.«

»Diese Hemmungslosigkeit«, stellte Karl Schlesinger fest, den Trubel um sich verhalten aufmerksam belauernd, »ist nichts Zufälliges – das ist eine Zeiterscheinung, die in ihrem ganzen Ausmaß erkannt und gedeutet werden will.«

»Ach – sollen sich diese Säue doch austoben!« sagte Mucki Stein. Sie genoß diese zeitgemäßen Ausschweifungen, ohne sich öffentlich an ihnen zu beteiligen. Schließlich war sie eine prominente Persönlichkeit – schon die geringste ihrer Verdauungsstörungen pflegte in der Öffentlichkeit registriert zu werden, was sie irgendwie als ehrend empfand.

»Nicht etwa«, sagte Schlesinger mehr zu sich selbst, »daß ich das alles verachte oder verurteile, ich nehme es lediglich zur Kenntnis. Um daraus meine Folgerungen zu ziehen.«

Mucki gab sich keine Mühe, herauszufinden, was er damit meinte. Sie sagte nur: »Wie die sich gegenseitig vor aller Öffenlichkeit in die Hintern kriechen! Ich jedenfalls könnte mir so was nicht leisten – mein Immitsch würde darunter leiden.«

Die gefällig-effektvollen Unterleibsdemonstrationen des Fernsehshowpaares im Luxusrestaurant ›Provence rustical‹ erhielten nun beim Nuttenmörderspiel wirksame Verstärkung: ein sogenannter Schauspieler, bundesdeutsch berühmt durch eine TV-Serie mit vorgeblich britischer Butlerqualität, hatte sich eingeschaltet. Er mimte den Kommissar: väterliche Souveränität und kriminalistisches Supergenie, Kriminellengreifer und Menschenfreund zugleich, jedoch stets humanitätsbewußt, wenn nicht gar weltverbrüdernd. Sein Auftritt wurde lautstark – wenn auch mehr lallend, gurgelnd, wie ertrinkend – bejubelt.
Er, nunmehr ganz der Kommissar, schritt, mit schrillen Pfiffen angefeuert, gerechtigkeitsverlangend auf Showgirl und Showman zu, die sich rhythmisch auf dem Mittelparkett bewegten, hundeartig hintereinander. Wodka wurde ausgeschenkt – bester russischer, mit Büffelgras. Dazu Lachsschnitten, norwegische; gebackene Austern, französische; Käseberge, dänische. Die Konsumbereitschaft der Anwesenden schien grenzenlos. Der Andrang auf die Toiletten nahm zu. Mucki Stein stellte beglückt fest, daß sie gerade jetzt nicht mußte. Heftig abgelenkt blickte sie blinzelnd zur Eingangstür, neben der immer noch dieser Hetzing saß – verachtungsvoll-ablehnend, verächtlich-belustigt.
Aber Schlesinger, dicht neben ihr, sagte: »Laß dich nicht leichtfertig ablenken! Achte auf die Unterleibsdemonstrationen auf dem Parkett – so was ist geradezu symbolisch.«
Der Kommissar war inzwischen bei den Unterleibsspielern angelangt. Er musterte sie, wie es dem ihm vorgegebenen Schema entsprach: verständnisvoll, väterlich nachsichtig, zugleich auch unendlich überlegen. Er sagte: »Stelle fest, diese Situation ist absolut eindeutig.«
The man: »Jawohl! Leben und leben lassen!«
The girl: »Zeitgemäß vereinfacht: Ficken und gefickt werden!«
Der Kommissar: »Nichts Menschliches ist uns fremd!«
The man: »Schließlich wollen wir nur unsere völlige Freiheit – wie gesetzlich garantiert.«
The girl: »Sehr richtig. Denn wo und mit wem ich mich hinlege, wie und warum, das ist schließlich allein meine Angelegenheit. Meine Gedanken und Gefühle dabei sind immer rein. Wer aber Dreck sieht, wo nur Liebe ist, der kann doch nur kriminell sein.«
Der Kommissar: »Womit also wieder einmal mehr festzustellen ist: die Schuldigen sind unschuldig – die Unschuldigen voller Schuld.«
Eine Erkenntnis, die allgemein bejubelt wurde. Und Hetzing verkündete, sich dehnend: »Ein Maschinengewehr müßte man haben, um in diese Misthaufenmenschen hineinzufeuern, ihnen die Bäuche aufzureißen, die Brüste zu zerfetzen, ihre Gehirne leerzupusten! Ausgerottet zu werden – das ist ihre einzige erkennbare Bestimmung.«

Die in der Nähe von Hetzing weilenden Einweihungsgäste hielten das für kraftvoll-scherzhafte Bemerkungen, nur geäußert, um sie zu amüsieren. Und dazu waren sie entschlossen – einer applaudierte sogar.
Karl Schlesinger zog Mucki Stein noch ein wenig enger an sich: ein Fotograf war in der Nähe. Er lächelte sie zärtlich an und sagte: »Diese Leute demonstrieren ihr Verlangen, sich zu beweisen – unter allen Umständen, um jeden Preis. Ihre Gier fordert geradezu entsprechende Dienstleistungsunternehmen.«
Mucki Stein nickte zustimmend und blinzelte dabei zu Hetzing hinüber. Seine magisch erscheinende Verachtung aller konventionellen Gegebenheiten zog sie suggestiv an. Sie starrte auf seine enge Hose, in der Hoffnung, bei diesem Menschen endlich einmal völlig Ungewöhnliches vorzufinden.
Doch dann verschwand er plötzlich.
Uhrzeit: 22 Uhr 30.

Fast genau um 22 Uhr 30 erschien Keller bei Kriminaldirektor Hädrich. Nach einem nahezu herzlichen, also bei Hädrich nicht unbedingt üblichen Empfang, fragte er Keller: »Sie haben sich sehr lange bei Butand aufgehalten, wie geht es ihm?«
»Seine Verletzungen sind sehr schwer. Der behandelnde Arzt hat nicht viel Hoffnung.«
»Bedauerlich, sehr! Aber leider wohl nichts als ein Berufsrisiko – und manchmal sogar ein unnötiges. Aber wohl kaum in diesem Fall, nicht wahr?« Hädrich zeigte sich bemüht entgegenkommend. »Butands Einsatz war doch sicher sinnvoll?«
»Was Sie auch immer darunter verstehen mögen«, sagte Keller mit seiner kaum zu erschöpfenden Gelassenheit. »Zumindest kann eine ziemlich umfassende Personenbeschreibung des vermutlichen Täters erfolgen – durch mich.«
Der Kriminaldirektor verbarg sein Erstaunen nicht. »Heißt das: Sie kennen den Täter?«
»Um das etwas genauer zu formulieren: der Mann, auf den ich Butand angesetzt hatte, hat sich als Täter erwiesen. Und nun werde ich versuchen, ihn fahndungsgerecht zu beschreiben.«
»Zunächst jedoch möchte ich Sie bitten, uns bei einem Spezialfall behilflich zu sein.«
»Spezialfälle«, meinte Keller ablehnend, »sind am sichersten durch Spezialisten zu lösen; ich bin keiner. Außer wenn es sich um Leichen handelt. Gedenken Sie, mir eine solche aus Ihrer alltäglichen Kollektion anzubieten?«

Einige der an diesem Tag in dieser Stadt ›angefallenen‹ Leichen:
»Ein Italiener, 28, wurde bei dem Versuch, in der Nähe eines Reihenhauses zu campieren, von einem Baupolier, 59, der sich direkt bedroht fühlte, erschossen. Ein in München geborener Bauarbeiter, 19, erstochen von Zimmermann Walter, 40; da diesen der Verdacht beherrschte, der Erstochene habe ihm seine Brotzeit aus einem Kühlschrank entwendet. Dann der Schlossermeister Klaus, 31, ebenfalls erstochen mit einem Brotmesser, von seiner Verlobten Elsa, 31; und zwar nach einer heftigen Auseinandersetzung, wegen Meinungsverschiedenheiten über Zwiebelgenuß. Weiter: ein Vater, 52 – gleichfalls erstochen, von dem Freund seiner verheirateten Tochter, einem Italiener, 24, weil er versucht hatte, einen Beischlaf zu stören, bei dem ein vierjähriges Kind anwesend war. Erstochen weiter: ein Türke, 33, nach Auseinandersetzungen mit zwei weiteren Türken, von denen Messer und Bierflaschen als Tatwerkzeuge verwendet wurden.
Dann noch, außer vier registrierten Selbstmorden, ein Tod beim Mittagsschlaf, wobei sich ein Asphaltierer, Emanuel, 19, mit Papiersäcken zugedeckt hatte. Sein Kollege Hermann, 20, überfuhr ihn.«
»Es gibt da gewisse Unterschiede«, sagte Hädrich bedächtig zu Keller. »Viele Leichen sind lediglich Abfallprodukte zeitbedingter Gegebenheiten – doch der erkennbare Versuch, eine Leiche am Tatort zu hinterlassen, sollte Kriminalisten stets alarmieren.«
»Wem sagen Sie das!«
»Also kann ich mit Ihrer Mitarbeit rechnen?«
»Später – falls überhaupt«, entschied Keller nicht minder zielbewußt. »Das zunächst Wichtigste für mich ist die Erstellung des Täterbildes. Ich habe mich bereits von der Eingangswache aus beim Fahndungsdezernat anmelden lassen.«
»Nach Ansicht des Präsidenten hat ein anderer Fall eindeutig Vorrang. Diese Kindesentführung; Sie sind gewiß informiert.«
»Mit einiger Ausführlichkeit. Auch über erdenkliche Spekulationen – ich lese Zeitungen. Eine denkbar scheußliche Angelegenheit. Aber eben das wäre für mich der Tod von Butand auch. Ein Vorgang, an dem ich sozusagen direkt beteiligt, aber auch, ganz offen, persönlich interessiert bin. Denn ich lasse mir einen Kollegen nicht, sozusagen unter meinen Augen, wegschießen.«
»Damit können Sie sich immer noch beschäftigen«, forderte Hädrich. »Aber bitte erst, nachdem Sie sich...«
»Ich bin kein Fachmann für Kidnapping – vermutlich gibt es überhaupt keine Fachleute für diese völlig unberechenbare kriminelle Monstrosität. Da hilft wohl nur der organisierte und entschlossene Einsatz aller polizeilichen Möglichkeiten.«

»Ganz und gar Ihrer Ansicht«, bestätigte der Kriminaldirektor. »Aber um hier völlig freie Bahn zu bekommen, müßte ein plötzlich aufgetretenes Hindernis beseitigt werden. Es handelt sich dabei um einen Rechtsanwalt, den die Kidnapper zwischengeschaltet haben. Der wäre auszuschalten oder zu vorbehaltloser Mitarbeit zu gewinnen.«

»Ich bitte Sie«, sagte Keller höflich ablehnend, »ich bin kein Jurist. Dafür sollte ein erfahrener Staatsanwalt zuständig gemacht werden, der ganz exakt nachweisen kann, wo die vielfach verwendungsfähige Schweigepflicht eines Anwalts zur Beihilfe an einem Verbrechen wird.«

»In diesem Fall«, versicherte Hädrich, »sind wohl nur Sie der richtige Mann – nach Ansicht des Präsidenten und des Kriminalrats Zimmermann.« Und nach kurzer Atempause fügte er hinzu: »Und das ist auch meine Ansicht! Denn es handelt sich um einen Rechtsanwalt, den Sie recht gut kennen – um Herrn Messer.«

»Ausgerechnet der!« stellte Keller lapidar fest. »Irgendwann einmal mußte es bei ihm so weit kommen. Er hat sich derart lautstark für die Gerechtigkeit eingesetzt, daß skrupellose Kriminelle ihn für ihren möglichen Handlanger halten könnten. Einen besseren Rechtsjongleur hätten sich diese Kreaturen kaum aussuchen können.«

»Ein überaus gefährlicher, aber auch wohl respektabler Mann – ich weiß.« Der Kriminaldirektor beugte sich vertraulich vor. »Sie, Herr Keller, sagt man, sollen einen gewissen Einfluß auf ihn haben. Auf Sie, heißt es, hört er.«

»Richtiger wohl: er hört mir zu. Dazu immerhin könnte ich ihn veranlassen.« Keller lächelte vor sich hin. »Denn er respektiert Erfahrungen, vor allem solche, die er mit mir gemacht hat.«

»Damit könnten wir weiterkommen. Sie brauchten Messer nur klarzumachen, daß es für ihn von Vorteil wäre, mit uns zusammenzuarbeiten – vorteilhaft auch für später.«

»Nun gut – ich werde versuchen, ihm das beizubringen. Aber versprechen Sie sich nicht allzu viel davon. Messer ist reichlich selbstbewußt – wie ja nicht wenige andere auch.«

»Meine Unterlagen, Herr Keller, stehen Ihnen zur Verfügung. Es handelt sich tatsächlich um eine ganz besonders scheußliche Art dieser Verbrechenskategorie.«

»Was ist denn nicht scheußlich in unserem Bereich?« meinte Keller einfach. »Ich werde mir Ihre Unterlagen ansehen und mich dann mit Dr. Messer beschäftigen. Aber erst, nachdem ich das Täterbild, betreffend Bankraub, erstellt habe. Das ist vordringlich, das bin ich meinem Kollegen Butand schuldig. Ein Vorgang, der jedoch kaum mehr als dreißig Minuten in Anspruch nehmen dürfte. Erst danach alles andere – was sich nun wohl kaum vermeiden läßt.«

Aschaffenburg, der führende Kopf der derzeitigen Demonstrationsunternehmen – vor einigen Tagen am Feilitzsch-, nun am Odeonsplatz –, hatte sich in dem Lokal ›Rauchfang‹ eingefunden. Da gab es jederzeit rustikale Speisen vom Grill; dazu gutgekühlte Getränke, Biere und Schnäpse, zu vergleichsweise noch annehmbaren Preisen.
Die anderen Besucher: Studenten mit politischen Ambitionen, Angestellte mit Hang zu Höherem, Büromädchen und Verkäuferinnen in Erwartung erfreulicher Freizeitgestaltung. Worauf sie hier kaum vergeblich zu hoffen brauchten.
Aschaffenburg – neuerdings ›Schaffi‹, auch ›Anschaffer‹ genannt – wurde von Isabella Hädrich begleitet. Ihr folgte geradezu automatisch Heinz Boerner, wenn auch stets mit einigem Abstand, nahezu respektvoll, aber beharrlich. Dazu kamen fünf, sechs weitere revolutionsbereite Fortschrittsmenschen. Ihre Stimmung war gut und ihr Appetit groß. Sie bestellten Kalbshaxen oder Bratwürste, dazu Pommes frites, und gruppierten sich um den für sie reservierten Tisch im linken hinteren Raum.
»Eine äußerst gelungene Veranstaltung«, rief einer von ihnen munter. »Darauf sollten wir anstoßen!«
»Getränke stehen zur Verfügung«, sagte Aschaffenburg. »Sogar Wein – alle sind eingeladen. Dennoch sehe ich keinen Grund, auf eine gelungene Veranstaltung anzustoßen.«
»Nun, ja«, gab ein leicht verwilderter Mark-Spitz-Typ bereitwillig zu, »gewisse Mängel, Unzulänglichkeiten ...«
Während ein Dritter, mehr auf Mao getrimmt, den großen Vorsitzenden halbwegs zutreffend zitierte: »Die Wege bergaufwärts sind immer beschwerlich – wem es aber an Ausdauer mangelt, der wird das Ziel nicht erreichen.«
»Wir werden alles gründlich analysieren«, kündigte Aschaffenburg an. »Immerhin scheint mir diesmal ein gewisser Fortschritt gegenüber unserem noch reichlich improvisierten Unternehmen Feilitzschplatz doch unverkennbar.«
Zunächst bestellte er Rotwein in Karaffen, also ›Offenen‹; und zwar Südtiroler, Kalterer See, ein preislich noch nicht überfordertes Getränk. Auch Isabella Hädrich, als einziges weibliches Wesen in dieser Runde, rechts von Aschaffenburg plaziert, erhielt selbstverständlich die gleiche Menge davon – was durchaus mit Gleichberechtigung zu tun hatte.
Noch während sie speisten und tranken, begann Aschaffenburg mit seiner kritischen Analyse: die Vorbereitungen nicht intensiv genug; zu wenig spürbare Offensivbereitschaft; die Parolegebung dabei zu allgemein gehalten, wenn nicht gar zu verbindlich, fast sich anbietend bürgerlich. »Wir müssen noch weit bewußter in Aktion treten, wenn wir wirklich überzeugen wollen.«

Eine Behauptung, die ihm ein ausgedehntes zustimmendes Nicken seiner kauenden und trinkenden Gesinnungsfreunde einbrachte – dazu strahlende, vielversprechende Blicke von Isabella. Doch er konnte sie nicht ungetrübt genießen. Einer in der Runde, es war Heinz Boerner, wollte wissen: »Womit wird das alles eigentlich finanziert?«
»Was geht denn dich das an?« fragte Aschaffenburg aufhorchend und abweisend zugleich. »Wer bist du eigentlich? Wie kommst du hierher?«
»Er heißt Heinz Boerner«, klärte ihn Isabella Hädrich auf. »Er ist im gleichen Semester wie ich, wohnt in meiner Nähe. Er folgt mir, offenbar wohin auch immer. Ist es so, Heinz?«
»Es ist so«, bestätigte Boerner einfach. »Und das ist schon alles.«
Eine Erklärung, die akzeptiert wurde, auch, was entscheidend war, von Aschaffenburg. Denn der war seiner Sache stets sehr sicher. Und deshalb zögerte er auch nicht, zu erklären: »Wir sind zwar reich an Einfällen, aber äußerst arm an Mitteln – also auf finanzielle Zuwendungen interessierter Kreise angewiesen.«
»Und welche Kreise sind das?« wollte Heinz Boerner wissen, dabei Isabella anblickend, die ihn jedoch zu übersehen versuchte. »Wer also zahlt?«
»Wer auch immer«, meinte Aschaffenburg lachend. »Auf die Geldgeber kommt es dabei doch gar nicht an, sondern nur darauf, wie wir die Mittel verwenden. Und selbst wenn solche Gelder aus bürgerlich-kapitalistischen Quellen fließen sollten – was besagt das schon?«
»Wie wahr!« rief einer der Anwesenden aus. »Auch ein Lenin soll mit zaristischen Geldern operiert haben. Und einen Hitler haben nachweisbar Großindustrieunternehmer finanziert. Allein der Endeffekt ist entscheidend!«
»Wir leben aber«, gab Heinz Boerner zu bedenken, »in einer halbwegs geordneten Gesellschaft. Was praktisch bedeutet: auch Spenden können nicht einfach bedenkenlos vereinnahmt und verbraucht werden. Sie sind vielmehr nachzuweisen.«
Wobei er verlangend zu Isabella hinübersah. Sie musterte ihre Fingernägel; wenn sie auch noch so revolutionär gesonnen war, besaß sie doch einen ausgeprägten Sinn für Kosmetik. Was Heinz sehr hoffnungsvoll stimmte.
»Das ist doch nichts wie kleinbürgerliche Scheiße!« rief einer der Anwesenden empört. »Schließlich betätigen wir uns hier als Revolutionäre! Oder arbeiten wir etwa fürs Finanzamt?«
Aschaffenburg besaß die Gabe konstruktiven Denkens. Er musterte Isabella sehr bedächtig – und dann Heinz Boerner fast neugierig. »So ganz selbstlos, mein Lieber, kommt mir dein Vorschlag nicht vor, aber er könnte berechtigt sein.«

»Der wieselt sich hier herein«, stellte Isabella fest. »Meinetwegen.«
»Stimmt«, gab Heinz Boerner zu. Und dabei sah er über Isabella und Aschaffenburg hinweg zur Tür.
Dort war nunmehr ein mittelgroßer, stämmiger, ungemein kraftvoll wirkender Mann erschienen – eine Art mittelgermanischer Hauklotzmensch. Er hieß Hetzing – wie sich später herausstellen sollte.
Und er sagte: »Da habe ich mich wohl in der Tür geirrt.«
»Kommen Sie herein!« rief ihm Isabella ermunternd zu. »Auf einen wie Sie habe ich hier gerade noch gewartet.«
»Wollen Sie etwa zu mir? Mein Name ist Aschaffenburg.«
»Wenn Sie Aschaffenburg sind«, sagte Hetzing, dabei Isabella zublinzelnd, »bin ich hier an der richtigen Adresse. Aber ich wollte Sie nur mal ansehen – und mich Ihnen zeigen. Und das ist zunächst schon alles.«
Uhrzeit nunmehr: 22 Uhr 45.

Gleichfalls um 22 Uhr 45 erschien Keller im Fahndungsdezernat des Amtes. Dort wartete bereits Inspektor Zeidler auf ihn – Spezialist für Rekonstruktionen nach diversen Phasenverfahren. Er verwendete einen Bildwerfer, der etliche hundert verschiedenartige Gesichtsformen auf die Leinwand projizieren konnte.
Zeidler und Keller begrüßten sich mit kollegialer Herzlichkeit. Sie wußten ziemlich genau um ihre besonderen Fähigkeiten. Keller betrachtete den aktionsbereiten Bildwerfer und wollte wissen: »Wie arbeiten Sie gewöhnlich?«
»Zumeist operiere ich von oben nach unten, also beginnend mit den Haaren, endend mit der Kinnpartie.«
»Sozusagen normal also«, stellte Keller fest. »Würden Sie meinen Wunsch akzeptieren, mit dem zu beginnen, was sich mir als besonders charakteristisch eingeprägt hat?«
»Selbstverständlich«, bestätigte Inspektor Zeidler. »Die Methode ist zwar ein wenig ungewöhnlich, aber nicht bei guten, sicheren Beobachtern.«
»Dann beginnen wir also bitte mit der Augenpartie des möglichen Täters – also mit Schablone C 7. Die könnte ziemlich genau stimmen.«
Schon nach zwanzig Minuten konnte das »Täterbild« als »nahezu vollkommen« bezeichnet werden – eine Zeitspanne, die Zeidler mit unverhohlenem Erstaunen als einzigartig bezeichnete. Gewöhnlich brauchte er für derartige Rekonstruktionen mindestens eine Stunde, nicht selten zwei bis drei. »Mehr von ihrer Sorte, Herr Keller – und ich wäre so gut wie arbeitslos.«
»Was leider nicht zu befürchten ist«, sagte Keller. »Bitte lassen Sie das Porträt Herrn Kriminalrat Zimmermann zugehen.«
»Das wird ein ganz fettes Fressen für unsere Zeitungen!«

»Bevor das geschieht«, regte Keller an, »sollte das Bild im Einbruchsdezernat die Runde machen – besonders bei allen Spezialisten für besondere Techniken. Könnte ja sein, daß dort irgend jemand einen entsprechenden Kunden kennt. Dann ließe sich dieser Vorgang ohne großes Zeitungswaldrauschen erledigen.«
Als Keller dann auf den Korridor hinaustrat, sah er dort den Kraftfahrer des Kriminaldirektors. Der Mann salutierte einladend: »Die Staatskarosse Nummer zwei des Amtes – zu Ihrer Verfügung.«
»Na – fein! Dann wollen wir mal zunächst einen Hund aufsuchen.«
»Aber ich habe den Auftrag, Sie direkt zu Rechtsanwalt Messer...«
»Erst der Hund«, entschied Keller. »Nichts kann wichtiger sein – für mich.«

Ansichten, Mutmaßungen und Versicherungen über Hetzing, Herbert, bei späteren Recherchen.

Erstens: Mucki Stein, Schauspielerin.
»An dem fraglichen Abend, zum erfragten Zeitpunkt – also gegen 22 Uhr – hat sich Herr Hetzing im Restaurant ›Provence rustical‹ aufgehalten. Daran erinnere ich mich genau. Er fiel mir auf. Nicht, wie Sie vielleicht denken, als Mann – mehr als eine Art Monstrum. In dieser Umgebung, inmitten dieser Geschlechtstiere, die sich gegenseitig begeilten.
Unter diesen Menschen wirkte er ungemein herausfordernd – nicht etwa auf mich, wohl aber auf diese Gesellschaft, möchte ich sagen. Allein wie er aussah – zumeist breitbeinig dastehend oder dasitzend, mit überlegen-verächtlichem Lächeln, das man auch Grinsen nennen könnte. Zu übersehen jedenfalls war er nicht!
Ob ich etwa – mit ihm – ganz direkt was gehabt habe? Da muß ich doch sehr bitten! Weil so was meinem Wesen ganz kraß widerspricht, und weil ich doch so gut wie verlobt bin. Und zwar mit Herrn Schlesinger. Mit keinem Geringeren!«

Zweitens: Isabella Hädrich, Studentin.
»Ich bin ganz sicher, diesen Hetzing gesehen zu haben – jawohl: an jenem Tag, zu jener Zeit – etwa gegen 22 Uhr. Oder etwas später. Und zwar in der ›Rauchfang‹-Kneipe. Zu übersehen war er wohl kaum. Es war, als breche ein Wolf in eine Schafherde ein. Ich genoß das – irgendwie.
Ich will ihn damit aber nicht verbindlich charakterisiert haben. Wer könnte das schon? Ich sage also nicht: er war wie ein Wolf unter Schafen. Vielleicht nur soviel: er besaß wohl noch animalische Eigenschaften. Er wirkte wie ein tatkräftiger Realist unter pausenlos herumredenden Theoretikern. So was mußte mir auffallen.

Ob ich persönlich, jemals ... Na, und wenn schon! Aber wen geht das was an, wer will dergleichen zu beweisen versuchen? Schließlich kann ich tun und lassen, wozu ich Lust habe. Jederzeit. Doch nun mal ganz ernsthaft: dieser Hetzing und ich – ich bitte Sie, dazwischen liegen doch Welten!«

Drittens: Schlesinger, Karl, Geschäftsmann.
»Wie soll er heißen, sagten Sie – Hetzing? Ob ich diesen Namen jemals gehört habe? Kaum – soweit ich mich erinnern kann. Oder meinen Sie Hitzinger – den internationalen Veranstaltungsorganisator? Nein? Auch nicht Herzinger – Modemacher, Mäntel? Den auch nicht?
Nun, gewiß – ich könnte mich da irren, oder eben auch nicht. Denn was sind schon Namen? Da erinnere ich mich zum Beispiel an eine Claire Townsend – ein sehr begabtes Mädchen, in vielfacher Hinsicht, die konnte sogar singen. Sie hieß aber Klara Endtstädter.
Namen, mein Lieber, überzeugen doch erst dann wirklich, wenn sie unter einem gedeckten Scheck stehen oder von einem Notar beglaubigt sind. Hetzer, sagten Sie – oder Hetzing? Glaube ich nicht zu kennen. Versucht etwa jemand, das Gegenteil zu behaupten?«

Gegen 23 Uhr traf Keller – nun wieder mit seinem Hund Anton vereint – bei Rechtsanwalt Messer ein. München, Dietlindenstraße, zweiter Stock. Der erwartete ihn bereits mit sichtlicher Ungeduld. »Seit mindestens einer Stunde sind Sie mir angekündigt worden!«
»Bei Ihnen, lieber Messer, kann man wohl kaum zu früh oder zu spät kommen, um eine Ihrer Entscheidungen zu beeinflussen. Denn die treffen Sie neuerdings immer vorzeitig. Sozusagen einsam. Was Sie zu bestätigen scheint – worin eigentlich?«
Messer, der Rechtsanwalt – mittelgroß, energisch-sportlich, unbeirrbar entschlossen wirkend –, bot Keller einen Sessel neben seinem Schreibtisch an. Für Anton, den Unvermeidlichen, hatte er vorsorglich einen Vorleger aus Schafspelz – aus seinem Schlafzimmer – bereitgelegt. Sie kannten sich ziemlich gut.
Der Hund Anton nahm Platz, zufrieden schnaufend – Keller auch, sehr behutsam. Anerkennend musterte er Messers Büro. Es ließ den schnell angestiegenen Lebensstandard des nun »prominent« gewordenen Anwalts deutlich werden: Eiche, Leder, Kristall, Perser, Gemälde. »Sie haben es erstaunlich weit gebracht – innerhalb weniger Jahre.«
»Wie Sie auch, Herr Keller. Sie sind, zu Ihrem Glück, frühzeitig pensioniert worden. Und nun verdienen Sie mit Ihren Fachbüchern doch mindestens soviel wie ich bei meiner mühsamen Klienten-Kleinarbeit. Von den glatten Verlustgeschäften dabei ganz abgesehen.«

»Und bei der Absicherung von Kidnappern zahlen Sie sogar noch kräftig drauf«, sagte Keller belustigt. »Nur, daß Sie durch die dabei unvermeidliche Reklame entschädigt werden – und die ist pures Geld wert, was?«
Messer wirkte völlig ungekränkt; er lehnte sich behaglich zurück. »Dergleichen«, erklärte er, »gehört nun mal mit zu meinem Job. Ich bin in diesem Fall um Rechtsbeistand gebeten worden, und zwar von den Eltern des Kindes. Und die Entführer haben meine Vermittlung akzeptiert. Beide wünschen nicht, daß sich die Polizei einschaltet.«
»Das ist aber ein Fall für die Polizei«, stellte Keller unnachsichtig fest. »Sie muß einschreiten. Einmal, weil das vom Gesetz gefordert wird, aber auch, weil nur sie allein in einem solchen Fall wirksame Arbeit leisten kann.«
»Führen Sie mich nicht in Versuchung«, sagte Messer, sich überlegen gebend. »Warum soll ich mich ausgerechnet mit Ihnen darüber streiten, wie diese sogenannte wirksame Arbeit der Polizei in der Praxis oft genug aussieht? Diesmal jedenfalls geht es um ein Menschenleben – und wenn ich direkt dazu aufgefordert werde, dafür einzutreten, darf ich doch wohl nicht zögern? Ich nehme an, Sie wissen, was das ist: die Schweigepflicht eines Anwalts.«
»Lieber Messer – kommen Sie mir nicht damit. Ich appelliere doch gar nicht an Ihren Verstand – es ist ganz einfach Ihre Pflicht, mit der Polizei zusammenzuarbeiten.«
»Wozu ich auch bereit bin, Herr Keller. In allen Fällen, in denen ich uneingeschränktes Vertrauen zu dieser Institution haben könnte. Mit einiger Sicherheit dann, wenn eine vertrauenswürdige, auch von mir akzeptierte Persönlichkeit alle Aktionen leitet. Also: Sie! Tun Sie das? Nein! Also muß ich versuchen, mit den Mitteln, über die ich nun einmal verfüge, ein Menschenleben zu retten. Was praktisch heißt: ich werde die geforderte Million Lösegeld übergeben und dafür das Kind in Empfang nehmen. Und zwar ohne den hier mit höchster Wahrscheinlichkeit lebensgefährlichen Ballast der Polizei.«
Anton, der Hund, knurrte unwillig auf – vermutlich hatte ihn das langhaarige Schaffell heftig gekitzelt. Keller legte zärtlich eine Hand auf den Kopf seines Tieres, ohne es jedoch ganz besänftigen zu können.
Er sagte: »Bei allen Ihren Fähigkeiten, Herr Messer, bei aller Ihrer Selbstsicherheit – Sie sollten über meine Warnung nachdenken. Kriminelle sind keine verläßlichen Vertragspartner! Ihre Welt ist voller Unberechenbarkeiten. In ihr gibt es keine Garantiepreise für Menschenleben.«
»Selbst Sie«, sagte Messer überzeugt, »können mich nicht umstimmen. Ich traue mir mehr zu als einer Polizei, die Beamte wie Sie frühzeitig pensioniert.«
»Offenbar stecken Sie bereits zu tief in dieser Sache drin. Sie können also wohl gar nicht mehr zurück, was?«

Keller sah den Rechtsanwalt dabei nicht an – er ließ ihm Zeit, darauf zu antworten; aber es kam keine Antwort.
»Dann kann ich nur hoffen, Messer, daß meine langjährigen Erfahrungen einen Dreck wert sind. Wenn nicht, dann könnten Sie mitgeholfen haben, daß man eine Leiche findet. Die eines Kindes.«

Das gemeinsam von Zeidler und Keller erstellte Täterbild wurde zunächst Kriminalrat Zimmermann, dem Leiter der Sonderkommissionen, vorgelegt. Er betrachtete es eingehend, um dann fachmännisch erfreut festzustellen: »Ungewöhnlich viele Details.«
»Herrn Kellers Beobachtungsgabe ist geradezu phänomenal«, bestätigte Zeidler. »Weit ausgeprägter jedenfalls als bei den meisten Beamten. Herr Keller sollte im Amt entsprechende Schulungskurse abhalten.«
»Hierbei entscheidend«, sagte Zimmermann bedauernd, »ist die Fähigkeit, eine Art fotografisches Gedächtnis zu besitzen – und das kann weder gelehrt noch gelernt werden. Zumal dieses Bild bereits vor der Tat fixiert wurde, also in instinktiver Erkenntnis eines möglichen Täters.« Und in ehrlicher Bewunderung fügte Zimmermann hinzu: »Wer macht unserem großen alten Mann so was nach?«
Als dann der Kriminalrat Kellers Anregung vernahm, diese Rekonstruktion zunächst allen erreichbaren Spezialisten für Bankraubtechnik zugänglich zu machen, gab er unverzüglich entsprechende Weisung. Zumindest zwei Beamte glaubten eine gewisse Ähnlichkeit mit einem lange gesuchten Profi zu erkennen – jedoch nicht mit absoluter Sicherheit.
»Was nicht genügt«, entschied Zimmermann. »Wir brauchen jetzt möglichst schnell greifbare Resultate. Also: das erstellte Täterbild ist zu vervielfältigen – dabei Verteilerschlüssel A. Also für Funkstreifen, Kripo im Außendienst und bei Sondereinsätzen. Außerdem: das Porträt geht an die Presse. Mit der üblichen Bitte um Veröffentlichung. Dabei dürfen direkte Hinweise auf den Bankraub Odeonsplatz gegeben werden.«

Diese Anordnungen erfolgten kurz vor Mitternacht, also zu einem, was die Presse betraf, wenig günstigen Zeitpunkt. Die meisten Münchner Zeitungen befanden sich bereits im Druck, die Redaktionsarbeit war abgeschlossen, die Rotationsmaschinen rollten pausenlos. Mit einer einzigen, wohl mehr zufälligen Ausnahme: ›Weltblick‹.
Denn hier war in dieser Nacht zum anhaltenden Mißvergnügen des diensttuenden Journalisten der wohl meistgelesene Mann des ganzen Unternehmens in Aktion getreten: der sogenannte ›Merker‹, ein gewisser Lederhuber, Otto mit Vornamen.
Dieser ›Merker‹ war ein Gesellschaftsberichterstatter mit großem Gespür und von erheblichem Einfluß. Diesmal gedachte er einen gezielten

›Schnellschuß‹ loszulassen, um so höchste Aktualität zu gewährleisten: eine Sonderausgabe anläßlich des Eröffnungsspektakels im ›Provence rustical‹. Dabei zahlreiche Fotos – Uschi, Mucki und Alfi, auch Petra, Hannelore und Mario, dazu irgendein Ausziehgirl, auch die Dichterenkelin, nicht zuletzt: Herrenschneider und Gaumenkönig. Doch die dazugehörende Namenliste war immer noch nicht vollständig.
Inzwischen traf jedoch bei dem sich durch die Wartezeit gähnenden Chef vom Dienst das von Keller erstellte Täterbild aus dem Präsidium ein. Und der warf bereitwillig die erste Seite um, verdrängte den Friedensparolen verkündenden US-Präsidenten und verkleinerte sogar eine Brandkatastrophe mit fünf Opfern zu einer dreifingerbreiten Meldung. Dafür plazierte er beherrschend, in dicken, roten Buchstaben, mit der seinem Metier eigenen Unbekümmertheit einen fast halbseitigen Leseranreiz:
»Der Mann, der den Bankraub beging und dabei einen Kriminalbeamten erschoß.«
Bald darauf hatte auch der ›Merker‹ endlich seinen Prominentenstall von der ›Provence-rustical‹-Eröffnung beisammen und seine anerkannt treffsicheren Unterleibsbemerkungen anbringen können. Nun rollten endlich auch die Rotationsmaschinen des ›Weltblick‹ an. Die allerersten Nummern davon wurden unverzüglich zu diesem ›Provence‹-Luxusschuppen gefahren und dort großzügig verteilt.

Die dort Anwesenden, großenteils bereits wohlig betrunken, reagierten dennoch geradezu ernüchtert auf diese Sonderausgabe. Einige rissen sich um sie, andere nahmen sie geübt gelangweilt, doch mit weit ausgestreckten Händen, entgegen. Und fast alle beschäftigten sich dann unverzüglich mit dem Gesellschaftsbericht, um zu sehen, ob sie immer noch ›in‹ waren, also ihr Name darin verzeichnet stand.
»Da bin ich!« stellte Mucki Stein befriedigt fest, auf ihr Foto starrend. »Ziemlich gut getroffen – wenn auch noch nicht gut genug. Aber jetzt entschuldige mich mal eben.«
Schlesinger sah ihr nicht nach, wie sonst fast immer. Er starrte wie gebannt auf die Zeitung, die unaufgeschlagen vor ihm lag. Er starrte auf die erste Seite, auf die obere Hälfte davon.
Dann blinzelte er in den Raum – durch die rauchige Luft hindurch, über ineinander verknäulte Menschen hinweg, zur Tür hin. Dorthin, wo sich nun wieder Hetzing aufhielt. Schlesinger hob seine Zeitung und winkte Hetzing herbei. Der erschien unverzüglich. Er setzte sich jedoch nicht zu Schlesinger, stellte sich lediglich in dessen unmittelbarer Nähe auf. Er lehnte sich an die Wand, also gegen angeblich importiertes, garantiert provençalisches Gestein.
Von den berauschten Freßteilnehmern völlig unbeachtet, sprach Schle-

singer vor sich hin. Ins Leere hinein, ebenso verhalten wie deutlich. Zu Hetzing hin.
Er sagte: »Sieh dir diese Polizei an! Sie wird gemeinhin für eine Horde von losgelassenen Bullen gehalten. Die haben sich einen gigantischen Apparat aufgebaut, der sie lediglich blockiert. Irgendwann einmal, glaubt man, müssen die in ihrem Papierkrieg rettungslos versumpfen. Und dann dies: da liefern diese Leute eine Personenbeschreibung – nur wenige Stunden nach einer Tat. Sie scheint zu stimmen. Oder nicht?«
Hetzing, verhalten: »Die stimmt – tatsächlich.«
Nunmehr Schlesinger: »Und was sind das für Leute, die sich diesen Polizisten wie zu einem Porträt stellen?«
»Ein Zufall vermutlich«, meinte Hetzing.
»Zufälle? Bei unserem System?«
»Nichts ist vollkommen!«
»Nur das Vollkommene sollte für uns das Selbstverständliche sein! Haben wir das denn nicht mit aller Gründlichkeit durchdacht? Hier ist doch offenbar ein unzuverlässiger Trottel am Werk gewesen.«
»Scheint so, tatsächlich«, gab Hetzing zu.
»Haben solche Versager irgendeine Existenzberechtigung?«
»Nein«, bestätigte Hetzing gedehnt, dennoch entschlossen.
»Also!« sagte Schlesinger fordernd. »Ziehen wir die Konsequenzen daraus.«
Womit ein glattes Todesurteil gesprochen war.

3 Eine folgenschwere Entscheidung

Keller traf – zusammen mit seinem Hund Anton – bei Kriminaldirektor Hädrich ein.
Die Unterredung, die er mit ihm hatte, war ebenso kurz wie sachlich. Keller berichtete: »Messer scheint zu jeder Eigenmächtigkeit entschlossen zu sein. Nicht so sehr des zu erwartenden Presserummels wegen – mehr, um sich bestätigt zu fühlen. Sie werden also nicht auf seine Mithilfe rechnen können.«
»Genau das habe ich kommen sehen«, sagte Hädrich unbeeindruckt, »also auch bereits entsprechende Maßnahmen angeordnet: eingehende Beobachtung und Überwachung des Herrn Messer; dabei Einsatz von unauffälligen Bereitschaftswagen und Ringstreifen. Ungefähr hundert Leute.«
»Gute Leute?«
»Die besten – soweit erreichbar. Organisationsleitung dafür: Kommissar Felder.«
Gut, sagte sich Keller. Kommissar Felder, auch der ›Fuhrmann‹ genannt, war der denkbar beste Verfolgungsspezialist des Amtes. Eine Art Generalstabschef, zwar ohne kühne Schlachtenambitionen, aber ein Mann der größtmöglichen Sicherheit. »Dann kann ich mich ja wohl beruhigt entfernen.«
»Bitte nicht, ohne Kriminalrat Zimmermann aufgesucht zu haben. Wobei Sie sich wohl auf recht Unerfreuliches gefaßt machen sollten.«
Keller nickte nahezu ergeben. Er brauchte nur ein Stockwerk höher zu steigen. Sein Anton eilte ihm voraus. Der Hund war inzwischen einer der besten Kenner des Labyrinthes Polizeipräsidium. Vorm Dienstzimmer des Kriminalrates angekommen, sprang Anton gegen die Tür; sie öffnete sich. Freudig wedelnd stürzte der Hund auf Zimmermann zu.
Der Kriminalrat beugte sich zu ihm, streichelte seinen Kopf, den Rücken, betätschelte das Hinterteil. Anton stieß freudige Laute aus. Keller betrachtete das ein wenig ungewöhnliche Idyll mit wachsender Unruhe.
Er meinte: »Du bist doch sonst kaum irgendeiner intensiven Zuneigung fähig, weder bei Menschen noch bei Hunden. Soll das etwa ein Versuch sein, bei mir Gefühle anzusprechen? Warum?«
Zimmermann richtete sich auf, stand raumfüllend da, sah Keller nur an. Mehrere Sekunden lang. »Butand ist tot.«
Keller ließ sich auf den nächsten Stuhl fallen. Er sagte zunächst nichts. Seine hellen Augen musterten Zimmermann aufmerksam. Anton rich-

tete sich alarmierend auf.

Zimmermann aber sagte weiter: »Unser Kollege Butand starb an den Verletzungen, die ihm dieser Bankräuber beigebracht hat.«

»Die Verantwortung dafür liegt allein bei mir«, stellte Keller verhalten fest.

»Verantwortlich dafür zu machen, offiziell, bin zunächst einmal ich«, erklärte der Kriminalrat bedächtig. »Ich hatte dir Berg und Butand zugeteilt.«

»Womit ich für sie zuständig wurde«, stellte Keller fest. »Und ich habe Butand direkt auf einen schweren Kriminellen angesetzt.«

»Aber sicherlich mit der Aufforderung, vorsichtig vorzugehen. Ich kenne dich und deine Methoden, Keller. Trotzdem muß ich nun, nach Lage der Dinge, erhebliche Komplikationen befürchten.«

»Die du vermutlich sogar erhofft hast. Weil ich auf ein Grundprinzip unserer Branche nicht ausreichend genug geachtet habe, darauf nämlich, daß in möglichen Gefahrensituationen niemals ein Beamter allein anzusetzen ist, sondern mindestens zwei, die sich dann gegenseitig absichern können.«

»Was auch immer geschehen sein mag, lieber Freund – wir werden das gemeinsam durchstehen.«

»Deine Formulierungen, Zimmermann, klingen reichlich nach verschworener Gemeinschaft. Dergleichen leistest du dir nur, wenn du irgend etwas damit erreichen willst. Was?«

»Ich will mir deine Mitarbeit sichern, was auch immer geschehen mag. Und ich fürchte: das wird gar nicht wenig sein.«

»Du willst mich also einsetzen – oder ansetzen. Auf wen?«

»Zunächst auf die Frau des toten Butand. Sie hat inzwischen mehrfach angerufen und beharrlich nach ihrem Mann gefragt. Er hätte bereits vor Stunden zu Hause sein sollen; also bei ihr. Und ich habe ihr gesagt: sie möge warten – dabei aber auf Unangenehmes gefaßt sein. Einer unserer Beamten werde sie alsbald aufsuchen.«

»Ich?«

»Du kannst so was!« Zimmermann blickte unmißverständlich fordernd. »Was kannst du nicht?«

»Verdammt nochmal!« hörte sich Keller sagen, wobei Anton heftig aufknurrte. »Du hast mir schon immer eine Menge zugemutet. Und diesmal hast du ›zunächst‹ gesagt – das heißt also: erstmal die Witwe Butand, dann geht es weiter. Worauf willst du wirklich hinaus?«

»Das weiß ich noch nicht«, gestand der Kriminalrat offen.

»Ich glaube zunächst nur soviel zu wissen: hier braut sich einiges zusammen. Vielleicht sogar eine kriminelle Katastrophe. Und wenn ich dich dazu bringen könnte, mich tatkräftig zu unterstützen, wäre mir dabei we-

sentlich wohler.«
»Nun gut, du Seelenverkäufer«, stimmte Keller ein wenig zögernd zu. »Dann werde ich also zunächst die Frau unseres Butand aufsuchen.«
»Das«, sagte Zimmermann, spürbar erleichtert, »ist immerhin ein Anfang.«
»Und worauf willst du sonst noch hinaus? Erwartest du etwa, daß ich mich auf den Mörder unseres Butand konzentriere? Und ihn dir anliefere? Sozusagen frei Haus, mit voll verwertbarem Beweismaterial?«
»Dafür bist du der richtige Mann. Zumal du dich persönlich von diesem Täter herausgefordert fühlen mußt. Erledige ihn also. Dann werden wir weitersehen.«
»Ich beginne zu hoffen, Zimmermann – du entwickelst Phantasie. Oder muß ich das befürchten?«

Fast auf die Minute genau um 2 Uhr – wie telefonisch vereinbart – erreichte Rechtsanwalt Dr. Messer auf der Autobahn München–Salzburg den Parkplatz unmittelbar hinter der Mangfallbrücke. Und hier wartete er, wie angeordnet, mit abgestelltem Motor, abgeschaltetem Licht, vor dem Kühler seines Wagens stehend. Fünf, zehn, fünfzehn Minuten vergingen.
In seinem Wagen – einem weißen BMW-Sportcoupé – lag auf dem rechten vorderen Sitz ein Koffer aus Leder, ohne jede Besonderheit. Auch das war angeordnet. Der Inhalt: eine Million Mark – in kleineren Scheinen, ungebündelt; keiner davon neuwertig. Die Nummern waren, wie gefordert, nicht notiert worden. Messer hatte das Geld seit vierundzwanzig Stunden griffbereit in seinem Safe liegen gehabt. Es war mit Hilfe eines befreundeten Bankdirektors bereitgestellt worden – garantiert durch den Vater des entführten Kindes.
Messer war es dabei gelungen, sich einer geradezu phantastischen Verfolgung zu entziehen. Die sein Haus umlauernden und in der Gegend postierten Polizeistreifen und Einsatzwagen waren ihm nicht entgangen, obwohl sie sich so zivilistisch wie möglich zu tarnen versucht hatten. Er entkam ihnen durch blitzschnelles Ausweichen in Nebenstraßen, durch verwirrend sinnlos erscheinende Kreuzfahrten, durch rücksichtsloses Überqueren von Kreuzungen, auch bei Rotlicht – was die Polizei selbst nicht wagte.
Diese massiven Verkehrsübertretungen würden ihn gewiß einiges kosten, vermutete Messer, aber die Ausschaltung einer ganzen, cleveren Polizeimeute war jeden Preis wert; also auch ein Dutzend Strafmandate. Zu verbuchen unter Unkosten.
Nun jedenfalls stand er auf dem Parkplatz an der Mangfallbrücke, in Richtung Salzburg – völlig allein. Wartend. Die leuchtend blutwarme

Nacht um sich genoß er nicht. Aber er war sicher, gute, ganze Arbeit geleistet zu haben – bisher zumindest.

»Bleiben Sie stehen«, vernahm er dann eine Stimme aus dem dichten Buschwerk beim Parkplatz. »Keine falsche Bewegung, bitte! Ich bin bewaffnet. Haben Sie das Geld?«

»Haben Sie das Kind?«

»Eins nach dem anderen.«

»Beides gleichzeitig«, forderte Messer, ohne sich zu bewegen. »Sozusagen Zug um Zug.«

»Das war nicht vereinbart«, sagte die Stimme, die später als rauh, heiser, wie durch ein Tuch verdeckt, bezeichnet wurde.

»Aber – ist das nicht die Regel?«

»Die Regeln in diesem Fall bestimmen wir«, sagte die Stimme. »Alle Vorteile sind bei uns. Wir fordern, Sie liefern. Vertrauen Sie uns vorbehaltlos. Nur dann ist ein Arrangement zwischen uns möglich.«

Das, versicherte Messer später, waren Argumente, die überzeugend klangen. Für ihn. Noch weit überzeugender als eine auf ihn gerichtete Schußwaffe. Er behauptete später, keine andere Wahl gehabt zu haben, als auf die ihm gestellten Bedingungen einzugehen. Was nicht zu widerlegen war; nicht juristisch. Bis sich dann Keller einschaltete.

Die Stimme sagte weiter: »Sie übergeben mir also das Geld. Dann nenne ich Ihnen den Ort, an dem Sie das Kind vorfinden werden. Garantiert.«

Messer nickte zustimmend. Worauf er den Befehl erhielt, den mitgebrachten Koffer zu öffnen. Er tat es. Eine Taschenlampe, dicht hinter Messers Rücken, beleuchtete den Inhalt. »Scheint zu stimmen«, wurde gesagt. »Schließen Sie den Koffer, lassen Sie ihn liegen. Begeben Sie sich wieder vor Ihr Fahrzeug. Bleiben Sie dort, nachdem ich mich entfernt habe – zehn Minuten lang.«

»Und – was ist mit dem Kind?«

»Sie finden es, wenn die Summe stimmt, an der Strecke München–Garmisch, an der Olympiastraße, unmittelbar beim letzten Parkplatz auf der Höhe, die etwa eintausend Meter vor Starnberg liegt. Gleich rechts davon – nur wenige Meter entfernt. An einem Waldrand.«

Damit war die Transaktion praktisch abgeschlossen. Der Mann, der den Koffer mit der Million an sich genommen hatte, setzte sich wie ein plötzlicher Sprinter in Bewegung. Er lief direkt auf die Autobahn zu, überquerte sie, übersprang wie ein gut trainierter Hürdenläufer die Trennlatten, hastete über die Gegenfahrbahn – zu einem dort bereitstehenden Fahrzeug.

Messer, später darüber aussagend: »Das war für mich höchst überraschend – irgendwie geradezu sportlich. Aber wohl nicht sonderlich gefährlich, verkehrstechnisch gesehen. Um diese Zeit herrschte auf der Au-

tobahn kaum noch Verkehr.«
Frage eines Kriminalbeamten: »Können Sie den Mann näher beschreiben?«
Messer: »Leider nicht. Es war zwar eine vergleichsweise helle Nacht, aber ich stand die ganze Zeit mit dem Rücken zu diesem Mann. Er zwang mich dazu. Auch den auf der Gegenfahrbahn geparkten Wagen kann ich nicht exakt beschreiben. Es könnte sich dabei um einen exklusiven Sportwagen gehandelt haben, nach dem Motorgeräusch zu urteilen mindestens 200 PS. Möglicherweise ein Jaguar. Worauf ich aber weiter nicht achtete. Ich wollte schließlich nur das entführte Kind befreien.«
Messer brauchte dann, bei noch so schnellem Tempo, über eine Stunde, um endlich auf die Straße nach Starnberg zu gelangen: zunächst über die Autobahn weiter südwärts, dann bei nächster Ausfahrt umkehrend, nach München zurück, über den Inneren Ring, dann auf die Olympiastraße. Endlich war er an dem bezeichneten Ort angekommen.
Und hier erblickte er ein massives Polizeiaufgebot: absperrende Beamte, Wagen mit rotierendem Blaulicht, Spurenfahnder in voller Aktion, eingeteilte Verkehrspolizisten waren bemüht, Neugierige energisch abzuwimmeln.
Was sich Messer jedoch nicht gefallen ließ. Er parkte – trotz lauter Proteste der Absicherungsbeamten – seinen Wagen inmitten der Polizeifahrzeuge. Heftige, lautstarke Auseinandersetzungen waren die Folge. Bis dann aus dem Waldgebiet an der Olympiastraße ein Mann auftauchte, den Messer kannte, und der ihn kannte: Hädrich.
Der Kriminaldirektor sagte: »Wir haben das entführte Kind gefunden.«
»Dann bitte ich Sie, es mir auszuhändigen«, forderte der Rechtsanwalt, auch jetzt noch selbstbewußt. »Seine Eltern sind meine Klienten. Ich habe ihre Vollmacht.«
»Sollten Sie tatsächlich das geforderte Lösegeld gezahlt haben?« wollte Hädrich wissen.
»Allerdings«, bekannte Messer hastig. »Aber das ist meine Angelegenheit – beziehungsweise die meiner Klienten. Und soweit ich weiß, bin ich zu direkter Zusammenarbeit mit der Polizei nicht verpflichtet.«
»Nicht unbedingt«, stellte Hädrich fest. »Nur, daß die Unterlassung einer Meldung über erkannte oder auch nur zu vermutende kriminelle Vorgänge strafbar sein könnte.«
»Daß dieser Fall vorliegt, müßten Sie mir erst beweisen. Doch zunächst darf ich Sie wohl bitten, mir das Kind auszuhändigen.«
»Das kann ich leider nicht«, stellte Hädrich bedauernd fest. »Denn das Kind ist nunmehr Gegenstand polizeilicher Ermittlungen.«
»Warum?«
»Weil es tot ist.«

Messer, der Rechtsanwalt, verstummte, nahezu minutenlang. Das war für alle, die ihn auch nur ein wenig näher kannten, ein Vorgang von großem Seltenheitswert. Selbst Hädrich fühlte sich nicht veranlaßt, die Situation zu genießen. Er blickte nahezu betrübt.

»Sie haben also gezahlt?«

»Ja.«

»Für eine Leiche.«

»Und – seit wann?«

»Seit mindestens vierundzwanzig Stunden. Bestätigt durch die vorläufige Feststellung unseres Todesermittlungsbeamten. Ein Mord also. Möglicherweise mit Ihrer direkten oder – das wird man sehen – indirekten Beihilfe.«

Rechtsanwalt Messer stand wie erstarrt da. Dann sagte er, als habe er sich Entschlossenheit befohlen: »Damit habe ich nichts zu tun! Das erstens. Zweitens: Mein Versuch, ein Menschenleben zu retten, war ehrlich und selbstlos. Ich bitte, mir das zu glauben.« Um dann in einem plötzlichen Wutausbruch hinzuzufügen: »Was wagt man mir denn da zuzumuten! Was bilden sich diese kriminellen Schweine eigentlich ein? So kann man doch mit mir nicht umspringen!«

»Dann unternehmen Sie mal was dagegen«, empfahl ihm Hädrich aufhorchend. »Zunächst darf ich Sie ins Präsidium bitten, falls Sie freiwillig dazu bereit sind. Was Sie sein werden. Sie kennen ja unsere Methoden.«

»Kenne ich. Wenn ich mich weigere, würden Sie unverzüglich eine richterliche Zwangsvorführung erwirken – was möglicherweise noch eine Menge mehr Staub aufwirbeln könnte, als es jetzt schon der Fall zu sein scheint.«

»Ganze Staubwolken«, bestätigte der Kriminaldirektor bedächtig. »Offiziell spätestens morgen vormittag, bei der wohl unvermeidlichen Pressekonferenz. Immerhin handelt es sich um ein totes Kind, und dazu um eine vergeudete Million. Wünschen Sie, Herr Rechtsanwalt, daß ein Rechtsanwalt Ihrer Vernehmung beiwohnt?«

»Mein Bedarf an makabren Scherzen ist voll gedeckt«, erklärte Messer ernsthaft. »Aber eine Bitte habe ich: könnte ich vorher mit Herrn Keller sprechen? Schließlich haben Sie ihn schon einmal in dieser Angelegenheit auf mich angesetzt.«

»Wenn Herr Keller mit Ihnen sprechen will, ist Ihre Bitte bereits akzeptiert.«

Aschaffenburg, Demonstrationsspezialist, hockte in seiner Bude auf dem Bett. Isabella lag neben ihm. Beide waren voll bekleidet und intensiv beschäftigt – jedoch nicht miteinander. Sie arbeiteten an einem neuen Aufruf.

»Alles muß knapp, klar und mitreißend sein«, dozierte er. »Keinesfalls kompliziert, aber auch nicht prall dämlich – gerade so, daß man es beim Marschieren lesen und kapieren kann. Verstehst du?«
»Keine feineren Formulierungen?«
»Nicht für einen propagandistischen Handzettel, Isa. Genauere, eingehende Begründungen unserer Ansichten, Erklärungen und Forderungen werde ich in einer Broschüre niederlegen, die dabei auch verteilt wird, aber zum Mitnehmen.«
»Hast du denn jemand gefunden, der so was produziert?«
»Mir steht eine ganze leistungsfähige Druckerei zur Verfügung, neuerdings. Erste Auflage etwa eintausend – im Schnellverfahren in einer Nacht herzustellen. So was können wir uns jetzt leisten, so weit sind wir schon.«
Sie schien ihn zu bewundern. Dieser Aschaffenburg war ein unermüdlicher Organisator, noch dazu ein mitreißender Redner – auch wunderbar provokant. Dabei persönlich von großer Einfachheit, geradezu aufreizend bescheiden.
Seine Kleidung: Jeans und Pullover, letztere bevorzugt dunkelfarbig. Seine Bude: schön primitiv; klobige Fichtenholzmöbel, Schlafdecken statt Bettwäsche; Plakate an den Wänden. Die dort angehefteten Großfotos zeigten nicht Marx, Che oder Mao, sondern eine alles Leben auslöschende Atombombenexplosion; die verkrümmte, nahezu zerberstende Erde, vom Mond aus gesehen; das Müllhaldenpanorama einer vor sich hinstinkenden Großstadt.
»Willst du etwa die ganze Nacht durcharbeiten?« fragte Isabella sanft. Wenn sie ihn auch als männliches Wesen nicht sonderlich anziehend fand, hatte sie doch sehr ausgeprägte weibliche Gefühle – ziemlich wahllose allerdings. »Könnten wir nicht auch mal was anderes machen?«
Während sie das anregte, und er skeptisch darüber nachdachte, wurde die Tür heftig aufgestoßen. Worauf Aschaffenburg, wohl eine Art Attentat witternd, in Deckung ging. Er schnellte sich von seinem Bettgestell auf den Fußboden. Doch nur Heinz Boerner schob sich herein – mit breitem, verlegenem Lächeln.
»Pardon!« sagte er. »Wollte nur mal fragen, ob ich hier irgendwie behilflich sein kann. Was meinst du, Isabella?«
»Was nimmst du dir heraus?« schrie sie ihn an.
»Du hättest wenigstens anklopfen können«, meinte Aschaffenburg, der sich erleichtert erhoben hatte und nun schnell wieder sicher und überlegen wirkte. »Bei allen revolutionären Gefühlen, mein Lieber, ein paar gute Manieren könnten dennoch übrigbleiben.«
»Verschwinde!« fauchte Isabella.
»Wenn du mitkommst – sofort und gern«, versicherte Heinz. »Ich bringe

dich dann nach Hause.«
»Sag ihm«, verlangte das empörte Mädchen von Aschaffenburg, »daß er sich gefälligst verpissen soll.«
»Was sagst du da?« fragte Heinz Boerner ungläubig und sichtlich schokkiert. »Was soll ich?«
»Dich verpissen!«
»Später«, entschied Aschaffenburg kurz entschlossen. »Zunächst nicht. Komm doch mal her, Boerner, setz dich zu uns. Ich habe ein paar Fragen an dich.«
Was bereitwillig geschah. Aschaffenburg schob Isabella ein wenig zur Seite, um für Boerner Platz zu machen. Dann hockten sie wie Verschwörer dicht nebeneinander. Heinz erhielt eine Flasche Cola; er trank bedächtig davon.
Aschaffenburg sagte: »Deine für intellektuelles Gewäsch gehaltenen Ausführungen in dieser ›Rauchfang‹-Kneipe heute abend waren gar nicht uninteressant. Was hast du damit gemeint – mit dem Nachweis von Geldern?«
»Der hat nur so gequatscht«, rief Isabella streitbar. »Um sich bemerkbar zu machen – meinetwegen.«
»Nicht nur deshalb«, erklärte Heinz Boerner. »Ich studiere nämlich, um Steuerspezialist zu werden. Und das sind Kenntnisse, die jede Organisation gebrauchen kann – auch eure.«
»Warum?« wollte Aschaffenburg wissen. Er warf Isabella einen verweisenden Blick zu, der sie dann auch prompt zum Verstummen brachte. Zumindest für die nächsten Minuten.
»Die Sachlage sieht äußerst einfach aus«, erklärte Boerner. »Du hast deine Organisation, du veranstaltest Aktionen, gehst damit auf die Straße.«
»Na – und?« fragte Aschaffenburg fast belustigt. »Kann man mich deshalb irgendwie belangen? Etwa wegen Verkehrsgefährdung und solchem kleinbürgerlichen Seich? Das sind doch nur Einzeldelikte; die Polizei müßte Hunderte von Teilnehmern aufgreifen, um Zusammenhänge beweisen zu können. Das ist ebenso mühsam wie sinnlos. Sie wird sich nicht darauf einlassen.«
»Darauf nicht.« Heinz blinzelte Isabella zu, die ihn verächtlich anfunkelte. »Wenn irgendeiner einflußreichen Gruppe, etwa einer Partei, einer Behörde oder der Polizei, nicht ungefährliche Schwierigkeiten gemacht werden, dann werden diese Leute erfahrungsgemäß zunächst ausweichen und darum herumreden, schließlich aber indirekt ganz gezielt dagegen vorgehen. Gegen den unbequemen Organisator. Gegen dessen Organisation. Und das mit sogenannter Amtshilfe; wozu auch Steuerbeamte gehören können.«

Aschaffenburg blickte höchst interessiert. »Und wie funktioniert das?«
»Ganz einfach. Jede Organisation braucht Geld. Etwa für Telefongespräche, für Flugblätter, für die Benutzung von Lautsprechern und sonstigen Apparaten. Dazu könnte Freibier kommen, Taxibenutzung, Briefporto.«
»Alles das wird durch Spenden finanziert.«
»Nur eben, Aschaffenburg, daß auch solche Spenden nachgewiesen werden müssen.«
»Und wenn es sich dabei um Spender handelt, die ungenannt bleiben wollen?«
»Auch deren Zahlungen müßten registriert werden, wenn auch ohne nähere Angabe der Herkunft, so dennoch möglichst korrekt. Mit Einnahmebeleg.«
»Der spinnt!« versicherte Isabella überzeugt. »Der hat sich diesen ganzen Seich nur ausgedacht, um mir auf die Haut rücken zu können. Schieb ihn endlich ab, Schaffi.«
»Nur langsam.« Aschaffenburg war sehr nachdenklich geworden. »Schließlich sind bei mir Einnahmen gleichbedeutend mit Ausgaben.«
»Das ginge vermutlich in Ordnung, vorausgesetzt, daß es sich bei einer Nachprüfung einigermaßen einwandfrei nachweisen läßt.« Boerner erklärte mit steigendem Eifer. »Dafür müßte man Aufstellungen und Abrechnungen vorlegen können, zwecks notwendiger Absicherung.«
»Könntest du das?« fragte Aschaffenburg.
»Dazu«, versicherte Boerner, »wäre ich bereit.«
»Das macht er nur, um näher an mich heranzukommen«, stellte Isabella Hädrich schnaubend fest. »Aber da ist er falsch gewickelt.«
»Unpraktisch«, entschied Aschaffenburg, »kommt mir das nicht vor. Das könnte sich tatsächlich unter Umständen als eine Art vorbeugender Maßnahme erweisen. Also, Boerner, ich ernenne dich hiermit zum Schatzmeister, Finanzverwalter und Steuersachverständigen der Roten Fraktion Selbsthilfe.«
»Akzeptiert, Aschaffenburg.«
»Womit du einen kleinen geilen Bock zum Gärtner gemacht hast«, sagte Isabella grollend.
»Aber zu einem Gärtner in meinem Bereich. Unser Freund Heinz wird sich denken können, was passieren würde, wenn einer unserer Gesinnungsgenossen unser Vertrauen mißbraucht.«
Uhrzeit jetzt: 2 Uhr 45.

Karl Schlesingers eigentlicher Tagesablauf begann gewöhnlich am späten Abend und dauerte dann die ganze Nacht hindurch. Sehr oft bis zum frühen Morgen. Eine ganze Nacht durchschlafend war er kaum vorstellbar – beischlafend schon eher, doch auch das ohne jede überflüssige Ausdeh-

nung.
Nach den Festivitäten, Lokalstreifzügen und Öffentlichkeitsrepräsentationen verbrachte er regelmäßig drei bis vier Stunden in seinem Versorgungslager, einem barackenartigen Gebäude, das sich im Hof eines seiner drei Appartementhäuser befand und von zwei Straßen aus zugleich erreichbar war. Die zentrale Lage war äußerst zweckentsprechend – nahe dem Feilitzschplatz, südwestlich davon.
Diese Lagerhalle hatte Schlesinger für die Versorgung seiner Vergnügungsbetriebe eingerichtet, aber auch für sonstige ihnen angeschlossene Unternehmungen. Dort war eine Art Supermarkt installiert, die ganze Nacht lang geöffnet. In erster Linie für Getränke.
Etwa Whisky, schottischer oder irischer, auch amerikanischer; dann Cognac, nur allerbeste französische Sorten; dazu Champagner, gleichfalls Weltmarken; ferner Gin, London – also britischer; auch Genever, holländischer; Korn, dänischer; Wodka, russischer. Sogar Linje-Aquavit aus Norwegen – mindestens einmal in Äquatorausdehnung um die Welt herum transportiert. In Oslo kostete er knapp zehn Mark, hier an die vierzig. Und so weiter, und so fort.
Ein höchst verläßlicher Lagerverwalter war hier am Werk. Dazu weitere acht Arbeitskräfte; auch sie so gut wie ohne Einschränkung brauchbar. Dazu fünf Lieferwagenfahrer – drei für Kleinomnibusse, zwei für Schnelltransporte mit Minicars. Wo immer in einem von Schlesingers eigenen Betrieben oder in jenen, die ihm angeschlossen waren, eine Versorgungslücke entstand – sie wurde von hier aus unverzüglich aufgefüllt.
Am Kopfende dieser von zwei Straßen schnell erreichbaren, also auch schnell zu verlassenden Versorgungsbaracke, befand sich Schlesingers Büro. Hier gab es keine Holzwände, sondern dicke Zementmauern, dazu eine schalldichte Metalltür, aber nicht den geringsten Komfort. Ein klobiger, mannshoher Panzerschrank, in die äußerste Ecke montiert.
Vor diesem Büro ein Vorzimmer, gleichfalls klobig-primitiv wirkend – aber besetzt mit Ingrid, die das Gehalt eines Ministers bezog; was ihren vielseitigen Leistungen durchaus angemessen war.
Karl Schlesinger erschien in dieser Nacht erst gegen 3 Uhr, also verspätet, was jedoch als selbstverständlich hingenommen wurde. Ingrid lächelte ihm entgegen, bereitwillig, hoffnungsvoll. Er warf einen Blick auf ihre Brüste, sagte dann aber: »Ich wollte, ich hätte mehr Zeit für dich – aber die Geschäfte!«
»Werner wartet schon«, sagte sie nur. Ingrid war stets bemüht, jede persönliche Forderung zu vermeiden – nicht etwa aus Taktgefühl, sondern weil das die Methode war, die sich bei Schlesinger am sichersten lohnte. Denn er wollte verläßliche Mitarbeiter um sich sehen – keine bedenkenlos profitgeilen Mitkassierer.

Werner, sein Geschäftsführer, hockte im Hauptbüro an einem kleinen Pult neben der großen, groben Holzplatte, die der Boss als Schreibtisch benutzte. Er schien intensiv zu rechnen. Schlesinger warf ihm einen anerkennden Blick zu.

»Wie läuft denn alles?«

»Bestens«, versicherte Werner, ohne sich zu erheben. Er wußte: Schlesinger legte, wenn sie unter sich waren, keinerlei Wert auf Äußerlichkeiten – den interessierten nur Zahlen, Ergebnisse, Summen. »Der Umsatz nimmt laufend zu – schätze um neun bis neuneinhalb Prozent allein gegenüber dem Vormonat. Womit wir etwa um fünf bis sieben Prozent der allgemeinen Verdienstquote voraus sind.«

»Das hört sich nicht schlecht an«, meinte Schlesinger. »Aber solche finanziellen Erfolge sind für uns nur eine Ausgangsbasis. Ich denke da wesentlich weiter.« Um dann Goethe zu zitieren:

»Niemals werde ich zum Augenblicke sagen –
verweile doch, du bist so schön.
Der Menschheit Krone zu erringen...

Verstehst du das?«

Werner nickte zustimmend. Dann fragte er mit lebhafter Anteilnahme: »Waren unsere Studenten nicht prachtvoll?«

»Sicher«, gab Schlesinger zu. »Wenn auch wohl noch nicht prachtvoll genug.«

»Jedenfalls gelang ihnen beim Odeonsplatz ein überraschend wirksames Vorgehen. Die Polizei schien ihren eigenen Augen nicht zu trauen.«

»Ach, diese Polizei!« sagte Schlesinger nahezu versonnen, während er sich in seinem hölzernen Schreibtischsessel niederließ. »Ich neige nicht dazu, diese Leute zu überschätzen. Aber ich würde es als geradezu leichtfertig empfinden, wenn sie unbedenklich unterschätzt werden sollten. Könnte doch sein, daß irgendeiner von ihnen...«

»Diese Bullen, Herr Schlesinger«, meinte Werner, vorsichtig provozierend, »sind doch gar nicht dazu fähig, konstruktiv zu denken. Die beherrscht doch eine Art Verfolgungswahn. Zumal nicht wenige von ihnen verhinderte Kriminelle sind.«

Aus Zeitungsmeldungen dieser Tage:

»Polizeikassenchef unterschlug 15 000 DM. ›Immer wenn er seine Schulden nicht mehr bezahlen konnte, griff der Leiter der Zahlstelle beim Landeskriminalamt in die ihm anvertraute Kasse.‹ Dieser, 44: ›Ich mußte mir privat Geld leihen und dafür Zinsen bis zu 26 Prozent zahlen.‹

Kripo-Beamter bestahl einen Toten. Er entwendete während des Dienstes aus dem Nachlaß eines Selbstmörders 659 DM. Zur gleichen Zeit wurde ein Leichensachbearbeiter bei der Vermißtenstelle... verdächtigt..., aus

einem Panzerschrank der Mordkommission 9500 DM entwendet zu haben.
Dann auch: ›Polizeikugel traf unbeteiligten Passanten‹ – anläßlich der Verfolgung eines kleinen Ladendiebes; Verfolgter: ein Jugoslawe; der Angeschossene: ein Franzose. Der zuständige Kriminaldirektor hierzu: ›Die Beamten hätten auf einer Straße, auf der sich auch Unbeteiligte aufhalten, nicht von der Schußwaffe Gebrauch machen dürfen.‹
Weiter: ›Ex-Justiz-Wachmann als Bankräuber überführt.‹ Dann: zwei Disziplinarverfahren gegen Kriminalbeamte, denen vorgeworfen wurde, anläßlich einer Verhaftung Mißhandlungen begangen zu haben. Ferner: ein Angehöriger des Dezernats Sitte geriet in den Verdacht, Zuhälter gewesen zu sein.
Weiter noch: Mordversuch an drei Polizisten – durch einen auf diese zurasenden Autodieb. Selbstmord eines Beamten, der irrtümlich verdächtigt worden war, eine Einbrecherbande begünstigt zu haben. Sodann vier schwerverletzte Polizisten bei einer Schlacht mit Rockern in der Goethestraße – einer von ihnen tot. Seine Leiche lag im Straßendreck, das Gesicht bis zur Unkenntlichkeit verstümmelt – wie zu Brei geschlagen, unter Verwendung von Metallrohren.«

»Die Polizei«, erklärte Schlesinger seinem Geschäftsführer Werner, »ist im Grunde kaum mehr als eine Absicherungsgesellschaft – möglichst ohne jede Haftung. Die können einfach nicht entschlossen vorausdenken – und falls einzelne von ihnen es dennoch versuchen, brauchen sie Tage dafür. Eine Zeitspanne, die zielstrebig ausgenutzt werden muß, auch von unseren jungen Freunden, den Studenten.«
»Die«, bestätigte Werner, »sind zu allem bereit. Das sind tatsächlich revolutionäre Elemente. Die wissen noch, was sie wollen.«
Karl Schlesinger nickte zustimmend und sah dabei Werners Abrechnungen durch. Es war, als interessiere ihn sonst nichts. Doch dann sagte er: »Unsere jungen Freunde sollten möglichst nicht – wie man so sagt – auf ihren Lorbeeren ausruhen. Also nicht darauf warten, bis die Polizei ihre Methoden durchschaut und sich darauf einstellt. Nur so spontan wie bisher sind ihre Aktionen sinnvoll – auch für uns.«
Werner verstand sofort, was sein Chef damit meinte. »Also möglichst bald ein weiterer, ähnlicher Vorgang – nach dem gleichen Prinzip. Bei erhöhter Zuwendung?«
Schlesinger nickte. »Das, mein Lieber, ist für mich ein geradezu persönliches Anliegen. Eine Art Nachholbedarf für die kargen, dummen, müde dahingegangenen Tage meiner Jugend.«

Aus den Ergebnissen späterer kriminalpolizeilicher Recherchen: »Schlesinger, Karl, wurde erstmals im Frühjahr 1959 in München registriert. Kam aus Hamburg, wo er vermutlich Reeperbahnerfahrungen gesammelt hatte. In München zunächst in einer Würstchenbude am Hauptbahnhof beschäftigt – auf Gewinnbeteiligung arbeitend: 33 1/3 Prozent. Sodann Winter 59/60: Schlesinger als Kellner im Speiselokal ›Westerwald‹, Occamstraße, arbeitend. Dortselbst, Sommer 1960, Geschäftsführer; Herbst 1960 Mitinhaber; Mai 1961 Alleininhaber. Hierauf Umwandlung dieses Restaurants in einen Nachtclub, genannt: ›Goldener Westen‹. Im Country-Stil – Steaks und Bourbon-Whisky.
Dabei einige, doch wohl in diesem Gewerbe nicht unübliche Komplikationen; sie wurden im zuständigen Polizeirevier protokolliert. Etwa: ein Gast fühlte sich geneppt, begann das Lokal zu demolieren, wurde hinausgeworfen – dabei leichte Körperverletzungen, doch nicht nachweisbar, durch wen erzeugt. Oder: eine labile Luxuslady, älteres Semester, behauptete, bestohlen worden zu sein – ein Armband, Wert fünftausend Dollar; eine Beteiligung von Angestellten des Lokals konnte lediglich vermutet werden. Schließlich: Rauschgiftfahndung im ›Goldenen Westen‹; vorgefunden dabei 500 Gramm reines Heroin – deren Besitzer jedoch nicht auszumachen.«

»Unvergeßlich deprimierend vieles«, bekannte Schlesinger erinnerungsschwer, »zukunftsträchtig aber auch. Jeder muß wohl seine eigenen bitteren Erfahrungen machen – aber dann daraus seine Lehren ziehen. Etwa diese: nicht das, was tatsächlich geschieht, bewegt die Öffentlichkeit, sondern nur das, was dabei als Leitbild, als Fassade, plakativ in Erscheinung tritt.«
»Gehören diese Studenten dazu?« fragte Werner.
»Sie sind Trägerelemente dieser neuen Wirklichkeit, wenn auch nicht allein entscheidende, so doch sicherlich brauchbare«, sagte Schlesinger. »Jedenfalls haben diese Leute meine Sympathie. Sie können die Zuwendungen für sie verdoppeln. Ich gebe ihnen eine einzigartige Chance. Falls sie die richtig nutzen, könnte das ihr großer Münchner Sommer sein.«
Werner schien noch weitere Fragen stellen zu wollen. Doch dazu kam es in dieser Nacht nicht mehr. Denn Ingrid meldete über die Sprechanlage vom Vorzimmer her: »Herr Hetzing ist da!«
Werner, einfühlsam wie er war, entfernte sich unverzüglich; Hetzing erschien. Als die beiden sich an der Tür begegneten, war es, als nähmen sie keinerlei Notiz voneinander. Ein Vorgang, den Schlesinger aufmerksam und zufrieden zur Kenntnis nahm. Werner schloß sorgfältig hinter sich die Tür.
Schlesinger sah Hetzing, der einen Koffer trug, hoffnungsvoll entgegen.

Hetzings Gesicht wirkte weder besonders angestrengt, noch gar sonderlich triumphierend; nur eine gewisse Befriedigung war erkennbar, als er den mitgebrachten Koffer wortlos auf den Schreibtisch stellte – vor Schlesinger hin.
Schlesinger zog den Koffer erfreut an sich – es war der gleiche, den noch vor wenigen Stunden der Rechtsanwalt Messer transportiert hatte. Schlesinger öffnete ihn ohne Hast, mit sicherem, zupackendem Griff. Dann sah er hinein, nur kurz und sagte nur: »Na, prächtig!«
Dann schloß er den Koffer und trug ihn zu seinem Panzerschrank, deponierte ihn dort. Nachdem das geschehen war, blinzelte er Hetzing anerkennend zu und sagte: »Unser System funktioniert also.«
»Absolut einwandfrei!«
Schlesingers Blick war zuversichtlich. »Also auch im Fall jenes Versagers, der unserer Polizei so leichtfertig sein Porträt geliefert hat?«
»So was«, bestätigte Hetzing verächtlich, »leistet man sich in meinem, in unserem Bereich, nur einmal – dann nie wieder! Habe ich mich klar ausgedrückt?«
»Absolut!« bestätigte Schlesinger anerkennend. »Du hättest ein Sonderhonorar von einiger Größenordnung verdient. Aber welches? Mach Vorschläge.«
»Nicht unbedingt solche finanzieller Art«, sagte Hetzing vorsichtig, aber ohne spürbar zu zögern. »In dieser Hinsicht bist du nie kleinlich gewesen. Ich erkenne deine Großzügigkeit an und beneide dich zugleich um dein erfülltes Leben. Zu dem auch diese Mucki Stein gehört.«
»Und die gefällt dir?« Schlesinger lächelte ungemein verständnisvoll.
»Gefallen«, meinte Hetzing versonnen, »ist gar kein Ausdruck dafür. Auf Mucki stehe ich – wie man so sagt. Was du aber nur als ehrend empfinden solltest. Denn ich bewundere dich in diesem Fall ganz besonders. So was wie die ist einfach eine Wucht.«
»Ansichtssache! Die kannst du haben – wenn du unbedingt willst.«
»Bitte, was heißt das: die kann ich haben?« fragte Hetzing nahezu ungläubig. »Schließlich bist du mit ihr liiert. Und wie!«
»Vor der Öffentlichkeit – durchaus«, bestätigte Schlesinger geradezu genußvoll. Wobei jedoch nicht erkennbar war, was er dabei genoß: eine höchst erfolgreich verlaufene Aktion oder das kraß erklärte Unterleibsverlangen seines Partners; der allerdings, was Hetzing jedoch nicht wußte, lediglich einer unter einigen anderen war. »Dieses schöne Bild: Mucki und ich, stets treu vereint – das sollte denn auch sozusagen offiziell gepflegt werden. Sonst jedoch...«
»Solltest du etwa meinen«, fragte Hetzing erfreut, »daß du nichts dagegen hättest – wenn etwa Mucki – und ich...«
»Nicht das geringste«, versicherte Schlesinger, zog ein Lederetui aus sei-

ner Hosentasche, entnahm ihm einen Schlüssel und schob ihn dem beglückt-verwunderten Hetzing zu. »Die Adresse ist dir bekannt – und damit kommst du in ihr Appartement hinein. Der Rest ist deine Sache.«
»Verdammt noch mal, Schlesinger – warum tust du das?«
»Aus Freundschaft und Dankbarkeit – ich kann dir keinen Wunsch abschlagen. Dann auch aus einer gewissen Berechnung – Mucki ist leider ziemlich unersättlich. Ich überlasse sie lieber jemandem, den ich einigermaßen kenne, als irgendwelchen Herumtreibern. Denn so bleibt alles gewissermaßen in unserer Familie – auch in sexuellen Dingen bin ich denkbar freizügig, weil ich erkannt habe: in unserer Welt darf der Unterleib unter keinen Umständen zu den entscheidenden Größen gehören.«
Hetzing ergriff beglückt den ihm zugeschobenen Schlüssel. »Du bist ganz groß! Für dich zu arbeiten ist eine reine Freude. Du weißt noch, wie ungewöhnliche Leistungen anerkannt werden können.«
Worauf Schlesinger lediglich sagte: »Laß dir aus unserem Lager auf meine Rechnung den allerbesten Champagner aushändigen – zwei Flaschen. Eine schafft Mucki mühelos, ohne schwach zu werden. Bei der zweiten Flasche jedoch beginnt sie, über sich nachzudenken – und dann versuche dein Glück.«

»Mir reicht das!« versicherte Keller, der Kriminalbeamte außer Dienst, über die Polizeifunkanlage im Dienstwagen des Kriminaldirektors. Sein Gesprächspartner war Kriminalrat Zimmermann. »Ich habe der Witwe Butand unser Beileid übermittelt und ihr Trost zuzusprechen versucht. Auch ihr einiges an Sicherheit vorgegaukelt, wofür ich aber einstehen werde.«
»Und jetzt wirst du hier dringend gebraucht«, drängte Zimmermann.
»Mein Anton ist hundemüde und gähnt sich unserer Wohnung entgegen, gemeinsam mit mir. Und du weißt, wenn ich jemals auf jemanden Rücksicht nehme, dann auf diesen Hund.«
Zimmermann: »Rechtsanwalt Messer ist hier im Amt. Von Hädrich bereitgestellt zur Vernehmung.«
Keller: »So gut wie nichts, was ich diesem Messer nicht gönne. Der ist mir zu sehr von sich überzeugt.«
Zimmermann: »Er hat inzwischen eine Million Mark Lösegeld ausgehändigt. Und fast zur gleichen Zeit wurde von Hädrich und seinen Beamten der entführte Knabe aufgefunden. Als Leiche.«
Keller: »Dann berichtige ich mich; so was wünsche ich nicht einmal einem Messer. Ich komme also.«

Gegen 4 Uhr traf Keller abermals im Präsidium ein. Anton folgte ihm recht unwillig, doch ohne zu zögern. Er starrte den Rechtsanwalt Messer,

der im Dienstzimmer des Kriminalrats Zimmermann saß, anklagend an. »Dein Mann«, sagte Zimmermann zu Keller, dabei auf Messer deutend, dann verließ er hastig den Raum.
Messer blickte nahezu flehend. »Eine fürchterliche, geradezu verteufelte Situation«, gestand er ein. Um dann unverzüglich hinzuzufügen: »Man hat mich benutzt wie einen Briefkasten, man hat mich zu einem schäbigen Zuträger degradiert. Ausgerechnet mich! Was für eine Anmaßung! Dagegen werde ich mich wehren – mit Klauen und Zähnen sozusagen. Und kommen Sie mir jetzt nicht damit, daß Sie mich gewarnt haben!«
»Was glaubt man Ihnen denn anlasten zu können, Herr Messer?«
»Eine ganze Menge vermutlich.« Der Rechtsanwalt war sichtlich erregt. »So könnte man etwa behaupten, ich hätte der Polizei wichtige Tatsachen bewußt vorenthalten. Aber das wissen Sie glücklicherweise besser. Wenn ich geschwiegen habe, dann doch wohl im guten Glauben...«
»Eine Behauptung, die Ihnen jetzt nicht viel weiterhelfen wird«, erklärte Keller geduldig. »Sie haben diesmal sozusagen alles auf eine Karte gesetzt – die sich dann aber als wertlos erwiesen hat. Falls Sie aber dennoch erfolgreich gewesen wären, dann sähe vermutlich alles wesentlich anders aus. So aber sind Sie der Mann, der eine Million bezahlt hat für eine Leiche.«
»Gerade das macht mich verrückt! Und das gedenke ich nicht hinzunehmen. Ich bitte Sie um Ihre Mithilfe. Hören Sie genau zu: ich bitte Sie darum!«
»Ich höre zu – ganz genau.« Keller musterte den Rechtsanwalt bedächtig. »Sie erwarten also sozusagen meinen Beistand. Aber doch wohl nicht bedingungslos?«
»Unter welchen Bedingungen auch immer, Herr Keller. Wenn ich hier nur mit halbwegs heiler Haut herauskomme. Was also verlangen Sie? Ein Honorar? Jedes – in jeder gewünschten Höhe.«
»Ich bin nicht zu bezahlen«, erklärte Keller mit großer Einfachheit. »Falls ich aber dennoch bereit sein sollte, mich für Sie einzusetzen, fordere ich zuvor eins: absolutes Vertrauen! Also – einen umfassenden Bericht von Ihnen – über alle diese Vorgänge, mit letzter Offenheit.«
»Sollen Sie haben.«
»Will ich auch«, sagte Keller mit sanfter Entschiedenheit. »Doch wenn ich dabei erkennen sollte, daß Sie mir auch nur ein einziges Detail verschweigen, dann sind Sie für mich so gut wie gestorben. Und Sie wissen, daß ich immer genau das sage, was ich meine. Also – ich höre.«

In dieser Nacht wurde in der Wagnerstraße in einem Hauseingang ein Toter, männlich, aufgefunden. Uhrzeit: 4 Uhr 10. Der diensttuende Ermittlungsbeamte traf nur eine knappe halbe Stunde später ein. Er stellte fest: gebrochenes Genick, vermutlich durch starke Beschädigung des Hinterkopfes, doch auch denkbar: Körper gegen eine Hauswand geprallt, gegen diese gestoßen; auch konnten vorgefundene Wunden durch ein breitflächiges Schlagwerkzeug entstanden sein. Eintritt des Todes: vermutlich zwischen 2 Uhr und 2 Uhr 30. Darüber hinaus stellte der Ermittlungsspezialist fest: »Der Mann kommt mir irgendwie bekannt vor. Er scheint ziemlich genau dem Porträt zu entsprechen, das der Erkennungsdienst diese Nacht angeliefert hat.« Dann nahm er der Leiche die Fingerabdrücke ab.

Diese Fingerabdrücke wurden unverzüglich dem Erkennungsdienst übermittelt, dort nach Grundmerkmalen aufgeschlüsselt und mit der vorhandenen Sammlung verglichen. »Ergebnis positiv«, konnte der dort zuständige Beamte feststellen. »Diese Unterlagen weiter an Dezernat Einbruch.«

Und im Einbruchsdezernat wurde festgestellt: »Damit haben wir einen Kunden weniger.« Bei diesem ›Kunden‹ handelte es sich um einen gewissen Krausnick, Wilhelm, Schlosser, 36, unverheiratet, keine Kinder; geboren in Plattling bei München, derzeitiger Wohnort unbekannt. Mehrfach vorbestraft – Register beiliegend. Vorgang weiter an Leitung Sonderkommissionen.

Dort erkannte der auf Koordinierung geschulte Kriminalkommissar Felder sofort: das aufgefundene Objekt entsprach dem von Keller erstellten Porträt. Er verständigte unverzüglich Kriminalrat Zimmermann.

Zimmermann hockte in seinem Vorzimmer herum. In seinem Büro saßen immer noch Keller und Messer. Er nahm den Bericht von Kommissar Felder entgegen, mit schnell steigendem Interesse. Dann bat er Keller zu sich – den Anton, leicht vor Müdigkeit taumelnd, begleitete.

Der Kriminalrat sagte: »Ein geradezu staunenswert schneller Erfolg deines Täterporträts, Keller. Wir haben deinen Mann, also den, der Butand erschossen hat – aber aufgefunden haben wir ihn als Leiche.«

Keller betrachtete die Unterlagen mit nachdenklicher Ausdauer. Dann stellte er fest: »Möglicherweise ein Zufall; ich hoffe es jedenfalls.«

»Vermutlich vergeblich«, stellte Zimmermann provozierend befriedigt fest. »Schließlich hast du diesen Krausnick, der Butand auf dem Gewissen hat, in allen Einzelheiten beschrieben – und nun ist er tot. Und damit ist dieser Fall wohl erledigt.«

»Du willst diesen Fall nicht in allen Einzelheiten überprüfen?« wollte Keller wissen. »Also nicht eine deiner Mordkommissionen darauf ansetzen?«

»Warum, bitte, sollte ich das?« Zimmermann gab sich bieder – was Keller schnell als zweckbedingt erkannte. »Hier gab es ein Opfer, unseren Butand – dort nun existiert ein toter Mörder, dieser Krausnick. Eine Rechnung also, die aufgeht. Jedenfalls kann sich deshalb niemand im Amt nun noch irgendwelche komplizierten, menschen- und zeitverbrauchenden Sondertouren leisten. So was verbietet uns schon der derzeitige Personalbestand – er liegt weit unter jedem Soll. Das Ganze ist fast wie eine Schachpartie, die remis ausgeht.«

»Was du da von dir gibst, Zimmermann, kann doch kaum dein Ernst sein!«

»Mir bleibt da gar keine andere Wahl, Keller. Schließlich bin ich auch nur Beamter. Irgendwelche Sondertouren kann ich mir nicht leisten. Denn ich leite hier weder ein freizügig operierendes Detektivbüro, noch bin ich vorzeitig pensioniert – wie du!«

Keller horchte ungläubig auf. Sein kinderglattes, rosig erscheinendes Gesicht wirkte amüsiert. »Ich vermute also richtig – du willst versuchen, mir diesen Fall zuzuschieben?«

»Schließlich, mein Lieber, bist du an dem Tod unseres Kollegen Butand nicht ganz unbeteiligt gewesen, wenn auch keinesfalls damit zu belasten.«

»Hädrich«, stellte Keller fest, »mutet mir einen Messer zu. Aber du erwartest sogar, daß ich mich mit Butands Mörder beschäftige, der nun jedoch tot ist.«

»Das ist doch nicht zuviel verlangt, nicht von dir«, meinte der Kriminalrat überzeugt. »Zumal es doch wohl nicht ganz auszuschließen ist, daß beide Fälle irgendwie zueinander gehören.«

»Irgendwelche Beweise dafür? Oder auch nur Anhaltspunkte?«

»Nicht die geringsten. Ich reagiere da völlig instinktiv – wogegen du doch wohl nichts einzuwenden hast? Als Freund eines Hundes und bei deiner Phantasie ...«

»Ich bringe dich nach Hause«, sagte Heinz Boerner, aus spätnächtlichem Baumschatten auf Isabella zugehend.

»Hast du etwa hier auf mich gelauert?« fragte sie, höchst unwillig.

»Nicht gelauert«, korrigierte er sanft. »Nur gewartet.«

»Geschenkt!« rief sie ihm ablehnend zu, dabei rasch vorwärts schreitend. Es war, als wollte sie das Haus, in dem Aschaffenburg wohnte, schnell hinter sich lassen. »Kümmere dich gefälligst um deine eigenen Angelegenheiten!«

Boerner folgte ihr unbeirrt. »Genau das mache ich«, versicherte er. »Denn du bist meine Angelegenheit.«

»Absurd«, rief sie, verächtlich auflachend. »Du bist nicht mein Typ – das solltest du endlich einsehen.«

Er ging ihr nach. Der neue Tag begann mit herausfordernder, blendender Helligkeit zu glänzen. Er verwandelte die Straßen in flimmernde Betonbänder; die wenigen Bäume zeigten scharfe Konturen, die Häuser wirkten

wie graue wesenlose Steinklötze, dumpf glotzend aus fahltoten Fensteraugen. Dahinter Hunderte, den Strapazen eines neuen Tages nur noch mühsam entgegenschlafend.
»Wir könnten zu Fuß gehen«, meinte Heinz Boerner. »Allzu weit bis zu dir ist es ja nicht. Oder wir nehmen, falls du unbedingt willst, ein Taxi – das könnte ich gerade noch finanzieren.«
»Am liebsten würde ich fliegen!« meinte Isabella Hädrich ungehalten. »Nur um dich möglichst schnell loszuwerden.«
»Du denkst immer nur an dich«, stellte Heinz fest, ihr beharrlich folgend. »Aber das tue ich auch.«
Sie blieb plötzlich stehen, drehte sich um, und starrte ihn an. Das fahle Morgenlicht ließ sein freundliches Gesicht grau besorgt erscheinen. »Habe ich dich jemals aufgefordert, mich zu begleiten? Nein! Habe ich dir auch nur die geringste Veranlassung gegeben, irgend etwas von mir zu erhoffen? Nein! Also – verschwinde!«
»Ich könnte dir vielleicht nützlich sein«, sagte er beharrlich.
»Bist du aber nicht!« rief sie. »Nur lästig!«
Er blieb dennoch ungekränkt. »Könnte doch sein, daß dein Vater oder deine Mutter, wenn du nach Hause kommst – um diese Zeit – danach fragen, wo du gewesen bist. Dann könntest du sagen: in diversen Lokalen, Diskotheken – gemeinsam mit mir und Freunden. Ich würde das dann bestätigen.«
»Brauchst du nicht«, stellte Isabella Hädrich fest. »Danach fragt niemand. Wenn ich nach Hause komme, schläft Mutter wie ein Murmeltier; vermutlich nach einer Flasche Cognac. Und Vater verbringt fast alle seine Nächte außerhalb unserer Wohnung – er ist sozusagen zusätzlich verheiratet, und zwar mit seinem Amt. Also brauchst du dir meinetwegen keinerlei Gedanken zu machen oder dich gar in Unkosten zu stürzen. Lauf mir gefälligst nicht nach wie ein Hund – für Hunde habe ich nicht sonderlich viel übrig.«
»Durchaus möglich, daß sich das ändert.« Heinz Boerner gab sich Mühe, sie nicht zu verstimmen. »Irgendwann einmal.«
»Wie du mir vorkommst!« Isabella betrachtete ihn abweisend, aber doch nicht ganz und gar ablehnend. »Nun ja – du gibst dir Mühe. Aber völlig unnötigerweise.«
»Ich bin sehr ausdauernd, das mußt du wissen, Isa.«
»Was«, versicherte sie entschieden, »geradezu anmaßend ist, soweit es mich betrifft. Nichts wie Zeitvergeudung. In meinen Augen bist du eine graue Maus.«
»Und – Aschaffenburg?«
»Der ist im Grunde auch nichts anderes. Aber immerhin eine Maus mit Verstand, Klugheit und Zielstrebigkeit. Jedenfalls habe ich kein Verlan-

gen danach, mit ihm zu schlafen, falls du das wissen willst – mit dir selbstverständlich auch nicht! Wenn ich einmal schwach werden sollte, was ich gern wäre, dann müßten schon ganz andere aufkreuzen – richtige Männer also, irgendein Kerl, zumindest keine kleinen Bubis. Irgendein wirklicher Mann – einer – würde genügen.«
»Ich jedenfalls, Isa, bin für dich da, werde immer für dich da sein – das solltest du wissen.«

Die ›bessere‹ Gesellschaft – in dieser Nacht:
»Der Münchner Prominentenschneider Max ließ wissen, daß er sich einen weinroten Rolls Royce gekauft habe, mit eingebauter Bar. Frederic, 27, Chef der Transvestiten-Gruppe ›Les garçon terribles‹, hat einen Jugendstil-Porzellanknaben erstanden. Der Stoff-Konsul, lustiger Beerber seiner verblichenen Brillanten-Wally, fühlt sich von Bräuten wie verfolgt – es sollen über zwanzig sein.
Heinz, Deutschlands mächtigster Kino-Unternehmer – er fährt einen 3-Liter-BMW, rot, aggressiv, modern, sozialistisch; Jahresumsatz 60 Millionen, mit Privat-Jet – verkündete, er werde in dieser Stadt ein Kino-Center sondergleichen errichten: fünf Theater in einem Haus. Dabei nur eine Kassiererin. Für ihn ist Kino ›in‹, Filmpalast ›out‹.
Die Begum wieder einmal in München. Karajan auch. Auch Anneliese Rothenberger; sanfter Sopran mit naivem Innenleben. Curd Jürgens gab Hochpolitisches von sich. Und Christine, geschiedene Curtis, Hollywood, bekannte: ›Ich möchte endlich wieder Kaufmann heißen.‹ ›Im Moment‹, ließ sie berichten, ›führe ich ein fast klösterliches Leben.‹ Mit ihren beiden Kindern, Alexandra, 8, und Allegra, 6, habe sie nur noch ›postalischen Kontakt‹. Sie wären ihr entführt worden, man lasse sie nicht Mutter sein.«
Aber wer denn wohl gönnt wem wirklich was?
So, eben, ist es – dieses Leben!
Als Keller mit seinem Hund Anton am Ende dieser strapaziösen Nacht das Präsidium zu verlassen gedachte, stellte sich ihm ein Mann in den Weg. Es war ein gewisser Stamm.
Und dieser Stamm, gemeinhin auch ›der Stammbaum‹ genannt, ein Polizeibeamter in Zivil, war jedem Angehörigen des Amtes wohlbekannt. Denn er war seit einigen Jahren schon der Kraftfahrer des Präsidenten. Dazu auch dessen Begleitschutz und vertrauenswürdiger Befehlsübermittler.
»Wenn Sie wünschen, Herr Keller, steht Ihnen der Wagen des Herrn Präsidenten zur Verfügung. Ich fahre Sie hin und setze Sie ab – wo immer Sie wollen.«
»Danke«, sagte Keller. »Aber ich wohne hier in der Gegend. Die tausend

Meter bis dorthin gehe ich gerne zu Fuß. Zumal auch mein Anton so was zu schätzen weiß.«
Der angesprochene Hund gab sich entzückt, ohne seine Müdigkeit zu verleugnen. Immerhin witterte er auf dem Heimweg Bäume, Straßenecken, Häusereingänge – Keller, sein Freund und Spielgefährte, sorgte bei jeder sich bietenden Gelegenheit dafür. So was macht dankbar. Wenn Anton einmal sterben mußte, dann nicht an einer quälenden Blasenerkrankung.
»Der Herr Präsident«, sagte nun Stamm vertraulich, »legt Wert darauf, Sie bestens betreut zu wissen.«
Dieser Stamm war ein Mann, der stets unendlich traurig wirkte. Der Grund dafür war im Amt allgemein bekannt und Zielscheibe fröhlicher Witze. Denn: Stamm war ein verhinderter Rennfahrer; ausgerechnet ihm war der leistungsfähigste Wagen des Präsidiums, mit raffinierten Extras, Spitzengeschwindigkeit weit über 200, übergeben worden. Aber der Präsident achtete stets streng darauf, daß alle Verkehrsvorschriften genau eingehalten wurden. Hinzu kam eine wachsende Abneigung des Präsidenten gegen hohe Geschwindigkeiten.
»Will er mich sprechen?« fragte Keller.
Stamm nickte erleichtert. »Ich werde ihm also sagen, daß Sie zu Fuß nach Hause zu gehen wünschen. Vermutlich wird er Sie dann begleiten wollen. Auf ein Gespräch mit Ihnen scheint er Wert zu legen.«
Was an sich nichts Ungewöhnliches war – jedenfalls nicht für Keller. So wartete er denn geduldig; er brauchte es jedoch nur wenige Minuten zu tun. Dann erschien der Polizeipräsident.
Er wirkte überraschend frisch, obwohl er in dieser Nacht mehrfach unvermeidlichen Repräsentationsverpflichtungen nachgekommen war: einem Festessen für Jagdmuseumsfreunde – einer Party bei einem Großbankier – schließlich der Einweihung eines Penthauses, das sich ein Parteifreund zugelegt hatte. Danach noch zwei anstrengende Stunden im Amt.
»Ein Spaziergang in der frischen Morgenluft«, versicherte der Präsident, »gemeinsam mit Ihnen, Herr Keller, wird mir gut tun – wenn Sie erlauben. Dabei vielleicht ein kleines Bier, wonach sich sicherlich besser schlafen läßt.«
Keller nickte zustimmend, wenn auch ohne sonderliche Begeisterung. Sie schlenderten nebeneinander, zunächst nahezu wortlos – von der Ettstraße zur Fußgängerzone, von dort zum Marienplatz. In dessen unmittelbarer Nähe gab es ein sehr münchnerisches Lokal, das bereits um 5 Uhr früh zu öffnen pflegte. Anton trabte ihnen voran.
»Sie nehmen Ihren Hund nie an die Leine«, stellte der Präsident nicht unbesorgt fest. »Befürchten Sie denn nicht, daß er ausreißen könnte?«
»Genau das befürchtet er vermutlich auch von mir. So achtet immer einer

auf den anderen.«
Wenige Minuten später saßen sie fast eng beieinander – der weltweit bekannte Präsident und sein weithin unbekannter großer, alter Mann – in diesem schlauchartigen Frühlokal am Marienplatz.
Vor ihnen standen Biergläser mit einem Liter Inhalt. Unter ihrem Tisch schlief Anton. Um sie herum diverse Bürger, zumeist männliche, ihre nächtlichen Strapazen beendend. Keller und der Präsident kannten niemanden – also kannte hier wohl niemand sie. Alles schien denkbar neutral.
Nachdem sie sich zugeprostet hatten, beugte sich der Polizeipräsident ein wenig vor und versicherte: »Sie glauben gar nicht, Herr Keller, wie erfreut ich darüber bin, daß Sie nach wie vor zu uns gehören. Wir haben Ihnen, nachdem Sie in unserem Amt ausgeschieden sind, mehrfach einen Sondervertrag angeboten. Das sollten wir vielleicht noch ein wenig weiter ausbauen. Was meinen Sie?«
»Das lieber nicht. Nur keine offiziellen Verpflichtungen! Ich will Privatmann bleiben, also nein sagen, wann immer ich das für richtig halte – um ganz offen meine Meinung vorbringen zu können, sobald sich das irgendwie als zweckmäßig oder unvermeidlich erweist.«
Der Präsident lachte auf. »Das, mein Lieber, haben Sie eigentlich schon immer getan.«
»Vielleicht noch nicht deutlich genug.«
»Ich jedenfalls hatte bei Ihnen oftmals den Eindruck äußerster Deutlichkeit. Zimmermann ebenfalls. Hädrich erst recht.« Dann wollte der Präsident plötzlich wissen: »Was halten Sie eigentlich von unserem Kriminaldirektor? Bitte, möglichst deutlich.«
»Als Kriminalist ist er ganz ausgezeichnet«, versicherte Keller, ohne zu zögern. »Er ist auch ein glänzender Organisator – was wohl zusammengehört. Aber neuerdings neigt er manchmal dazu, Schicksal spielen zu wollen. Und zwar in amtlicher Eigenschaft. Er fühlt sich vermutlich wie ein Marionettenspieler, der Puppen bewegt. Aber was kann – unter Umständen – gefährlicher sein?«
Der Polizeipräsident, von seinem Bier trinkend, nickte bedächtig. »Einen ähnlichen Eindruck hatte ich heute nacht auch – im Fall dieses entführten und getöteten Kindes. Ich habe mich mit diesem Vorgang gründlich beschäftigt. Und wenn dieser Fall mit allen Einzelheiten publik gemacht werden muß, wird wohl unvermeidlich danach gefragt werden, ob etwa ein Versagen der Polizei vorliegt.«
»Soweit ich Hädrich kenne, darf ich annehmen, daß er eine Art Ablenkungsmanöver vorgeschlagen hat. Und das auch zu praktizieren gedenkt.«
»Stimmt genau. Sein primäres Objekt ist der Rechtsanwalt Messer. Wozu

dann aber – bitte achten Sie darauf – Hädrich mich wissen ließ, daß Sie ihm dringend davon abgeraten haben. So ehrlich ist er.«
»Sagen wir: vorsichtig.«
»Warum aber haben Sie Hädrich davon abgeraten? Mit welcher Begründung? Das würde ich nun gern wissen – von Ihnen persönlich.«
»Drei Gründe, Herr Präsident«, erklärte Keller sachlich. »Erstens: in unserer Praxis hat es sich stets als vorteilhaft erwiesen, wenn der Öffentlichkeit keinerlei Material vorenthalten wird, sofern das Gegenteil nicht kriminaltaktisch unbedingt notwendig ist. Zweitens: dieser Messer bietet sich keinesfalls als brauchbares Ablenkungsobjekt für uns an; als er in Aktion zu treten begann, war das entführte Kind bereits tot. Nur diesen Tod haben die zuständigen Kriminalisten aufzuklären, nicht aber einen Messer – leichtfertig ablenkend – damit in Verbindung zu bringen.«
»Sie sollen, sagt man, für diesen Rechtsanwalt eine Art Schwäche haben. Das deutete auch Hädrich an.«
»Das kann durchaus sein. Mir gefällt dieser Mann. Obwohl längst erwachsen, entwickelt er noch immer sehr jugendlich anmutende Gerechtigkeitsgefühle. Womit ich bereits bei Punkt drei meiner Begründung bin. Drittens also: Messer wird nunmehr, als glückloser Lösegeldüberbringer, sein brillantes Gehirn strapazieren müssen, um einigermaßen unbeschadet aus dieser für ihn äußerst peinlichen Affäre herauszukommen. Wenn ihm dabei von der Polizei noch zusätzliche Schwierigkeiten gemacht werden, wird er wie wild um sich schlagen. Also sozusagen geistig Amok laufen, sich angriffswütig verteidigen. Mithin also uns, der Polizei, in aller Öffentlichkeit ziemlich hemmungslos heftige Kämpfe liefern.«
»Sie kennen diesen Messer offenbar recht gut«, meinte der Polizeipräsident sehr nachdenklich.
»Auf den bin ich mehrmals angesetzt worden. Noch in dieser Nacht hatte ich zwei Unterredungen mit ihm; Hädrich machte sich die Freude, sie mir zu gönnen. Übrigens gehört gar nicht sonderlich viel Menschenkenntnis dazu, aus Messers Reaktionen herauszulesen, was ihn wirklich bewegt. Als er nämlich erfuhr, daß man ihn – ausgerechnet ihn – als eine Art Popanz benutzt hatte, verwandelte er sich geradezu in einen Racheengel. Und mit so was, ich bitte Sie, legt man sich doch nicht unnötig an! Empfehlenswerter wäre vielmehr, ihn uns vorsorglich und wirksam zu verpflichten.«
»Wird wohl stimmen«, gab der Polizeipräsident zu.
Dann warf er einen Blick zur Tür hin. Dort saß Stamm, unentwegt traurig, dennoch absolut verläßlich. Vor ihm stand ein großes Glas Bier; er trank zwar nicht davon, doch der Betrag dafür stand bereits auf seinem Spesenzettel. Unauffällig lauernd wartete Stamm auf einen Wink seines Präsidenten, der nun erfolgte.

Und er erschien prompt, stellte sich auf, neigte sich dann vor – seinem Präsidenten entgegen. Voller Ergebenheit und verläßlich.
»Benachrichtigung an Kriminaldirektor Hädrich«, ordnete der Präsident an. Worauf Stamm einen Notizblock aus seiner linken Brusttasche angelte, einen Kugelschreiber dazu. Um dann die Anweisung seines Chefs zu notieren:
»Untersuchung gegen RA Messer ist sofort einzustellen. Er ist unverzüglich zu entlassen. Keinerlei Veröffentlichung, ihn betreffend, von unserem Amt aus. Auch keine Stellungnahme. Falls nach einer solchen gefragt wird, sollte erklärt werden: wir fühlen uns nicht dafür zuständig. Die Übergabe des Lösegeldes war allein seine Sache.«
»Geht in Ordnung«, sagte der traurige Stamm und entfernte sich.
Der Polizeipräsident wirkte nun sichtlich entspannt. Er bestellte noch ein weiteres Bier, ohne das erste ausgetrunken zu haben.
»Zufrieden?« fragte Keller.
»In dieser Hinsicht – durchaus.«
»Und in welcher nicht?«
»Was mich dabei persönlich beschäftigt, Herr Präsident«, bekannte Keller, »das ist der Tod unseres Kollegen Butand.«
»Durchaus verständlich.« Der Präsident zeigte sich sehr anteilnehmend, wenn auch ohne sonderliche Ausdauer. »Zimmermann hat mich darüber unterrichtet – in allen Einzelheiten. Eine scheußliche Sache, an der Sie aber selbstverständlich keinerlei Schuld haben. Der Beamte hat leider nicht weisungsgemäß reagiert – also nicht vorsichtig, nicht wachsam, nicht überlegt genug.«
»Das ist nicht der entscheidende Punkt.«
Der Präsident war bemüht, diese bedächtige Bemerkung zu überhören. »Ich bitte Sie, verehrter Herr Keller, im Grunde haben wir ja noch eine Menge Glück gehabt.«
»Was, bitte, verstehen Sie – in diesem Zusammenhang – unter Glück?«
Der Polizeipräsident klärte seinen bevorzugten Ratgeber auf. »Nun – es ist gewiß ein heißer Tag gewesen. Erst diese völlig überraschende Demonstration; dazu ein gelungener Bankeinbruch mit Todesfolge. Lauter gutes Material für die Presse, uns die Hölle heiß zu machen. Aber dann noch der Tod des entführten Kindes – der überschattet fast alles. Morgen – ich meine: heute – wird man nur noch davon reden und schreiben.«
»Heute – vielleicht.« Keller betrachtete seinen Präsidenten fast ein wenig nachsichtig. »Aber schon morgen könnte alles ganz anders sein.«
»Was befürchten Sie denn?« fragte der Präsident instinktiv besorgt.
»Eine gewisse Verkennung möglicherweise eng zusammenhängender krimineller Aktionen. Im Amt wird einmal von einer Demonstration gesprochen; und erst dann von einem Bankraub. Aber nicht von einem

Bankraub während einer Demonstration.«
»Warum diese feinen Unterschiede?« wollte der sehr aufmerksam gewordene Präsident wissen. »Worauf wollen Sie damit hinaus?«
»Auf eine ganz bestimmte Vermutung – die aber leider, wenn sie zutreffen sollte, alles andere als erfreulich ist. Immerhin war ich Augenzeuge der Entwicklung dieser Vorgänge. Und dabei hatte ich den zwingenden Eindruck – der sich mehr und mehr verstärkt, je länger ich darüber nachdenke –, daß dieses zeitliche Zusammentreffen von Demonstration und Bankraub keinesfalls zufällig gewesen ist. Was praktisch also heißen könnte: bei beiden Vorgängen handelte es sich um eine einzige zusammenhängende Aktion.«
»Unglaublich!« stieß der Präsident hervor.
»Das scheinbar Unglaubliche kann für uns der Alltag sein.«
»Herr Keller, ich bin nicht der Mann, der voreilig bezweifelt, daß es extreme Grenzsituationen geben kann. Zumal nicht, wenn Sie es sind, der so etwas für möglich hält. Falls das hier aber tatsächlich zutreffen sollte, wenn Sie sich also nicht irren, dann bedeutet das doch wohl, daß wir es hier mit einer Erscheinungsform der Kriminalität zu tun haben, die absolut neuartig wäre.
»Rechnen Sie damit.«
»Wenn das tatsächlich stimmen sollte, was ich kaum anzunehmen wage, dann müssen wir uns wohl nunmehr in einem Gelände bewegen, das vermint oder verseucht, auf jeden Fall aber völlig unerforscht ist. Was doch wohl denkbar gefährlich ist. Müssen wir das?«
»Man lernt nie aus«, meinte Keller, nun fast heiter. »Rechnen wir also lieber damit.«
Ansichten des Polizeipräsidenten – spätere, inoffizielle, also private:
»Ungewöhnliche, fragwürdige oder gar bedenkliche Situationen sind im Grunde für mich nur Alltag. Die wirksamste Methode, mit ihnen fertig zu werden, besteht darin, sie dem Amtsapparat zu überlassen – ohne jeden Nachdruck, ohne irgendeine besonders erkennbare Anteilnahme. Dann erledigen sie sich zumeist wie von selbst.
Doch die Situation am Ende dieser Nacht war geradezu alarmierend – so behutsam Keller sie auch angedeutet hatte. Denn es handelte sich dabei vermutlich, wenn auch nicht mit absoluter Sicherheit, um eine völlig unberechenbare Konstellation, die mit normalen Methoden kaum noch wirksam zu bereinigen war. Hier war ich wohl gezwungen, direkt einzugreifen – falls sich nicht jemand finden ließ, der mir eine so heikle Entscheidung abnahm.
Wobei zugegeben werden muß, daß auf dem Dienstweg eines jeden Polizeipräsidenten nicht wenige Leichen liegen, von denen ein Außenstehender kaum jemals Kenntnis erhält. Doch über die eine oder andere davon

kann man stolpern, zumindest in Bedrängnis geraten. Das jedoch erst dann, wenn mehrere extreme Gegebenheiten gleichzeitig in Erscheinung treten. Wie hier.
Erstens: eine ungewöhnliche Gewalttat – in diesem Fall gegeben. Zweitens: ein intensives Interesse der Öffentlichkeit – hierbei zu befürchten. Drittens: ein unvermeidlicher Verfolgungszwang von Beamten – diesmal deutlich erkennbar. Wobei Hädrich noch vergleichsweise am sichersten zu steuern war – so sehr er sich auch bei diesen Vorgängen engagiert hatte. Selbst Zimmermann, der eigenwilligste und erfolgreichste Mordspezialist des Amtes, ließ sich halbwegs neutralisieren – seinen Verpflichtungen als Beamter würde er sich kaum entziehen. Aber – da war dieser Keller.«

4 Der unvermeidliche Verfolgungszwang

Kriminalrat Zimmermann suchte am Vormittag des nächsten Tages – gegen 10 Uhr – Keller in dessen Wohnung auf. Was selbst für ihn nicht ganz einfach war. Denn hier hatte er es zunächst mit Frau Weber zu tun – der Wirtschafterin.

Sie war Ende der Dreißig, wirkte robust und rosig zugleich, zeigte sich ebenso munter, wie auch äußerst ablehnend. »Herr Keller ist erst gegen sechs Uhr nach Hause gekommen.«

»Ein Mann wie er braucht wenig Schlaf«, sagte Zimmermann ermunternd.

»Meinen Sie!« korrigierte ihn Frau Weber entschieden. »Herr Keller jedenfalls hat sein Frühstück für zwölf Uhr bestellt. Vorher läuft hier nichts.«

Frau Weber war Kellers persönliche Entdeckung – die Frau eines Polizeibeamten, der von einem plötzlich wild um sich schießenden Kriminellen getötet worden war. Was an sich nichts Besonderes war – zumindest hatte die Öffentlichkeit keine Notiz davon genommen. Es gibt Millionen Witwen in dieser Welt – wie es auch immer dazu gekommen sein mag. Doch als Keller die dekorative Dachwohnung unmittelbar beim Viktualienmarkt bezogen hatte, was er sich bei den Honoraren für seine international anerkannten Fachbücher leisten konnte, verpflichtete er Frau Weber zu seiner Betreuung und besorgte ihr eine Zweizimmerwohnung im gleichen Haus.

Ihre Dankbarkeit war grenzenlos – ihre Entschlossenheit, ihn abzuschirmen, aber auch. Ein Cerberus war nichts gegen sie. »Würden Sie ihn, bitte, wecken!« forderte Zimmermann lautstark.

»Brüllen Sie hier gefälligst nicht herum«, verwies ihn die Weber energisch, aber gedämpft. »Sie sind hier nicht im Präsidium.«

»Es ist sehr dringend«, versicherte Zimmermann.

»Dringend ist hier nur«, sagte die Weber entschlossen abwehrend, »was Herr Keller selbst dafür hält. Und das hätte er mir gesagt.«

Zimmermann überlegte, ob er vor diesem entschlossenen Hausdrachen zurückweichen sollte. Doch bevor das noch geboten erschien, stürzte sich der Hund Anton auf ihn; er kam freudig wedelnd aus Kellers Schlafzimmer. Und nun meldete sich auch Keller selbst. »Gedulde dich noch ein wenig, Martin.«

»Gern!« rief ihm Zimmermann erfreut zu. »Ich führe inzwischen den

Hund spazieren, wenn du erlaubst – etwa zehn Minuten lang. Reicht das?«
»Geh mit Anton auf den Markt – dabei aber Vorsicht vor der Huberin! Laß dir von Frau Weber die lange Leine geben. Ich komme nach.«
Anton bellte freudig zustimmend. Die Weber blickte ungehalten und sagte zu Zimmermann: »Können Sie ihn nicht in Ruhe lassen? Schließlich ist er nicht mehr der Jüngste.«
»Ich kenne wesentlich jüngere Leute«, versicherte Zimmermann, »die mir, mit ihm verglichen, schon wie kraftlose, erschlaffte Greise vorkommen.«
Damit stolperte der Kriminalrat – Chef aller Mordkommissionen, im Amt »der Löwe« genannt – mit dem vorauseilenden Anton an der vier Meter langen Nylonleine auf den Viktualienmarkt hinaus – zum wahren Entzücken seines ungeniert grinsenden Begleiters und Kraftfahrers, eines gewissen Georg Leitner.
»Sind Sie etwa unter die Hundeausführer gegangen, Herr Kriminalrat?«
Dieser Georg Leitner konnte sich so was leisten – er gehörte zu denjenigen, denen Zimmermann voll vertraute, was viel heißen wollte. Sie kannten sich seit Jahren und hatten gemeinsam denkbar heikle Situationen durchgestanden; darunter mehrere Einsätze mit Waffengebrauch, wobei Leitner immer nur einmal zu schießen brauchte, um zu treffen. Dieser robuste Mann gehörte zu den »ganz Verläßlichen« im Amt – Keller hatte ihn entdeckt. Also kannte Leitner auch Anton, den Hund.
»Ersparen Sie sich diese Scherze«, wies ihn Zimmermann augenzwinkernd zurecht. »Versuchen Sie lieber herauszufinden, wer hier ›die Huberin‹ ist. Vor der bin ich gewarnt worden. Ich will wissen, warum.«
Anton zog Zimmermann mit sich – der Hund wußte genau, an welchen Baum, an welche Hausecke, an welchen Stein er heranwollte. Dabei war der Viktualienmarkt in vollem Betrieb: ein letzter, doch immer noch stattlich wirkender Rest altbäuerlichen bayerischen Erzeugnisreichtums bot sich hier auf engem Raum an, in Buden und im Freien, in nahezu verschwenderischer Fülle.
Das dichte Gedränge der Menschen beunruhigte Anton nicht im geringsten – er wieselte geschickt durch sie hindurch. Zimmermann dagegen prallte mit ihnen zusammen, was ihm kraftvolle Wortspiele einbrachte, wobei er zumeist nur »Depp« verstand, was wohl so was wie »Dummkopf« hieß. Als Greifer von Mördern war er eine anerkannte Kapazität, aber seine Fähigkeiten als Hundebegleiter konnten nur als gering bezeichnet werden.
Daher begrüßte er lebhaft und sichtlich erleichtert Kellers Erscheinen. »Da bist du ja endlich! Ich möchte mich gerne möglichst ungestört mit dir unterhalten.«

»Das kann man hier«, versicherte Keller. »Etwa am Karl-Valentin-Denkmal – da halte ich mich besonders gerne auf. Ich komme mir dann vor wie im Zentrum eines Taifuns, wo man inmitten eines Naturereignisses am sichersten ist. Und wo zumindest niemand mithören kann.«
Und dort ließen sie sich nieder. Zimmermann sagte: »Der Präsident hat mich über deine bemerkenswerte oder vielleicht auch nur merkwürdige Theorie unterrichtet – also von einem möglichen Zusammenhang von Demonstration und Bankraub. Er wollte mich wohl damit alarmieren. Aber ist das nicht, meine ich zunächst, viel zu absurd, um wahr sein zu können?«
Keller lächelte nachsichtig. »Ich weiß – gewöhnlich ist es so: eine Tat wird begangen; und danach werden Kriminalisten darauf angesetzt. Diesmal jedoch, was wohl äußerst selten vorkommt, befand sich ein Kriminalist – und ich nehme an, du hältst mich für einen solchen – unmittelbar im Vorfeld der Ereignisse. Ich sah sie also entstehen – sozusagen Phase um Phase.«
Bevor Zimmermann dazu Stellung nehmen konnte, erschien Leitner. »Unter der als Huberin bezeichneten Person, die ich ermitteln sollte, ist eine gewisse Frau Huber zu verstehen. Sie hat einen Käsestand und ist von reichlich wortgewaltigem Wesen, hier seit vierzig Jahren in Funktion. Daß jedoch ihr gegenüber irgendwelche Vorsicht geboten zu sein scheint, war nicht festzustellen.«
Keller klärte Leitner bereitwillig auf. »Diese Frau Huber ist im Grunde eine liebenswerte, gutmütige Person. Aber eben deshalb nicht ganz ungefährlich. Nicht gleich für Menschen, aber für Hunde. Die liebt sie, kann sie also nicht hungern sehen. Sie versorgt sie verschwenderisch – und Anton hat sich das freßfreudig gemerkt. Er ist wie wild auf sie.«
Leitner zog sich zurück, nicht ohne leicht kopfschüttelnd zu bemerken: »Das sind vielleicht Sorgen!«
Was er sonst noch dachte, war mühelos zu erraten: da beschäftigen sich also zwei Leuchten der Kriminalistik mit einem Hund – der eine führt ihn aus, der andere paßt auf, daß sich der liebe Anton nicht überfrißt. Und das am hellen Tag, während der Dienststunden, und noch dazu zur Hochbetriebszeit.

Kleine kriminelle Kollektion dieses Tages:
»Abermals Überfall auf ein Tabakgeschäft – die einundfünfzigjährige Margot E. mit Pistole bedroht; Beute 800 DM. Dann Überfall auf Vorstadtvilla – angebliche Reporterin entpuppte sich als Bandenmitglied; nachdem ihr geöffnet worden war, drangen maskierte Männer ein, fesselten die Bewohner, durchsuchten das Haus, nahmen alle Wertgegenstände mit. Weiter: Überfall auf eine Sparkasse, gleichfalls Vorort – der dritte

in diesem Monat, der zweiunddreißigste in diesem Jahr; Beute diesmal nur 18000 DM; ein Toter.
Zwei Todesfälle durch Rauschgift. Ein Rauschgiftgroßhändler verhaftet – Gürsel I., 33, Türke; in vier Jahren ein Umsatz von mehreren tausend Kilogramm Haschisch. Werbetexter Wolfgang, 27, beim Versuch, fünf Kilogramm Hasch zu verkaufen, gestellt – er hatte, noch im vorigen Jahr, für eine Anti-Drogen-Kampagne gearbeitet.
Kellner Helmut S., 35, gab seiner Kollegin Klara L., 61, ein Betäubungsmittel zu trinken – als sie in Ohnmacht fiel, beraubte er sie; Erlös 21000 Mark. Liebespaar-Selbstmord am Isarufer. Rocker gestand Raubmord an der neunundsiebzigjährigen Josefa L.
Betrügerin, die als ›König Husseins Cousine‹ wochenlang kassierte, gestellt. Drei Münchner bei der Produktion von Fünfmarkstücken am Fließband verhaftet. Der Sex-Gangster aus den Isarauen, Hilmi B., 27, Türke, bei dem Versuch, eine siebenundsechzigjährige Rentnerin zu vergewaltigen, von einer Funkstreife festgenommen.«

»Hier«, meinte Keller nachsichtig und warnend zugleich, »vergeudest du nur deine Zeit. Ich gedenke nicht, mich für deinen Kleinkrieg mit Hädrich einspannen zu lassen. Kennst du übrigens dessen Tochter Isabella näher?«
Zimmermann schien entschlossen, sich nicht ablenken zu lassen. »Alle unsere bisherigen Recherchen scheinen tatsächlich auf einen Ausnahmezustand hinzuweisen. Da hast du also wieder einmal recht. Doch nun müßten wohl auch entsprechende Gegenmaßnahmen erfolgen.«
»Das, Zimmermann, ist eure Sache.«
»Und wie wäre es, wenn es deine Sache wird?«
Keller lachte auf. »Was soll der Versuchsballon! Du weißt doch genau, daß ich hier nur beratend tätig werden kann. Also – ein Kommando führen oder gar einer Sonderkommission vorstehen kann ich nicht.«
»Es sei denn, nicht wahr, du entschlössest dich, zu unserer Dienststelle zurückzukehren. Der Präsident, wir alle, würden dich mit offenen Armen aufnehmen. Eine Beförderung zum Kriminalrat wäre dir sicher; das soll ich dir andeuten.« Keller glaubte seinen Ohren nicht zu trauen. Und obwohl er seine Antwort bereits wußte – Zimmermann gewiß auch –, zögerte er, sie auszusprechen. »Du scheinst prächtiger Stimmung zu sein. Warum?«
»Deinetwegen selbstverständlich. Weil es dich gibt – für uns.« Kriminalrat Zimmermann strahlte Zufriedenheit aus. »Ich wußte natürlich, daß du es ablehnen würdest, wieder ins Amt zurückzukehren, wenn der Präsident das auch für die beste Lösung gehalten hat.«
»Du nicht?«
»Ich nicht. Schließlich, Keller, kenne ich unsere Möglichkeiten – und da-

mit auch unsere Begrenzungen. Wir haben unsere Aufträge und Weisungen. Wir sind verpflichtet, uns nach den bestehenden Verordnungen und Gesetzen zu richten. Das aber hat ein Mann außerhalb unserer Ordnung nicht nötig. Der braucht keinerlei Rücksichten zu nehmen. Die Hauptsache aber – er ist zugleich auch unser Mann.«

»Ach, mein lieber Zimmermann, die Zeiten der genial genannten Einzelgänger, der ganz scharfen Alleindenker, der souveränen Alleskönner – die ist schon lange vorüber. Vielleicht hat es sie niemals gegeben – nur eine gewisse Literatur hat sie uns vorgegaukelt. In Wirklichkeit hat in diesem Metier niemand Erfolg, der nicht durch gleichermaßen qualifizierte Mitarbeiter unterstützt wird. Aber das alles ist dir bekannt. Warum spekulierst du dennoch auf einen Alleingang von mir?«

»Weil ich etwas weiß, was du noch nicht weißt«, sagte Zimmermann. »Und zwar über den Mann im Hofgarten, auf den du Butand angesetzt hast. Krausnick also – der dann tot aufgefunden wurde.«

»Was glaubst du über ihn zu wissen?«

»Daß er vermutlich in ein kriminelles System integriert war, das ganz und gar neuartig ist. Eine Art Verbrechenszirkus ohne jedes Vorbild. Die diesbezüglichen Recherchen stehen zu deiner Verfügung. Und wenn du dann noch zögern solltest, Keller, dich unverzüglich ins Vergnügen zu stürzen, fresse ich einen Besen.«

»Dich würde ich gerne einen Besen fressen sehen! Aber soviel ich weiß, versuchst du ein Feinschmecker zu sein, Zimmermann. Was ich dir gönne, wenn es kein Dauerzustand wird. Also – versuch mal, mich zu überraschen.«

»Verzeihen Sie bitte, Herr Hädrich, wenn ich Sie störe«, sagte der junge Mann bemüht höflich. »Aber ich muß mich wohl dringend bei Ihnen entschuldigen.«

Hädrich saß in der hinteren Ecke seines Wohnzimmers am Schreibtisch und musterte zunächst höchst ungehalten seine Frau. Sie sagte: »Ich kann nichts dafür – aber Heinz ließ sich einfach nicht aufhalten.«

»Weil ich mich entschuldigen muß«, versicherte der, »und zwar bei Ihnen persönlich. Um möglichen Mißverständnissen vorzubeugen; Isabellas wegen.«

Nun begann Hädrich den jungen Mann näher zu betrachten. Er wußte nicht recht, ob der ihm gefiel oder mißfiel – das stimmte ihn nachsichtig gegen sich selbst. Er erklärte: »Ich bin mit wichtigen Vorbereitungen für einen amtlichen Vorgang beschäftigt – eine Pressekonferenz. Meine Zeit ist äußerst knapp bemessen. Setzen Sie sich dennoch. Und du laß uns bitte allein.« Dies sagte er zu seiner Frau. »Fünf Minuten dürften genügen.«

Kriminaldirektor Hädrich legte Wert darauf, in seiner Wohnung mög-

lichst als Privatmensch zu gelten. Er trug dort bequeme Pullover, weit offene Hemden, Morgenmäntel auch am Abend – und so gut wie niemals Schlips und Kragen. Ihn umgebend: gutbürgerliche Gediegenheit.
»Sie kennen also meine Tochter Isabella. Und das offenbar recht gut. Meine Frau nennt Sie bereits Heinz. Und wie ist Ihr Zuname?«
»Boerner.«
Obwohl Hädrich hier als Privatmann gelten wollte, konnte er dennoch den unentwegten Kriminalbeamten nicht verleugnen. Zunächst einmal bemühte er sich, von seinem Besucher durch gezielte, schnelle Fragen eine Art Personalbeschreibung zu erstellen: wann und wo geboren, wer Vater, wer Mutter, wo wohnhaft, welche Beschäftigung, mit welcher Zielsetzung.
»Schließlich muß ich doch über einen Menschen, den meine Frau Heinz und der meine Tochter Isabella nennt, einigermaßen Bescheid wissen.«
»Dabei wollte ich mich nur bei Ihnen entschuldigen.«
»Wofür?«
»Ich habe Isabella, Ihre Tochter, nahezu eine ganze Nacht lang aufgehalten.«
»Womit?«
»Mit Gesprächen! Wobei wir uns von einem Lokal zum anderen begeben haben. Endlos lange Diskussionen. Die zeitgemäß üblichen – bis zu Gott und der Gerechtigkeit. Auf die auch ich mich eingelassen habe. Also wohl meine Schuld, wenn Isabella erst in den frühen Morgenstunden ...«
Hädrich nickte. Dieser Jüngling, stellte er fest, mißfiel ihm nicht. Doch jetzt raubte er ihm seine kostbare Zeit. Hädrich bereitete sich auf seine nächste Pressekonferenz vor, die äußerst heikel werden konnte – zumal der Präsident sie ihm allein überlassen hatte. Dafür mußte er einmal glaubwürdige Erklärungen schriftlich fixieren, dann aber auch auf heikle Fragen gefaßt sein, also die Antworten darauf vorbereiten.
»Nicht gerade gut und schön, lieber Boerner, das alles. Aber ich habe selbst dafür Verständnis. Sie sind also entschuldigt. Diesmal noch.«
»Tatsächlich?« fragte der, staunend über soviel Entgegenkommen. »Sie werden also Ihrem Fräulein Tochter keine Vorwürfe machen?«
»Warum sollte ich? Sie ist schließlich erwachsen genug. Und bei allen fragwürdigen Aktionen dieser Jugend – es beruhigt mich, daß meine Isabella einen Freund gefunden hat, der so bereitwillig für sie einsteht.«
Insgeheim sagte sich Hädrich: um den werde ich mich noch intensiv kümmern! Aber nicht jetzt. Im Augenblick war anderes entschieden wichtiger. »Sie dürfen sich entfernen.«
Boerner jedoch blieb und sagte dankbar: »Sie sind erfreulich großzügig, Herr Hädrich. Das habe ich Isabella auch gesagt, aber sie wollte es nicht recht glauben. Sie meinte: bei gewissen revolutionären Vorgängen hört

für meinen Vater jeder Spaß auf.«
Der Kriminaldirektor horchte instinktiv auf. »Welche Vorgänge meinen Sie?«
»Nun – diejenigen etwa, die gestern nachmittag beim Odeonsplatz zu einer Demonstration geführt haben.«
»Isabella war dabei?« fragte Hädrich ungläubig.
»Mit einer gewissen Begeisterung – sozusagen«, erklärte Boerner. »Was ja auch verständlich ist – schließlich handelte es sich um ein idealistisches Unternehmen.«
»Ihrer Ansicht nach, Boerner?«
»Nicht unbedingt«, sagte der vertraulich. »Für mich ist Isabella entscheidend. Aber sie ist mit der auslösenden Person dieser Vorgänge sozusagen befreundet; mit einem gewissen Aschaffenburg.«
»Befreundet?«
»Mehr platonisch – ich passe da schon auf! Um das noch besser tun zu können, führe ich sogar neuerdings bei diesem Unternehmen die Kasse; ich studiere, weil ich einmal Steuerberater werden will. Da muß man schließlich wissen, was sich mit Geld alles anfangen läßt.«
»Und was glauben Sie tatsächlich zu wissen?« Hädrich lächelte karg. »Diese Jugend besitzt doch kein auch nur halbwegs sinnvolles Verhältnis zu finanziellen Dingen! Als ich in Ihrem Alter war, konnte uns schon ein Fünfmarkstück wöchentlich in Hochstimmung versetzen. Aber Ihr blättert unbedenklich hundert Mark an einem Abend hin.«
»Um eine solche Demonstration zu finanzieren, braucht man weit mehr. Etliche tausend Mark. Und die müssen erst einmal zusammenkommen.«
»Nichts wie Zeit- und Geldvergeudung!« stellte Hädrich ablehnend fest. Er konnte nicht ahnen, was ihm hier zugespielt wurde; nur die bevorstehende Pressekonferenz beschäftigte ihn. Dabei zu erwartende Fragen über Rechtsanwalt Messer, den der Präsident offenbar ausgeklammert wissen wollte.
»Etliche tausend Mark«, wiederholte Heinz Boerner beharrlich und verlockend. »So an die zehn. Und zwar nicht durch mühsame Sammlungen aufgebracht – sondern von einer einzigen Person zur Verfügung gestellt. Was sagen Sie nun?«
Hädrich sagte dazu nichts. Wohl registrierte sein geschultes Hirn diese Angaben; später sollte er sie exakt wiedergeben können. Um dann erst zu wissen, daß er eine kriminalistische Goldader zwar entdeckt, es aber nicht gleich bemerkt hatte. Zunächst sagte er nur: »Die Ihnen gewährten fünf Minuten, Herr Boerner, sind längst vorüber. Stören Sie mich also, bitte, nicht weiter.«

»Erni«, wie man ihn nannte, Ernst Ottokar Zieler, 29, war Inhaber zweier Nachtlokale – ›Eule‹ und ›Falter‹. Als solcher hatte er seine Freunde und Gönner eingeladen – zu einem »Champagnerfrühstück mit Dusche«, wie er die Veranstaltung, sich für witzig haltend, genannt hatte. Anlaß war die geplante Eröffnung eines dritten Lokals, das vermutlich ›Nachtigall‹ heißen würde.
Ein silberner Käfig etwa, gläserne Musik, ganz was für zärtliche Stunden. Nostalgie also – ein Brechmittel! Aber auch damit ließen sich Geschäfte machen.
Das Champagnerfrühstück fand im Hotel ›Königlich Bayerischer Hof‹ statt, im obersten Stockwerk, wo es ein Schwimmbassin mit Liegeterrasse gab, überdacht; wandgroße, versenkbare Fensterfront mit Blick auf Alt-München – speziell: Frauenkirche. Dazu Kaminbar, wegen der schönen optischen Wirkung brennender Holzscheite auch im Sommer beheizt.
Und alle waren gekommen – alle, die wie unentwegt bemühte Glühwürmer durch die unvermeidlichen Gesellschaftsberichte flimmerten: örtliche Vergnügungsprominenz, die eine Welt für sich darstellte – im Glauben, Weltgeltung zu besitzen. Und dieser Glaube machte selig. Entsprechend benahm man sich.
Niemand schien zu fehlen. Nicht Barbara, die blonde Baronin; nicht James, der stets herzhaft-fröhliche Altplayboy; auch nicht Uschi, dunkelsüßes Filmgeschöpf mit Begleitergrafen. Anwesend auch: ausgereifte Jungfilmer mit garantiert kommenden Leinwandstars; gerngesehene Fernsehdamen mit gläsernem Bildschirmlächeln; die dekorative Enkelin des Dichterfürsten, verschwenderisch Einblicke bietend – oben so gut wie ohne; hinten noch gerade bekleidet.
Dazu Leute, die produzierten; solche, die managten; nicht zuletzt jene, die darüber schrieben. »Zeigte sie sich von ihrer besten Seite, also von hinten.« Oder: »Saß er, Hand in Hand, mit seiner neuesten Errungenschaft – der offiziell fünften in diesem Jahr. Dabei versichernd: Diese meine letzte Liebe ist die Größte!« Der Rest war Staffage minderer Art: ein Schriftsteller, ein Rechtsanwalt, ein Politiker, ein Fernsehkommentator, ein Architekt.
Aber auch dabei: Karl Schlesinger, gelegentlich »der ungekrönte König von Schwabing« genannt – gemeinsam mit Mucki, die sich zärtlich an ihn schmiegte. Beide genossen den turbulenten Gesellschaftsherdenauftrieb um sich. »Die fressen Erni arm!« stellte Schlesinger erfreut fest.
Erni, der Gastgeber, auch der »schöne Erni« genannt, begann in der Tat zu erblassen. Denn er hatte kaum die Hälfte der herbeiströmenden Vergnügungswilligen eingeladen; die nun entstehenden Unkosten, bei diesem Ansturm, waren nicht einkalkuliert – die konnte er sich einfach nicht leisten. Noch nicht. Er brauchte dringend großzügige Geldgeber – nicht

aber diese Rudel von Schmarotzern. Hilfesuchend blickte er sich um. Wenn einer der Anwesenden von seiner heiklen Misere wußte, dann war es Karl Schlesinger – und wenn einer diese Misere zielstrebig ausnutzen würde, dann war er es. Zumal er durch seine Leute alles hatte alarmieren lassen, was an Prominenz irgendwie erreichbar gewesen war. Parole dabei: unser schöner Erni gibt ein Fest – da darf niemand fehlen; wobei auch mitgebrachte Gäste der eingeladenen Gäste und deren Gäste noch dazu willkommen sind.

Also stand Erni wie erstarrt und erbleichend beim Anblick dieser genußbereiten Invasion. Diese massierten Vergnügungsmenschen ließen ihn an Heuschreckenschwärme denken: das wimmelte, röhrte, knisterte, keuchte, kaute, gurrte! Und Schlesinger, nun dicht hinter ihm, meinte munter: »Ziemlich miese Bewirtung! Kaum daß es hier richtig angefangen hat, ist dein schäbiges Buffet schon leergefressen – auch dein Abfallchampagner geht zur Neige. Du solltest schnellstens für Nachschub sorgen, wenn du nicht ins Gerede kommen willst.«

Erni transpirierte bereits. Ein wenig mühsam bekannte er: »Ich habe hier nicht genug Kredit, Carlos.«

»Aber ich«, sagte Schlesinger entgegenkommend. »Und über den kannst du verfügen. Unbeschränkt. Wir verrechnen das dann bei nächster Gelegenheit.«

Womit Karl Schlesingers Imperium so gut wie sicher um zwei, drei weitere Etablissements bereichert war – was ihm jedoch nicht das geringste Triumphgefühl bereitete. Denn das hatte er kommen sehen, rechtzeitig – für einen Geschäftsmann seiner Größenordnung war das eine absolut selbstverständliche Kalkulation.

Dann spähte er, dem schönen Erni den Rücken kehrend, in den Raum. Wobei er auch Mucki entdeckte; sie räkelte sich in einem Korbstuhl; um sie das übliche Gewimmel: Regenbogenblattreporter, Starfotografen, Busenbewunderer, Partyfreunde und eine lesbische Dame mit ständigem Spielbedürfnis. Mucki war voll ausgelastet.

Hierauf sichtete er Walter Waldmann, also WW, den Journalisten, der Bar zustrebend. Mit ihm gedachte sich Schlesinger näher zu beschäftigen. Er schritt an entblößten Rückenpartien vorüber, über nackte, im Schwimmbassin pendelnde Beine hinweg, übersah entblößte Hinterteile. Dergleichen registrierte er schon lange nicht mehr – wie ein Eskimo, der kaum noch Notiz davon nimmt, daß um ihn nur Eis ist.

»Da bist du ja endlich!« rief er WW freundlich entgegen. »Wie schön, daß du doch noch kommen konntest.«

»Diesen Schweineauftrieb«, meinte der Journalist, lässig um sich blikkend, »wollte ich mir nicht entgehen lassen. Wenn auch nur, um wieder einmal mehr festzustellen: wie sehr sich doch die Ärsche gleichen. Diese

Vergnügungen, mein Lieber, werden langsam so gewöhnlich wie Verkehrsunfälle.«
»Was sich hoffentlich von der Pressekonferenz im Präsidium nicht sagen läßt?« wollte Schlesinger wissen. »Du kommst doch von dort?«
Waldmann nickte, zeigte sich jedoch wenig erfreut. »Bei allem Wohlwollen – und du kennst ja meine positive Einstellung zur Polizei –, aber selbst da wird neuerdings nur unverbindlich herumgeredet. Die legen sich nicht mehr scharf genug ins Zeug – die weichen aus. Sogar Hädrich! Sonst der härteste Generalvertreter für Ordnung und Sicherheit – diesmal fast wie eine Gummipuppe! Ehrlich, Schlesinger – das macht mir Kummer.«
»Und was war mit Rechtsanwalt Messer? Den haben sie doch wohl geschlachtet?«
»Eben nicht!« berichtete WW ungehalten. »Hädrich hat gerade, als er nach Messer gefragt wurde, um alle vier Ecken herumgeredet. Vermutlich vom Polizeipräsidenten dazu inspiriert, der seine eigene Politik macht – was alarmierend ist. Dagegen muß was geschehen – wenn ich auch noch nicht weiß, was. Aber das wird mir schon noch einfallen.«
»Stärk dich zunächst mal«, forderte Schlesinger ihn auf. »Laß dir meinen Spezialchampagner servieren. Und falls du sonst noch Wünsche haben solltest – verfüge über meine Möglichkeiten. Über alle.«
»Du«, versicherte WW anerkennend, »bist die Großzügigkeit in Person – du weißt noch zu leben. Kannst es dir ja auch leisten. Was eigentlich nicht? Sogar Mucki Stein.«
»Ein Prachtexemplar – zugegeben«, bestätigte Schlesinger. »Aber auch von künstlerischem Wesen.«
»Tatsächlich?«
»Man sieht es ihr nicht gleich an – aber es ist so«, stellte Schlesinger behutsam fest. »Sicher – ich kann ihr ein sogenanntes großes Leben bieten, was ja nicht wenig ist; aber sie sehnt sich nach den wahren Schönheiten des Daseins. Musik, bildende Künste, Theater und so was. Und nach einem Menschen, der sie entsprechend betreuen kann.«
»Was du nicht sagst!« meinte Waldmann ebenso aufmerksam.
»Sie sucht dringend jemanden, der ihr erklären kann, warum Bilder wertvoll sind, wie sich eine Oper genießen läßt, weshalb ein bestimmtes Buch gelesen werden muß.«
»Tatsächlich?«
»Ja – aber ich glaube, sie hat – sensibel und romantisch veranlagt, wie sie nun mal ist – eine gewisse Scheu zu überwinden. Wobei du ihr vielleicht behilflich sein könntest.»
»Gern. Sehr gern! Aber wie soll ich das machen?«
»Du solltest ihr entgegenkommen – so weit wie möglich.«
»Mit deinem Einverständnis?«

»Mit meinem Segen sogar, Waldmann. Meiner Mucki gönne ich einfach alles. Dir aber auch – weil ich dich gerne für meinen, für unseren Freund halten möchte. Ohne jede Einschränkung.«
Dazu war Waldmann bereit – höchst erfreut über die kaum erhoffte Konstellation. Er trank sein Glas leer, bestellte ein zweites; erhielt auch ein drittes. Während sich Schlesinger entfernte und auf Mucki Stein zustrebte.
Hier wimmelte er zunächst deren Umgebung ab – eindeutig fordernd und ohne auf Widerspruch zu stoßen. Dann teilte er Mucki Stein mit: »Du wirst dich jetzt Waldmann widmen – und zwar absolut entgegenkommend, wenn ich bitten darf.«
Mucki gab sich hell empört. »Was mutest du mir denn zu? Schließlich bin ich nicht irgendwer. Und dieser fette, schleimige, geschwätzige Waldmann ist mir äußerst zuwider. Habe ich mir bisher nicht immer meine Gesprächspartner selbst aussuchen dürfen? Das konnte ich mir leisten!«
»Was du dir dabei so alles geleistet hast, will ich jetzt nicht näher aufrechnen. Ich will dich auch nicht an das erinnern, was sich gestern nacht ereignet hat. Mit Hetzing.«
»Woher weißt du das?« rief sie, spontan reagierend. »Welches Schwein hat dir das geflüstert?«
»Welches auch immer«, stellte Schlesinger beharrlich fest. »Jedenfalls weiß ich es. Mir entgeht nichts; trotzdem kannst du stets mit meiner Großzügigkeit rechnen. Aber ich hoffe auf eine gewisse Dankbarkeit.«
»Die aber ihre Grenzen hat.«
Sie bewegte sich auf WW zu, blieb vor ihm stehen, lächelte ihn an und sagte: »Wie schön, Sie zu sehen. Ich habe schon immer gewünscht, mich ein wenig intensiver mit Ihnen unterhalten zu können. Denn ich bewundere Sie. Darf ich mich zu Ihnen setzen?«
Sie durfte. Waldmann zog seinen Bauch ein und zwang sein schwabbelndes Gesicht zu einem freundlichen Lächeln. »Sehen Sie das so, verehrtes Fräulein Stein: der Wert eines Menschen ist niemals einseitig bestimmbar. Der Geist kann dabei dominieren, die Gaben des Verstandes, die Einsamkeit des Genies. Aber auch, was nicht weniger wertvoll zu sein braucht, die sportliche Leistung, das politische Stehvermögen; auch journalistische Überlegenheit – wie wohl bei mir. Oder aber: überwältigender Charme, bezaubernde Schönheit – damit sind Sie gemeint.«
WW sprach noch längere Zeit – mit erheblicher Ausdauer. Mucki Stein hörte ihm aufmerksam und äußerst geduldig zu. Wobei sie ihm erlaubte, auch manuell in Funktion zu treten. Seine rechte Hand, erst um ihre Schultern gelegt, rutschte schnell abwärts, zu ihrem Busen hin, landete dann auf ihrem Bauch. Tastete sich von hier aus weiter vor – schenkelwärts.

»Sie«, sagte Mucki Stein, bemüht schwer atmend, »haben sehr schöne Hände – sehr zärtliche. Ich mag das.«
»Ein Mann«, sagte WW, sich nahezu über sie fallen lassend, »ist immer nur das, was eine Frau aus ihm macht.«
Das geschah, während Schlesinger durch das hektisch-hemmungslos frequentierte Prunkbad schlenderte. Freunden, die ihm zur Zeit nützlich schienen, nickte er herzlich zu. Ehemalige Freundinnen übersah er gekonnt – sie hatten schließlich kassiert und waren abgebucht. Nur ein Trottel leistete sich diesbezügliche Gefühle.
Nebenbei zeichnete Schlesinger eine Rechnung ab – mit den Anfangsbuchstaben seines Namens. Das genügte – sein Kredit schien grenzenlos. Die Rechnung übertraf bei weitem das finanzielle Leistungsvermögen des »schönen Erni«, mußte ihn also ruinieren.
Während er das feststellte, kam Evi auf ihn zu – Evi, die einstige Miß Europa. Sie strahlte ihn an und machte Anstalten, sich an ihn zu schmiegen. Schlesinger jedoch hielt sie entschlossen auf Distanz.
»Du scheinst dich ziemlich intensiv für mich zu interessieren – nicht nur in horizontaler Hinsicht. Was versprichst du dir davon?«
»Eine ganze Menge, Charlie«, hauchte sie ihn an. »Ich weiß, du bist nicht kleinlich, wenn es sich für dich lohnt. Und in dieser Hinsicht habe ich einiges zu bieten.«
»Was denn? Bietest du dich etwa selbst an? Zur Zeit kein Bedarf. Was also sonst?«
»Eine Kleinigkeit – die aber sehr wertvoll sein könnte. Für dich – und damit auch für mich. Ein Foto.« Sie lächelte ihn schlafzimmerwillig an. »Keins der üblichen Fotos – etwa du und ich in irgendeiner Position oder ähnliches in dieser Preislage. Ich biete dir kein Souvenir an, sondern etwas anderes.«
»Was?« fragte Schlesinger eisig.
Sie lächelte ihn an, verlockend und beischlafbereit zugleich. Dann sagte sie: »Denke darüber nach – vor allem über den Preis, der dir so was wert sein könnte.«
»Um was handelt es sich?« verlangte Schlesinger zu wissen. Und als Evi abermals lachte, sagte er leise drohend: »So kannst du nicht mit mir umspringen, so was leistet sich niemand mir gegenüber. Und wenn, dann nur einmal. Also, was versuchst du da auszukochen?«
»Du wirst noch darauf kommen«, versicherte Evi und ließ ihn stehen.
Schlesinger starrte ihr nach, dann schüttelte er den Kopf: so viel Leichtfertigkeit war ihm unbegreiflich. Doch er hielt sich nicht allzu lange bei dieser Betrachtung auf. Er blickte forschend in den Raum, über Halbentblößte und Volltrunkene, wieder zu Mucki Stein hinüber. Die wenigstens spurte, erwartungsgemäß.

Sie ließ sich von WW abtasten. »Pflegen Sie Ihre Brust?« wollte er wissen.
»Bei mir ist alles unverfälschte Natur«, versicherte sie in selbstgefälliger Naivität. »Glauben Sie das etwa nicht?«
»Davon würde ich mich gerne überzeugen – sozusagen als Journalist. Denn als solcher, müssen Sie wissen, Verehrteste, bin ich ein Mann der nachweisbaren Tatsachen.«
Zu weiteren internen oder gar intimen Feststellungen kam WW zunächst nicht. Schlesinger erschien, betrachtete beide durchaus wohlwollend und versicherte dann: »Ich will dieses Idyll nicht stören. Aber ein wenig ablenken darf ich dich, mein lieber Waldmann, doch wohl? Ich möchte gern von dir wissen, welche praktischen Konsequenzen du aus dieser wohl etwas fragwürdigen Pressekonferenz im Polizeipräsidium zu ziehen gedenkst.«
»Welche auch immer«, meinte WW, dabei Mucki intensiv anschauend. »Ich brauche meinen Artikel erst in zwei, drei Stunden abzuliefern – bis dahin kann noch einiges geschehen.«
»Und hinterher womöglich noch mehr – was, Mucki?«
Die reagierte zuverlässig prompt. »Zwei, drei Stunden bin ich bestimmt noch hier – wenn du willst?«
»Will ich«, bestätigte ihr Schlesinger, WW dabei zutrinkend. Mucki enthüpfte.
WW sah ihr versonnen nach. Dann fragte er: »Warum, Freund Schlesinger, interessiert dich eigentlich mein Artikel über diese Pressekonferenz? In dem wird nichts Besonderes stehen, den rotze ich nur so hin. Und in den vier, fünf anderen unserer Zeitungen wird ziemlich genau das gleiche vorzufinden sein – wenn auch nicht so gut formuliert.«

Kriminaldirektor Hädrich hatte auf der von ihm geleiteten Pressekonferenz vorzüglich zu nennende Polizeiarbeit geleistet.
Erstens: Seine sachlichen Ausführungen waren mustergültig. Er versorgte die anwesenden Journalisten mit exakten Details: Uhrzeit der Alarmierung; Leichenbefund Knabe; Einleitung der Ermittlungen.
Zweitens: Erstellung von Unterlagen für die Presse, also für die Öffentlichkeit – gleichfalls vorbildlich. Dazu gehörte, bereits vorsorglich vervielfältigt: Personenbeschreibung des entführten und dann ermordeten Kindes; Tatortskizze mit allen Einzelheiten; dazu der Bericht des Todesermittlungsbeamten. »Dieser jedoch, bitte, vertraulich – nur zu Ihrer Information, also nicht zur Veröffentlichung bestimmt.«
Drittens: Beantwortung von Fragen der anwesenden Zeitungsleute – dabei um Informierung bemüht, um Mithilfe ersuchend. Auch die unvermeidlichen Formulierungen bei derartigen Vorgängen. Etwa: »Die Ermittlungen laufen noch!« Oder: »Bitte um Verständnis, wenn wir

vermeiden, voreilige Vermutungen anzudeuten.« Aber auch: »Ein schwebendes Verfahren, das noch keine endgültigen Schlußfolgerungen erlaubt.«

»Und was war«, wollte Schlesinger wissen, »mit Messer, dem Rechtsanwalt?«
»Diesen Fragen wich Hädrich aus«, berichtete WW unwillig. »Das hat mich ja so in Wut gebracht. Behauptete Hädrich doch, Messer habe offenbar im guten Glauben gehandelt – zumindest sei ihm das nicht zu widerlegen.«
»Was durchaus zutreffen kann«, sagte Schlesinger suggestiv. »Durchaus möglich, daß der Rechtsanwalt Messer in dieser Affäre der einzige gewesen ist, der versucht hat, über seinen Schatten zu springen – in der Hoffnung, ein entführtes Kind zu retten. So was, mein Lieber, imponiert mir! Das, meine ich, sollte gewürdigt werden – in deinem Artikel.«
»Meinst du das tatsächlich, mein Bester?«
Worauf ihm Schlesinger wie völlig überzeugt versicherte: »Bedenke: da existiert endlich, mitten unter uns, ein Mann mit Zivilcourage – und der ist bereit, für das Leben eines entführten Kindes Kopf und Kragen zu riskieren, sogar sein Ansehen. Er überspielt die auf ihn angesetzten Beschatter der Polizei, schüttelt sie ab. Er läßt sich sogar auf einem einsamen Autobahnparkplatz beim Mangfalltal in ein lebensgefährliches Abenteuer ein. Das, mein Lieber, ist doch geradezu verwegen. Und so was würdigt ihr nicht?«
»Sollten wir das?« fragte WW, den soviel detailliertes Wissen nicht unbeeindruckt ließ. »Das könnte sich tatsächlich recht gut auswerten lassen. Daran habe ich auch schon gedacht. Das mache ich. Aber ich brauche dafür eine gewisse Zeit. Und wenn ich danach wieder in diesem Stall aufkreuze...«
»...dann wird auch unsere Mucki noch hier sein und auf dich warten. Das garantiere ich. Bringe ihr einen Fahnenabzug deines Artikels mit. Auf den freue ich mich jetzt schon.«
»Wird gemacht«, versicherte WW freudig erregt. »Manchmal, mein Lieber, frage ich mich: was läßt sich in dieser Stadt eigentlich nicht machen? Die ist voll von unbegrenzten Möglichkeiten.«
»Wem sagst du das?«
Schlesinger lächelte vor sich hin.

Die »Weltstadt mit Herz« vermochte Tag für Tag die denkbar extremsten Dinge an sich zu ziehen.
Diesmal: das Olympia-Gelände. »Chaos im Stadion bei Fußballspiel.« Mehrere Verletzte.

Nur wenige Tage später:
»Die Zeugen Jehovas veranstalteten einen Wachtturm-Kongreß. An die 80000 Teilnehmer. 1733 Menschen genau ließen sich taufen, in der Olympia-Schwimmhalle; nahmen also teil ›an der Weihe zum ordinierten Prediger des Königreichs Gottes‹ und durften einander danach mit ›du‹ anreden.«
Veröffentlicht dabei Fotos von Teilnehmerinnen dieser Veranstaltung; 15, 18, 20 Jahre alt – nahezu playboymagazingerechte Gestalten. Doch die Unterschrift lautete dazu: »Schürzenjäger haben bei ihnen keine Chance!«
Dazu Gabriele: »Wir halten uns an die Bibel. Und in der Bibel ist Hurerei verboten.« Heide: »Für mich gibt es einfach nichts anderes als diesen Glauben.« Bettina: »Die Pille darf eine Zeugin Jehovas nehmen – vorausgesetzt natürlich, sie ist verheiratet.«

Keller, von seinem Hund Anton begleitet, schien nunmehr einen ausgedehnten Nachmittagsspaziergang unternehmen zu wollen. Diesmal über die Oktoberfestwiese hinweg, am Messegelände vorbei, in die Müllerstraße hinein. Zu einem dort befindlichen dreistöckigen Mietshaus. In diesem unten: Kneipe, Metzgerladen, Fahrschule.
Darüber dann: Mieter und Untermieter. Im Hausflur Kinder und Katzen. Zwischen den Katzen friedlich ein Hund, ein Dackel; am obersten Treppenabsatz daliegend. Anton beschnupperte dieses Tier intensiv, gleichfalls freundlich. Keller fand alsbald, wonach er suchte: die Wohnung einer Witwe Bendler; dazu drei Untermieter: Student, Stenotypistin, Installateur.
Den Installateur suchte Keller auf – sein Name war Diebold. Er lag bekleidet auf seinem Bett, richtete sich aber beim Anblick seines Besuchers überrascht auf. »So was wie Sie gibt es also auch noch, Herr Kommissar – und sogar Ihren komischen Hund.«
Der Hund blieb in der Nähe der Tür sitzen – einem Wächter gleich; eine Rolle, in der sich Anton bereitwillig gefiel, so wenig realistisch sie für ihn auch scheinen mochte. Keller zog einen Stuhl herbei, setzte sich neben den auf dem Bett liegenden Diebold und erklärte: »Ich bin schon seit geraumer Zeit nicht mehr im Dienst. Also bin ich privat hier. Sie können mich einfach Keller nennen.«
»Also gut, Herr Keller«, sagte Diebold. »Freut mich, Sie wieder einmal zu sehen. Sie üben also Ihren Beruf nicht mehr aus – ich auch nicht. Ich habe mich inzwischen in einen Spezialisten verwandelt. Ich verdiene dabei pro Stunde zwölf Mark, auch mehr, wenn ich will. Ich habe nämlich die Segnungen eines geruhsamen Lebens kennengelernt – also arbeite ich nur noch, um einigermaßen angenehm existieren zu können.«

»Was ich akzeptiere«, versicherte Keller seinem entspannt daliegenden Gesprächspartner. »Dennoch würde ich Sie bitten, mir einige Auskünfte zu geben. Und zwar über den Mann, der den Beamten Butand erschossen hat und dann tot aufgefunden wurde – also über Krausnick.«
»Das habe ich doch schon getan – Herrn Zimmermann gegenüber. Der versuchte mich intensiv zu beknien. Ganz erstaunlich, wie wenig er sich im Laufe der Jahre verändert hat. Sollte das etwa auch für Sie zutreffen? Bei Ihnen würde ich es sogar hoffen.«
»Ich kenne die Ergebnisse Ihrer Unterredung mit Kriminalrat Zimmermann. Danach leugnen Sie nicht, mit Krausnick bekannt gewesen zu sein. Sie behaupten aber, sich nicht vorstellen zu können, daß er sich jetzt noch in kriminelle Vorgänge eingelassen habe. Er wollte nur noch ein normales Leben führen, sagten Sie.«
»Wie ich ja auch.«
»Ich weiß – für zwölf Mark pro Stunde. Wenn nicht mehr – falls möglich. Ich finde das durchaus zeitgemäß. Nicht zufällig spielen Millionen Menschen in dieser Welt allwöchentlich Toto. Oder Lotto. In der Hoffnung auf das große, schnelle Geld. Darauf sind die Leute scharf – also werden sie dabei schwach. Sie aber entwickeln nicht unbedingt ähnliche Ambitionen, denn Sie sind ein Mann mit Köpfchen. Außerdem haben Sie ein recht gutes Gedächtnis, wie ich weiß.«
Diebold blieb entspannt auf seinem Bett liegen; offenbar dachte er kurz nach. »Wollen Sie mich etwa daran erinnern, Herr Keller, daß ich Ihnen verpflichtet bin?«
»Nicht das«, erklärte der gelassen. »Als wir dienstlich miteinander zu tun hatten, habe ich Sie weder bevorzugt noch vernachlässigt. In meinen Augen waren Sie kein notorischer Krimineller.«
»Danke«, sagte der daliegende Mann, Keller voll anblickend. »Daß Sie mich so einschätzen, habe ich nicht gewußt.«
»Wenn Sie auch nicht gerade«, sagte Keller erheitert, »eine Zierde unserer Fahndungskartei gewesen sind, war mir doch immer klar, daß es sich bei Ihnen um ein ziemlich ausgefuchstes Kerlchen gehandelt hat. Zumindest waren Sie nahezu ein Künstler im Verschweigen letzter Details.«
»Aber doch nicht bei Ihnen, Herr Keller! Weil ich wußte: Sie pressen einen nicht aus wie eine Zitrone, die man dann wegwirft. Offenheit bei Ihnen zahlte sich aus. Ist das immer noch so?«
Keller nickte zustimmend. »Nun erst recht. Denn jetzt, wo ich pensioniert bin, kann ich mir einiges an Großzügigkeit leisten, ohne weiteres.«
»Kein Verhör also?« fragte Diebold.
»Nur ein Gespräch.«
»Dessen Inhalt nicht weitergegeben wird? Also nicht irgendwo in den Akten auftaucht?«

»Ich bin als Privatmann, nicht als Beamter hier. Das sollte einiges erleichtern – Ihnen.«

»Nun gut – Krausnick war ein Freund von mir. Kein ganz dicker, aber immerhin.«

»Aber eben deshalb sollte es Ihnen wohl nicht ganz gleichgültig sein, daß er einfach umgelegt wurde – vermutlich, nachdem man ihn nicht mehr benötigt hat. Halten Sie das für branchenüblich – oder haben Sie inzwischen ein wenig dazugelernt? Etwa daß Kriminelle und Kriminale irgendwie zusammengehören? Es gibt da gewisse Spielregeln – etwa die: sogar Vertrauen ist dabei möglich – falls es auf Gegenseitigkeit beruht. Und dann: Eine Sauerei bleibt eine Sauerei – wer dabei mithilft, macht sich dreckig.«

Der Mann Diebold, der auf dem Bett lag, begann sich aufzurichten. Fast munter hockte er nun da und grinste seinen Besucher entgegenkommend an. »Also – was wollen Sie von mir wissen?«

»Genau das, was Sie Zimmermann verschwiegen haben. Nach den mir zugegangenen Unterlagen haben Sie etwa folgendes ausgesagt: der, also Krausnick, schien auf Abruf bereitzustehen. Aber wer ihn dann, sagten Sie weiter, jederzeit abrufen konnte, konnten Sie nicht feststellen. Das wollten Sie wohl auch gar nicht?«

»Stimmt«, bestätigte der Mann auf dem Bett, »wollte ich nicht.«

»Also war Ihnen einiges bekannt, das Sie Zimmermann nicht mitgeteilt haben.«

»Vermutlich, weil er mich nicht danach gefragt hat.«

»Nun gut – jetzt frage ich danach. Was also wissen Sie über Krausnick, über dessen Auftraggeber, über die zwischen ihnen gebräuchlichen Verständigungsmethoden? Die waren doch wohl ziemlich ungewöhnlich?«

»Das haben Sie richtig erkannt, Herr Keller«, bestätigte Diebold mit hoher Anerkennung. »Es gab da eine Art System, das tatsächlich neuartig war, wenn Sie mich fragen. Auch Krausnick hatte so was noch nie erlebt – nicht in seiner Praxis. Und wenn er auch für einen Schwätzer gehalten wird – ein Fachmann auf seinem Gebiet war er durchaus.«

»Bekannt«, bestätigte Keller lapidar. »Aber als solcher interessiert er mich nicht sonderlich. Was ich aber wissen will, ist das System, in das er da hineingeraten ist. Wie wurde denn in diesem Verein gearbeitet?«

»So ganz genau, in allen Einzelheiten, weiß ich das auch nicht, aber doch wohl einiges von der möglichen Machart. Was aber nicht von mir beschworen wird.«

»Ersparen Sie sich diese Absicherungsversuche. Die haben Sie bei mir nicht nötig.«

»Also – die Sache war so: eines Tages erhielt Krausnick einen Anruf. Dabei wurde er gefragt: Wären Sie bereit, einen Spezialauftrag anzuneh-

men? Das geradezu vornehm, also mit ›Sie‹ und ›Herr‹ und ›würden Sie‹! Krausnick jedenfalls sagte nicht nein – doch mit dem Zusatz: wenn sich das lohnt. Worauf ihm wohl eine ganz respektable Summe angeboten wurde – anzunehmen zwanzig- oder dreißigtausend. Die Hälfte davon im voraus, schätze ich, der Rest unmittelbar nach Erledigung des Auftrags.«
»Wie denn – im voraus? Erschien bei Ihrem Freund Krausnick der Geldbriefträger? Oder sonst ein Bote?«
»Nichts dergleichen, vermute ich.« Diebold schien angestrengt nachzudenken. »Soweit ich das von ihm in einigen durchgesoffenen Nächten herausbekommen habe, scheint die ganze Chose bestens organisiert gewesen zu sein. Krausnick erhielt, wenn ich mich nicht irre, was sein kann, einen Schlüssel – per Post, Eilboten, für irgendein Schließfach. Möglicherweise passend für ein Fach am Hauptbahnhof. Alles weitere per Telefon.«
Keller staunte ehrlich. »Also nicht nur die Erteilung des Auftrages, auch weitere nähere Absprachen, schließlich dann sogar der direkte Einsatzbefehl – alles per Telefon?«
»Klingt ziemlich phantastisch – was? Aber ich glaube, das stimmt tatsächlich. Und nun versuchen Sie mal was damit anzufangen.«
»Muß ich wohl«, sagte Keller, wobei er seinem Hund Anton zunickte, der sprungbereit dasaß. »Und was dabei auch immer zum Vorschein kommen sollte – sonderlich erfreulich stelle ich mir das nicht vor. Da sehnt man sich ja geradezu nach seinen lieben, guten alten Ganoven. Wenn ein kriminelles Genie mitspielt, hört jeder Spaß auf.«

Rechtsanwalt Messer betrat entschlossen das Polizeipräsidium und verkündete dem Beamten, der den Eingang bewachte: »Ich wünsche Herrn Kriminalrat Zimmermann zu sprechen. Es ist äußerst dringend.«
»Das«, stellte der Beamte nachsichtig fest, »kann jeder sagen.«
»Ich bin aber nicht jeder – ich bin Rechtsanwalt Messer.«
Da der Beamte Zeitungen zu lesen pflegte, wußte er, wen er vor sich hatte. Er reagierte schnell und sicher. Nur ein kurzes Telefongespräch, und wenige Minuten danach stand der Rechtsanwalt vor Kriminalrat Zimmermann.
Beide hielten sich nicht lange damit auf, sich gegenseitig zu betrachten. Sie wußten bereits eine Menge voneinander. Was sie sehr nachsichtig stimmte. Erwartungsvoll aber auch. Zimmermann sagte: »Falls Sie etwa hergekommen sein sollten, um sich für die großzügige, sehr weitgehende Distanzierung des Präsidiums in Ihrem Fall zu bedanken, dann sind Sie bei mir an der falschen Adresse. Denn ganz offen, Herr Messer: wenn es nach mir gegangen wäre, hätte ich bei der offiziellen Pressekonferenz nicht den geringsten Versuch gemacht, Sie zu entlasten.«

»Aber ich bitte Sie, Herr Kriminalrat! Was Sie da andeuten, das sind doch Vorgänge von gestern.«
»Möglicherweise, Ihrer Ansicht nach«, meinte Zimmermann betont reserviert. »Aber was wird wohl noch alles auf Sie zukommen? So könnte ein Teil unserer Presse den Versuch unternehmen, Sie durch den Fleischwolf zu drehen, wobei dann auch die Akten des Amtes vervollständigt werden müssen. Sie sind und bleiben ein Zielobjekt allerersten Ranges für uns. Ihre Angelegenheit ist noch lange nicht erledigt.«
»Aber neuerdings so gut wie überholt«, versicherte Messer. »Ich kann Ihnen jetzt allerneuestes Material anbieten. Und das wird Sie geradezu umhauen!«
»Und damit kommen Sie ausgerechnet zu mir?« Zimmermann sperrte sich sichtlich dagegen, in Bereiche hineingezogen zu werden, für die er sich nicht zuständig fühlte. »Wenden Sie sich damit bitte an Kriminaldirektor Hädrich – oder, von mir aus, gleich an den Präsidenten.«
»Ich wende mich an Sie, Herr Zimmermann, weil ich Ihnen vertraue.«
»Ach, Mann, was besagt denn das schon? Was heißt denn Vertrauen – in unserer Branche? Wer sich uns anvertraut, muß damit rechnen, daß wir möglicherweise Belastungsmaterial daraus fabrizieren. Ich kann Sie da nur warnen.«
»Wenn Herr Keller noch im Amt wäre, würde ich mich an ihn wenden. Da dies aber leider nicht mehr der Fall ist, wende ich mich an Sie. Denn Sie sind mit Keller befreundet, sehr eng sogar – also müssen Sie ähnlich wie er denken und reagieren.«
»Das, allerdings, ist wohl nicht ganz auszuschließen«, sagte der Kriminalrat, nun sichtlich interessiert. »Und falls Sie akzeptieren, daß ich mich hierbei nicht zuständig fühle, Ihnen also höchstens einen Rat geben kann, will ich gerne zuhören. Also – um was handelt es sich?«
»Um eine weitere Erpressung. Dabei wieder die Bedrohung eines Menschenlebens, eines Kindes. Und abermals die Forderung: eine Million!«
Der Kriminalrat blickte ungläubig, aber auch hoffnungsvoll auf. »Man spekuliert also nochmals auf Ihre Mitarbeit?«
»Auf meine Mithilfe. So jedenfalls hörte sich das an. Am Telefon. Was aber mit mir jetzt nicht mehr zu machen ist – dazu bin ich entschlossen.«
Daraufhin war der Kriminalrat zunächst um eine halbwegs vertrauliche Atmosphäre bemüht. In der Fensterecke seines Dienstzimmers stand ein Sofa – altväterlich, aber strapazierbar. Dorthin geleitete er Messer, ließ sich neben ihm nieder. Vorsichtig meinte Zimmermann: »Immerhin möglich, daß sich da irgend jemand einen Scherz geleistet hat. Derartig makabre Witzbolde finden sich fast regelmäßig ein, wenn es irgendwo nach Leichen stinkt – oder nach Geld riecht.«
»Mit einem Scharlatan dieser Gattung kann ich Sie leider nicht erfreuen.

Die Situation ist vielmehr diese: Ich erhielt einen Anruf und meldete mich. Der Anrufer sagte: ›Erkennen Sie meine Stimme?‹ Und die erkannte ich! Und diese Stimme sagte dann: ›Keine unnötigen Fragen. Sie sollen abermals für uns tätig werden. Bei gleichem Betrag. Und diesmal wird es keine Panne geben – falls Sie schnell und richtig spuren. Zunächst jedoch sollten Sie sich lediglich darauf vorbereiten, also sich Gedanken darüber machen, wie unser Vorhaben möglichst ungestört über die Bühne gehen kann. Vermutlich wird sich dann ein Herr Winter mit Ihnen in Verbindung setzen. Wir melden uns wieder.‹ «
Zimmermann schwieg einige Sekunden lang bedächtig. »Das ist doch eine schöne, vielversprechende Sache, zumindest für einen cleveren Anwalt. Wollen Sie die nicht selbst nach allen Regeln der Kunst ausnutzen, also ausschlachten? Warum kommen Sie damit zur Polizei?«
»Zu Ihnen, Herr Zimmermann – also zu einem Freund von Herrn Keller.«
»Keller«, stellte der Kriminalrat mit plötzlicher Entschlossenheit fest, »ist nicht hier – und ich bin Polizeibeamter, aber nicht dafür zuständig. Kriminaldirektor Hädrich hat sich für derartige Fälle verantwortlich gemacht. Mit ihm werden Sie sich darüber unterhalten müssen.«
»Nun gut – aber nur unter einer Bedingung.«
»Bei uns werden keine Bedingungen gestellt, Herr Messer.«
»Dann gibt es auch keine Mitarbeit von mir.«
Der Kriminalrat vergnügte sich dezent. »Also schön – Sie haben einen besonderen Wunsch. Welchen?«
»Bei allen meinen diesbezüglichen Gesprächen mit Polizeibeamten soll Herr Keller anwesend sein.«
»Etwas Ähnliches habe ich mir beinahe schon gedacht«, sagte der Kriminalrat anerkennend. »Sie haben offenbar erkannt, daß es Keller war, der Sie vor einigen öffentlichen Peinlichkeiten bewahrt hat. Außerdem spekulieren Sie darauf, daß er unverzüglich hier aufkreuzen wird, wenn er hört, in was Sie da hineingeraten sind. Denn so was läßt er sich bestimmt nicht entgehen, meinen Sie. Womit Sie wohl recht haben.«
Zimmermann gab Anordnung, Keller schnellstens herbeizuschaffen. Was nicht weiter schwierig war; denn der war bereits zum Präsidium unterwegs.
Sodann begab sich der Kriminalrat zum Kriminaldirektor, um ihn vorsichtig aufzuklären – nicht nur über diesen neuen, höchst heiklen Vorgang, sondern auch darüber, daß mit Messers Mitwirkung nur dann gerechnet werden könne, wenn Keller eingeschaltet werde.
»Das klingt ja beinahe nach einer Verschwörung«, sagte Hädrich höchst ungehalten. »Wenn ich nicht genau wüßte, wer Keller ist, dann wäre ich glatt versucht zu folgern: der und Messer machen womöglich gemeinsame Sache! Von einer Million an.«

»Sie kennen Keller nicht so gut, wie ich ihn kenne.« Zimmermann war sehr sicher. »Und dieser Messer ahnt ja nicht, wen er sich da mit Keller eingehandelt hat.«
Nach weiteren zwanzig Minuten schienen alle Weichen gestellt. Der Kriminaldirektor saß hinter seinem Schreibtisch, der Kriminalrat daneben, der Rechtsanwalt davor. Keller hockte in einer Ecke des Raumes, lauschend zurückgelehnt – Anton zu seinen Füßen, vor sich hinträumend.
»Sie sind also angerufen worden«, begann der Kriminaldirektor bedächtig. »Wann – möglichst auf die Minute genau? Erfolgte dieser Anruf direkt, oder wurde der Anrufer von Ihrer Sekretärin verbunden? Sodann, bitte, den möglichst exakten Wortlaut des Gesprächs.«
»Der müßte Ihnen doch bekannt sein!« Messer zeigte sich leicht empört. »Schließlich haben Sie meine Telefonleitung anzapfen lassen.«
Kriminaldirektor Hädrich lächelte äußerst nachsichtig – diesmal über die ihm vorgesetzten Behörden. »Was glauben Sie denn, Herr Rechtsanwalt, was wir anstellen müßten, um eine derartige Erlaubnis zu erhalten? Schließlich leben wir in einem Rechtsstaat! Was praktisch heißt: alles Erdenkliche an kriminellen Vorgängen – aber nur kein Übergriff der Polizei! Übrigens würden wir, selbst wenn wir eine derartige Genehmigung erhalten hätten, dennoch auf genauen Angaben Ihrerseits bestehen.«
Der Rechtsanwalt blickte fragend zu Keller hinüber; der nickte lediglich. Messer machte dann, fast wörtlich genau, die gleichen Ausführungen wie vorher Zimmermann gegenüber. Hädrich registrierte das alles exakt. Keller auch. Beide besaßen ein glänzend trainiertes Gedächtnis.
»Was sagte er? Bei gleichem Betrag?«
»Ja«, bestätigte Messer. »Was wohl heißen sollte: abermals eine Million.«
»Hat er tatsächlich gesagt: bei gleichem Betrag? Und nicht etwa bei gleichem Honorar?«
Rechtsanwalt Messer sprang nun empört auf. So heftig, fast bebend, voller Wut, hatte selbst Keller ihn noch nie erlebt. Sogar Anton schnellte hoch. Zimmermann bekam ganz helle, wache Augen. Er genoß es stets, Komplikationen zu wittern – möglichst bei anderen.
»Herr!« rief Messer dem leicht zurückweichenden Kriminaldirektor zu. »Warum denn, glauben Sie, bin ich hier? Etwa um Ihnen Gelegenheit zu geben, mich frühzeitig zu verdächtigen? Ich beabsichtige vielmehr, mit Ihnen zusammenzuarbeiten – und zwar weil mir Herr Keller das dringend empfohlen hat. Und auch weil ich diese Schweine, die mich so schäbig mißbraucht haben, endlich gefaßt sehen will. Ich bin kein Handlanger für Kidnapper!«
»Bitte, beruhigen Sie sich«, empfahl Hädrich nicht unbesorgt. »Wir tun gerne, was wir können – gemeinsam mit Ihnen.«
Keller gab zu bedenken: »Wie wäre es, wenn wir zunächst versuchen, eine

möglichst handfeste Bestätigung zu erhalten – und zwar für das mit Herrn Messer geführte Telefongespräch? Dabei wurde der Name Winter genannt. Ich kenne nur einen Mann dieses Namens, der auf Anhieb eine Million wert ist.«
Auch die anderen wußten, wem eine derartige Größe ohne weiteres zuzutrauen war: Werner Willibald Winter. Ein Großverleger mit politischen Ambitionen – zwei Illustrierte, drei Funk- und Fernsehzeitschriften, vierzehn Tageszeitungen, diverse Buchverlage, etliche Großdruckereien. Und was ihm sonst noch gehören mochte.
»Rufen Sie ihn an!« forderte Hädrich den Rechtsanwalt auf.

Neueste Nachrichten aus der Münchner Gesellschaft:
»Nur noch wenige Nächte bis zur verrücktesten Pop-Fête dieses Sommers – veranstaltet von der Boutique ›Lord und Lady‹. ›Hollywood Gala‹ bei ›Tiffany's‹ in Schwabing. Stars wie Gila, Senta, Mucki, Christiane, Katja und Petra haben bereits zugesagt, auch Rex, Roy, Fritz, Udo und Michael. Für diese Nacht soll das Lokal in eine Hawaii-Landschaft verwandelt werden. Zwanzig Zentner Sand, von den Bahamas eingeflogen, sollen ›Tiffany's‹ in ein exotisches Strandparkett verwandeln. Dazu vierzig Riesenpalmen von den Philippinen: ferner fünfhundert Palmblätter von der Riviera.
Während ›ein Farbiger am goldglimmernden Klavier‹, so der Mode-Lord, ›Melodien der goldenen Hollywood-Zeiten spielt‹, stehen den Teilnehmern zur Verfügung: eine Tonne Popcorn, drei Zentner Bananen, ein Berg Ananas und Kokosnüsse, sodann französisches Stangenbrot, zweihundertfünfzig Stück; rot, gelb, grün und blau eingefärbt. Für erlesene Originalgetränke, die aus Südamerika, Mexiko-City, ebenfalls eingeflogen werden, garantiert das bewährte Unternehmen Karl Schlesinger.«

Telefongespräch zwischen Rechtsanwalt Messer und Großverleger Winter, mitgehört, durch Konferenzschaltung, von Hädrich, Zimmermann und Keller.
Telefonische Verbindung erst nach längeren Vorgesprächen mit Vermittlung Winter-Haus, dann Winter-Sekretariat, übergeben Vorzimmerdame Hauptbüro, weiterhin: der persönliche Sekretär. Schließlich dann: Winter selbst.
Winter: »Sie sind Rechtsanwalt. Sie heißen Messer. Ihr Name ist mir bekannt. Nicht zuletzt durch ein Telefongespräch – das ich aber für einen makabren Witz gehalten habe.«
Messer: »Es war keiner.«
Winter: »Man hat eine Million von mir gefordert – was einfach lächerlich ist. Bei Nichtzahlung, sagte man mir, sei ein Menschenleben in Gefahr

– meins oder das eines meiner nächsten oder sonstigen Angehörigen. Dann wurde auch Ihr Name genannt. Sozusagen als eine Art Verbindungsmann. Was halten Sie davon?«
Messer: »Auch ich bin von diesen Leuten verständigt worden. Wobei es sich allerdings um die gleichen Leute handelt, welche die neuliche Ermordung des entführten Knaben auf dem Gewissen haben.«
Winter: »Davon hat auch dieser Anrufer gesprochen – aber ich habe es ihm nicht geglaubt. Wenn Sie der Ansicht sein sollten, daß hier abermals die gleichen Täter am Werk sind, dann könnte die Lage sehr ernst sein. Ich habe mir erlaubt, vorsorglich über Sie Erkundigungen einzuziehen. Sie werden das verstehen, das war unvermeidlich. Dabei wurde mir von mehreren Seiten versichert: auf Sie könne man sich verlassen. Und ich kann nur hoffen – das stimmt auch.«
Messer: »Nehmen Sie das an, Herr Winter. Aber auch, daß meine Überzeugung zutrifft: hier sind die gleichen Kriminellen am Werk! Was heißt: es gibt so gut wie nichts, was denen nicht zuzutrauen wäre. Damit müssen Sie rechnen.«
Winter: »Wenn es tatsächlich so sein sollte, Herr Messer, dann ersuche ich Sie in erster Linie um Verschwiegenheit. Nur kein unnötiges Aufsehen! Also auch keine voreilige Einschaltung der Polizei. Darf ich Sie bitten, mich unverzüglich aufzusuchen, damit wir das Notwendige besprechen können?«
Dieses Telefongespräch wurde von Messer geführt; Hädrich, Zimmermann und Keller sahen sich danach fragend an. Sie zögerten offensichtlich, dazu Stellung zu nehmen.
Nur Zimmermann sagte: »Ein ganz dicker Hund!« Um sich dann sehr schnell, im Hinblick auf Anton, zu korrigieren: »Ich wollte damit nichts gegen Hunde an sich sagen; nur dies: diese Scheiße wird bald penetrant stinken.«
Worauf dann, nach weiterer längerer Pause, Kriminaldirektor Hädrich das Wort ergriff. »Wir müssen genau dort weitermachen, wo wir gestern nacht angefangen haben – bei der Leiche des Kindes. Aber nun mit Großeinsatz! Wir sollten nichts unversucht lassen, um über den Toten an den oder die Täter heranzukommen.«
»Das kann Tage, wenn nicht Wochen dauern«, rief Messer erregt aus. »Und soviel Zeit haben wir nicht – nicht nach dieser massiven, eindeutigen Drohung, die absolut ernst zu nehmen ist.«
»Wir werden nichts außer acht lassen und die besten Leute ansetzen – soweit sie freizumachen sind«, erklärte Hädrich.
»Außerdem«, sagte Zimmermann munter, »sollten wir nun tatsächlich Herrn Messers Telefon überwachen lassen.«
»Ich denke«, sagte der Rechtsanwalt, »das bereitet Ihnen enorme Schwie-

rigkeiten?«
»Nicht, wenn Sie selbst den Antrag dazu stellen – wozu Sie nun wohl bereit sind? Oder?«
Und Hädrich ergänzte prompt: »Ein gleiches Ersuchen sollte auch von Herrn Winter erfolgen. Das würde vieles erleichtern. Ungewöhnliche Gegebenheiten gebieten außergewöhnliche Methoden.«
»Nicht unbedingt im Bereich der Polizei«, stellte Zimmermann fest. »Außerdem wäre Herrn Winter klarzumachen, daß er über Messer bereits mit der Kripo zusammenarbeitet. Ihm bleibt gar nichts anderes übrig.«
»Moment mal!« Der Rechtsanwalt blickte blinzelnd die Kriminalbeamten an. »Wenn ich einer Zusammenarbeit mit der Polizei nicht ausweiche, dann doch nur, weil ich mir davon schnellsten, massierten Einsatz verspreche. Falls das jedoch nicht zutreffen sollte, könnte ich mich möglicherweise gezwungen sehen, eigene Maßnahmen zu treffen – wozu ich doch wohl berechtigt bin.«
Diese heikle Konstellation beendete Keller mit einer seiner Lieblingsformulierungen: »Falls ich mir einige Anregungen erlauben darf...« Er durfte, wie immer.
Er sagte: »Nehmen Sie an, daß es mir gelingen könnte, mich in diesen Täter hineinzudenken; wenn es sich um mehrere Tatpersonen handelt, so wird doch eine davon dominieren. Dann drängt sich folgende Überlegung auf: ein erster Coup ist geglückt. Wenn dabei das Opfer, dieser Knabe, zu Tode kam – ob nun gewollt oder zufällig –, so könnte gerade das als Beweis für die absolute Entschlossenheit ausgelegt werden, über Leichen zu gehen. Was jede Summe wert ist. Die nächsten Telefonanrufe werden es beweisen.«
»Telefonanrufe, die nunmehr abgehört werden!« stellte Hädrich fest. »Die könnten wir dann veröffentlichen – etwa über Funk und Fernsehen. Daraufhin werden sich Menschen melden, die diese Stimme erkannt zu haben glauben. Und das wird dann schnellstens nachgeprüft. Eine Stimme läßt sich neuerdings von unseren Technikern beweiskräftig analysieren – ist exakt bestimmbar, fast wie ein Fingerabdruck.«
»Diese Stimme vermutlich nicht«, sagte Keller, ohne das Erstaunen um sich zur Kenntnis zu nehmen. »Daß Kriminelle mit dem Telefon umgehen können, habe ich in letzter Zeit des öfteren erlebt. Unter ihnen gibt es Leute, die intelligent genug sind, um mit allen Spielregeln der Technik fertig zu werden. Sie, Herr Messer, haben diese Stimme nun bereits zweimal gehört – ist Ihnen dabei irgend etwas Besonderes aufgefallen?«
»Nein.« Der Rechtsanwalt dachte intensiv nach. Kellers Bemerkung, hatte er erkannt, forderte eine gründliche Überlegung heraus. »Es hat sich, soweit ich mich erinnern kann, um eine langsame, dunkle Stimme

gehandelt, bemüht, jedes Wort zu betonen.«
»Also fast ein wenig schleppend – nahezu mechanisch. Mithin keine reine Stimme – im technischen Sinne. Sondern vielmehr eher schon dumpf tönend, fern hallend, von brodelnden Geräuschen umlagert.«
»Ja«, bestätigte Messer. »Das kann durchaus sein.«
»Also eine technisch verzerrte Stimme«, stellte Keller fest, »die nicht exakt als die Stimme eines bestimmten Menschen nachzuweisen ist. Wir könnten es hier mit einem Kriminellen zu tun haben, der unsere Mittel und Methoden nicht nur beherrscht, sondern sogar versucht, sie weiterzuentwickeln, und dem das sogar gelungen zu sein scheint. Das aber ist so gut wie Mitternacht für uns, verehrte Freunde. Denn damit wird unser derzeitiger Apparat überspielt.«

Aschaffenburg, Revolutionär aus Neigung, Demonstrationsorganisator mit Begabung, verachtete die bürgerliche Presse. Er verschmähte es jedoch nicht, sich von ihr informieren zu lassen. Doch keine der in München erscheinenden Tageszeitungen konnte dabei seine Sympathie erregen, schon gar nicht im Hinblick auf ihre Berichterstattung über zukunftsweisende studentische Kundgebungen.
»Verschweigen können sie uns nicht mehr«, stellte er fest, »aber sie versuchen, unsere Bemühungen als ein Ereignis am Rande hinzustellen. Wobei sie dann noch verlogenes Wohlwollen mimen, wie um sich abzusichern. Aber denen werde ich's zeigen.«
Er sagte das zu Isabella Hädrich, die wieder einmal neben ihm auf seinem Bett lag. Zeitungen, eilig aufgeblättert und schnell zur Seite geworfen, bedeckten sie. Aber Isabella war nicht nackt, nicht einmal halbwegs entblößt; es kränkte sie nahezu. Sie fühlte sich nicht genügend gewürdigt.
»Diese aufgeweichten Scheißhaufen!« stellte Aschaffenburg grimmig fest. »Nichts wie Rindvieh, das sich mästen will – ohne erkennen zu können, daß es dadurch schlachtreif wird.« Verächtlich aufschnaufend registrierte er: »Zeitung eins, angeblich weltweit, anbiedernd verständnisvoll: ›...haben wir schon immer, für unsere Jugend...‹ – Zeitung zwei, vorsichtig, konservativ, wie väterlich warnend: ›...darf jedoch bei allem Wohlwollen das Temperament nicht überschäumen...‹ – Zeitung drei dann, bestrebt tolerant, leben und leben lassen, nahezu ermunternd: ›...ist doch alles halb so wild...‹ Sodann Zeitung vier, fünf – auch da nichts wie flotte, gefällige Verlogenheiten, sanfter Seich, journalistischer Dünnschiß. So was kotzt mich an!«
»Dann laß dich ablenken.«
»Möchte ich gerne, kann ich aber nicht, Isabella«, versicherte er ihr. »Denn dieser Seich fordert mich heraus – dagegen muß dringend etwas geschehen!«

Wobei, wie auf Stichwort, ein Mann erschien, nachdem er angeklopft hatte. Sehr laut. Er blieb in der Tür stehen und sah sich um.
»Sie sind derjenige«, stellte Aschaffenburg fest, »der neulich in diesem ›Rauchfang‹-Lokal aufgekreuzt ist.«
»Ich wollte mich dort mal umsehen. Ihretwegen.«
»Ich bin Aschaffenburg. Und wer sind Sie?«
»Mein Name ist Hetzing«, sagte der Besucher. »Aber vergessen Sie ihn schnell wieder – er ist nicht wichtig.«
»Was dann ist hier wichtig – für Sie oder für mich?«
»Ich hätte Sie gern allein gesprochen«, sagte Hetzing, Isabella betrachtend, die sich von den auf ihr liegenden Zeitungen befreite. »Sollte mir leid tun, wenn ich gestört habe.«
»Mich kann niemand stören«, versicherte Aschaffenburg.
»Das hier ist Isabella. Sie gehört zu meinem inneren Kreis.«
»Ihre Freundin?« wollte Hetzing wissen, Isabella interessiert musternd; sie hatte sich aufgerichtet, wobei das Oberteil ihrer Figur wirksam zur Geltung kam. »Da kann ich nur gratulieren.«
»Isabella ist nicht das für mich, was vermutlich in Ihrer Klasse unter einer Freundin verstanden wird«, stellte Aschaffenburg fest. »Sie ist weit mehr – eine Gesinnungsgenossin.«
»Soll sie – von mir aus«, sagte Hetzing munter.
Worauf Isabella einige Schritte auf ihn zuging und fragte: »Ein idealistisches Verhältnis zwischen zwei Menschen können Sie sich wohl kaum vorstellen?«
Auch ich werde für ideal gehalten – aber auf wesentlich andere Weise.«
Aschaffenburg unterbrach das Gespräch. »Ich nehme nicht an, daß Sie gekommen sind, um an meinem Privatleben Anteil zu nehmen. Ich habe keins. Warum also sind Sie hier?«
»Um Ihnen etwas zu übergeben, worauf Sie vermutlich bereits warten.«
»Dann tun Sie das!«
»Wenn Sie die Anwesenheit dieser jungen Dame dabei nicht stört ...«
»Sagten Sie: Dame?« wollte Isabella belustigt wissen. »Und meinten Sie mich damit?«
»Kein überflüssiges Geschwätz, bitte!« forderte Aschaffenburg unwillig. »Wir sind hier weder in einem Salon noch in irgendeinem bürgerlichen Gesellschaftspuff! Bringen Sie mir Geld – also eine Spende? Für unsere gute Sache?«
Hetzing nickte ein wenig beeindruckt, ohne zu wissen, ob von Aschaffenburg oder von Isabella. Das war für ihn eine Art Neuland, und er genoß es. Er zwinkerte Isabella zu, näherte sich Aschaffenburg und zog aus seiner linken Brusttasche einen länglichen, braungelben Umschlag mit etwa zweifingerdickem Inhalt.

»Das Übliche – diesmal jedoch verdoppelt.«
»Gut«, sagte Aschaffenburg und griff sichtlich erfreut nach dem Umschlag. »Damit wird sich sicherlich einiges anfangen lassen.«
»Möglichst bald?« wollte Hetzing weisungsgemäß wissen.
»Unverzüglich«, bestätigte Aschaffenburg. »Ich werde sofort einige Gespräche führen. Sie entschuldigen mich also – und bitte auch du, Isabella.«
»Wir entschuldigen Sie gerne – alle beide«, versicherte Hetzing, mit einladendem Blick auf Isabella. »Irgendwas dagegen?«
Aschaffenburg hatte offensichtlich nichts gegen die schnell zustandegekommene Harmonie einzuwenden. Unabgelenkt breitete er den Stadtplan von München auf seinem Bett aus; er schien sich auf die Innenstadt zu konzentrieren. Hetzing legte in spontaner Besitzergreifung einen Arm um Isabella und zog sie mit sich – was sie ohne erkennbaren Protest geschehen ließ. Wie ein Liebespaar schritten sie dann die Treppen hinunter.
»Du gefällst mir!« versicherte er.
»Als eine Art Dame?« wollte sie auflachend wissen.
»Bist du eine?« fragte er. »Hoffentlich nicht eine von der Stange – und nicht gleich in jeder Situation. Ich kenne nämlich welche, die wollen sogar noch im Bett eine Lady sein, nur um sich in Szene zu setzen, aber die liegen dann völlig schief.«
»Was bei mir kaum zu befürchten ist«, sagte Isabella tändelnd. »Nur eben bin ich nicht ganz einfach in irgendein Bett hineinzubekommen – wenn ich nicht will.«
»Mal sehen«, scherzte er ermunternd, »was sich da machen läßt.«
Doch als sie beim Hauseingang angekommen waren, trafen sie auf Heinz Boerner. Der stand entschlossen da, blickte nur Isabella an und rief streitbar empört aus: »Wohl öfter mal was Neues!«
»Wer ist denn das?« Hetzing fühlte sich gestört, versuchte aber, heiter und überlegen zu wirken.
»Eine Art Besitzergreifer ohne Befugnis«, klärte Isabella ihn auf. »Er spielt den Beschützer, drängt sich auf, spioniert mir nach – bei jeder sich bietenden Gelegenheit.«
»Weil ich«, behauptete Heinz Boerner, »für dich verantwortlich bin. Das habe ich sogar deinem Vater versprochen.«
»Der spinnt!« Isabella war entschlossen, sich bei diesem neuen, vielversprechenden Abenteuer nicht stören zu lassen. »Er ist verrückt darauf, mir Schwierigkeiten zu machen.«
»Hast du das gehört?« Hetzing stellte sich vor Heinz Boerner auf. »Du bist ein Spinner, ein Verrückter, ein Spion! Verschwinde! Schleunigst!«
»Und so was sagt mir ausgerechnet ein so schräger Typ wie Sie – so ein Geldbriefträgerganove!«
Weiter kam Heinz Boerner nicht. Denn Hetzing schlug ihm mit der rech-

ten Faust in den Magen und stieß ihm, fast gleichzeitig, das linke Knie kräftig in die Geschlechtsteile. Boerner sackte kurz aufjaulend zusammen, lag dann gekrümmt da. Stöhnend. Wand sich wie ein Wurm.
»Der stört uns nicht länger«, sagte Hetzing ermunternd zu Isabella. »Bis er wieder zu sich kommt, sind wir weit weg. Bei mir, wenn du willst. Und da werden wir es uns gemütlich machen.«

Rechtsanwalt Dr. Messer wurde im Winter-Hochhaus nahezu feierlich empfangen. Der Portier öffnete ihm die Glasflügeltür, in der Halle stand der Privatsekretär des Konzernherrn bereit, einer der drei Aufzüge war eigens für ihn reserviert. Sie glitten, lautlos und wortlos, zum vierundzwanzigsten Stockwerk hinauf.
Dort begrüßte ihn Winter, im Hause auch ›der Allmächtige‹ genannt, in einem nahezu fußballplatzgroßen Arbeitszimmer: Leder, Chrom, Lack und Glas.
Winter selbst: ein Mann von Welt – nur leicht gepolstert, adlergesichtig, silbergraues Haar, jedoch dekorativ onduliert. Er reichte Messer fast besitzergreifend die Hand.
Und sofort erfolgte die Frage: »Glauben Sie tatsächlich, Herr Messer, daß zwischen der Ermordung des entführten Knaben und dieser mir zugemuteten Forderung ein Zusammenhang besteht?«
»Ja«, bestätigte Messer, »das ist leider anzunehmen.«
»Haben Sie die Polizei davon verständigt?«
»Das war unvermeidlich, Herr Winter. Es muß aber nicht gleich bedeuten, daß wir von der Polizei abhängig sind. Wir können immer noch genug Eigeninitiative entfalten, wenn sich das zu Ihrer Abschirmung als sinnvoll erweisen sollte.«
»Meinetwegen ist das wohl nicht unbedingt notwendig«, klärte Winter den Rechtsanwalt auf. »Ich reise noch heute abend nach Marokko, wo ich eine Strandvilla habe. Meine Frau ist in Griechenland. Mein Sohn aus erster Ehe studiert in Boston. Meine Tochter aus dritter Ehe hält sich in Rom auf, mit irgendeinem Mann; sie ist so gut wie enterbt. Sie sehen: weder bin ich selbst, noch ist irgendeiner meiner nächsten Angehörigen direkt gefährdet.«
»Darauf kommt es hierbei möglicherweise gar nicht an«, erklärte Messer. Er blickte durch die hohen, breiten Fenster hindurch auf das tief unten ausgebreitete München: ein Millionengewimmel in überfüllten Straßen, zwischen immer eintöniger werdenden Fassaden, in gekachelten U-Bahnstationen. »Wir haben es vermutlich mit einer Organisation zu tun, die kalkulieren kann; oder mit einem Organisator, der sich auskennt. Wenn Sie mit einer Million taxiert worden sind, so ist das zwar nicht gerade bescheiden, aber doch wohl bei Ihnen einigermaßen erfolgverspre-

chend errechnet.«
»Eine Million«, bestätigte Winter in gewachsener Selbsteinschätzung, »ist für einen Mann wie mich keine allzu problematische Größenordnung. Doch zu verschenken gedenke ich nichts!«
»Müssen Sie auch nicht. Sie könnten diese Summe weit sinnvoller verwenden«, gab der Rechtsanwalt nun ganz offen zu bedenken. »Etwa – sie investieren.«
»Um nicht gleich eine Million zahlen zu müssen? Meinen Sie das? Klingt das nicht ein wenig abenteuerlich? Zumal ich schließlich nicht persönlich in Gefahr bin.«
»So genau kann man das nicht wissen. Kriminelle, die sich auf Kidnapping oder Geiselnahme einlassen, sind unberechenbar. Die Situationen, in die sie dabei hineingetrieben werden, machen sie dazu. Hinzu kommt dann noch der zeitgemäße Trend, jede geforderte Summe zu zahlen, um Menschenleben dafür einzulösen.«
Winter schüttelte seinen vielfotografierten Wirtschaftsführerkopf. »Mit mir ist so was nicht zu machen.«
»Was aber dann, wenn irgend jemand aus Ihrer nächsten Nähe entführt werden sollte? Es muß ja nicht unbedingt ein direkter Verwandter sein. Es könnte sich um einen Ihrer Direktoren handeln, um Ihre Wirtschafterin, um das Kind Ihres Chauffeurs. Dann wird die schnell mobilisierte Öffentlichkeit von Ihnen erwarten...«
»Kommen Sie mir doch nicht gleich mit so was, Herr Rechtsanwalt! Schließlich gibt es doch noch die Polizei.«
»Unsere Polizei«, erklärte Messer, »arbeitet gewiß sehr gründlich, aber auch unvermeidlich langsam. Sie hat laufend ungefähr hundert gewichtige Fälle zu verfolgen, dabei bilden sich zwar Schwerpunkte, aber selbst diesen können die Beamten nicht mit letzter Konzentration nachspüren. Das kann nur eine ausgesuchte Spezialmannschaft, eine Expertengruppe, die ganz massiv und unbehindert gezielt vorgeht und sich dabei auf ein Objekt konzentrieren kann, ohne irgendwelche Rücksichten nehmen zu müssen.«
»Sollten Sie etwa an den Einsatz eines Detektivbüros denken – oder gleich mehrerer?«
»Nein«, sagte Messer eindeutig ablehnend. »Diese sogenannten Detektive mögen brauchbar für Warenhäuser und Hotels sein. Sie können Material für Ehescheidungen oder sonstige schlüpfrigen Veranstaltungen beschaffen, doch für ein Objekt dieser Größenordnung kommen sie nicht in Frage. Zumal es sich hier – wie selbst ausgekochte Praktiker des Präsidiums vermuten – um eine Art kriminelles Neuland handelt.«
»Worauf wollen Sie hinaus?«
»Auf eine Million – als Betriebskapital. Von Ihnen so gut wie freiwillig

investiert – noch bevor die Öffentlichkeit Sie dazu zwingen könnte.«
Winter – eleganter Herrenreitertyp mit Senatorenwürde – schien im Raum umherwandeln zu wollen. Doch er gab diesen Versuch schnell auf, schritt auf Messer zu, blieb vor ihm stehen. »Warum steigen Sie so intensiv in diese Sache ein? Das sollten Sie mir überzeugend zu erklären versuchen!«
»Die Erklärung dafür ist höchst einfach, Herr Winter. Ich bin von diesen bedenkenlos verbrecherischen Schweinen schäbig mißbraucht worden und gedenke das nicht hinzunehmen. Ich bin entschlossen, alles, was ich nur irgend vermag, dagegen zu mobilisieren – mit Ihrer Hilfe. Sie haben die Möglichkeit dazu, zunächst rein finanziell gesehen. Sie investieren einen stattlichen Geldbetrag, ich meine Arbeitskraft und meine Verbindungen.«
»Aber was oder wen gedenken Sie mit dieser einen Million einzukaufen?«
»Zunächst nur einen einzigen Mann. Doch der ist im Grunde unbezahlbar. Aber wenn wir ihn haben, gebe ich diesen chaotischen Kriminellen kaum noch eine Chance – der wird sie erledigen. Wenn einer das kann, dann der. Nur der.«

Signale eines kriminellen Chaos in dieser Stadt – an diesem Tag:
»Eifersuchtsdrama nach Geburtstags-Party. Günter, Angestellter, 32, feierte mit seiner Frau und deren Geliebtem. Danach erstach er sie, Edith, 26; dann seine Tochter, 3 Jahre alt. Hierauf sprang er, vom 45 Meter hohen Destillierturm einer Ölraffinerie, in den Tod.
Andreas, 44, Leiter einer Sparkasse, opferte sein Leben – bei dem Versuch, seine Frau und seine vier Kinder zu befreien. Sie wurden von einem Bankräuber als Geiseln gefangen gehalten. Der Räuber erschoß ihn.
Grauenvolle Bluttat. Steinmetz, Franz, 40, erschoß seine Frau Sylvia, 40, dazu seine Tochter Gabi, 21, die am gleichen Tag ihr Aufgebot bestellt hatte. Dann richtete sich der Doppelmörder selbst. Die übrigen sechs Kinder im Alter von 3 bis 16 Jahren wurden Zeugen des Verbrechens. Eines der beiden Opfer konnte gerade noch den Notruf 112 wählen – der angerufene Beamte vernahm fünf Schüsse und Todesschreie.
Zahnarzthelferin, 25, ermordet ihren zukünftigen Schwiegervater – durch Erfrischungspralinen, gespritzt mit dem giftigen Pflanzenschutzmittel E 605. Todesfahrt mit Sargauto; dabei eine Frau getötet, ein Mann schwer verletzt, der Sarg zerschmettert, der Leichenwagen demoliert. Ein Vater stahl sein eigenes Kind – um es vor den Quälereien der Mutter zu bewahren. Er wurde verhaftet.
Ein Nigerianer, Michael, 39, tötete einen Arzt, dessen Frau, die seine Geliebte war, und das mit ihr gezeugte Kind; versuchte dann, die Leichen zu verbrennen. Sachverständige: Der Mann ist gemeingefährlich! Urteil:

Der Täter wird freigesprochen und abgeschoben – nach Nigeria. Richter: Der Beschuldigte leidet unter Verfolgungswahn! Unzurechnungsfähigkeit bescheinigt nach Paragraph 51,1.«

»Mein Gott, wie mich das alles anödet!« rief Mucki Stein höchst theatralisch, ziemlich laut und sogar optisch nicht ganz ohne Effekt. Für eine Schauspielerin hielt sie sich auch.
»Mir wird noch schlecht davon.«
»Vermutlich hast du dich überfressen«, meinte Schlesinger besänftigend. »Gesoffen hast du auch eine ganze Menge.«
»Bei mir«, behauptete sie, »ist alles seelisch bedingt.«
Sie waren eingeladen worden, an dem Empfang von Madame Molnar teilzunehmen. Madame Molnar war eine der ganz großen Damen der Münchner Gesellschaft, seit einigen Jahren verwitwet und Alleinerbin ihres Mannes. Besitz: Bilder, klassische; Bauten, moderne; Banken, verläßliche. Geschätztes Privatvermögen etwa sechzig bis achtzig Millionen; in Dollarwährung. Sie war ungemein beliebt.
Wenn sie Gäste zu sich bat, versäumte niemand, mit freudiger Anteilnahme zu erscheinen. Dabei drei bevorzugte Gruppen. Erstens: Adel, resteuropäischer; jedoch nur, sofern er noch Einfluß, also Vermögen besaß. Zweitens: Diplomaten, akkreditierte; Auswahl ausgedehnt bis auf Amerika, wenn auch nicht gleich Südamerika. Drittens: örtliche Gesellschaftsprominenz, sofern einigermaßen verläßlich seriös erscheinend – ein Staatsintendant; eine Staatsschauspielerin; ein Stardirigent mit Mannequingattin; eine Sängerin, Staatsoper Berlin, auch Scala Mailand, Metropolitan New York, mit Mann, Manager und Sekretär.
Und nun auch Schlesinger.
Und der sagte zu Mucki Stein – immerhin: Filmstar, Schlagerstar, Fernsehstar, fast schon eine bundesdeutsche Persönlichkeit – eindeutig warnend: »Versuch deine scheißfeinen Komplexe zu verdrängen und dich diesen Leuten anzupassen. Gegen das, was diese Typen im Schlaf kassieren, sind deine angeblichen Traumgagen kaum mehr als bessere Trinkgelder.«
So was imponierte Mucki; sie gab es zu. Dennoch sagte sie einschränkend: »Irgendwie kommen mir diese Leute mächtig steril vor, wie in Plastik verpackt. Ich kann mir nicht vorstellen, mit irgend jemand davon zu schlafen.«
»Auch dann nicht, wenn du weißt, daß dir dabei Leute mit Multimillionenvermögen beiliegen? So was soll sehr stimmungsfördernd sein.«
Das Milieu: eine Villa in Grünwald – kleiner Rembrandt, großer Renoir, mittlerer Cézanne. Teller und Bestecke aus Gold, Nürnberger Wertarbeit; Glas aus Murano, Spezialanfertigung; Vorhänge in Lyon gewebt;

Teppich persisch, von ehemaliger Kaiserin mit ausgesucht; Koch und Getränke für diesen Abend aus Frankreich eingeflogen.
Madame Molnar, die würdige, leicht wabbelnde Gastgeberin, schritt graziös auf Schlesinger zu. »Gefällt es Ihnen?«
»Ungemein«, versicherte er. »Weil Sie hier sind!«
»Und es gefällt Ihrer Begleiterin auch?« wollte Madame Molnar weiter wissen.
»Na – mächtig!« bestätigte Mucki Stein, so bereitwillig wie angeordnet, wenn auch eine Spur zu laut.
Und Karl Schlesinger versicherte: »Herzlichen Dank für Ihre Einladung, verehrte gnädige Frau. Ich genieße es sehr, hier sein zu dürfen. In Ihrer Nähe.«
»Lieber Herr Schlesinger, Sie gehören zu den Menschen, mit denen ich befreundet zu sein wünsche – zumindest nicht verfeindet. Unter keinen Umständen.«
»Sie haben mich durchschaut«, scherzte Karl gekonnt, wie er glaubte. »Aber ich kann mir keinen Mann vorstellen, der sich von Ihnen nicht gern durchschauen läßt. Sie sind einzigartig.«
»Einzigartig, sagen Sie – in welcher Hinsicht?« Sie lächelte ihn an. »Meinen Sie als Gastgeberin?«
»Als Frau!« behauptete Schlesinger ungeniert. »Das in erster Linie. Und in dieser Hinsicht bin ich ein Kenner.« Worauf er fröhlich zitierte: *»Den Inbegriff von allen Himmeln sehn! – So etwas findet sich auf Erden?* Faust, Gnädigste.«
»Vielleicht«, meinte Madame Molnar nun leicht gedehnt, »sollten wir uns gelegentlich darüber unterhalten. Über Goethe – zunächst.«
»Jederzeit!« versicherte er ihr.
Madame Molnar nickte erfreut und entfernte sich, einer nächsten Gruppe ihrer Gäste entgegen. Mucki Stein blickte ihr nach und wollte von Schlesinger wissen: »Was findest du denn an ihr?«
»Sie ist wirklich eine Dame der ganz großen Welt«, sagte Schlesinger versonnen. »Eine äußerst liebenswerte Person – ihr enormes Vermögen macht sie dazu.«
»Aber mit mir schläfst du lieber!«
»Bitte, keine derart primitiven Wertordnungen! Du bist mir lieb und wert. Ich habe viel Nachsicht mit dir. Schließlich habe ich dich immer noch nicht gefragt, wie dir dieser Hetzing gefällt.«
»Wo ist er?« wollte Mucki nun reichlich ungehemmt wissen. Der Name Hetzing machte sie sichtlich munter. »Warum ist er nicht hier – bei uns? Er wollte kommen, hast du gesagt.«
»Er wird wohl aufgehalten worden sein.«
»Von wem? Das will ich wissen.«

»Mach dir nur nicht gleich in die Hosen, Mädchen!« empfahl ihr Schlesinger und hielt dabei nach Madame Molnar Ausschau. »Versuche endlich zu erkennen, daß es hier um ungewöhnliche Größenordnungen geht, die jeden Einsatz lohnen.«

Winter war nicht der Mann, der eine Katze im Sack zu kaufen gedachte. Es gehörte zu seinen Prinzipien, stets einwandfreie, übersichtliche Vereinbarungen zu treffen. Rechtsanwalt Messer sah bald etliche Komplikationen auf sich zukommen.

Winter: »Da Sie es für möglich halten, daß ich bereit wäre, die von Ihnen geforderte Million zu investieren – was, bitte, könnten Sie mir dafür bieten?«

Messer: »Nichts. Zumindest keine schnellen spektakulären Ergebnisse, keine absolut sicheren Erfolge. Nicht einmal dann, wenn es mir gelingen sollte, den Mann zu mobilisieren, den ich allein für fähig halte, noch so verwegen erscheinende kriminelle Vorgänge wie Rechenaufgaben zu lösen. Mit einem Barscheck von Ihnen als Verhandlungsgrundlage. Dabei gedenke ich mich als Ihr Treuhänder zu betätigen. Ich werde also genaueste Abrechnungen liefern. Aber das ist schon alles, was ich wirklich versprechen kann.«

Winter: »Wer ist dieser Ihr Mann?«

Messer: »Sie werden ihn kennenlernen, falls er zusagt, was aber noch nicht feststeht. Er gehört tatsächlich zu den wenigen Menschen, die selbst von Millionenbeträgen nicht zu beeindrucken sind.«

»Wie ja ich – an sich – auch nicht.«

»Weil Sie Millionen besitzen und weil das für Sie selbstverständlich geworden ist. Auf eine davon kommt es dabei kaum an.«

Winter: »Nicht, wenn es sich lohnt, also bezahlt macht für mich, für meine Zeitungen. Ließe sich das arrangieren?«

Messer: »Um ganz offen zu sein, Herr Winter, ich kann Ihnen keine vielversprechende sprudelnde Informationsquelle anbieten. Nur ein kriminalistisches Genie.«

Winter: »Darauf bin ich neugierig. Besorgen Sie mir diesen Mann.«

Ansichten des Polizeipräsidenten:

»Was in dieser Nacht auf mich zukam, erschien mir äußerst alarmierend und reichlich fragwürdig zugleich. Ich konnte dabei, wenn ich mein Amt nicht gefährden wollte, nur so tun, als verstünde ich nicht, was an mich herangetragen wurde.

Dabei hätte ich mich dieser Affäre durchaus glaubhaft entziehen können: der Zeitpunkt meines Urlaubs stand fest, Beginn in der zweiten Augustwoche. Ein Zimmer in Montecatini, einem Bad bei Florenz, war bereits gebucht, Frau und Kinder waren vorausgefahren; ich hatte Entspannung dringend nötig. Doch mein Stellvertreter wäre dann Hädrich gewesen. Ein an sich vertrauenswürdiger Mann, doch äußerst extremen Situationen wohl kaum voll gewachsen. Worauf mich Zimmermann, in seiner robusten Direktheit, aufmerksam machte, mit Formulierungen, die kaum zu überhören waren: ›Hier scheint die Scheiße ganz dick zu sein – wer die nicht riecht, sollte seine Sinnesorgane überprüfen lassen. Hier wird konsequent gegen die Grundregeln unseres Metiers operiert.‹

›Nicht vielleicht nur zufällig, Zimmermann?‹

›Im Gegenteil: äußerst zielstrebig! Dieser August ist im kriminellen Bereich alles andere als ein Ferienmonat. Und die zum Vorschein gekommene spezielle Machart entspricht keiner bisher registrierten Regel. Also nahezu ein kriminelles Chaos! Und damit könnte wohl nur einer überzeugend fertigwerden.‹

Ich wußte: er sprach von Keller. Wobei Zimmermann jedoch – da war ich einigermaßen sicher – die besondere Gefahr dieser Konstellation nicht erkannte. Und die sah so aus: beamtete Kriminalisten unterliegen zahlreichen Kontrollen, sind auf überzeugende Beweispflicht getrimmt, womit irgendwelche heiklen Übergriffe weitgehend vermieden werden. Gerade aber das trifft auf Keller nicht zu.

›Eben das, Herr Präsident, ist seine Chance – und damit auch die Chance dieses Amtes. Schließlich gehört er zu uns.‹ Woraufhin von mir weder zustimmende noch ablehnende Äußerungen erfolgten. Ich erklärte lediglich: ›Ich verschiebe meinen Urlaub auf unbestimmte Zeit.‹«

5 Die Folgen einer großen Ratlosigkeit

Am frühen Vormittag des nächsten Tages begab sich Rechtsanwalt Dr. Messer abermals ins Polizeipräsidium und verlangte Kriminalrat Zimmermann zu sprechen. Der empfing ihn unverzüglich.

Zimmermann: »So gern ich Sie sehe, aber mit mir vergeuden Sie in diesem Fall nur Ihre Zeit. Versuchen Sie mir bitte nicht wieder einzureden, daß Sie nur hier sind, weil ich mit einem gewissen Keller befreundet bin.«

»Genau deshalb, Herr Kriminalrat. Auch der Präsident schätzt diesen Mann ungemein. Sogar Hädrich bleibt offenbar nichts anderes übrig, als ihn zu respektieren.«

»Versprechen Sie sich nicht allzuviel davon«, empfahl Zimmermann ausweichend. »Menschen, die man respektieren muß, hält man möglichst von sich fern. Auch ist es kein besonderer Vorteil, mit Keller befreundet zu sein. Er ist fast schon eine unentwegt sprudelnde Quelle beständiger Forderungen, beharrlicher Verpflichtungen. Aber wem sage ich das – Sie kennen ihn ja auch. Gut genug?«

Messer nickte zustimmend; er wirkte nahezu mutig, wenn nicht gar mutwillig. »Dieser Keller, nicht wahr, kennt, wie man so sagt, Gott und die Welt – also die Kriminalpolizei ebenso wie die Kriminellen. Er besitzt dabei den besonderen Vorteil, völlig unabhängig zu sein.«

»Was er genießt, und worum ich ihn beneide.«

»Eine ideale Position! Nur ihm könnte gelingen, wozu die Polizei in ihrer bedächtigen Präzision nicht fähig ist, und was selbst gebündelte Detektivbüros nicht schaffen.«

»Sie sollten da sehr vorsichtig sein«, gab Zimmermann zu bedenken. »Unser Freund Keller ist weitaus eigenwilliger als ein Dutzend Maultiere.«

»Aber ist die Idee nicht gut? Eine Art Detektivbüro – mit allen nur denkbaren Möglichkeiten und Freiheiten. Dazu in engster Zusammenarbeit mit der Kriminalpolizei und ihrer Technik. Das hat es bisher noch nirgends gegeben, doch eben deshalb scheint es höchst vielversprechend.«

»Na – geradezu phantastisch!« bestätigte der Kriminalrat höchst skeptisch. »Ein Hirngespinst allererster Größe, eine geradezu märchenhafte Vorstellung. Allerdings, ich gebe zu, daß vieles von dem, womit wir uns heute auseinandersetzen müssen, den Beamten von gestern wie ein Märchen vorkommen muß.«

»Irgend jemand soll einmal gesagt haben: dieser Keller denkt kriminal-

taktisch mindestens zehn Jahre im voraus.«
»Das war ich«, stellte Zimmermann fest. »Und eben deshalb ist Keller auch vorzeitig pensioniert worden. Seine Methoden von übermorgen haben bei den derzeitig Gestrigen erhebliche Unruhe erregt.«
»Was doch nur bestätigt, daß er der richtige Mann für ein derartiges Unternehmen ist.«
»Das ist er tatsächlich«, gab der Kriminalrat zu, wenn auch nicht gerade freiwillig. »Rein theoretisch – durchaus. Praktisch gesehen jedoch, mein Verehrtester, müßte er einen ziemlich großen, verläßlichen Apparat aufbauen – und zwar schnellstens. So etwas kostet Geld – und Geld – und nochmals Geld. Das aber hat die Kriminalpolizei nicht.«
»Genau dafür habe ich gesorgt.«
»Welche Quelle haben Sie da angezapft, Herr Messer?«
»Winter! Der ist bereit, eine Million zu investieren. Überzeugt Sie das nicht?«
»Mich schon«, sagte Zimmermann verhalten staunend. »Aber ich bin schließlich kein Keller. Ohne seiner Entscheidung vorgreifen zu wollen, wäre ich nun bereit, sozusagen die Lage zu peilen, also mit dem Präsidenten darüber zu sprechen, auch mit Kriminaldirektor Hädrich. Mit jedem einzeln.«
»Tun Sie das, bitte. Ich warte.«
Rechtsanwalt Dr. Messer wartete im Vorzimmer des Kriminalrates, in dem Kommissar Felder arbeitete. Der Kommissar bastelte an einem neuen Organisationsplan für das Amt. Messer beschäftigte sich mit kühnen Kalkulationen.
»Was verdienen Kriminalbeamte eigentlich?« wollte er von Felder wissen.
Der sah überrascht von seiner Arbeit auf. »Die genauen Zahlen stehen im Personalbüro zur Verfügung. Falls aber Annäherungswerte ausreichen: ein mittlerer Beamter bei uns, bis zum Kommissar, wird etwa an den Lohn eines Bauarbeiters herankommen. Leitende Beamte, also vom Kriminalrat aufwärts, können bereits mit dem Einkommen eines Fliesenlegers rechnen oder eines Installateurs, auch eines Automechanikers, allerdings ohne Überstunden.«
Woraufhin Messer eine ebenso lapidare wie frappierende Rechnung aufstellte: mit der ihm nun in erreichbare Nähe gerückten Winter-Million könnte er, wenn es praktisch möglich gewesen wäre, etwa mindestens fünfhundert leitende Polizeibeamte einen ganzen Monat lang honorieren. Eine Rechnung, die ihn sehr hoffnungsvoll stimmte. Dieses Gefühl verstärkte sich noch, als er Zimmermann wiedersah, nach knapp dreißig Minuten.
Der zog Messer mit in sein Dienstzimmer. Hier angekommen, erklärte

er zunächst: »Diese Angelegenheit ist derartig heikel, daß Gespräche darüber nur noch unter vier Augen geführt werden können.«
»Verstehe«, bestätigte der hellhörige Messer unverzüglich. »Eine Art Absicherung – Unterredungen ohne Zeugen. Wird akzeptiert. Also – wie soll nun der Hase laufen?«
Zimmermann war über die sachverständige Reaktion des Rechtsanwalts sichtlich erfreut. »Nun, ganz unter uns: der Präsident ließ sein Interesse durchblicken, deutete jedoch an, keine amtliche Stellung hierzu beziehen zu können. Immerhin meinte er: einem Keller könnte wohl kaum vorgeschrieben werden, wie und womit er seine Zeit verbringt.«
»Also positiv!« Messer zeigte sich höchst befriedigt. »Und wie reagierte Hädrich?«
»Womöglich noch positiver«, konnte Zimmermann berichten. »Was Sie vermutlich erstaunen wird, da Sie unsere Praxis nicht kennen. Hädrich macht manchmal den Eindruck eines ständig galoppierenden Bürohengstes. Er ist dennoch ein Vollblutkriminalist. Der will nichts wie Fälle aufklären – diese wohl in Besonderheit. Wer ihm dabei behilflich sein kann, ist ihm willkommen. Keller natürlich erst recht.«
»Damit sind wohl alle wichtigen Voraussetzungen für dieses Unternehmen gegeben.«
»Die entscheidende jedoch noch nicht: Keller. Wie gedenken Sie an ihn heranzukommen?«
»Mit Ihrer Hilfe!« sagte Messer offen und drängend. »Keiner kennt ihn besser. Auf Sie wird er hören.«
Der Kriminalrat lachte auf. »Bei allem Wohlwollen, Herr Messer. Ihre wahrhaft phantastischen, aber auch vielversprechenden Anregungen scheinen sogar den Präsidenten beeindruckt zu haben – aber ein Keller ist nicht zu kaufen.«
»Darüber will ich nicht streiten, das kalkuliere ich ein.« Der Rechtsanwalt demonstrierte letzte Entschlossenheit. »Man müßte vielmehr versuchen, ihn sich zu verpflichten, ihm Gelegenheit zu verschaffen, erreichbare Höchsthonorare sinnvoll zu verwenden.«
»Na – und was haben Sie sich da einfallen lassen?«
»Ich habe versucht, irgendwelche Schwächen bei Keller zu erspüren.«
»Der hat keine!«
»Eine wohl doch. Anton! Keller ist ein erklärter Hundefreund. Vielleicht würde er sich darüber freuen, wenn er über größere Zuwendungen für irgendwelche Tierasyle verfügen könnte?«
»Keller ist kein armer Mann«, stellte der Kriminalrat fest. »Er verdient neuerdings mit seinen Fachbüchern mehr als ein Bundesminister, wobei aber sein Lebensstandard der eines mittleren Kriminalbeamten geblieben ist. Folglich existieren bereits mehrere Tierheime in München und Um-

gebung von seinen Spenden. Lassen Sie sich etwas anderes einfallen.«
»Und wie ist es mit der Unterstützungskasse für Angehörige von im Dienst getöteten Polizeibeamten? Wie ich erfahren habe, ist Keller dort im Vorstand, und eine seiner Beschäftigungen besteht darin, dafür Gelder zu sammeln, die wahrscheinlich nie ausreichen. Sollte ihm nicht dafür ein stattlicher Betrag willkommen sein?«
»Das, glaube ich, haben Sie richtig erkannt«, versicherte Zimmermann ermunternd. »Zu kaufen ist er nicht, aber er läßt sich beeindrucken; von verfolgten Menschen, von gequälten Tieren. Irgendeine Schwäche hat schließlich jeder, da haben Sie recht.«
Zur gleichen Zeit wurden folgende Ereignisse registriert:
1. Erneute Nachricht an Winter, der Anweisung gegeben hatte, anonyme Anrufe unverzüglich zu ihm durchzustellen. Dabei kurze, bündige, diskussionslose Anordnung: eine Million ist bereitzuhalten. Jedes Aufsehen ist zu vermeiden, vor allem: keine Verständigung der Polizei. Sie müßte unverzüglich zu Folgen führen, vor denen nur gewarnt werden könne.
2. Tot aufgefunden wurde ein Mann namens Diebold. Zu vermuten: Verkehrsunfall, mit Fahrerflucht. Fundort der Leiche: nahe seiner Wohnung. Es handelte sich um den gleichen Diebold, mit dem sich Keller noch am Tage zuvor unterhalten hatte. Über ein möglicherweise neuartiges kriminelles System: Weisungen per Telefon.
3. In einem Hauseingang – Tengstraße, Schwabing – wurde durch Passanten das vermutliche Opfer einer schweren Schlägerei vorgefunden. Die eintreffenden Polizeibeamten registrierten: ein gewisser Heinz Boerner, Student. Doch der erklärte beharrlich: »Vermutlich bin ich eine Treppe hinuntergefallen.« Eine Behauptung, die zwar nicht geglaubt wurde, aber akzeptiert werden mußte.
4. Abermaliger Anruf bei Winter. Diesmal lediglich der Hinweis: das zur Auslieferung bereitstehende Lösegeld darf nicht registriert werden. »Sie gefährden sonst ein Menschenleben. Um welches es sich dabei handelt, werden wir Ihnen mitteilen.«
5. Aufgefunden wurde ferner in einem Appartementhaus, Lazarettstraße, eine Leiche, weiblich. Identifiziert als Evi Pohl, eine ehemalige ›Miss Europa‹. Dabei schnell feststellbar: sie hatte sich als Luxusprostituierte betätigt. Todesursache: sie war erwürgt worden, vermutlich mit einem Lederriemen. Halb entkleidet lag sie da. Ihr Bett war so gut wie unberührt, darum jedoch, fast malerisch gruppiert, zahlreiche Flaschen – Whisky, Cognac, Bier, alle leer.
Der Hinweis auf diese Leiche erfolgte durch einen Telefonanruf im Präsidium – anonym. Gegeben von einer Stimme, die dunkel klang, mühsam, verzerrt, schleppend. Der Beamte, der den Anruf auf einem Tonband registrierte, sagte: »Wie aus einer anderen Welt!«

Gleichzeitig verkündete einer der drei örtlichen Gesellschaftsreporter in jenen Zeitungen, die darauf Wert legten, ihren Lesern Vertraulich-Internes bis schön-scheußlich Intimes zu bieten:
»... während bei Eric, dem Herrenhosenkönig, eine vielbesuchte Pyjamaparty auf seinem Dachgarten ablief, Anwesenheitsliste nachfolgend, fand auch bei Madame Molnar ein höchst exklusiver Empfang statt. Die erschienenen Damen trugen erlesenen Schmuck im Wert von einigen Millionen... die Prinzessin, von Bayern, mit Armreifen von Tiffany: Rubine in Platinfassung...«
»... fragte ich die gleichfalls anwesende Mucki Stein, ob sie sich gut amüsiere. Sie bejahte es, wirkte aber reichlich lustlos. Obgleich umgeben von Arni, Erbschaftsverbraucher, Kugellagerindustrie; Alfi, Großwildjäger und Großbankierssohn; Amfi, Halbweltreisender und Popart-Sammler. Mucki Stein bevorzugte Champagner, und zwar Ruinart Dom; dazu Austern, Marennes – und zwar, wie sie versicherte, ›der besseren Verdauung wegen‹. Doch ihr Blick blieb dabei trüb.«
»... fühlte sich hier Carlos, also Karl Schlesinger, offensichtlich ganz besonders wohl, vorzugsweise in Gesellschaft von Konsul Duhr, Großbauunternehmer; Generalkonsul Santos, Südamerikaexporte; sowie Seiner Exzellenz Ugasa, Botschafter Ostafrikas, Transportunternehmen und Erdölraffinerien. Kurz vor Mitternacht verließ dann Carlos, gemeinsam mit Madame Molnar, die festlichen Räumlichkeiten, um die weltweit bekannte Sammlung chinesischer Kleinfiguren des verstorbenen Hausherrn zu besichtigen; was nahezu eine halbe Stunde dauerte. Wonach dann Madame, leicht gerötet, dabei von Mucki aufmerksam beobachtet...«

Rechtsanwalt Dr. Messer brauchte nicht umständlich nach Keller zu suchen. Zimmermann hatte ihn über dessen Tagesplan unterrichtet, der sozusagen amtsbekannt war. Exakt auf die Bedürfnisse eines lebenslänglichen Kriminalbeamten und Hundefreundes zugeschnitten.
Zuerst Spaziergang mit Anton. Hierauf gemeinsames, ausgedehntes Frühstück. Sodann handschriftliche Erledigung der vordringlichen Post. Schließlich Kellers alltägliche »Sprechstunde«, manchmal auch als »Hearing« bezeichnet.
Dieser Vorgang fand tagtäglich regelmäßig in einem abgelegenen Lokal statt, das ›Zur letzten Heimat‹ hieß. Es lag in der Nähe des Deutschen Museums, bei den Isarauen. Beamte und Angestellte pflegten hier ebenso zu verkehren wie Privatiers und Handelsleute, Ladeninhaber und Versicherungsagenten. Mithin: sogenannte Mittelklasse, guter Durchschnitt; allen gemeinsam nur das Verlangen nach garantierter Ruhe, gepflegten Getränken und solider Hausmannskost, individuell verfeinert: die Wirtin kochte selbst.

Nur sehr wenige wußten, daß dieses Lokal Keller gehörte. Er hatte es der Wirtin wegen finanziert. Sie war die Witwe eines ehemaligen Kollegen; Witwe deshalb, weil ihr Mann Selbstmord begangen hatte. Er war in den Verdacht geraten, Kriminelle begünstigt zu haben. Nun leitete sie dieses Lokal, dessen Hinterzimmer so etwas wie Kellers Privatbüro war.
An diesem Vormittag hatte Keller, indischen Tee trinkend, einen gewissen Moser zu sich bestellt, dem der Hund Anton, leicht knurrend, entgegenblickte. Denn Moser betätigte sich mit einer gewissen Regelmäßigkeit, so alle sechs Wochen, als Antons Friseur, was kein selbstbewußter Hund willig über sich ergehen läßt.
»Anton, mein Lieber«, hatte Moser zu dem Tier gesagt, »ich bin nur zu Besuch hier.«
Was ihm der Hund nicht zu glauben schien; er hatte sich vorsichtig zurückgezogen. Was er dabei nicht wissen konnte, war dies: zwar betätigte Moser sich immer noch als Friseur, aber eben nur bei Keller und seinem Hund. Inzwischen hatte er sich zu einem Techniker von hohen Graden entwickelt. Dafür war Moser einzigartig begabt. Er konnte, wenn er wollte, jede Alarmanlage lahmlegen, jeden Fahrstuhl blockieren, ganze Elektrizitätswerke ausfallen lassen.
»Was wollen Sie denn diesmal von mir?« wollte der zwerghafte, ergeben dahockende Moser wissen. Ein gut gekühltes Bier vom Faß war für ihn bereitgestellt worden; er trank bedächtig davon.
»Mich interessiert ein Problem«, erklärte ihm Keller. »Eine rein technische und vielleicht auch recht simple Angelegenheit: kann man eine Stimme, die durch ein Telefon spricht, verändern? Ich meine so, daß sie dann kaum noch erkennbar, bestimmbar ist?«
»Durchaus«, bestätigte Moser sachverständig. »Aber wie kommen Sie ausgerechnet darauf, Chef?«
»Meine Frage scheint Sie wenig zu verwundern, Moser?« wollte Keller wissen. »Sie reagieren wie auf etwas ganz Selbstverständliches. Warum?«
»Eben, weil ich Techniker bin«, teilte ihm Moser mit. »Und dazu noch ehemaliger Krimineller, wie Sie wissen. Aber kein gewöhnlicher, was Sie mir hoffentlich zugestehen werden. Ich las schon damals kriminalistische Fachzeitschriften, tue das übrigens auch heute noch.«
»Und mit welchen Erkenntnissen? Telefonische Möglichkeiten betreffend?«
Moser, der Spezialist, zeigte sich entgegenkommend. »Wir befinden uns hier in München, wo ein geradezu genialer Techniker im Landeskriminalamt einen Apparat konstruiert hat, der als Sonograph bezeichnet wird. Sie haben sicherlich schon davon gehört.«
»Habe ich«, bestätigte Keller. »Dieser Sonograph vermag sprachliche Schwingungen absolut exakt einzufangen und aufzuzeichnen. Was prak-

tisch heißt: genauso wie in dieser Welt nicht zwei gleiche Fingerabdrücke existieren, gibt es auch kaum zwei gleiche Sprachmodulationen?«

»Richtig«, bestätigte Moser, sich genußvoll zurücklehnend. »Das hört sich höchst einfach an. Doch einen echten, erfinderischen Profi kann so was nicht in Ruhe lassen. Wenn die Kriminalen sich was einfallen lassen, bleibt den Kriminellen gar nichts anderes übrig, als sich auch was einfallen zu lassen.«

»Aber kaum im Bereich der Fingerabdrücke. Wohl kann man sich, was erwiesen ist, die Fingerspitzen mit Wachs beschmieren, man kann sie sogar abschmirgeln oder wegbrennen, und dennoch kommt deren ursprüngliche Zeichenform immer wieder zum Vorschein, früher oder später. So ähnlich müßte es doch auch bei der Sprache sein?«

»Nein«, versicherte Moser überzeugt. »Fingerabdrücke sind ganz direkte körperliche Merkmale. Die Stimme eines Menschen dagegen nicht, wenn sie nicht unmittelbar, also rein, in Erscheinung tritt, also etwa durch Telefon übertragen oder von einem Tonband aufgezeichnet wird. Dann nämlich läßt sie sich nahezu mühelos manipulieren.«

»Wie denn, Moser?«

»Ziemlich einfach. Man braucht sich da nur einen etwa streichholzschachtelgroßen Verzerrer zusammenbasteln. Mit dem lassen sich über ein Mikrofon gehende Sprachschwingungen, also beim Telefonieren, akustisch übersteigern, verdunkeln, bandbreiter oder bandschmaler zerarbeiten. Eine so veränderte Stimme kann kein Sonograph mehr nachweisen.«

»Wer kann so was?« wollte Keller wissen.

»Ich«, sagte Moser mit schlichtem Stolz. »Aber ich habe noch nie etwas Derartiges unternommen.«

»Wer dann?«

»Eigentlich nur einige exzellente Funktechniker. Dabei auch solche mit krimineller Erfahrung – und mit Phantasie.«

»Wie viele Leute, meinen Sie, gibt es in unserem, in Ihrem Bereich, die so was können?«

»Zwei bis drei, kaum mehr.«

»Wenn das so ist, Herr Moser, würde ich Sie gerne um einen besonderen Gefallen bitten...«

»Das habe ich kommen sehen!« sagte Moser verständnisvoll grinsend. »Nun gut, dann werde ich mich also mal umsehen. Und zwar möglichst schnell und gründlich – das erwarten Sie doch, wie ich Sie kenne, Chef.«

»Nicht nur das, Moser. Sondern noch etwas mehr. Bauen Sie mir so einen Apparat. Oder eben: lassen Sie ihn für mich bauen. Ich will nämlich ganz genau wissen, wie so was funktioniert.«

Diese Stadt München, von der Winter, ›der Allmächtige‹, gesagt hatte: »Was ist denn nur aus ihr geworden!«, bot in diesen Tagen folgende Einzelheiten an:
»Jedes dritte neugeborene Kind ist Ausländer – bei 10300 Geburten im vergangenen Jahr. Die Geburtenziffer der ausländischen Bevölkerung ist zweieinhalbmal so hoch wie die der deutschen Einwohner. Quelle: Statistisches Landesamt. Jeder vierte Deutsche über zwanzig Jahre möchte gerne in München wohnen, ermittelte ein Hamburger Institut. Jeder fünfte in München Wohnende mußte ins Krankenhaus. Der Oberbürgermeister: ›Die klinische Situation verschärft sich!‹ Allein in diesem Jahr bereits fünfzig Bergtote in den Bayerischen Alpen. Hauptursache: Leichtsinn.
Sieben Millionen Menschen besuchten bisher den Olympia-Turm. Ärzte, in der ›Münchner Medizinischen Wochenschrift‹, versicherten: ›Nur Schwächlinge rauchen!‹ Vor der Feldherrnhalle war Adolf Hitler anzutreffen, dargestellt von einem Schauspieler für einen Fernsehfilm. Es war der fünfte Hitler in diesem Jahr.«

Der Vorgang: Tote in der Lazarettstraße, die ermordete Nutte also, einst ›Miss Europa‹, wurde Kriminalkommissar Krebs persönlich übertragen, dem Chef des Dezernates Sitte – auf Anregung von Kriminalrat Zimmermann. Mit Zustimmung des Präsidenten.
Schon nach kurzer Einsichtnahme in die ersten Berichte der emsig ermittelnden Beamten ahnte Krebs, was auf ihn zukam. Vor ihm lag ein sozusagen stadtbekanntes Wesen, hineinspielend in Gesellschaft, Wirtschaft, aber auch Politik. Sie galt als vielbeschlafen.
Krebs betrachtete die Tote genauer: feingeschnittenes Gesicht mit fast klassisch-römischem Profil, dabei jedoch netzartige Fältchen um Augen und Mundwinkel, eine bereits schlaff werdende Haut, fahlgraue Augen, das ›Weiße‹ darin gelblich schimmernd. Ein verfettet wirkender Körper – sie war unbekleidet – Brüste schlaff. Hüften ausladend, Gesäß breitflächig.
»Total versoffen und verhurt«, stellte einer der Beamten fest, aber ganz sachlich.
Kommissar Krebs sagte dazu nichts, was ein eindeutiger Verweis war. Er wollte lediglich wissen: »Anzeichen von Mord oder Raubmord?«
»Keine! Obwohl alles in diesem Appartement systematisch durchwühlt zu sein scheint. Dennoch sind Wertgegenstände vorhanden: Bargeld, über zweitausend Mark; etliches an Schmuck, wenn auch von minderer Qualität; auch mehrere Pelze, darunter sogar ein Nerz.«
»Anzeichen eines Sexualverbrechens?«
»Auch nicht«, berichtete der ermittelnde Beamte mit unentwegter Sach-

lichkeit. »Soweit bisher festgestellt werden konnte, keine erkennbaren Verletzungen an den Geschlechtsteilen.«
Kommissar Krebs nickte lediglich. Das schien ein ganz gewöhnlicher Mord zu sein – aus Eifersucht vielleicht; im Affekt bei einem Streit; auch ein mehr zufälliger Vorgang: irgendein lustgewinnwilliges Spiel, aus dem dann plötzlich lebensvernichtender Ernst wurde. Instinktiv witterte er Komplikationen, konnte sich jedoch nicht erklären, warum. Und auf vage Vermutungen ließ sich dieser Mann nicht ein.
»Also dann – die übliche Routine«, befahl der Chef ›Sitte‹. Womit er eingestand, daß sich hier kein irgendwie spezielles, zielsicheres Vorgehen anbot. »Registrieren wir alle erreichbaren Einzelheiten, befragen wir systematisch alle sich anbietenden Personen. Also Einsatz nach Grundplan. Erbitte jedoch laufende Unterrichtung. Und keine irgend notwendig werdende Maßnahme ohne Absprache mit mir.«
Wonach sich Kommissar Krebs in den Korridor hinausbegab, um eine Zigarette zu rauchen. Er rauchte nur selten, doch nach dem Anblick von Leichen immer. Der Tod stinkt. Auch bei einer noch so schönen Person, vor allem, wenn sie schon bei Lebzeiten zu verwesen begann.
Als er nach einem Streichholz suchte, wurde ihm ein brennendes Feuerzeug entgegengehalten. Er sah auf und erblickte vor sich WW, den Journalisten.
Und der sagte vertraulich: »Das stinkt, was? Wenn auch nicht gleich zum bayerischen Himmel, so doch garantiert in so manche unserer Intimsphären hinein.«
»Meinen Sie?« fragte Krebs, ohne sich seine Zigarette anzuzünden.
»Weiß ich!« behauptete WW. »In dieser Gesellschaft kenne ich mich aus! Wissen Sie, wie diese Dame genannt wurde? Evi, das flotte Bienchen mit dem schnellen F-Maschinchen. Und das stimmte. Ihre Preise waren immerhin erschwinglich, zumindest für die Leute, in deren Kreisen sie verkehrte. In den letzten Monaten durchaus. Die einstige Miss Europa wurde langsam zu einem Wrack. Sie soff sich durch die Tage und hurte herum, ziemlich wahllos. Irgendwie mußte die mal vor die Hunde gehen – wen wundert das?«
»Was mich lediglich verwundert, Herr Waldmann, ist dies: Sie sind fast so schnell am Tatort wie die Polizei. Können Sie etwa hellsehen?«
»Das nicht«, meinte WW breit grinsend. »Aber ich habe Telefon. Und das ist schon alles.«

Rechtsanwalt Messer war im Restaurant ›Zur letzten Heimat‹ angekommen und erlebte hier eine Überraschung ganz besonderer Art: er wurde offenbar für einen Klienten gehalten, noch dazu für einen unangemeldeten. Und zwar von der Wirtin, von deren besonderen Funktion er nicht

wissen konnte, die er jedoch schnell kennenlernen sollte.
»Ist Herr Keller hier?« fragte er schwungvoll.
Die Wirtin, von Freunden ›Mutter Lauter‹ genannt, musterte ihn und nickte dann. Sie war robust, wirkte aber dennoch gemütlich – und gemütlich war sie tatsächlich, wenn ihr Zeit dafür blieb.
»Wo ist Keller? Ich muß ihn dringend sprechen!«
»Sie sind bei ihm angemeldet?«
»Was soll ich – bei ihm angemeldet sein?« Messer wirkte wie ein Fisch im seichten Wasser; er schnappte nach Luft. »Das darf doch nicht Ihr Ernst sein, verehrte Dame.« Er blickte suchend um sich. »Wo finde ich ihn?«
»Herr Keller«, klärte ihn die Wirtin auf, »ist mit Herrn Moser beschäftigt. Er darf nicht gestört werden.«
Messer setzte sich auf das Hinterzimmer zu in Bewegung. Doch dabei prallte er, etwa zwei Meter davor, auf ein riesiges menschliches Lebewesen von bedrohlicher Gelassenheit. Dieser Fleischkoloß hatte sich von einem Seitentisch in Türnähe auf einen Wink der Wirtin hin erhoben und sich dann einfach vor ihm aufgestellt.
Um dann fast neugierig zu fragen: »Ist was?«
Messer stutzte, sah hoch, in ein grimmig wirkendes Nußknackergesicht hinein, dann an diesem Riesenkerl hinunter – und zog sich zurück. Zur Theke hin. Dort schob ihm die Wirtin einen Cognac zu. »Regen Sie sich erst mal ab! Bei uns, müssen Sie wissen, geht alles ganz geregelt zu. Das hat sich so ergeben. Bei Herrn Keller ist das auf die Dauer unvermeidlich.«
Messer trank und sagte dann, wesentlich gedämpfter: »Ich bin schließlich kein Kassenpatient, ich bin Rechtsanwalt. Ich komme direkt von Herrn Zimmermann, falls Ihnen dieser Name was sagt.«
Die Wirtin, ›Mutter Lauter‹, wurde nun wesentlich freundlicher. »Der sagt mir was. Aber Sie werden sich dennoch ein wenig gedulden müssen. Inzwischen können Sie sich hier stärken.«
Messer mußte noch acht Minuten warten. Voller Ungeduld. Er trank einen zweiten Cognac, auch ein kleines, sehr gepflegt wirkendes Bier vom Faß. Sodann erblickte er einen jovial und zufrieden wirkenden Mann: Moser, der das Hinterzimmer verließ. Und dort hinein begab sich nun die Wirtin. Nur wenige Sekunden später teilte sie dem Rechtsanwalt mit: »Herr Keller läßt bitten.«
Messer eilte unverzüglich zu Keller hinein, sah den lässig dasitzen, zu seinen Füßen Anton, den Hund. Beide blickten ihm neugierig entgegen. »Ich komme direkt von Herrn Zimmermann. Er hat mir ein Schreiben für Sie mitgegeben.«
Keller streckte die rechte Hand aus. Messer überreichte ihm einen Briefumschlag. Der Hund Anton zog sich zurück, denn mit diesem Menschen

war, in seinen Augen, wohl nicht sonderlich viel anzufangen. Also beschloß er, sich schlafend zu stellen. Der Rechtsanwalt wurde aufgefordert, es sich bequem zu machen. Er setzte sich steif.
Keller riß den Umschlag auf und entnahm ihm einen Notizzettel. Auf dem stand, in Zimmermanns großer, fast plakativer Handschrift: »Diebold ist tot aufgefunden worden.« Weiter nichts.
»Außerdem«, sagte Messer drängend, »hat Winter wieder einen Anruf erhalten. Die Erpressung geht also weiter.«
»Und was«, fragte Keller gelassen, »gedenken Sie mir sonst noch anzubieten?«
»Eine Million!« sagte der Rechtsanwalt fast feierlich.
Keller lächelte dennoch nicht. »Bitte, erklären Sie mir das näher.«
Was unverzüglich geschah – mit wohldurchdachten, gründlich vorbereiteten Formulierungen. Messer wußte schließlich, wen er vor sich hatte. Er entwickelte seinen ganz großen Plan, legte den inzwischen ausgestellten Scheck über eine Million Mark vor Keller hin, berichtete von Zimmermanns lebhaftem Interesse, auch vom vorsichtigen Wohlwollen des Präsidenten.
Sagte dann: »Sie und ich. Und dazu alles, was irgendwie an allerbesten Experten zu erreichen ist. Diese denkbar großzügig bezahlt, also ganz außerordentlich honoriert. Damit müßten wir es schaffen.«
»Irgendeine Bedingung dabei?« fragte Keller, der sehr nachdenklich geworden war.
»Keine! Wir haben völlig freie Hand. Allerdings mit dem Ziel, diesen Kidnappern zuvorzukommen – zumindest sie, falls eine vollendete Tat unvermeidbar werden sollte, möglichst bald danach zu stellen. Sollte uns das nicht gelingen?«
»Nein«, sagte Keller bedächtig. »Das geht nicht. Zumindest nicht so, wie Sie sich das vorzustellen scheinen.«
»Ich bitte Sie!« rief Messer bestürzt aus. »Bedenken Sie doch diese einzigartigen Voraussetzungen. Diese enorme finanzielle Triebkraft – und damit die sich anbietende Freizügigkeit, ein provisorisch gebildetes Detektivbüro mit der Wirksamkeit eines Polizeiapparates zu vereinen! Das ist doch absolut einmalig! Und Sie sagen: nein!«
»Ich sage so lange nein, Herr Messer, wie ich Worte vernehme, die da lauten: wir – wir beide – gemeinsam! Es würde sich dabei um Aktionen handeln, die keinerlei diskussionsfreudige Gemeinsamkeit dulden. Wenn auch Verbrechensbekämpfung stets ein Kollektivunternehmen ist – es muß koordiniert werden. So was führt nur unter uneingeschränkter zentraler Leitung zum Erfolg.«
»Heißt das etwa, Herr Keller, daß Sie mich auszuschalten gedenken?«
»Keinesfalls. Ein Mann von Ihren Qualitäten ist mir dabei höchst will-

kommen. Auf Ihre Mitarbeit würde ich Wert legen.«
»Aber – als eine Art Partner akzeptieren Sie mich nicht?«
»Nicht in diesem Fall. Denn bei einem solchen Unternehmen werden wir Leute beschäftigen müssen, die enorm eigenwillig sind; das noch behutsam ausgedrückt. Darunter Spezialisten, die sich weder an die Regeln eines Rechtsanwalts halten werden, noch an die Vorschriften der Polizei.«
»Aber mit denen dürften Sie fertig werden, nehme ich an.«
»Ich hoffe es. Aber dies ist nur ein Punkt, der nicht leichtfertig übersehen werden darf. Ein anderer sieht so aus: jeder Kriminalist, der ein gewisses Normalmaß übersteigt, entwickelt ureigene Methoden, arbeitet also mit einem sehr speziellen System. Da darf ihm niemand hineinreden.«
»Ist das Ihre Forderung?«
»Eine absolute Selbstverständlichkeit! Wenn Sie das einsehen – gut. Wenn nicht – dann eben nicht!«
»Ich habe also damit zu rechnen, daß dies die für Sie entscheidende Bedingung ist?«
»Ja«, sagte Keller entschlossen. »Sehen Sie das so: Sie registrieren hier nur irgendeinen Fall. Ich jedoch glaube, ziemlich makabre Zusammenhänge zu erkennen. Irgendwo in dieser Stadt scheint ein Mensch zu existieren, der für mich eine einzigartige Herausforderung darstellt. Aber mit diesem Monstrum lasse ich mich nur ein, wenn mir vorbehaltlos völlige Freizügigkeit garantiert wird.«
»Akzeptiert«, bestätigte Messer mühsam. »Von mir aus also – freie Fahrt.«
»Doch da ist noch eine Kleinigkeit, auf der ich aber bestehen muß.«
»Was denn?«
»Ich benötige eine direkte, also persönliche Bestätigung des Auftraggebers.«
»Von Herrn Winter? Warum nicht! Der ist bestimmt neugierig auf Sie. Fahren wir hin!«
»Er soll hierherkommen – und zwar unverzüglich«, ordnete Keller an. Messer zeigte nun sein Mißfallen deutlich. »Aber ich bitte Sie! So was können Sie doch nicht machen, nicht mit einem Winter!«
»Kann ich«, sagte Keller mit freundlicher Beharrlichkeit. »Ich muß wissen, für wen ich arbeiten soll. Und er soll wissen, wer für ihn arbeitet. Diese Arbeit hat schnellstens zu erfolgen, wenn sie wirksam werden soll. Ich werde also mit den ersten Vorarbeiten beginnen, während Sie Herrn Winter herbringen. Diese Sache läuft erst voll an, wenn ich mit ihm gesprochen habe – in spätestens einer Stunde. Oder überhaupt nicht.«
»Sie!« rief Messer empört aus: »Wissen Sie, was Sie sind?«
»Weiß ich. Also brauchen Sie das mir nicht erst mitzuteilen. Schwirren Sie ab! Transportieren Sie Winter herbei. Den will ich sehen.«

Kriminelle Details – in dieser Stadt, in diesen Tagen:
»Ganoven bevorzugen bei Einbrüchen Aktien, auch Kunstgegenstände, ferner wie üblich Bargeld. Doch mit ihrer sprichwörtlichen Ehre, also der Ganovenehre, scheint es nicht weit her zu sein: Der Schlosser Klaus, 32, kassierte bei seinen Freunden, und zwar regelmäßig, deren Beute vom Vortag. Sein Erlös dabei: wöchentlich etliche tausend Mark.
Dieter, 34, ›klaute nur Prestigeflitzer‹, ab 30000 DM aufwärts. Er galt hierorts als der ›erfolgreichste Autodieb aller Zeiten‹. Nunmehr gedachte er ›seine Lebensbeichte‹ zu schreiben, vermutlich mit Hilfe von WW, dem Top-Journalisten.
Rauschgiftdelikte nehmen um 8,6 Prozent zu. Ein Bankräuber wurde gefaßt – dabei 50000 DM sichergestellt, in der Wohnung seiner Freundin. Ein Mädchen, zehnjährig, wurde schwer mißhandelt, etwa ein Jahr lang: geschlagen mit Kleiderbügel, Lederriemen, Latten, Fäusten, Sandsäcken. Die sogenannte Mutter dazu: ›Ich verlor die Nerven!‹«

Werner, Schlesingers kaufmännische linke Hand, legte seinem Boß diverse Papiere vor: Rechnungen, Schuldscheine, Wechsel – dazu eine Generalaufstellung. »Das dürfte vermutlich genügen. Damit ist Erni geliefert. Wie von Ihnen vorausgesehen.«
Karl Schlesinger hielt sich in seinem Privatbüro auf, also in der Baracke seines Lagerhauses, im Hinterhof zwischen zwei Hauptstraßen, seinen Panzerschrank im Rücken. Dieser besaß den Sicherheitsgrad D2, was praktisch hieß: weitgehender Schutz garantiert gegen Angriffe mit schweren Einbruchswerkzeugen, einschließlich Schneidbrenner.
Bedächtig-erfreut durchblätterte der Boß die ihm von Werner vorgelegten Unterlagen. Dann wollte er wissen: »Ist die Übernahme der drei Erni-Lokale durch unsere Leute vorbereitet?«
»Wie üblich«, bestätigte Werner. »Wir feuern das Personal dort sofort und ersetzen es durch verläßliche Leute aus unseren anderen Unternehmen. Eine diesbezügliche Liste liegt bei.«
»Na, dann wollen wir mal wieder!« sagte Schlesinger munter entschlossen. »Laß' Erni hereinkommen. Bleib aber im Raum. Du mußt nicht gleich alles mithören, aber sobald konkrete Vereinbarungen getroffen werden, mach dir Notizen, damit gleich ein abschließender Vertrag fixiert werden kann.«
Woraufhin Erni erschien, gemeinhin »der schöne, der feine, der geliebte Erni« genannt; Ernst Ottokar Zieler, 29; er fühlte sich immer noch als ein auf allen Ebenen erfolgreicher, allseits beliebter Playboy; auch als Inhaber von drei Nachtlokalen der zärtlich-romantischen Machart: ›Eule‹, ›Falter‹, neuerdings ›Nachtigall‹. Er eilte bemüht ›weltumarmungsbereit‹ – Formulierung laut Gesellschaftsbericht – auf Schlesinger zu, ihm beide

Hände entgegenstreckend.
»Wie sich das trifft, Carlos!« rief er hoffnungsvoll aus. »Du hast mich gebeten, dich aufzusuchen, aber auch ich wollte mich mit dir unterhalten. Intern. Du verstehst?«
Karl Schlesinger winkte ab. Er übersah die von Erni weit ausgestreckten Hände provozierend deutlich. Auch bot er dem Besucher keinen Platz an. Er sagte lediglich: »Hier gibt es nichts mehr zu reden. Jetzt wird gerechnet.«
Erni erkannte sofort, worauf Schlesinger hinauswollte. Er ließ die Hände sinken und stand sekundenlang hilflos da, um dann bemüht zu versichern: »Nur eine sicherlich bald vorübergehende finanzielle Krise, wie wohl immer bei Neugründungen. Aber die wird sich schnell überwinden lassen. Falls du mir dabei behilflich bist. Womit ich rechne. Weil wir doch befreundet sind.«
»Ich bin in erster Linie Geschäftsmann, Erni«, sagte Schlesinger kühl. »Und als solcher weiß ich, daß deine Unternehmen so gut wie pleite sind. Dabei hast du Schulden bei mir gemacht, die ich nun zu kassieren gedenke, auch sonstige Schulden noch dazu, die ich aufgekauft habe.«
»Du!« stieß Erni würgend hervor. »Das hast du tatsächlich getan!« Sein schönes Gladiatorengesicht wirkte schmerzverzerrt. »Willst du mich ruinieren?«
»Ich will mich von dir nicht ruinieren lassen, so ist das wohl richtiger ausgedrückt.« Schlesinger blickte jetzt geradezu sanft. »Deine Schulden bei mir übersteigen nunmehr den Betrag von einhundertachtzigtausend Mark. Deine drei Lokale sind, sehr großzügig geschätzt, etwa dreihunderttausend wert. Mithin bleibt eine Differenz von einhundertzwanzigtausend, und die zahle ich dir, in bar, auf die Hand.«
Ernst Ottokar Zieler schnaufte empört. »Das ist Erpressung!«
»Ein Geschäft, Erni.«
»Du willst mich fertigmachen! Und ich weiß auch, warum. Nur weil ich einmal – wirklich nur einmal – mit Mucki Stein geschlafen habe. Nicht etwa, weil ich unbedingt wollte – sie hat mich geradezu animiert, sich mir aufgedrängt, weil ihr wohl gerade danach war. Was ja vorkommen kann. Aber das verzeihst du mir nie – was?«
Karl Schlesinger blickte nun nahezu verächtlich. »Ich pflege private Interessen nie mit geschäftlichen Gegebenheiten zu vermengen. Aber wenn du das so siehst, unbedingt so sehen willst, dann soll es mir recht sein. Also biete ich nunmehr hunderttausend. Und das ist mein letztes Wort.«
Der im Hintergrund stehende Werner lauschte ungläubig entzückt. Wenn er soeben richtig verstanden hatte, veranschlagte der Boß dem schönen Erni dessen Partie mit Mucki Stein mit zwanzigtausend Mark. Das war wohl eine der teuersten Nummern, die jemals in München ge-

schoben wurden.
»Und was, wenn ich mich weigere?«
»Ach, Erni«, sagte Schlesinger voll unendlicher Überlegenheit, »du bist doch kein Idiot.«
»Kann ich Bedenkzeit haben?« fragte Erni mühsam. »Sieben Tage?«
»Drei Stunden«, entschied Karl Schlesinger. »Dann will ich deine Bestätigung hören, falls du nicht lebensmüde geworden sein solltest. Bist du das?«
Ernst Ottokar Zieler stürzte hinaus. Schlesinger sah ihm geringschätzig lächelnd nach und sagte dann zu Werner: »Bereite alle Verträge vor. Und sorge dafür, daß Hetzing sich mit uns in Verbindung setzt. Könnte sein, daß wir da noch ein wenig nachhelfen müssen.«

Nach knapp fünfzig Minuten war Winter, ›der Allmächtige‹, im Restaurant ›Zur letzten Heimat‹ eingetroffen – mit kleinerem Gefolge: Chauffeur, Privatsekretär, Leibwächter. Geführt von Messer. Sie alle blieben im Lokal zurück. Winter allein betrat das Hinterzimmer.
Hier wurde er von Keller höflich begrüßt. Auch der Hund Anton hatte sich neugierig aufgerichtet. Sie musterten sich behutsam. Winter wurde ersucht, Platz zu nehmen.
Das tat er – dabei auf Anton weisend; er suchte nach einem höflich-unverbindlichen Gesprächsbeginn: »Was für eine Rasse? Ein schottisches Produkt?«
»Wenn schon Produkt, Herr Winter, dann vermutlich ein münchnerisches«, meinte Keller nachsichtig. »Bei meinem Anton kann man kaum von Rasse reden, von seinen außergewöhnlichen Qualitäten schon eher. Das jedoch vielleicht ein anderes Mal. Zunächst interessiert mich, warum Sie eine Million investieren wollen.«
»Herr Messer wird Ihnen das alles ausführlich erklärt haben, nehme ich an.« Winter zeigte sich nicht im geringsten ungehalten. Er demonstrierte seine Höflichkeit, die eines großen, erfolgreichen Mannes. »Bevor ich einen solchen Betrag dieser allerletzten Sorte von Kriminellen zum Fraß vorwerfe, finanziere ich damit weit lieber ihre Ausrottung.«
»Genauer wohl: ihre Überführung«, korrigierte ihn Keller verbindlich. »Was versucht werden könnte, aber nicht zu garantieren ist.«
»Sie machen mir nichts vor, Sie versprechen nichts – ist es das, worüber Sie mich aufzuklären wünschten?«
»Auch über meine Person.«
Nun lächelte Winter wieder, abermals gewinnend. »Über Sie, Herr Keller, bin ich einigermaßen informiert. Nachdem mir Herr Messer Ihren Namen genannt hat, habe ich alles erreichbare Material, möglichst umfassende Auskünfte, angefordert. Ich habe sogar in der vergangenen

Nacht eins Ihrer Bücher gelesen – das über Todesermittlungen. Mit steigendem Interesse. Nicht zuletzt deshalb bin ich auch sofort gekommen, als Messer mir mitteilte, daß Sie mit mir zu sprechen wünschen.«
»Ich hätte auch zu Ihnen kommen können. Aber ich wollte sehen, wie groß Ihr Interesse an diesen Vorgängen wirklich ist.«
»Nun, ich bin hier. Das sagt doch wohl einiges.«
»Ein Punkt wäre noch zu klären, Herr Winter. Ihnen gehören diverse Publikationsorgane, und ich weiß, daß dort manchmal horrende Summen für vielversprechende, möglichst dokumentarisch ausgebaute Storys ausgeworfen werden. Aber ich bin kein Lieferant für Zeitungssensationen. Ich bin ausschließlich Kriminalist. Akzeptieren Sie auch das?«
»Muß ich wohl«, sagte Winter, nicht ohne Anerkennung über so viel Konsequenz. »Oder wären Sie etwa bereit, mit mir über diesen Punkt... Nein? Also schön – akzeptiert.«
»Dann will ich Sie nicht länger aufhalten.« Keller erhob sich und trat zur Tür.
Winter folgte ihm, nicht wenig überrascht. »Sie nehmen also diesen Auftrag an?«
Keller nickte lediglich. »Ich werde Ihnen unsere Abmachungen schriftlich bestätigen, auch die mit Herrn Messer. Der Ordnung halber. Doch nun muß ich mit meiner Arbeit anfangen.«

Im Fall ›Tote in der Lazarettstraße‹ war WW allen anderen Journalisten weit voraus. Seine Zeitung veröffentlichte ganz groß, in blutroten Lettern auf der ersten Seite: Brutaler Mord an Schönheitskönigin. Unterzeile: Sie lebte im Glanz und starb im Elend.
Dazu zahlreiche Fotos, wenn auch keins der Leiche. So Evi einst – im Reitkostüm, an ein geduldiges Pferd gelehnt – in großer Abendrobe, zwischen Spiegeln – im Badeanzug, hauteng, einem Swimming-pool entsteigend. Das alles jedoch vor etlichen Jahren aufgenommen, als diese Evi noch als Starmodell und Topmannequin bezeichnet werden konnte. Einst sogar als ›Miss Europa‹ – von einer Strumpfhosenfirma finanziert.
Diese Evi, nunmehr als Leiche gefunden, erklärte WW kenntnisreich in seinem Artikel, durfte dennoch einer gewissen Gesellschaft zugezählt werden. »Wenn auch ihr Stern verblaßte, langsam aber sicher. Die großen Einnahmen blieben aus, Freunde verließen sie, der Alkohol wurde ihre Zuflucht. Ein Zustand, in dem jedem Menschen letzte verzweifelte Kurzschlußhandlungen zuzutrauen sind. Möglicherweise versuchte sie, sozusagen mit Gewalt, wieder Anschluß an ihr einstiges Leben zu gewinnen. Sollte womöglich das zu ihrem grausamen Tod geführt haben?«
Diese Zeitung wanderte noch nahezu druckfrisch auf den Schreibtisch von Kommissar Krebs, Chef ›Sitte‹. Er begab sich damit, ehrlich empört, zu

Kriminalrat Zimmermann, doch der war wieder einmal unterwegs. Worauf der besorgte Krebs direkt den Präsidenten aufsuchte.
Um ihm zu erklären: »Geradezu eine Schweinerei – dieser Artikel. Lauter sanft ansauendes Geschwätz. Wobei ich wohl nicht erst zu versichern brauche, daß unser Dezernat keinerlei derartige Hinweise gegeben, keine diesbezüglichen Auskünfte erteilt hat.«
Der Polizeipräsident betrachtete die ihm übergebene Zeitung zunächst mit einigem Widerwillen, dann aber mit steigendem Interesse. »Das«, sagte er schließlich, »ist höchst brauchbar.«
»Dieser Mist?«
»Mit Mist läßt sich düngen«, meinte der Präsident zuversichtlich. »Sehen Sie das doch mal so: was dieser WW da verzapft hat, das mag, von unserem Standpunkt aus betrachtet, blühender Unsinn sein, doch was geht uns das an? Dieser Artikel ist ein Aufreißer, alle anderen Zeitungen müssen da nachziehen, möglichst noch größer. Liefern Sie also alles Material, das sich irgendwie auftreiben läßt. Geben Sie jede Auskunft, die gewünscht wird.«
»Heißt das, wir sollen so was noch unterstützen?«
»Genau das, mein Lieber. Das kann uns doch nur recht sein. Noch offener: so was lenkt ab von den wirklichen kriminellen Sauereien, mit denen wir es zur Zeit zu tun haben. Also – liefern Sie jede Menge Kleinholz für dieses Feuer.«

»Dann können wir ja nun endlich anfangen!« rief der Rechtsanwalt Messer munter drängend Keller zu, in das Hinterzimmer des Restaurants stürzend. »Nachdem Sie sogar mit Winter fertiggeworden sind.«
»Wie Sie es auszudrücken belieben. Wir haben uns lediglich arrangiert.« Keller stellte das mit einigem Nachdruck fest. »Ob dieses Arrangement von Dauer ist, muß sich erst noch erweisen.«
»Aber zunächst können wir weitgehend ungestört in Aktion treten. Und wenn ich ›wir‹ sage, meine ich Sie. Haben Sie also tatsächlich freie Hand?«
»Die habe ich. Herr Winter hat mir das zugestanden«, sagte Keller einfach. Gleichzeitig schob er Messer einen Zettel zu. »Hier mein erster Kostenvoranschlag. Sehen Sie ihn durch, und dann betätigen Sie sich zunächst einmal als Zahlmeister. Ich werde inzwischen meine Personallisten vervollständigen.«
Während beide intensiv beschäftigt waren, erschien die Wirtin, näherte sich Keller und sagte: »Da ist mir etwas aufgefallen.«
»Bevor Sie mir das mitteilen«, erwiderte Keller, sich höflich erhebend, »erlauben Sie mir, bitte, Ihnen Herrn Rechtsanwalt Dr. Messer vorzustellen. Wir arbeiten gemeinsam – bis auf weiteres. Sie werden sich an seinen Anblick gewöhnen müssen.«

»Wird mir nicht schwerfallen«, versicherte die Wirtin und reichte Messer die Hand. »Ich werde von Freunden ›Mutter Lauter‹ genannt. Wenn Sie sich dazu zählen wollen, dürfen Sie mich auch so nennen. Und lassen Sie mich wissen, falls Sie besondere Wünsche haben – Essen und Trinken betreffend. Außerdem haben Sie ab sofort bei mir Kredit.«
»Verbindlichsten Dank! Ich werde Ihnen eine Liste meiner gastronomischen Spezialwünsche aufstellen. Es geht ja sowieso alles auf Spesen.«
»Was also, bitte«, unterbrach Keller dieses sich anbahnende Idyll, »ist Ihnen aufgefallen, Frau Lauter?«
»Ich glaube«, sagte die Wirtin, »da draußen wartet jemand auf Sie. Warum der nicht hereinkommt, ist mir schleierhaft. Aber seit einigen Stunden ist hier ja sowieso kaum noch was normal.«
»Das ist erst ein Anfang«, versicherte Keller und setzte sich in Bewegung. Nicht ohne Messer zugerufen zu haben: »Ihre Getränkeliste hat noch Zeit, zunächst beschäftigen Sie sich, bitte, mit den ersten anzuweisenden Beträgen.«
Er verließ das Hinterzimmer – Anton lief ihm hastig nach –, eilte ihm alsbald voraus, quer durch den Schankraum, durch die geöffnete Tür ins Freie. Und hier sprang Anton, dem Keller eilig folgte, über die Straße, ganz instinktsicher auf einen Mann zu, der dort auf ihn gewartet zu haben schien.
Es war Kriminalrat Zimmermann. Er begrüßte den Hund mit einer Zärtlichkeit, die ihm kaum jemand zugetraut hätte. Schließlich wurde er im Amt ›der Löwe‹ genannt.
Eine seiner Lieblingsgeschichten, die Keller schon mindestens ein Dutzend Mal gehört hatte, ging so: Im Münchner Zoo lag ein schwerverletzter, äußerst gereizter Löwe. Als sein Wärter ihn mit höchster Vorsicht zu füttern versuchte, lief plötzlich ein kleiner Hund durch die halbgeöffnete Tür auf das von Schmerzen malträtierte Tier zu und begann, dessen Wunden zu lecken. Der Wärter befürchtete einen vernichtenden Wutausbruch des Löwen, der sich steil aufgerichtet hatte, sich dann jedoch zurücklegte, sich sogar ausstreckte. Der Hund beleckte seine Wunden, und der Löwe beleckte freudig-sanft das Gesicht des sich an ihn schmiegenden Tieres. Beide blieben fortan zusammen.
»Machen wir einen kleinen Spaziergang«, schlug Zimmermann vor. »Es ist ein herrlicher Sommertag.« Er legte einen Arm um Kellers Schultern und wollte dann völlig übergangslos wissen: »Nun – was sagst du zu diesem Messer? Hat er dich überzeugen können?«
»Nein«, sagte Keller. »Seine Ansichten zu diesen Vorgängen kann ich nicht akzeptieren.«
»Er wird also deine Ansichten akzeptieren müssen!« stellte Zimmermann fest. »Nichts anderes habe ich erwartet. Aber unter dieser Voraussetzung

wirst du einsteigen – was?«
»Das allein genügt nicht, das weißt du, Zimmermann; deshalb bist du hier. Du hast diese Konstellation nicht nur kommen sehen, sondern sie sogar mit allen deinen Tricks gefördert. Dabei weißt du genau, daß ich nur dann wirklich wirksam in Funktion treten kann, wenn mir die volle Unterstützung des Amtes sicher ist.«
»Keinesfalls offiziell. Aber indirekt durchaus. Dafür werde ich sorgen. Du mußt mir nur sagen, wie du dir das vorstellst.«
»Ich brauche zunächst einen absolut verläßlichen Verbindungsmann im Präsidium – mit freiem Zugang zu allen Dezernaten, Akten und der Datenverarbeitung. Am besten geeignet dafür wäre Kommissar Felder, auf den kann man sich hundertprozentig verlassen.«
»Geht in Ordnung«, bestätigte Zimmermann schnell. »Unser Felder, der Fuhrmann, wird also Auffangstellung beziehen – für dich, für deine Spezialwünsche, für deinen zu bildenden Haufen. Was weiter?«
»Dann benötige ich jemanden, der absolut sachverständig die Verbindung zwischen Felder und mir aufrechterhält, der gleichermaßen für mich wie auch für Felder voll vertrauenswürdig ist. Die Brasch.«
»Das wird schwer zu machen sein.« Der Kriminalrat gab sich bedenklich. »Ich kann dir schließlich nicht gleich eine Sonderkommission bereitstellen, noch dazu eine mit unseren besten Leuten.«
»Das kannst du, und das wirst du auch tun. Weil du selbst den größten Wert darauf legst, daß ich mich auf dieses Abenteuer einlasse.«
»Ich? Wie kommst du denn darauf?« Zimmermann gab sich überrascht. »Ich bin nur bemüht, dir behilflich zu sein – dir persönlich.«
»Daß ich nicht lache!« sagte Keller ernsthaft. »Du hast dich im Verlauf der Jahre zu einem Verfolger entwickelt, aus welchen Gründen auch immer. Und eben deshalb kannst du eine bestimmte Sorte von Kriminellen nicht frei herumlaufen sehen. Jedes Mittel, diese Gewaltverbrecher einzufangen, ist dir recht.«
»Hast du etwa noch weitere Wünsche?«
»Wert legen würde ich auch noch auf Herrn von Gotha«, forderte Keller. »Nicht allein seiner kriminalistischen Qualitäten wegen, aber er scheint mir hundertprozentig in dieses Panorama hineinzupassen, so weit ich es bis jetzt zu übersehen vermag.«
»Verstehe das, bitte, ich kann dir keine Beamten direkt zuteilen. Schon gar nicht drei von dieser Qualifikation. Felder, Brasch und von Gotha sind selbst in unserem Amt absolute Spitze.«
»Ich erwarte keine offizielle Zuteilung, Martin. Felder bleibt im Amt, und die anderen beiden könnten sich offiziell beurlauben lassen, bis auf weiteres. Finanziell würde sich das für sie vielfach lohnen – allein das garantiere ich.«

»Einfälle hast du, das muß man dir lassen.« Zimmermann blinzelte Keller anerkennend zu. »Aber eben das habe ich auch von dir erwartet.«
»Erspare dir das. Für so was gibt es andere, ganz wesentlich andere Leute.«
»Nun gut, dann werde ich also der Brasch und dem von Gotha sagen, daß du persönlich auf ihre Mitarbeit großen Wert legst. Worauf sie garantiert mitmachen werden. Ein Vorgang, der sich auch als vorübergehende Freistellung zu privaten Studienzwecken deklarieren ließe. Wobei ich aber nur hoffen kann, daß du nie versuchen wirst, diese beiden Situationen auszuliefern, die hart am Rande der Legalität liegen.«
»Erspare dir das. Für sowas gibt es andere, ganz wesentlich andere Leute.«
»Ich kenne deine Vorliebe für gewisse Spezialisten, die alles andere als Kriminalbeamte sind – und mit diesen wirst du arbeiten.«
»Was dagegen?«
»Nicht das geringste. Das ist allein deine Angelegenheit. Wobei ich dich aber warnen muß.«
»Wovor denn, Zimmermann? Du weißt genausogut wie ich, daß es Kriminelle gibt, die ausgezeichnete Kriminalbeamte geworden wären, falls sie Gelegenheit dazu erhalten hätten.«
»Ich kenne deine Theorien, Keller, aber ich bin ein Mann der Praxis – meiner Praxis. Ich werde dich gern und vorbehaltlos unterstützen, wobei ich selbstverständlich erwarte, daß es dir gelingt, diesen nun zu bildenden Haufen überzeugend zu beherrschen. Wenn jedoch nicht...«
»...wirst du nicht zögern, ganz eindeutig in Aktion zu treten. Sogar gegen mich, wenn dir das absolut unvermeidbar erscheint. Wem sagst du das, Zimmermann?«
»Gut, dann wäre auch das geklärt.« Der Kriminalrat zeigte sich nun befriedigt. »Ich werde also dafür sorgen, daß sich unser Felder in Bereitschaftsstellung begibt. In etwa einer Stunde kannst du voll über ihn verfügen.«
»Über Frau Brasch und Herrn von Gotha auch. Ich habe das Gefühl, nun keine Minute mehr verlieren zu dürfen. Weißt du, wie ich mir vorkomme? Als stünde ich am Rande eines Vulkans.«
»Um von dort aus eine Art Naturschauspiel zu genießen! Das sieht dir ähnlich. Aber im Grunde sind wir uns völlig einig: wir wollen die Gewalttäter in dieser Welt dezimieren.«
»Jedoch nicht mit den gleichen Methoden«, sagte Keller bedächtig.

Die sogenannte ›große‹ Münchner Gesellschaft in diesen Tagen:
»Busenstar Barbara, Oberweite 104 Zentimeter, läßt sich von ihrem Mann, einem Rechtsanwalt scheiden. Aus diesem Anlaß stattfindend: Abendessen im Feinschmeckerlokal ›Humplmayr‹ – Rehrücken für sie, gegrillte Ente für ihn. Wobei sie ›abrupt‹ hinausstürmte. Aber dann er-

klärte: ›Wir bleiben der Kinder wegen zusammen.‹
Bekannt werdende Einzelheiten über die durch Schauspieler Fritz gesprengte Hohenzollernprinzenehe – Fritz: ›Angela ist meine große Liebe!‹ Und weiter Fritz: ›Es begann vor einem Jahr. Ich sah sie und mußte ihr sofort sagen, wie bezaubernd ich sie fand.‹
Schlesinger, Karl, verkündete, das hiesige Nachtleben durch Errichtung von Lokalen bereichern zu wollen, die dem ›goldenen Münchner Herzen‹ hundertprozentig entsprächen. Er erbitte Anregungen aus der Bevölkerung, die honoriert werden würden. Drei Hauptpreise: 500, 300 und 200 DM. Dazu 50 Anerkennungspreise, in Form von Getränkegutscheinen, im Wert von weiteren tausend Mark.
Teile dieser Gesellschaft waren zur Zeit auch in St. Tropez anzutreffen, im dortigen Reizklima – etwa James und Burschi, mit Verena und Anschi, auch Gaumenkönig Fliege. Dazu Peter, erfolgreicher Komponist, an seinem neuesten Song arbeitend: Oh my darling Princess Anne – von einer elektronischen Dudelsackband intoniert.«

Karl Schlesinger hielt sich noch immer in seiner Bürobaracke auf, nunmehr mit den ihm von Werner vorgelegten Preislisten seines Lieferungsunternehmens beschäftigt. Alles entwickelte sich überaus erfreulich. Der Umsatz stieg unaufhaltsam, die Preise für propagandistisch hochgejubelte Standardgetränke ließen sich mühelos erhöhen.
Als dann Hetzing erschien, blickte Schlesinger hoffnungsvoll von seiner Beschäftigung auf. Werner verschwand unaufgefordert.
Hetzing berichtete genußvoll: »Da hat doch eine Rockergruppe in einem Lokal gute Arbeit geleistet. Und zwar in diesem sanftsüßen Nachtschuppen, der sich ›Nachtigall‹ nennt. Wobei jedoch nur die Ausstattung zertrümmert wurde, nicht aber die Einrichtung. Ein ebenso gründliches wie zweckmäßiges Verfahren.«
»Der liebe, gute Erni!« Schlesinger lachte anerkennend auf. »War er beeindruckt?«
»Beeindruckt ist gar kein Wort für seinen Zustand – der heulte, hilflos vor Wut.«
»Du hast ihn getröstet, hoffe ich.«
»Habe ich, weil ich gerade zufällig vorbeikam. Und ich habe ihm gesagt: Na scheußlich – so was! Damit ist diese Bude nur noch halb soviel wert. Worauf er nur noch wimmerte: Sag deinem Boß, ich bin nun soweit.«
»Bestens«, sagte Schlesinger anerkennend. Er griff nach seinem bereitliegenden Scheckheft, riß von dort das oberste Blatt ab. Es war bereits ausgeschrieben und auch unterschrieben. Der darauf verzeichnete Betrag wies eine fünfstellige Zahl auf. »Anerkennungshonorar für dich.« Doch zunächst ließ er den Scheck vor sich liegen.

Er fragte sehr bedächtig: »Wo hast du dich denn gestern abend herumgetrieben? Hatten wir uns nicht vorgenommen, die gleiche Veranstaltung zu besuchen? Wir hätten vielleicht einiges zu besprechen gehabt. Auch Mucki hat dich sehr vermißt.«
»Das tut mir aber verdammt leid«, versicherte Hetzing laut bedauernd, aber auch augenzwinkernd vertraulich. »Ich bin abgelenkt worden, habe mir mal kurz eine Studentin aufgerissen. Das ergab sich so.«
»Wie kommst du denn ausgerechnet in diese Kreise?« wollte Schlesinger, nun sehr aufmerksam, wissen. »So was gehört doch gar nicht zu deinem Bereich und ist auch sonst nicht deine Kragenweite.«
»Ich bin rein zufällig daran geraten. Unser Werner, mit dem ich ein Gläschen trinken wollte, zwecks guter Zusammenarbeit, machte einen völlig überlasteten Eindruck. Er hatte eilige Aufstellungen für dich zu erledigen. Außerdem sollte er einem gewissen Aschaffenburg einen angekündigten Betrag aushändigen. Aber das übernahm ich für ihn, kameradschaftlich veranlagt wie ich bin. Und bei dieser Gelegenheit habe ich dann diese Studentin kurz quergelegt. Die letzte Wucht war sie zwar nicht, aber mal was anderes.«
»Das, Hetzing, gefällt mir nicht.«
»Aber mir hat es gefallen, einigermaßen. Zumal ich ja auch unser so einzigartig harmonisches Verhältnis, Karl, nicht unnötig strapazieren wollte – wegen Mucki. Deine Priorität bei dieser Dame wird von mir vorbehaltlos akzeptiert.«
»Darum geht es doch gar nicht.« Schlesinger blickte besorgt und warnend zugleich. »Worauf es hier ankommt, ist die unbedingt notwendige Beachtung unseres Systems. Und dieses besagt: jeder einzelne von uns hat sein spezielles Aufgabengebiet. Was du dir da aber geleistet zu haben scheinst, Hetzing, das sehe ich als eine nicht ungefährliche Vermengung von zwei völlig verschiedenartigen, scharf voneinander zu trennenden Aufgaben.«
Hetzing versuchte deutlich zu machen, daß es nicht angebracht wäre, ihn zu unterschätzen. »Ich habe mich doch nur als eine Art Briefträger betätigt. Ich übergab Aschaffenburg die für ihn bereitgestellte Summe. Völlig unwichtig für den, wer ich war. Auch diese Studentin, die ich bei ihm antraf, kann selbstverständlich nicht wissen, wer ich bin, wie ich heiße, was ich mache. Sie nannte mich: my boy.«
»Das«, stellte Schlesinger höchst bedenklich fest, »könnte ein Fehler gewesen sein. Es ist doch möglich, daß irgendwann einmal eine Art Konfrontation erfolgt, womöglich sogar eine von der Polizei veranlaßte Gegenüberstellung. Und was dann?«
»Mein Lieber, Verehrter«, sagte nun Hetzing, um Überlegenheit bemüht, »du magst ja eine ganze Menge von kooperierenden Vorgängen verstehen, aber nicht unbedingt alles von femininen Reaktionen. Diese Weiber

wollen doch nichts weiter, als sich bestätigt fühlen, worunter sie verstehen: lustgewinnend herumrammeln. Alles andere ist ihnen dabei scheißegal.«
»Trotzdem halte ich das für einen Fehler«, stellte Schlesinger unbeirrt fest. »Aber Fehler sind wohl niemals völlig zu vermeiden. Sie lassen sich überspielen, falls sie sich nicht gefährlich summieren. Also gut – ich gebe dir deinen Scheck. Aber nicht ohne eine vielleicht letzte Warnung: wir haben uns hier auf einzigartige, zugleich äußerst vielversprechende Unternehmungen eingelassen. Ich sehe niemanden, der uns wirksam daran hindern und unsere Methoden durchschauen könnte. Nicht in dieser schön versauten Welt – der wir unsere Spielregeln aufzwingen. Die Gelegenheit dazu war noch nie so günstig.«

Weitere kriminelle Details dieser Tage:
»Ungewöhnlicher Brandstifter am Werk. Er legte Feuer durch die nur fünf mal zehn Zentimeter große Schauöffnung von Türen. Drei Wohnungen ausgebrannt. Sieben Wohnungen ausgeraubt. Einbruch in dreizehn weiteren. Von den Tätern keine verwertbare Spur.
Wochenlang lag eine 74jährige Rentnerin tot in ihrer Wohnung. Als eine Frau von ihrem Urlaub heimkam, lag in ihrem Bett eine unbekannte Tote. Rentner, 73, behielt seine tote Frau, 71, vier Monate lang bei sich – er konnte sich nicht von ihr trennen. ›Weil ich sie doch so sehr geliebt habe.‹
Mordversuch – aus Wut über eine Ohrfeige. Selbstmord eines Mannes – weil er ausgelacht wurde. Doppelmord an Frau und Kind: ›Sie liebten mich nicht.‹
Zwei Menschen verbrannt. Vier Tote bei Verkehrsunfall. 29 Verletzte bei Omnibus-Unglück. Ein Grieche lief Amok: in der Türkenstraße – ein Toter, drei Schwerverletzte. Ein weiterer Verkehrsunfall: zwei Tote. 79jährige Rentnerin von Rockern beraubt und getötet – wobei sie schrie wie verrückt.
Ein vierfacher Mörder erklärte: ›Meine Opfer habe ich sehr geliebt‹.«

Keller war dabei, im Hinterzimmer des Restaurants ›Zur letzten Heimat‹ dem Rechtsanwalt Messer eine erste wesentliche Lektion über extreme Konstellationen zu erteilen. Sein Anton hatte sich in einem feuerroten Plüschsessel niedergelassen, was zu schönen Kontrasten führte; der Hund war rabenschwarz, erschien aber in der Tagessonne dunkelblau, in der Abendröte mehr bräunlich.
Keller sagte zu Messer: »Was wir hier vorhaben, kann drei Tage dauern, aber auch drei Wochen. Wir müssen also mit einem möglichst weiten Zeitraum rechnen, wenn wir Honorare ansetzen für noch zu findende Mitarbeiter, Spezialisten von allererster Qualität. Honorare für einen

Monat, schlage ich vor. Sind wir uns soweit einig, Herr Rechtsanwalt?«
»Jede Summe, die Sie verlangen, steht zur Verfügung. Sofern diese sinnvoll...«
»Ohne jede Bedingung, bitte! Und im voraus zu zahlen«, forderte Keller. »Hier sind nicht Beamte zu besolden, sondern sozusagen Künstler ihres Faches zu honorieren. Akzeptiert?«
»Unser Grundkapital ist eine Million«, stellte Messer fest. »Und das ist eine Summe, mit der sich allerhand anfangen läßt. Sie brauchen nur nachzurechnen.«
»Erwarten Sie das nicht von mir, Herr Messer. Ich habe keinerlei Beziehung zu finanziellen Gegebenheiten.«
»Lassen Sie mich das nur machen«, versicherte der Rechtsanwalt. »Sie fordern – ich zahle. Was Sie verlangen, wird bewilligt.«
»Ohne jeden Vorbehalt, ohne Nachprüfung, ohne jede Möglichkeit eines Einspruches Ihrerseits. Auch nicht von Winter. Sind wir uns auch in diesem Punkt einig, Herr Messer?«
»Vollkommen!« bestätigte der Anwalt. »Inzwischen bin ich verdammt neugierig darauf geworden, was Sie da alles auszukochen gedenken.«
»Ein Zustand, Herr Dr. Messer, den ich Ihnen gönne; so vergnügungssüchtig bin ich.«
»Also, was fordern Sie?«

Hierauf Gespräche, Telefongespräche und erste Anordnungen von Keller. Erfolgend innerhalb einer halben Stunde.

Erstens: Keller und die Wirtin ›Zur letzten Heimat‹.
Keller: »Ich benötige das ganze Lokal, für eine Art Hauptquartier, auf unbestimmte Zeit.«
Die Wirtin: »Das läßt sich machen. Ich werde also ein Schild ›Geschlossene Gesellschaft‹ heraushängen. Wobei mir Otto mit seinem Verein sehr willkommen wäre, als eine Art Wach- und Schließgesellschaft.«
»Bewilligt.«

Zweitens: Telefongespräch zwischen Keller und Moser.
Keller: »Lassen Sie alle anderen Verpflichtungen sausen; Sie werden hier dringend benötigt. Zunächst Installation einer Fernsprechvermittlung über einen Grundanschluß. Sodann weitere, technische, zumeist telefonische Spezialarbeiten unter Ihrer Leitung – mit etwa drei bis vier hochqualifizierten Mitarbeitern. Nach Ihrer Wahl.«
Moser: »Soll ich jemanden anzapfen? Wen?«
Keller: »Das wird sich noch herausstellen. Wobei garantiert wird: zweihundertfünfzig Mark pro Tag für Sie persönlich, hundertfünfzig für Ihre

Mitarbeiter. Das zunächst für zehn Tage. Alle Unkosten dabei gesondert, auch Ausgaben für eventuell zu beschaffende Instrumente; dabei sogar notwendig werdende Spezialanfertigungen aus dem Ausland.«
Moser: »Bin schon unterwegs.«

Drittens: Telefongespräch zwischen Keller und einem Mann namens Pinkus.
Zunächst Vorbemerkung Kellers Messer gegenüber:
»Dieser Pinkus war im Amt ein Fahndungsspezialist von allerhöchsten Graden. Ebenso erfolgreich wie unbedenklich – provozierend respektlos noch dazu. Er mußte entlassen werden. Wobei ich aber annehme: genau das hatte er gewollt. Er wechselte dann zu einem Versicherungsunternehmen über, wo er nun ein nahezu unbezahlbarer Mann ist. Er verdient das Zehnfache seines einstigen Gehalts. Für ihn müßte wohl das höchste aller bei diesen Unternehmungen anfallenden Honorare bezahlt werden.«
Sodann folgendes Telefongespräch:
Keller: »Ich nehme an, Sie erinnern sich noch an mich?«
Pinkus: »Wer könnte Sie jemals vergessen, verehrter Meister! Schließlich war ich Ihr Schüler, was sich inzwischen für mich enorm bezahlt gemacht hat. Was also, bitte, kann ich für Sie tun?«
Keller: »Für mich arbeiten.«
Pinkus: »Jederzeit, Herr Keller. Sie brauchen mir nur zu sagen, was Sie von mir erwarten. Für Sie opfere ich Stunden.«
Keller: »Tage! Vielleicht nur drei – doch möglicherweise sogar dreißig. Ganz genau weiß ich das noch nicht.«
Pinkus: »Sehr verehrter Herr Keller, bei aller gebotenen und berechtigten Verehrung, aber das kann kaum jemand bezahlen. Hier verdiene ich mehr als ein Generaldirektor, zwölftausend monatlich.«
Keller: »Ich biete Ihnen fünfundzwanzig! Spesen gleichfalls zusätzlich. Sind Sie etwa verstummt?«
Pinkus: »Keinesfalls – ich rechne lediglich. Und zwar rechne ich meine Urlaubstage nach – ich habe davon noch zwanzig zu beanspruchen. Und die würde ich gerne mit Ihnen verbringen – bei diesem Honorar!«

Viertens: Telefongespräch zwischen Keller und einem gewissen Plötzke, Peter, Taxigroßunternehmer.
Keller: »Können Sie mir Fahrzeuge zur Verfügung stellen?«
Plötzke: »Für Sie meine ganzen einhundertzwanzig, wenn Sie das wünschen. Und falls Sie das auch – kleiner Scherz, Herr Keller – bezahlen können.«
Keller: »Mir würden zunächst vier bis sechs genügen, aber bereitgestellt

für einen pausenlosen Einsatz. Sie müssen jederzeit verfügbar sein. Ihr Standplatz ab sofort das Lokal ›Zur letzten Heimat‹. Dabei erwarte ich nur leistungsfähige Fahrzeuge; und Ihre besten, verläßlichsten Fahrer, die sich in München ganz genau auskennen sollten. Und dabei möglichst auch noch mit den polizeilichen Gegebenheiten vertraut sind.«
Plötzke: »Wird gemacht, Herr Keller. Da Sie das wünschen. Und das würde ich auch gerne, Ihretwegen, kostenlos tun. Weil Sie mir doch einmal so gut wie das Leben gerettet haben. Aber ich bin nun einmal Geschäftsmann, und die derzeitigen Verdienstmöglichkeiten sind denkbar schlecht. Dennoch werde ich, allein Ihretwegen, um höchst lukrative Preise bemüht sein.«
Keller: »Brauchen Sie gar nicht. Ohne daß ich dabei aufzurechnen versuche, was so ein Leben wie das Ihre wirklich wert ist. Es genügt, daß Sie den von mir gewünschten Anforderungen möglichst exakt entsprechen. Und das ist schon alles.«

Fünftens: Telefongespräch zwischen Keller, Restaurant ›Zur letzten Heimat‹, und Kriminalkommissar Felder, Polizeipräsidium:
Keller: »Sind die dort auf Tonband aufgezeichneten beiden Telefongespräche dieses Erpressers mit Herrn Winter den Technikern des Landeskriminalamtes zugeleitet worden? Mit welchem Erfolg?«
Felder: »Mit völlig negativem Ergebnis. Bei Anwendung des Sonographen stellte sich heraus: Die Aufzeichnung dieser Sprache war wie durch zufällige, vielleicht aber auch bewußt hinzugeschaltete elektro-akustische Elemente völlig verzerrt worden. Also juristisch alles andere als beweiskräftig.«
Keller: »Ein recht bemerkenswertes Instrument, so ein Telefon. Bitte, versuchen Sie herauszufinden, bei welchen dem Amt bekannt gewordenen Fällen in letzter Zeit das Telefon eine besondere Rolle gespielt hat – also etwa Erpressungen, Belästigungen, sonstige anonyme Anrufe.«
Felder: »Ich werde die Datenkarten aller letzten Vorgänge im Verbrechensbereich durch den Computer jagen lassen. Das Resultat in etwa einer halben Stunde.«
Keller: »Und dann noch etwas, Herr Felder. Setzen Sie sich mit der Vermißtenstelle in Verbindung. Dort sollte bei allen Meldungen über vermißte Kinder unverzüglich festgestellt werden, ob etwa deren Vater oder Mutter bei irgendeinem Unternehmen des Großverlegers Winter beschäftigt sind. Falls das zutreffen sollte, verständigen Sie mich unverzüglich. Und im Amt geben Sie sofort Alarm.«
Felder: »Wird gemacht. Selbstverständlich werde ich auch Herrn Hädrich davon unterrichten. Sonst noch was?«
Keller: »Ich hätte gerne alle erreichbaren Unterlagen über die studen-

tische Demonstration Feilitzschplatz. Dabei zugleich sämtliche Details des Überfalls auf die Kasse eines Kaufhauses. Dabei konnten die Täter, soweit ich informiert bin, untertauchen – im Strom der Demonstranten schwimmend.«
Felder: »Aber nicht endgültig, Herr Keller. Sie wurden vielmehr von Zeugen beschrieben, dann anhand der Karteien des Einbruchsdezernates festgestellt und schließlich festgesetzt. Es waren nur kleine, zufällige Ganoven. Entmutigt Sie das nicht?«
Keller: »Ich bin nicht zu entmutigen. Ich kapituliere nicht einmal vor einem Computer. Der kann durchaus das Gedächtnis mancher Menschen ersetzen, menschliche Gedankengänge jedoch nicht.«
Felder: »Aber wer, bitte, denkt denn schon gerne? In dieser Zeit. Kaum jemand unter uns, der über seinen Tag hinaus zu denken wagt. Halten Sie etwa Kriminalisten für einzigartige Ausnahmen?«

Der Bayerische Innenminister setzte durch Knopfdruck beim Landeskriminalamt den allerneuesten Fahndungscomputer in Tätigkeit. Ein deutsch-amerikanisches Produkt von großer Präzision und hoher Leistungsfähigkeit. Etliche hunderttausend Daten waren bereits eingespeist. Sie standen in Sekundenschnelle zur Verfügung.
Der Innenminister: »Endlich eine Hilfsquelle allererster Qualität für unsere Polizei. Möge sie im Sinne von Recht, Ordnung und Sicherheit wertvolle Dienste leisten!«
Einer der ersten ›Kunden‹: Kommissar Felder vom Polizeipräsidium – im Auftrag von Keller. Er wurde schnellstens und ausführlich bedient. »Eine durchaus erfreuliche Einrichtung«, bestätigte er.

Der Rechtsanwalt Dr. Messer hatte die erste Flut von Kellers Maßnahmen geduldig über sich ergehen lassen, ohne sich darauf einstimmen zu können. Vielmehr wollte er nun nahezu neugierig wissen: »Sie haben da vermutlich so an die hundert Netze ausgelegt. Aber Sie haben mir nicht klargemacht, was meine Funktion in diesem Zusammenhang ist.«
»Sie haben hier zunächst nur eine«, erklärte ihm Keller gelassen. »Und die sieht so aus: Sie begeben sich in Ihr Büro. Denn Sie sind die vorgesehene Auffangstation für die Kidnapper. Was Sie aber nicht weiter beunruhigen muß, denn bei Ihnen wird sich ein Kriminalbeamter, Oberinspektor von Gotha, einfinden. Mit dem sollten Sie zusammenarbeiten.«
»Während Sie hier ungestört veranstalten, was Sie für richtig halten?« Messer schien nicht unbesorgt. »Wobei Sie offenbar nicht zögern, unbedenklich sehr weit zu greifen. Das hat mir Ihr Gespräch mit Kommissar Felder deutlich gemacht. Ich muß mich nun wohl fragen: was hat denn so eine doch wohl zufällige Demonstration mit einem kalt geplanten Ver-

brechen zu tun? Das leuchtet mir nicht ein. Oder sollte hier eine Vermengung von zwei völlig verschiedenartigen Verfolgungszielen versucht werden? Habe ich das zu vermuten?«
»Was Sie vermuten, Herr Messer, ist Ihre Angelegenheit. Was ich unternehme, ist meine Sache. Anregungen nehme ich gerne entgegen, aber keine Anweisungen. Auch dulde ich keinerlei Kontrolle.«
»Schon gut, schon gut!« sagte Messer zustimmend. »Dann begebe ich mich also in mein Büro und warte dort. Aber Sie werden mich laufend informieren – hoffe ich.«
»Das wird geschehen«, sagte Keller. »Auch das ist eine der Funktionen des Ihnen zugeteilten Kriminalbeamten von Gotha. Wobei ich ziemlich sicher bin, daß Sie sich schnell mit ihm anfreunden werden – Sie sind einander ähnlich. Nur eben, daß sich Herr von Gotha sogar den Luxus leisten kann, ausschließlich Kriminalbeamter zu sein.«

»Die derzeitige Situation in dieser Stadt«, klärte WW, der Journalist, seine Umgebung auf, »ist denkbar verworren, hektisch, wie eine Sturzflut. Um nicht zu sagen: wie ein Staudamm, der zu zerbersten droht!«
»Was dir doch nur recht sein könnte«, meinte der neben ihm sitzende Schlesinger ermunternd. »Denn dann könntest du über jede Menge von Material verfügen.«
»Zu viel auf einmal!« WW, der vielerfahrene Reporter, schüttelte höchst bedenklich seinen Birnenkopf. »Wochenlang dösten in dieser Stadt die Kriminellen vor sich hin. Gerade noch die üblichen Überfälle, Totschläge und Gelegenheitsraubmorde; womit sich, rein journalistisch gesehen, nicht viel anfangen läßt; so was verdauen Zeitungsleser mühelos. Aber dann, ganz plötzlich, ein Sperrfeuer wie aus allen Rohren: hier ein Banküberfall mit Polizistentod; dort ein Kidnappingfall mit Kinderleiche; zugleich Millionentransport von einem Rechtsanwalt für notorisch Schwer-Kriminelle. Und dann noch dieser scheußliche Prostituiertenmord unter höchst mysteriösen Umständen.«
»Was war denn da Besonderes daran?« wollten zugleich mehrere der anwesenden Großgesellschaftsvertreter begierig wissen. »Darüber würden wir gerne nähere Einzelheiten erfahren. Denn das ist es wohl – das Leben!«
Man befand sich in der Luxuswohnung von Alfi, dem Konzernerben, in der Leopoldstraße, oberster Stock, Nähe Siegestor. Hier hatte sich eine Elite der vielzitierten Hochleistungsgesellschaft von erklärtem Rang eingefunden – inmitten erlesener orientalischer Kostbarkeiten, darunter auch Buddhafiguren aus China und Siam.
Anwesend: Gräfin, österreichische; Prinzessin, hessische; Erbprinz, bayerischer. Sodann: Großindustriellensohn, rheinischer; Filmemacher,

halbamerikanischer; Topmodell mit Tessiner Adresse und Schwabinger Absteige. Auch Schlesinger mit Mucki. Während Hetzing, mit neuester Begleitung, wohl angekündigt, aber noch nicht erschienen war.
Deklarierter Zweck dieses Treffens: den besten deutschen Sekt herauszufinden. Ihn gedachte Schlesinger in seinen Lokalen als ›absolute Spitze‹ anzubieten. ›Deinhard lila‹ schied schnell aus, übermäßiger Reklame wegen. Aus gleichem Grund leider auch ›Fürst Metternich‹. Blieben letzten Endes übrig: ›Kessler Hochgewächs‹ und ›Schloß Wachenheim, Senator‹. Dann aber auch ›Deinhard Tradition‹.
Doch davon ließ sich hier niemand sonderlich ablenken. Denn WW setzte sich groß in Szene. Er bot den Anwesenden genau das, worauf sie wirklich scharf waren: Details über diesen Nuttenmord – in erhoffter Fülle.
»... wurde sie, also diese Evi, völlig entblößt aufgefunden ... ob vor oder nach einem Geschlechtsakt kann man nicht wissen, das weiß wohl nur der Gerichtsmediziner ... war nur noch ein Wrack, zerstört von Alkohol und Drogen. Außerdem soll sie in der letzten Zeit bevorzugt Bier getrunken haben, was stark aufschwemmt und ihre Preise entsprechend beeinflußt haben muß ... wohl schon einige Zeit her, daß sich bei ihr unter fünfhundert nichts machen ließ ...«
Diese Ausführungen eines erklärten Kenners des großstädtischen Intimlebens erregten lebhaftes Interesse. Einige der Damen gaben sich entsetzt über soviel Deutlichkeit; womit sie aber nicht die Auslassungen von WW meinten, sondern die Schamlosigkeit der Toten. So was, ließen sie bereitwillig durchblicken, könnte ihnen nie passieren. Während die Herren lediglich die zumeist gut frisierten Köpfe schüttelten; etliche von ihnen hätten auch die Höhe der angegebenen, von Evi geforderten Preise bestätigen können.
Schlesinger aber sagte, während Mucki neben ihm bereits zu gähnen begann: »Auch das ist doch im Grunde nur ein zeitgemäßes gesellschaftliches Symptom. Die Leistungsfähigkeit dieser Evi ließ nach, ihr Behauptungswille erlahmte – sie hatte sich abgeschrieben. Also wurde sie auch abgeschrieben. Sie hat sich selbst zerstört.«
»So war es wohl«, bestätigte WW fast applaudierend. »Du hast das, lieber Freund Schlesinger, absolut richtig erkannt. Du bist eben noch ein bewußt realistisch denkender Mensch mit philosophischen Ambitionen. Ich will mich nur als Journalist verstanden wissen. Als solcher verkünde ich keine kraß-abschreckenden Wahrheiten. Ich befriedige Lebenssehnsüchte.«
»Indem Sie in aller Ausführlichkeit von Nuttenmorden berichten?« wurde WW gefragt.
Der genoß es, sich als Experte zu fühlen. »Diese Welt ist reichlich versaut. Die Menschen morden einander nun mal – nicht nur aus einer Art Gewinnstreben, auch wegen verschiedener Hautfarben, falscher Gesangbü-

cher, einer ewigen Herausforderung durch Juden, Mohammedaner oder eben Christen. Jede dieser Sorten glaubt, die Ewigkeit für sich gepachtet zu haben. Und eben weil sich die einen für hochwertig halten, müssen sie andere als minderwertig hinstellen. Damit lassen sich so manche Massengräber erklären. Und eben das machen wir deutlich, um die schweigende Minderheit zu mobilisieren.«
»Wobei vielleicht noch hinzukommt«, meinte Schlesinger versonnen, »daß es so etwas wie ein göttlich garantiertes Urrecht gibt, manchmal auch Naturrecht genannt. Es ist das Recht der Starken, Klugen, Entschlossenen, Überlegenen und Überlegenheitsbewußten. Keine angenehmen Erkenntnisse für nestfluchtbereite Massenmenschen, etwa solchen mit zerstörerischer Rauschgiftsucht. Die sind gezeichnet. Wer sich bewahren will, muß sich seine eigene Welt aufbauen.«
Ein äußerst lebhafter Meinungsaustausch war die Folge. Wobei den Anwesenden entging, auch Schlesinger zunächst, nicht jedoch Mucki Stein, daß sich inzwischen auch Hetzing eingefunden hatte. Gemeinsam mit einem jungen weiblichen Wesen, fast ganz ohne moderne Kosmetik, wenn auch mit viel modischer Konfektion. Es wirkte, in diesem Kreis, herausfordernd unexklusiv.
»Wen hat denn der mitgeschleppt?« wollte Mucki Stein wissen.
»Beruhige dich«, riet Schlesinger nach kurzem, prüfenden Blick. »Das ist doch keine Konkurrenz für dich!«
»Kann man das wissen!« Mucki war alarmiert. »Die Geschmacksverwirrungen der Männer kennen wirklich keine Grenzen mehr.«
Schlesinger winkte gleichgültig ab. Mucki Stein griff nach ihrem Glas und ließ Hetzing und seine Begleiterin nicht aus den Augen. Der hatte, wie üblich, einen Platz in Türnähe bezogen. Dieser modischen Halbwelttype an seiner Seite schien er sich kaum zu widmen, doch deren beglückt müde Schlafzimmeraugen sprachen Bände. Für Mucki.
Und als die provozierende Person aufstand und sich, von Hetzing lässig eingewiesen, in die Diele hinausbegab, zum Waschraum hin, stürzte Mucki Stein ihr nach. Holte sie ein, drängte sie ab. Was sich Isabella aber nicht gefallen ließ. Bereit, sich heftig anzufauchen, standen sich die beiden vor der Toilettentür gegenüber.
»Wollen Sie was von mir?« fragte Mucki streitbar. »Wer sind Sie denn überhaupt?«
»Hier ein Gast wie Sie«, sagte Isabella konfrontationsbereit. »Und jetzt gedenke ich mal kurz pinkeln zu gehen – was dagegen?«
»Nach mir!« forderte Mucki Stein. »Hier habe ich gewisse Vorrechte. Personen Ihres Schlages gegenüber immer.«
»Sie«, sagte Isabella lächelnd, wobei sie zurücktrat, »sollen tatsächlich eine äußerst schwache Blase haben, das hat man mir gesagt.«

»Wer hat Ihnen das gesagt? Doch nicht etwa Hetzing?«
»Wer auch immer. Also los, ich halte Sie nicht ab. Ich kann mich schließlich beherrschen, nicht nur in dieser Hinsicht.«
Schlesinger stand nun bei Hetzing und wollte von ihm wissen: »Was du da mitgeschleppt hast, ist das etwa deine Studentin?«
»Die ist hundertprozentig, in jeder Hinsicht«, versicherte Hetzing schnell und überzeugt. »Sie heißt Isabella und liebt mich; das sagt sie, und ich glaube es auch. Die ist mir geradezu hörig; die hab ich geschafft.«
»Die fordert aber Mucki heraus – und Mucki sie. Das gefällt mir nicht. Weil so was unberechenbar ist.«
Beide sahen zur Toilette hinüber. Dort versuchte Mucki, diese Isabella mit handfestem Zugriff beiseite zu schieben. Was die sich nicht gefallen ließ. Sie begannen sich gegenseitig abzudrängen. Ihre Körper prallten aufeinander – dann auseinander.
»Die prügeln sich womöglich noch!« sagte Karl Schlesinger zwar belustigt, aber auch besorgt.
»Ich wette jeden Betrag auf meine Studentin«, bot der sichtlich amüsierte Hetzing an. »Die bevorzugt die direkte Machart – auch auf der Toilette.«
»Unterschätze Mucki nicht«, empfahl ihm Schlesinger. »Die ist zäh wie hundert Katzen.«
Mucki und Isabella ohrfeigten sich nun, vorerst zaghaft, ohne Kraftentfaltung, mehr spielerisch. Die klatschenden Geräusche wurden von voll aufgedrehten Lautsprechern übertönt. Dann fiel Mucki hin – auf ihren schönen, vollfleischigen Hintern. Und Isabella stürzte über sie. Sie rollten in die Toilette hinein – und verschwanden dort.
Hetzing amüsierte sich heftig und versicherte: »Ach, Mensch, diese Weiber! Die wissen doch gar nicht, was sie wirklich wollen. Man muß sie verunsichern, wenn man sie sich leistungsfähig erhalten will, in der ihnen allein gemäßen Machart.«
»Irgendwo, Hetzing«, sagte Schlesinger vorsichtig, »habe ich gelesen: was eine Frau zwischen ihren Schenkeln mit einer Hand bedecken kann, das kann unter Umständen ganze Weltreiche zum Einsturz bringen.«
»Vielleicht liest du zu viel«, meinte Hetzing lässig. »Aber entscheidend ist allein die Praxis. Und die sieht einfach so aus: weibliche Wesen haben nun mal ihre ganz speziellen Organe, die allein sind für sie bestimmend.«
»Und eben darum, Hetzing, sollten wir auch in diesem Punkt besonders vorsichtig sein. Wir können uns in der entscheidenden Phase keinerlei Ab- oder Ausschweifungen leisten. Von uns wird nunmehr ganze Arbeit verlangt. Jede mögliche Behinderung dabei kann zu einer Gefahr werden.«

Ansichten des Polizeipräsidenten:
»In jenen Augusttagen, in denen ich offiziell hatte Urlaub nehmen wollen, zog ich mich zurück, etwa 100 Kilometer weit von München entfernt, in eine Jagdhütte bei Rosenheim. Dort gedachte ich schon längst fällige Akten zu bearbeiten und einen Artikel für die Fachzeitschrift ›Kriminalistik‹ zu schreiben – über das Thema: ›Flugzeugentführung mit Geiselnahme.‹
Dabei war ich selbstverständlich jederzeit telefonisch erreichbar – jedoch mit der üblichen Absicherung durch die Präsidialkanzlei: nur in ganz dringenden Fällen! Und darauf wartete ich – einen Tag lang völlig vergebens. Worauf ich Kriminalrat Zimmermann anrief und von ihm wissen wollte: ›Nun – was tut sich denn da so im Amt?‹
Zimmermanns Auskunft lautete irritierend schlicht: ›Nichts.‹ Was hieß: keine besonderen Vorkommnisse. Dann aber kam der nicht unbedenkliche Zusatz: ›Noch nichts.‹ Wobei es mir schwerfiel, nicht nach Keller zu fragen.
Ich sagte nur: ›Wir sind uns doch zumindest dahingehend einig, daß unsere Dienststelle unter keinen Umständen zu einem Auskunftsbüro für irgendeinen Zeitungskonzern werden darf?‹
›Völlig einig‹, versicherte Zimmermann, mit geradezu verdächtiger Biederkeit. ›Wobei selbstverständlich ist, daß einem bewährten Mitarbeiter und Sachverständigen des Amtes alle von ihm gewünschten Informationen zu geben sind, soweit irgendwie zu verantworten.‹
Hierzu gab ich keinen Kommentar. Schließlich konnte ich mir ziemlich genau denken, was dieser Amtslöwe damit meinte. Ich ordnete lediglich an: ›Unterrichten Sie mich unverzüglich, falls eine Konstellation eintreten sollte, der selbst Sie nicht mehr gewachsen zu sein glauben. Ich komme dann sofort.‹ «

6 Der Anfang vom Ende einer Katastrophe

Keller hatte seine engsten Mitarbeiter zu sich gebeten. Dazu noch eine Anzahl seiner ehemaligen Kollegen. Und zwar, wie es hieß, zu einem »geselligen Beisammensein«. Ort: Restaurant ›Zur letzten Heimat‹. Zeitpunkt: 20 Uhr – bis möglicherweise 24 Uhr. Speisen und Getränke frei, nach Wahl.

»Das fängt ja gut an«, sagte Moser, der als erster eingetroffen war – hochangesehener Spezialtechniker und Antons exklusiver Friseur. Sorgfältig legte er die Augen des Hundes frei, was der sich beunruhigt gefallen ließ. »Wer zahlt denn das alles?«

»Hauptsache«, sagte Keller, »die Kasse stimmt. Wobei allerdings eine Arbeit verlangt wird, die ihr Geld wert ist.«

Sodann erschien ein weiterer Experte des »inneren Kreises«: Pinkus, der Versicherungsdetektiv. Er war in einem Jaguar-Sportwagen neuester Bauart vorgefahren und trug einen federleichten, supermodernen Anzug in hellflimmernden Grautönen. »Wen«, fragte er munter, »soll ich aufs Kreuz legen?«

»Das«, meinte Keller auflachend, »wird sich noch zeigen. Setzen Sie sich zu mir, vielleicht finden Sie selbst heraus, wer sich Ihnen anbietet.«

Nach Pinkus traf die vom Präsidium beurlaubte Kriminaloberinspektorin Brasch ein, eine Frau mit großem Instinkt und von sicherer Reaktion. Sie erkannte sofort die Bedeutung der Wirtin Lauter für dieses Unternehmen und machte sich mit ihr bekannt. Beide fanden sichtlich Gefallen aneinander.

Dann meldete sich die Brasch bei Keller. »Wo ist mein Arbeitsplatz?«

»Hier neben mir!« sagte er einladend.

»Und was, bitte, habe ich zu tun?«

»Die Arbeit unserer Mitarbeiter koordinieren, eine ständige Verbindung zum Präsidium aufrechterhalten und dann noch mich, wenn ich unterwegs bin, vertreten.«

Die Brasch sah Keller nur groß an. Sie stellte die Frage nicht, die sie bedrängte: Und das trauen Sie mir zu? Sie sah Keller lediglich nicken. Womit die Frage eindeutig positiv beantwortet war.

Dann kreuzte auch Plötzke, der Großtaxiunternehmer, persönlich auf. Ihn nahm zunächst, wie angeordnet, der schwergewichtige Otto, ein ehemaliger Preisringer, in seine Obhut, um ihn eingehend auszufragen. Insbesondere nach dem Zustand der bereitzustellenden Fahrzeuge und nach

den Qualitäten der eingesetzten Kraftfahrer.
»Die müssen allererste Klasse sein!« forderte Otto.
»Bei mir«, meinte Plötzke selbstbewußt, »wird stets Wert auf beste Qualität gelegt.«
»Sagen Sie das nicht so laut«, sagte Otto bedenklich. »Ich kenne da einige Klapperkarren Ihrer Firma, die ziemlich verschämt durch die Gegend schleichen, aber ihre Tachometer laufen auffallend schnell.«
Mindestens ebenso schnell war nun Plötzke empört.
»Erlauben Sie mal! Wollen Sie etwa mit mir Streit anfangen?«
»Nicht unbedingt. Und wenn Sie hier tatsächlich Ihre besten Wagen anrollen lassen, schon gar nicht.«
»Ach, Mann, was verstehen Sie denn schon davon?«
»Einiges durchaus, Herr Plötzke«, erklärte Otto bieder. »Bevor ich Preisringer wurde, war ich Taxichauffeur, und jetzt arbeite ich in einer Werkstatt. Ich kann jeden Rolls Royce auseinandernehmen.«
»Hoffentlich auch wieder zusammensetzen!«
Otto nickte. »Jedenfalls werde ich mir jeden Ihrer Wagen genau ansehen und die Fahrer dazu.«
Bevor noch Plötzkes Empörung voll ausbrechen konnte, erschien bei ihm Frau Lauter, die Wirtin. Sie sagte einfühlsam: »Lassen Sie sich von unserem Herrn Otto nicht an die Wand reden, das tut er immer gern, wenn er Gelegenheit dazu hat. Sagen Sie mir lieber, was Sie zu trinken wünschen.«
Plötzke wurde übergangslos höflich.
»Sehr liebenswürdig. Bringen Sie mir, was Sie gerade so dahaben.«
Mutter Lauter lächelte ihn freundlich an. Sie stellte sich direkt vor Plötzke und verdeckte den grinsenden Otto. »Genieren Sie sich nicht. Sie brauchen nur zu sagen, was Sie wünschen.«
Plötzke, angenehm überrascht von so viel Herzlichkeit, zeigte sich nun ganz als Weltmann und sagte: »In dieser Hinsicht bin ich sehr verwöhnt, müssen Sie wissen. Ich bevorzuge bayerisches Bier, aber gemischt mit französischem Champagner, halb und halb. Aber das können Sie doch wohl kaum bieten?«
»Sie ahnen gar nicht«, sagte die Wirtin mit Nachsicht, »wie leistungsfähig wir sind. Schließlich versteht Herr Keller, der auch hier der Chef ist, allerhand von Gastronomie.«
»Ungefähr so viel wie ich von Kraftfahrzeugen«, mischte sich Otto nun wieder ein.
Und nun erschien, nahezu geschlossen, die eingeladene Gruppe der Kriminalbeamten, an die zwei Dutzend Mann: Einbruchs- und Fahndungsspezialisten des Präsidiums; drei der besten Karteikenner, deren enormes Gedächtnis unter Eingeweihten berühmt war; zwei sogenannte ›Greifer‹

von besonderem Leistungsvermögen, Streifenbeamte mit dem Instinkt von Spürhunden.
Sie wurden von Keller herzlich begrüßt. »Bitte, liebe Kollegen – ganz zwanglos. Nehmen Sie an, dies ist eine Art Kantine, aber eine äußerst leistungsfähige.« Und er forderte sie auf, ihre speziellen Wünsche, Speisen und Getränke betreffend, freimütig zu äußern.
Was unverzüglich geschah – erwartungsvoll und ungeniert. Die Beamten hätten in der Tat bestellen können, was immer sie wollten; es wäre ihnen prompt serviert worden. Doch ihr genießerisches Verlangen war nicht sonderlich ausgeprägt. Über Bier und Bratwürste kamen ihre Wünsche kaum hinaus.
Kommissar Weber, Einsatzleiter der Observationsgruppen, der zu Kellers ältesten Kollegen gehörte, fungierte als Wortführer. Er sagte vertraulich: »Wir wissen ja, umsonst ist nicht einmal der Tod, aber wenn ein Mann wie du, Keller, derart großzügig in Erscheinung tritt, dann könnte das einige Leute teuer zu stehen kommen. Also – wie können wir dir behilflich sein, was erwartest du von uns?«
»Nur die Besichtigung diverser Fotos, die jeden Augenblick hier eintreffen müssen.«
Doch zunächst traf ›der Löwe‹ des Amtes ein. Otto und seine Wachleute begrüßten den Kriminalrat respektvoll, die anwesenden Beamten waren leicht verwundert. Keller verriet nicht die geringste Überraschung. Er ging auf Zimmermann zu und reichte ihm die Hand. »Ich nehme an, du bist ganz zufällig hier vorbeigekommen.«
»Der reinste Zufall!« Zimmermann grinste breit und nickte den Anwesenden zu. »Ich dachte mir: ein gut gepflegtes Bier kann nichts schaden, zumal nach Dienstschluß. Schon gar nicht hier, wo ich mir wie auf einem Betriebsfest des Präsidiums vorkomme.«
Die Anwesenden erkannten Zimmermanns heitere Laune, einen höchst seltenen Zustand des ›Löwen‹, der freudig zur Kenntnis genommen wurde. Die Stimmung stieg – wohl ein wenig zu schnell, stellte Keller hellhörig fest. Immer wieder blickte er zum Eingang hinüber, wo jeden Augenblick der Mann mit den bestellten Fotografien eintreten mußte. Während der Kriminalrat Anton zu sehen verlangte, wie um seine private Anwesenheit mit Nachdruck zu betonen.
Der Hund Anton lag bei Mutter Lauter hinter der Theke auf einer Wolldecke. Er blinzelte vor sich hin, wie Keller liebte auch er keinen Lärm. Doch bei Zimmermanns Anblick hob er den Kopf und wedelte mit einiger Ausdauer.
Dann traf in der ›Letzten Heimat‹ ein Mann ein, dessen Anblick einige Verwunderung erregte. Er trug bis über die Schultern herabwallende Haare, einen Vollbart, der ihm fast bis zur Brust reichte, dazu eine über-

dimensionale Sonnenbrille. Dem entsprach auch seine Kleidung: abgelaufene Cordsamtschuhe, strapazierte Leinwandhosen, ein grellrotes Hemd, eine lackschwarze Lederjacke darüber. Er schleppte eine fast tischplattengroße Mappe mit sich.

Bevor noch Otto, der Hauptwachhund, und seine Leute nach schnell vorübergehendem Erstarren dazu kamen, diesen Menschen handgreiflich hinauszubitten, trat Keller in Aktion – mit heller, fordernder Stimme, deren Lautstärke sofort alle Gespräche verstummen ließ.

»Meine lieben Freunde und verehrten Kollegen, erlauben Sie mir, Ihnen Herrn Rabinowitsch vorzustellen. Durchaus möglich, daß Sie seinen Namen nicht kennen, wohl aber einige seiner Arbeiten. Herr Rabinowitsch ist Pressefotograf, und zwar einer der besten, nicht nur in unserer Stadt, nicht nur meiner Ansicht nach. Ich habe ihn gebeten, uns einige seiner Bilder vorzuführen. In Vergrößerungen.«

Worauf sich Rabinowitsch gelassen an einen gegen die Breitwand dieses Raumes gestellten Tisch begab, seine Mappe mit sich schleifend. Die Anwesenden, von Otto dirigiert, ergriffen ihre Stühle und nahmen auch ihre Gläser mit sich. Sie gruppierten sich, erwartungsvoll, im Halbkreis. Von Moser, dem Vollbluttechniker, wurde eine scheinwerferartige Lichtquelle eingeschaltet.

Keller sagte: »Sie werden gebeten, einige Fotos zu betrachten. Es handelt sich um zwei Serien. Die eine betrifft einen Vorgang am Feilitzschplatz, vor einigen Tagen; die andere ist vorgestern am Odeonsplatz aufgenommen worden. Sehen Sie sich, bitte, diese Bilder an. Und dann sagen Sie mir, wen Sie möglicherweise darauf erkennen.»

»Was bezweckst du damit, Keller?« wollte Kommissar Weber, der Observationsspezialist, wissen. »Wenn du uns näher aufklären würdest, könnten wir zielbewußter reagieren.«

»Es handelt sich zunächst um eine Theorie«, erklärte Keller vorsichtig. »Während der ersten Demonstration, Feilitzschplatz, wurde eine Warenhauskasse geplündert – vermutlich von schnell schaltenden, aber nur zufällig anwesenden Ganoven. Bei der zweiten Demonstration jedoch, am Odeonsplatz, hat ganz offensichtlich genau zur gleichen Zeit ein sorgfältig geplanter Bankraub stattgefunden. Und dessen Anlauf konnte ich, da ich zufällig im Hofgarten saß, in der entscheidenden Phase verfolgen. Und nun frage ich mich – also auch Sie, verehrte Kollegen: lassen sich dabei womöglich engere Zusammenhänge, etwa personeller Art, herstellen?«

Rabinowitsch – maßlos gelangweilt, wenn auch nicht gerade gähnend – zeigte seine erste Vergrößerung in Fensterbreite: darauf eine Menge Menschen, eng aneinandergedrängt, einer Ladung Kartoffeln nicht unähnlich. Hunderte von Gesichtern waren erkennbar; die meisten sogar in kriminalistisch brauchbarer Deutlichkeit. Sie wurden von den anwesen-

den Beamten studiert. Auch von Zimmermann, der sich bei Mutter Lauter hinter der Theke aufhielt, Anton im Arm.
»Sie brauchen lediglich festzustellen«, erklärte Keller weiter, »wen Sie auf diesen Fotos erkennen oder wer Ihnen irgendwie bekannt vorkommt. Herr Rabinowitsch wird dann die von Ihnen registrierten Gesichter ankreuzen und mit laufenden Nummern versehen; unsere Kollegin Brasch wird sich die Nummern und die dazugehörigen Namen notieren.«
»Auch die Namen von mitfotografierten Polizeibeamten?« fragte Weber.
»Auch die. Sobald sich die Vermutung aufdrängen sollte, daß sich diese Beamten dort nicht dienstlich aufgehalten haben.«
Es handelte sich um zwölf Vergrößerungen – davon fünf vom Feilitzsch-, sieben vom Odeonsplatz. Sie wurden nunmehr ausgewertet, bemüht sachlich, mit vorsichtiger Distanz. Nichts anderes war von erfahrenen Kriminalbeamten zu erwarten.
Ein offenbar höchst verwirrend vielfältiges Sammelsurium von Namen schien sich zu ergeben. Dabei, einmal, Studenten – vermutlich mit scharfem Linksdrall –, zu denen auch eine mehr oder weniger attraktive weibliche Gefolgschaft gehörte. Dann zufällig herumgaffende Leute, vergnügungsgeile Zeitgenossen – unter diesen aber auch zwei Kriminelle. Und schließlich, sich freudig-erlebnisbereit vordrängend: Angehörige der sich selbst hierbei prompt einfindenden Münchner Amüsierclique.
Wofür sich Pinkus schnell als einzigartiger Spezialist entpuppte. Er fand heraus: erkennbar auf den Fotos war einmal ein bemühter Nachwuchs-Playboy aus dem Gaststättengewerbe; eine ältere Lebedame mit Hang zu jugendlichen Partnern beiderlei Geschlechts; ein eminent fleißiger Illustriertenautor, der sich erfolgreich als Sittenaufklärer betätigte. Dazu ein stadtbekannter Journalist: Waldmann, also WW. Und gleich zweimal Mucki Stein.
»Diese Person schreckt vor nichts zurück«, meinte Pinkus erheitert. »Zumindest macht sie sich überall breit, auch ihre Beine, wo sie Fotografen auch nur wittert. Ein Prachtexemplar zeitgemäßer Präsentierbereitschaft.«
Doch die direktere und wohl auch alarmierendste Reaktion bei der Besichtigung dieser Fotos kam von Kommissar Kommorell, Einbruchsdezernat, Spezialist für Bankraub – und zwar bei Vergrößerung Nummer zehn, Odeonsplatz, aufgenommen von halbrechts, in Richtung Siegestor. Kommorell wies auf einen sich durch die Menge drängenden Mann, der eine prall wirkende Tasche mit sich trug. »Der sieht aus wie einer meiner wichtigsten Kunden: Schneider, Erwin, Kassenspezialist. Ein Zufall!«
»Kann, muß aber nicht sein«, sagte Keller zurückhaltend. »Vermeiden wir jede Schlußfolgerung. Hier geht es nur um ganz reale Feststellungen, die dann systematisch ausgewertet werden müssen. Ich danke Ihnen, Herr

Rabinowitsch, für Ihr ausgezeichnetes Material. Es ist möglich, daß ich Sie noch um weitere Ausschnittvergrößerungen bitten werde.«
Rabinowitsch, der Pressefotograf, erkundigte sich zunächst einmal ungeniert nach seinem Honorar. Das lag an der Kasse für ihn bereit: bei Mutter Lauter. Er blätterte die ihm hingereichten Hundertmarkscheine durch, fand ihren Anblick erfreulich und meinte dann: »Hier kann man sich ja geradezu wohl fühlen.«
Und Keller sagte zu seinen Kollegen: »Damit, liebe Freunde, steht dem gemütlichen Teil nichts mehr im Wege. Äußern Sie weiter Ihre Wünsche, wobei Sie auch vor alkoholischen Getränken nicht zurückzuweichen brauchen. Taxen stehen Ihnen zur Verfügung, in ausreichender Zahl. Gleichfalls auf Kosten des Hauses.«

Die Stadt München – in diesen Tagen des Monats August. Diverse Details:
»Verkehrsschlacht auf der Autobahn – 75 Fahrzeuge demoliert, 13 Personen zum Teil schwer verletzt. Dennoch: ›Wir haben's überstanden!‹ Ferienreisewelle ebbt langsam ab.
Ein Fahrzeug, aus der Kurve getragen, tötete zwei zufällige Spaziergänger. Auf der Autobahn München–Salzburg nur noch sieben Kilometer lange Stauungen. ›Giftglocke‹, aus Auspuffgasen gebildet, ›zerstört Münchner Kunstwerke‹: Bronzestatuen, Kirchenfenster, Fassaden.
Bürger empörten sich – zwar intensiv, doch maßvoll: ›Hört denn der Lärm nie auf?‹ Wenigstens mittags, meinten sie, ›muß a Ruah sei!‹ Wofür der Justizminister vollstes Verständnis hatte; aber ›rein rechtlich‹ kann er nicht viel dagegen machen.
Der Polizeipräsident versicherte, ›mit allen Mitteln gegen grüne Gebirgsjäger-Uniformen ankämpfen‹ zu wollen. Seine bisher städtischen Beamten sollten vom Land Bayern vereinnahmt, also auch entsprechend eingekleidet werden. ›Wir bleiben lieber blau!‹ Rund 38 Millionen Mark würde es kosten, wenn Münchner Polizisten aus der schicken blauen in die grüngras-farbige Uniform schlüpfen müßten.
Der dafür zuständige Innenminister: ›Nur weiter keine Zersplitterung der Kräfte – Konzentration muß sein. Recht und Ordnung – unsere Bevölkerung verlangt danach!‹«

»Ich will dich nicht lange aufhalten«, sagte Hetzing zu Isabella. »Weil ich morgen früh, also schon heute, in wenigen Stunden, ganz was Wichtiges zu erledigen habe. Zieh dich schon aus!«
»Das gefällt mir aber gar nicht«, stellte Isabella unwillig fest. »Ich bin nicht für die schnelle Tour.«
»Auch so was muß mal sein«, sagte Hetzing gemütlich. »Auf die ausdau-

ernd sanfte Art machen wir es dann bei nächster Gelegenheit.«
Hetzing hatte Isabella in seine Wohnung mitgenommen. Sie befand sich in einem dreistöckigen, bürgerlich verschnörkelt wirkenden Haus in der Germaniastraße, knapp zweihundert Meter vom Feilitzschplatz entfernt. Dort hatte er, und zwar auf den Namen Steiner, zwei möblierte Zimmer plus Küche gemietet: pure, bereits stark strapazierte Konfektion.
Er stellte sorgfältig seinen Wecker auf sechs Uhr. Dabei sagte er: »Nun komm schon! Bringen wir's hinter uns. Danach möchte ich gerne noch zwei, drei Stunden pennen, um einigermaßen in Form zu sein. Für meine Arbeit.«
Isabella begab sich von seinem Schlafzimmer aus auf den Balkon, um frische Luft zu atmen. Sie sah in die Germaniastraße hinunter und entdeckte dort, in der Nähe einer Garage, eine Gestalt, die sie kannte: Boerner. Er hob grüßend den rechten Arm.
Isabella zog sich zurück. Sie schloß die Vorhänge, sah aber weiter durch einen schmalen Spalt auf die Straße hinab. Hetzing, bereits in Unterwäsche, stellte sich neben sie. Spähte gleichfalls hinunter.
»Wer ist denn das?«
»Immer derselbe! Ein gewisser Heinz Boerner. Genau der, dem du neulich eins auf die Schnauze gehauen hast. Vermutlich noch nicht kräftig genug. Er läßt sich einfach nicht abwimmeln, steht immer nur so da.«
»Ach, Mädchen, wenn dieser Scheißspanner so scharf darauf ist, draußen herumzustehen, während du dich in irgendeinem Bett herumtummelst – soll er doch!«
Hetzing gähnte dabei, gänzlich ungeniert. Schließlich hatte er einen Tag voll anstrengender Vorbereitungen hinter sich, dazu noch eine halbe Nacht voller Geschwätz; und in nur wenigen Stunden sollte er entscheidend in Aktion treten. Kurz bevor hier, in dieser Stadt, Rotznasen betreut wurden – in sogenannten Kindergärten. Ein schnelles, wirksames Schlafmittel war ihm jetzt höchst willkommen, also griff er nach Isabella.
Doch sie entzog sich ihm. »Dieser aufdringliche Scheißkerl da unten irritiert mich. Ich hab fast das Gefühl, der steht daneben, während du auf mir liegst. Das kannst du mir doch nicht zumuten wollen?«
»Dieser Ratte würde ich ja gerne noch einmal die Fresse polieren. Aber nicht jetzt, dafür bin ich zu müde. Und du bist offenbar nicht in Stimmung, mit mir eine Nummer zu machen.«
»Dieses Saukerls wegen nicht! Aber dem trete ich in den Hintern, sobald er in meine Reichweite kommt.«
»Tu das!« Hetzing ließ sich rückwärts auf sein Bett fallen. »Und richte diesem verklemmten Eckensteher aus: Falls er sich nochmals in meiner Nähe blicken lassen sollte, dann mache ich Kleinholz aus ihm.«
»Du willst also heute nicht?«

»Wir holen das bald nach, und dann ausdauernd und gründlich.«
»Wann?«
»Morgen – also heute abend. Als Abschluß eines gelungenen Tages.«
»Warum gelungen?«
»Du mußt nicht so viel fragen, Mädchen. Du mußt dich hinlegen – oder abhauen. Komplikationen sind bei mir nicht drin!«
Er schloß die Augen und gähnte. »Schau noch einmal nach, ob der Wecker richtig aufgezogen und eingestellt ist. Auf sechs Uhr.«
Sie beugte sich über ihn und berührte seine Lippen – wobei er ihr, wie mechanisch, zwischen die Beine grifft. Sie löste sich von ihm und beschäftigte sich mit seinem Wecker. Der stand auf einem Stadtplan von München – Ausschnitt F 30.
Dort im Mittelpunkt, mit einem Kreuz versehen: ein Haus, in dem sich ein Kindergarten befand. Stadtteil Neuhausen-Süd.

»Sie irritieren mich, verehrter Meister«, sagte Pinkus. »Soweit ich informiert bin, handelt es sich bei Ihrem Spezialunternehmen um Vorbeugungsmaßnahmen gegen einen zu erwartenden Kidnappingfall. Aber Sie haben eine Fotoausstellung veranstaltet über Demonstrationen.«
Pinkus und Keller hatten sich in das Hinterzimmer zurückgezogen, während im vorderen großen Raum das kriminalistische Betriebsfest langsam verebbte. Gleichfalls in diesem Hinterzimmer hielt sich die Brasch auf, wie durch nichts abzulenken, über ihre Listen gebeugt. Anton, der Hund, wurde von Zimmermann betreut und bekam ein Großmännersteak serviert, sorgfältig kleingeschnitten.
Keller betrachtete Pinkus blinzelnd, aber hoffnungsvoll. »Glauben Sie denn etwa herausgefunden zu haben, daß ich an dem Bankraub beim Odeonsplatz persönlich interessiert bin?«
»Das glaube ich nicht nur – das weiß ich«, bestätigte Pinkus. »Ich wußte es schon, bevor Sie mich für Ihren Weltverbesserungsverein engagiert haben. Der Tote im Kassenraum, ein Kriminalbeamter namens Butand, war bei uns versichert. Wobei es darauf ankam, ob dort dieser Butand als Beamter oder als Privatperson in Erscheinung getreten war. Ein sehr wesentlicher Unterschied – für eine Versicherung – von einigen zehntausend Mark mehr oder weniger. Deshalb hatte ich mich mit diesem Vorgang zu beschäftigen.«
»Aber jetzt, Herr Pinkus, sind Sie hier – bei mir.«
»Bin ich. Mein Vertreter bei der Versicherung, der diesen Fall weiter verfolgt, da ich ja nun im Urlaub bin, wird dabei vermutlich nicht sehr weit kommen. Denn er kennt die möglichen Zusammenhänge zwischen Kriminalen und Kriminellen nicht. Beruhigt Sie das irgendwie?«
»Darum, Pinkus, geht es gar nicht, nicht in erster Linie«, erklärte Keller

nachsichtig. »Worauf es anzukommen scheint, könnte ein ziemlich neuartiger Effekt in unserer Branche sein. Basierend auf der Benutzung eines präparierten Telefons.«
Pinkus blickte ungläubig, auf jeden Fall aber bemüht, an Kellers Leistungsvermögen nicht zu zweifeln. »Aber ich bitte Sie, wer telefoniert denn heutzutage nicht? So gut wie jedes Geschäft wird auf diese Weise abgewickelt, selbstverständlich auch von Kriminellen.«
Keller lehnte sich zurück. »Sie haben eine ganz bestimmte Formulierung von mir nicht voll zur Kenntnis genommen. Ich sprach nicht nur vom Telefonieren, sondern von einem präparierten Telefon.«
»Und was, bitte, habe ich darunter zu verstehen?«
»Zunächst dies: Stimmen, die in Telefone hineinsprechen, lassen sich aufzeichnen und erkennen; sie können durch technische Apparaturen beweiskräftig bestimmt werden. Nur nicht in diesem Fall – in mehreren irgendwie zusammengehörigen Fällen, um noch genauer zu sein.«
»Präparierte Telefone, sagten Sie?«
»Lassen Sie sich diesen technischen Vorgang von unserem Mitarbeiter Moser erklären. Er steht Ihnen zur Verfügung, noch heute nacht. Es könnte sich um eine durchgeplante Serie handeln.«
Pinkus reagierte hellhörig, mit absoluter Sicherheit – er war sein großes Geld wert. »Welche Übereinstimmungen sind erkennbar?«
»Bisher mindestens drei. Einmal: der Mann beim Bankraub, der Butand erschoß, handelte vermutlich auf Bestellung, per Telefon. Zweitens: die Anrufe der Kidnapper bei Messer, dem Rechtsanwalt, der dann eine Million antransportierte, waren ähnlich: eindeutig verzerrt, dunkel, schleppend. Drittens: die Telefonate mit Winter.«
»Basiert darauf Ihre ganze Theorie, Herr Keller?«
»Nur ein erster Anfang. Doch inzwischen gibt es möglicherweise noch einen vierten, wieder ähnlichen Vorgang. Den hat Kommissar Felder herausgefunden – bei Computervergleichen. Danach wurde dem Präsidium von einem anonymen Anrufer ein Freudenmädchenmord in der Lazarettstraße gemeldet, aufgezeichnet von einem mitlaufenden Tonband. Auch hier eine eindeutig verzerrte Stimme.«
Pinkus verleugnete nicht, daß er sich ein wenig ratlos fühlte. Dennoch versuchte er zu kombinieren. »Das könnte eine Serie von Zufällen sein. Aber ich weiß, als Ihr Schüler, daß man in unserem Metier auf nichts so sehr achten muß wie auf scheinbare Zufälle. Halten Sie es für möglich, daß wir es hier etwa mit einer völlig neuartigen Variante der Kriminalität zu tun haben?«
»Das ist, leider, nicht ganz ausgeschlossen«, bekannte Keller. »Bisher wurden Verbrechen entweder spontan verübt – oder nach Abrede, sozusagen von Mann zu Mann. Das führte zu höchst dubiosen Absicherungen,

die bei unseren Methoden kaum auf die Dauer Bestand hatten. Nunmehr jedoch ist zu vermuten, daß eine kriminelle Aktion, etwa Bankraub, Kidnapping oder Mord, per Telefon bestellt sein könnte – also anonym; dementsprechend auch wohl die dazugehörenden Honorarzahlungen.«

»Eine Art nahezu unangreifbare Generalstabsplanung von irgendeinem anonymen Schreibtisch aus!« Pinkus' Jagdinstinkt war nun hellwach. »Das ist eine Sache, die mich mächtig interessiert, zumal ich bei Ihnen gelernt habe: wirklich vollkommen in dieser Welt ist nichts! Wo also soll ich anfangen, nach einer solchen Unvollkommenheit zu suchen? Kann ich zunächst einmal in diesen Nuttenmord Lazarettstraße hineinschnüffeln?«

»Sie sind bereits bei Kommissar Krebs, dem Chef des Dezernats Sitte, angemeldet.«

Pinkus grinste anerkennend. Es bereitete ihm wahre Wonne, mit diesem Mann zusammenzuarbeiten. »Zunächst jedoch werde ich, wie von Ihnen angeregt, Moser ausfragen über neuartige telefonische Möglichkeiten.«

»Tun Sie das«, empfahl ihm Keller. »Doch zunächst bitte ich Sie, mit mir die ersten Ergebnisse unserer Fotoschau durchzusehen. Wann sind Sie soweit, Frau Brasch?«

»In etwa einer Viertelstunde«, sagte sie, ohne von ihrer Arbeit aufzusehen.

»Vielleicht«, meinte Keller durchaus nicht hoffnungslos, »wissen wir dann schon ein wenig mehr. Wohl erst etliche hundert Mosaiksteine ergeben ein Bild, doch wenn man Phantasie hat, Erfahrung noch dazu, kann durchaus sein, daß schon gewisse Ansätze genügen, um sich ein Gemälde vorstellen zu können.«

»Daß du dich nicht schämst!« Isabella Hädrich eilte dem auf sie wartenden Heinz Boerner entgegen. »Schämst du dich nicht?«

»Warum sollte ich?« fragte Boerner fast höflich.

Sie trafen sich in der Germaniastraße, vor jenem Altbau im verblassenden Jugendstil, in dem sich Hetzings Wohnung befand. Sie musterte ihn ungehalten; er blickte sie freundlich an.

»Was geht es dich an, wo ich mich aufhalte und was ich dort mache? Oder hat dich etwa mein Vater auf mich angesetzt, um mir nachzuspionieren? Der bekommt so was glatt fertig. Und mit dir kann man das auch machen. Aber nicht mit mir!«

»Reg dich nicht unnötig auf«, empfahl Heinz. »Dein Vater hat damit nicht das geringste zu tun. Ich halte mich hier nur auf, um dich nach Hause zu begleiten.«

»Das ist doch nichts wie urinseichter Quatsch!« fauchte sie ihn an. »So was wie dich habe ich nicht nötig, ich finde meinen Weg alleine.«

»Aber mit mir sicherer.«
»Was denkst du dir eigentlich dabei, mir immer wieder aufzulauern?« fragte sie. »Das ist dir doch schon einmal ziemlich schlecht bekommen. Willst du unbedingt noch mehr Prügel beziehen? Bist du etwa eine Art Masochist?«
»Nein. Mein Bedarf an Handgreiflichkeiten ist voll gedeckt.« Heinz Boerner gestand das lächelnd ein. »Ich bin schließlich kein Schläger. Nur jemand, der auf dich wartet.«
»Selbst wenn es Stunden gedauert hätte?«
»Auch dann! Aber es dauert ja nie allzulange. Schon gar nicht bei diesem Hetzing – heißt der nicht so? Der hat es offenbar immer sehr eilig. Letztens hast du dich bei ihm kaum zwei Stunden aufgehalten, diesmal nur knapp eine halbe.«
»Hau endlich ab!« schrie sie ihn an, wendete sich schroff ab und setzte sich in Bewegung – in Richtung Feilitzschplatz, mit schnellen, fluchtbereiten Schritten.
Er eilte ihr unverzüglich nach. In Höhe des ›Fuchsbaus‹ – eines supermodernen Prachtexemplars von Menschenwohnzellen – hatte er sie eingeholt. »Wenn ich auch kein bedenkenloser Faustkämpfer bin, ein recht guter Läufer bin ich durchaus.« Und dann wollte er wissen: »Kannst du dich denn wirklich nicht daran gewöhnen, daß es mich gibt?«
»Wie oft soll ich denn das noch sagen – du bist nicht mein Typ!«
»Das kann sich ändern«, meinte er zuversichtlich. »Ich jedenfalls bin für dich da, und irgendwann einmal wirst du dich an mich gewöhnen.«
Sie lachte auf, was verächtlich klingen sollte, aber nur ihre Verwunderung ausdrückte. Ihre Schritte wurden immer langsamer. »Du kommst mir reichlich komisch vor.«
»Das, Isabella, wäre immerhin ein Fortschritt. Denn was irgendwie komisch wirkt, ist nicht ganz unsympathisch.«
»Willst du denn nicht einsehen, wie völlig hoffnungslos deine Bemühungen sind – mir gegenüber? Wir gehören zwei völlig verschiedenen Welten an.«
»Vielleicht ist eine davon falsch, und wir einigen uns dann auf die andere, möglicherweise richtige.«
»Ach was, du bist doch nichts als ein übriggebliebener Spießer, der amtlich geregelten Einbettenverkehr für Moral und Sittsamkeit hält. Ich denke gar nicht daran, mich derartigen spätmittelalterlichen Gesellschaftszwängen auszuliefern.«
»Vielleicht will ich dich nur ein wenig auf andere Gedanken bringen. Sieh diese Nacht. Sie leuchtet. Dieses München leuchtet manchmal tatsächlich. Nicht nur Thomas Mann hat das herausgefunden.«
Sie blinzelte ihn verwundert an. »Was soll ich? Mir diese Nacht ansehen?

Versuchst du es etwa auf die romantische Tour bei mir?«
»Es ist romantisch, Isabella, aber keine Tour. In jedem Sommer gibt es einige Nächte in dieser Stadt, die wie in betäubende dunkle Gluten eingehüllt sind, die wie im Fieber atmen. Das hier ist eine dieser Nächte.«
»Du bist ein schwärmerischer Dummkopf!« stellte Isabella Hädrich fest; es klang fast schon ein wenig zärtlich. »Aber wenn ich dich jemals für mich als unvermeidlich betrachten sollte, wird das wohl noch enorme Zeit beanspruchen.«
»Meine Ausdauer«, versicherte Heinz Boerner, »ist so gut wie grenzenlos. Denn nur ich, davon bin ich überzeugt, bin der richtige Umgang für dich. Nicht aber diese Leute.«
»Wen meinst du damit? Etwa Aschaffenburg? Der ist dir geistig haushoch überlegen. Und Hetzing erledigt einen Knaben wie dich mit dem kleinen Finger.«
»Ja, ich weiß. Der eine ist ein schöner Schwätzer, der andere ein schwerer Schläger. Aber beide sind doch wohl nicht ganz astrein, so viel habe ich bereits herausbekommen.«
»Heinz«, sagte nun Isabella streng, »du machst mir schon genug Schwierigkeiten. Versuch nicht auch noch, meine Bekannten anzusauen. Nur um dich interessant zu machen für mich. Damit kommst du bei mir nicht weiter.«
»Ich werde immer nur das tun«, versprach Heinz Boerner fast feierlich, »was in deinem Sinne ist.«
Was das aber war – oder dafür gehalten wurde – sollte alsbald zu erheblichen Komplikationen führen.

Zur gleichen Zeit fand – im Hinterzimmer des Restaurants ›Zur letzten Heimat‹ – die erste Auswertung der bei der Fotoschau erstellten Namenslisten statt. In kleinerem Kreis. »Ein Herantasten an mögliche Anfangserkenntnisse – kaum mehr!« sagte Keller warnend.
Berichterstattend dabei: die Brasch. Direkte und aufmerksame Betrachter der Listen: Keller und Pinkus. Der vierte, durchaus nicht unmaßgebliche Mensch in diesem Raum, Kriminalrat Zimmermann, schien sich hier nur zufällig aufzuhalten. Als wäre er nur da, um den Hund Anton zu betreuen. Doch der schlief bereits fest, als wäre er sicher, zunächst nichts zu versäumen.
»Etwas mehr als siebzig Namen insgesamt«, berichtete die Brasch. »Darunter jedoch fast zwei Dutzend, die an beiden Orten zugleich registriert worden sind.«
»Warum, Keller«, wollte Zimmermann wissen, »hältst du diese beiden Vorgänge zugleich für wichtig – also Feilitzsch- ebenso wie Odeonsplatz?«

»Ich glaube«, meldete sich der hellhörige Pinkus, »daß Herr Keller folgendes vermutet: das Unternehmen Feilitzschplatz könnte ein noch spontan zu nennender Vorgang gewesen sein; das Unternehmen Odeonsplatz jedoch sieht nicht nur schnell gezielt, sondern auch planvoll durchdacht aus.«
»Es ist wieder dasselbe mit dir, Keller«, sagte Kriminalrat Zimmermann. »Du läßt dich mit diesen Verbrechern auf eine Schachpartie ein.«
»Während du immer wieder versuchst, Treibjagden zu veranstalten – ein Vorgehen, das mir zuwider ist.«
»Das aber, mein Lieber, fast immer zu überzeugenden Erfolgen führt. Gewaltverbrecher lassen sich im Grunde nur mit Gewaltmaßnahmen erledigen. Diese Kerle sind wie Schakale; wenn man eine Konfrontation mit ihnen erzwingt, ziehen sie den Schwanz ein und lassen von ihrer Beute ab.«
»Das, Zimmermann, mag deine Methode sein. Meine sieht anders aus, und eben das ist hier maßgeblich. Sind wir uns in dieser Hinsicht einig?«
»Müssen wir doch wohl!« sagte Pinkus und blickte den Kriminalrat warnend an.
»Was bleibt mir denn anderes übrig?«
Keller nickte. »Nachdem das festgestellt ist, sollten wir uns wieder den praktischen Gegebenheiten zuwenden – so wie ich sie verstehe.«
Sie überprüften die Vergleichslisten der Oberinspektorin Brasch. Hierbei erneut Kellers Warnung: bitte nur registrieren, was sich anbietet – sich nichts suggerieren lassen, was sich irgendwie aufzudrängen scheint! Er zwang die Anwesenden, sich allein auf Namen zu konzentrieren.
Namen also – nichts als Namen. Aus allen erdenklichen Bereichen des Münchner Lebens. Unterwelt – in höhere Gesellschaftskreise hineinspielend. Oberwelt – mit unhemmbarem Drang nach unten. Mittelwelt – versessen bemüht, ihre Position zu vergrößern. Lauter Menschen, die hier nichts als Namen waren. Zunächst.
»Bieten sich irgendwelche Besonderheiten an?« fragte Keller geduldig.
Zimmermann sagte: »Da wird zweimal, also beim Vorgang Feilitzsch-ebenso wie Odeonsplatz, Waldmann registriert, also WW, der Journalist. Den kenne ich. Dem ist einfach alles zuzutrauen, aber auch im Grunde so gut wie nichts. Genau besehen, ist er ein schwammartiges Neutrum.«
Und Pinkus glaubte feststellen zu können: »Da wird ebenfalls zweimal, neben einer unübersehbaren Mucki Stein, ein gewisser Schlesinger festgestellt. Und den kenne ich zufällig. Soweit ich ihn beurteilen kann, ist er ein sehr zeitgemäßer Lustgewinnbeteiligter bei möglichst höchsten Prozenten. Nur darauf legt er Wert.«
»Bitte, keinerlei Folgerungen!« empfahl Keller. »Sie könnten nur allzuleicht zu Vorausurteilen verführen, womit wir dann schnell in eine Sack-

gasse geraten würden. Worum es hier geht, ist lediglich dies: Wir machen uns mit etlichen sich anbietenden Namen bekannt. Um zu sehen, ob sie dann irgendwann, irgendwo, wieder in unseren Recherchen auftauchen.«
»Wobei du vermutlich noch einen Namen auf dieser Liste hinzufügen solltest«, sagte Zimmermann, erfreut darüber, einem Keller ein Versäumnis anlasten zu können. »Den von Rabinowitsch, dem Fotografen. Auch der hielt sich schließlich an beiden zu überprüfenden Orten zugleich auf.«
»Wobei zu bedenken wäre«, ergänzte Pinkus bereitwillig, »ob er uns nicht das eine oder andere Foto unterschlagen hat.« Eine Bemerkung, die ihm einen anerkennenden Blick des Kriminalrates einbrachte.
Keller lächelte nur andeutungsweise. »Ich habe mir seine entwickelten Filme angesehen und danach die von ihm anzufertigenden Vergrößerungen bestellt.«
Und die Brasch ergänzte: »Nach den mir von Herrn Keller übergebenen Notizen, die in unsere Unterlagen eingearbeitet worden sind, war Herr Rabinowitsch beim Vorgang Feilitzschplatz anwesend, weil er dort in unmittelbarer Nähe wohnt, in der Kaiserstraße. Beim Vorgang Odeonsplatz wurde er von seiner Zeitung verständigt.«
»Von Waldmann«, sagte Keller versonnen.
»Weiter so«, versicherte Pinkus, »und ich fühle mich noch versucht, meinen Beruf zu wechseln, weil ich doch wohl nicht ausreichend begabt dafür bin. Ich werde dann Direktor bei unserem Versicherungskonzern.«
»Kommissar Felder sollte alle diese Namen in die Datenverarbeitung des Präsidiums einspeisen«, riet Zimmermann.
»Noch nicht«, entschied Keller. »Unsere spezielle Sammlung kann noch etwas größer werden. Wobei der von uns gesuchte Mann so was wie ein krimineller Senkrechtstarter sein könnte. Vielleicht sogar eine Art Managertyp. Also noch nirgendwo registriert.«
»Eine Vermutung – oder mehr?« wollte Pinkus sofort wissen.
»Eine recht vage Vermutung«, gab Keller zu. »Aber schließlich muß man in unserem Metier stets auf die unangenehmsten Überraschungen gefaßt sein.«
»Was«, wollte Pinkus wissen, »würden Sie denn diesmal als unangenehme Überraschung bezeichnen?«
»Nun – etwa den tot aufgefundenen Bankräuber«, gestand Keller ein. »Den Mann, auf den ich Butand angesetzt hatte, und der unseren Kollegen dann zusammenschoß. Genau der also, von dem ich ein Täterporträt geliefert hatte.«
»Eine ganz ausgezeichnete erkennungsdienstliche Leistung«, bestätigte Zimmermann anerkennend. »Sie war gleich so gut, daß sie zum Tod unseres Kunden geführt hat.«

Pinkus reagierte hellhörig: »Soll das etwa heißen: Herr Keller erstellte diese Personenbeschreibung, sie gelangte dann an die Öffentlichkeit, also über die Presse vermutlich, und unmittelbar danach wurde der so kenntlich gemachte Gesuchte umgebracht?«
»Ausgeschaltet«, erklärte Zimmermann sachverständig. »Nachdem er erkannt worden war, konnte er von uns vereinnahmt werden. Eine Angelegenheit nur weniger Stunden. Und irgendwann hätte er dann gesungen – garantiert. Doch seine Auftraggeber verpflichteten ihn sozusagen zum ewigen Schweigen.«
Pinkus horchte auf. »Ein gezeichnetes Porträt also, in einer Tageszeitung schnell veröffentlicht, das sich dann indirekt als Todesurteil entpuppt hat? Eine kriminalistische Glanzleistung, aber eine mit verdammt dunkler Schattenseite.«
»Seitdem Sie nicht mehr bei der Polizei sind, Herr Pinkus«, stellte Zimmermann nachsichtig fest, »scheinen Sie sich gelegentlich Anwandlungen von Philosophie zu leisten. Aber doch nicht hierbei, Verehrtester! Hier geriet ein notorischer Krimineller, ein Mörder, in eine Falle und brach sich das Genick. Ein Ergebnis von Fahndungspraktiken, wenn auch kein alltägliches – aber nicht mehr.«
»Das allerdings hatte ich auch angenommen – zunächst.« Keller hatte den Blick gesenkt, schien seine feingliedrigen Hände zu betrachten. »Doch dabei ist folgendes zu beachten: das Täterbild entstand erst sehr spät in der Nacht, zu einem Zeitpunkt, als die meisten Zeitungen bereits Redaktionsschluß hatten. Nur eins unserer Boulevardblätter, ›Welt-Blick‹, hatte dieses Porträt veröffentlicht.«
»Was doch wohl genügt«, sagte Pinkus. »Dieses Blatt wird viel gelesen – von der großen Gesellschaft wie von den kleinen Ganoven. Sie alle legen Wert auf ein möglichst dickes, vielzeiliges Presseecho.«
»Damit habe ich gerechnet«, erklärte Keller bedächtig. »Doch als ich mich in der letzten Nacht nach Hause begab, besser wohl: am frühen Morgen, sah ich zufällig, wie diese ›Welt-Blick‹-Zeitung ausgeliefert wurde. Sie erscheint nämlich erst in den frühen Morgenstunden. Also damit zu einer Zeit, in der Butands Mörder bereits tot war.«
»Hauptsache, er ist tot«, sagte Zimmermann robust.
»Aber dann nicht aufgrund meiner Personenbeschreibung! Damit scheint ein nicht unerheblicher Teil meiner Theorien zusammenzufallen wie ein Kartenhaus. Es sei denn: es gibt gar keine regelmäßige Auslieferung dieser Zeitung, sondern auch Ausnahmen. Könnte das zutreffen?«
»Aber durchaus«, bestätigte Pinkus als versierter Kenner gesellschaftlicher Möglichkeiten. »Bei ganz besonderen, sogenannten exklusiven Veranstaltungen kann es noch in der gleichen Nacht zu sogenannten journalistischen Schnellschüssen kommen. Was heißt: werbewirksam gedachte

frühzeitige Voraussendungen von Freiexemplaren mit eingesetztem Spezialtext, per Eilboten. Nur damit sich die Vergnügungsteilnehmer gedruckt sehen. Möglichst groß! Kein Arschloch dort, das nicht genannt werden will.«
Keller blickte höchst angenehm überrascht auf. »Falls so was auch für diese Nacht zutreffen sollte, wäre das ein Glücksfall allererster Ordnung.«
Zimmermann lachte auf. »Du schreckst wohl vor gar nichts zurück, Keller! Solltest du etwa sogar versuchen wollen, dich mit diesen höchst dubiosen Gesellschaftshyänen einzulassen? Einige meiner Leute haben sich das gelegentlich auch mal geleistet, trotz meiner Warnung – mit geradezu fürchterlichen Mißerfolgen.«
»Ich weiß«, bestätigte Keller nachsichtig, »daß diese vielfach hochgejubelte Amüsierclique in unserer Stadt so gut wie völlige Narrenfreiheit besitzt. Die können unbedenklich durcheinanderschlafen, sich mit Alkohol oder Rauschgift vollpumpen, jede Sorte von Geilheit für modernes Weltgefühl ausgeben, mich läßt das völlig gleichgültig.«
»Aber doch wohl nicht ganz«, folgerte Pinkus instinktsicher, »wenn an einen solchen Unterleibsklub vorzeitig eine Zeitungssonderanfertigung gelangt sein sollte. Und zwar mit dem Porträt eines Mörders – der dann ermordet wurde.«
»Genau das ist es«, bestätigte Keller. »Sollte das tatsächlich zutreffen, dann wäre der Kreis der Empfänger dieses Mörderporträts geradezu unglaublich klein und in allen Einzelheiten exakt zu bestimmen.«
»Lassen Sie mich das übernehmen!« forderte Pinkus bereitwilligst.
»Akzeptiert«, entschied Keller.

»Du enttäuschst mich«, stellte Mucki Stein fest. Sie hatte sich in Schlesingers superbreitem französischen Bett aufgerichtet, wie um auf ihn hinuntersehen zu können.
»Du bist doch wohl kaum zu enttäuschen«, stellte er müde lächelnd fest. »Du weißt doch gar nicht, was du wirklich willst. Auch nicht einmal, was ich will – von dir.«
»Ich«, behauptete sie, »will leben.«
»Ach, was ist das schon!« Schlesinger lächelte sie nachsichtig an. Selbst ihr Anblick, dieses Millionenidol kleinbürgerlicher Film- und Fernsehglotzer, konnte ihn schon lange nicht mehr befriedigen.
»Ich weiß ziemlich genau«, sagte er gedehnt, »was du dir unter diesem sogenannten Leben vorstellst: Kaviar fressen, Champagner saufen, dich in seidenen Betten herumwälzen, fleißig fotografiert werden, in Marmorbecken pinkeln.«
»Immerhin – ich bin berühmt!«
Abermals lachte er auf, nunmehr jedoch nahezu in harter, unfreundli-

cher, verachtender Deutlichkeit. »Du bist populär! Noch verdienst du nicht wenig, aber doch kaum mehr als ein besseres Trinkgeld. Andere scheffeln Millionen. Und das sogar, ohne gleich mit irgend jemand schlafen zu müssen. Sie kassieren einfach – Anruf genügt, Geld rollt.«
»Du willst mich für dumm verkaufen«, vermutete Mucki unruhig.
»Du bist dumm!« stellte er nachsichtig fest. »Aber eben das gehört mit zu deiner Ausstrahlung, signalisiert Naivität, ist ein zeitgemäßes Zeichen vielversprechender Sexualitätsbereitschaft.«
»Wovon redest du eigentlich – vom Telefonieren oder vom Geschlechtsverkehr?«
»Von den jeweils wirksamsten Möglichkeiten!« Schlesinger lächelte sie an. »Da habe ich vor etlichen Jahren einen Mann kennengelernt, der mir maßlos imponierte: Cadillac, Luxuswohnung, Mannequin-Freundin, Landhaus, Mittelmeeryacht. Generalvertreter in Westeuropa für einen internationalen Waschmittelkonzern, garantiert konkurrenzlos. Der brauchte nur wöchentlich etwa zweimal zwei Stunden lang zu telefonieren, um Bestellungen entgegenzunehmen.«
Mucki Stein zeigte sich irritiert. »Was soll denn das! Willst du mich ablenken? Vermutlich von der Tatsache, daß du langsam anfängst, impotent zu werden. Noch vor wenigen Wochen warst du viel leistungsfähiger.«
»Du betrachtest das alles lediglich von deinem Unterleibshorizont aus«, stellte Schlesinger geduldig fest. »Viel weiter kannst du nicht denken, was ich dir nicht weiter nachtrage. Aber du solltest nicht immer versuchen, mich auf deine niedere Ebene hinunterzuzerren.«
»Immerhin, Karl, schläfst du mit mir – wieder und immer wieder!«
»Schließlich bist du die personifizierte Sinnlichkeit, habe ich neulich über dich gelesen. Das hat mir sehr gefallen. Denn genau so muß jemand wirken, der sich mit mir abgibt. Mir kann es nur recht sein, wenn ich für einen stets bemühten Beischläfer gehalten werde, für eine Art Renommierbock, der sich eine goldene Gans zugelegt hat. Denn genau das, meine Liebe, ist deine geradezu unbezahlbare Funktion in meinem Bereich.«
Mucki Stein fühlte sich durch diese Behauptung nicht im geringsten verletzt, vielmehr weitgehend bestätigt. Sie reckte demonstrativ ihre Brüste hervor; die lagen nun zwar verlockend frei, waren aber kaum mehr als Nachtlokalmittelqualität. »Ich jedenfalls habe mich für dich entschieden, du bist mir lieb und wert.«
»Du machst Fortschritte«, bestätigte ihr Schlesinger. »Wenn es dir auch noch an letzten Einsichten fehlt. Denn was ist das schon, wenn sich etwa ein Bundesminister mit dir fotografieren läßt und dabei anerkennend auf deine Titten schaut? Doch nichts wie gegenseitige publizistische Hochgeilung.«
»Immerhin erhalte ich Höchstgagen – bis zu hunderttausend Mark in

vier, fünf Wochen. Das ist doch nicht wenig?«
»Was ist das denn schon, Mucki, etwa im Vergleich mit einem Konzernerben, der jährlich eine Million verbrauchen kann; zumeist mit schönarschigen Kerlen, die ihn erfahrungsgemäß weit teurer zu stehen kommen als jedes Weibsbild? Ich kenne eine Gräfin, die ihren senilen Gatten in fünfter Ehe zu Tode geschlafen hat; nun verfügt sie über ein vielhundertfaches Millionenerbe. Und dann diese Madame Molnar. Oder Wengler, ein Bauspekulant mit schnell wechselnden Parteibüchern. Was der auch macht, bei dem wird alles zu Gold. Das, meine Liebe, sind Maßstäbe!«
»Was bist du nur für ein Mensch!« hauchte sie ihn an.
»Ich«, sagte er, wie in weite Ferne blickend, »trachte nach dem absolut Hochwertigen, der möglichen Vollendung, dem ganz und gar Vollkommenen!«
»Wie schön«, sagte sie, sich an ihn schmiegend.
»Du mußt dich mir nur anvertrauen – vorbehaltlos! Alles andere findet sich dann schon.«
»Willst du die Welt verändern?« fragte sie nahezu einfühlsam.
»So ungefähr«, bestätigte er und beugte sich über ihre Brüste, die überaus strapazierfähig wirkten. Er saugte daran, abwechselnd an der einen und an der anderen, was sie mit freudigem Gurren quittierte.
Dazwischen sagte er: »Dies ist eine Zeit, die keinerlei Halbheiten duldet.«
»Da bist du auf dem richtigen Wege«, versicherte sie, sich ihm entgegenreckend.
Schlesinger: »Viele in dieser Zeit backen nichts als kleine Brötchen, aber das bringt nichts ein. Man muß die ganz großen Brotfabriken für sich arbeiten lassen, wenn man überzeugende Gewinne machen will. Verstehst du das?«
»Aber sicher doch! Du willst das ganz große Geld. Schnellstens. Den möglichst totalen Erfolg. In jeder erdenklichen Hinsicht. Aber eben das will ich ja auch. Gemeinsam mit dir.«
»Du liebst mich also«, stellte er fest.
»Aber ja!« bestätigte sie bereitwillig. »Und vielleicht würde ich dich sogar noch mehr lieben, wenn du mir einen Hund...«
»Keine einschränkenden Bedingungen, bitte, und schon gar nicht solche!« wies er sie zurecht. »Nur bedingungslose Zustimmung. Also – liebst du mich?«
»Ich glaube«, versicherte sie ihm eilig und ungeniert, »du bist ein Genie.«
Diese Bemerkung nahm Karl Schlesinger geschmeichelt hin. »Schlaf ruhig weiter! Ich habe noch einiges zu tun; nur um wieder einmal ein paar schäbige Hunderttausender zu verdienen. Während andere, nur mit ihren Aktien, durch Spekulationen, bei Währungsmanövern Millionen verdie-

nen! So scheißversaut ist diese Welt eingerichtet. Doch zum Glück gibt es da noch einige Möglichkeiten, aber die muß man herausfinden. Und das, meine Liebe, kann ich! Das lernt man in dieser Stadt.«
Diese Stadt, in diesen Tagen – nach örtlichen Zeitungsberichten: »München hat kein Herz für Nacktbader. Während in Hamburg das Bismarckbad wöchentlich einmal für Freikörperkultur freigegeben wird, bleiben hier ›die Tore für hüllenlose Schwimmer verschlossen‹. Doch im Englischen Garten – dazu diverse Bilder – sonnten sich Münchnerinnen ›oben ohne‹ nach dem Motto: ›Laßt die Männer doch schauen!‹ Eine Vierjährige wurde mißbraucht und erlitt schwere Verletzungen, während sich die Eltern, nur knapp einhundert Meter davon entfernt, in einem Bierzelt vergnügten. Ein Textilkaufmann, Jacques, 47, ›zwang Kundinnen, mit ihm zu schlafen‹ – sein Honorar dafür: ›Eine Lederhose für 120 Mark oder so was‹. Der schwangeren Büroangestellten Gunnihild, 23, schlug er ›den Kopf so lange auf den Fußboden, bis sie ihm gefügig war‹. Sekretärin, 27, klemmte Sexstrolch, holländischen, ›der sie befummeln wollte‹, im Autofenster ein. Schlosserfrau, 33, schnitt ihrem derzeitigen italienischen Freund den Geschlechtsteil ab, mit einem Brotmesser. Jungpolitiker, 29, ließ vier Masseusen für sich arbeiten, bei nahezu sozialen Preisen: für nur 100 DM, ›bei rotem Licht‹. Supermarktangestellte überließ ihrem Untermieter Alfons, 48, Autoverkäufer, ihre zwölfjährige Tochter ›laufend für Sexspiele‹; dafür Erhöhung des monatlichen Mietpreises um 300 DM.
Proteste gegen ein neues Bordell im Norden der Stadt, dafür mehr als zweihundert Unterschriften und eine Bürgerkundgebung mit Spruchbändern vor besagtem Unternehmen. ›So kann es nicht weitergehen!‹ Hierzu einer der zwei Stellvertreter des Oberbürgermeisters: ›Da kann man leider nichts machen. Dieses Haus liegt außerhalb des Sperrbezirks für Freudenmädchen.‹
Zugleich Schließung eines anderen Bordells, südlicher Stadtteil – durch Eingriff der Kriminalpolizei, Dezernat Sitte. Dort ›knallten Peitschen, man hörte Stöhnen und Schreie, es war richtig unheimlich.‹ ›Das Massagebett entpuppte sich als Folterbank.‹ Und die Inhaberin dieses Institutes, Ramona, 49, aus Tirol, hatte auch ihre beiden minderjährigen Söhne, Peter und Paul, 18 und 16, als Lustlieferanten abgerichtet – ›ob nun für feminine oder maskuline Kunden‹.
Am gleichen Tag verkündete Rolf, 68, Vorsitzender einer Poetenvereinigung des alten, sich für unzerstörbar haltenden Schwabing: ›In dieser Stadt kann man noch Träume haben!‹ «

In den weiteren frühen Morgenstunden dieses Tages, zu Anfang des Monats August, geschah folgendes:

Hauptraum des Restaurants ›Zur letzten Heimat‹. Hier ging sehr langsam, doch harmonisch das kriminalistische Betriebsfest zu Ende. Mutter Lauter war es gelungen, den Präsidialbeamten und Kellers privater Kriminalpolizei alles zu bieten, was bestellt worden war, und zwar ohne Bratküche und Weinkeller sonderlich strapazieren zu müssen.
Kommissar Weber, der Observationsspezialist, sprach Keller den Dank aller erschienenen Kollegen aus: »Das, verehrter Freund, war ein schöner, äußerst gelungener Abend. Wohl nicht zuletzt deshalb, weil es uns endlich einmal vergönnt war, sogar unseren Altmeister, also dich, herumschwimmen zu sehen – zwar munter, aber wohl nicht gerade sehr zielstrebig. Einigen immerhin hat die Feststellung viel Spaß gemacht: selbst der kocht nur mit Wasser!«
»Na fein, Hauptsache, ihr habt euch gut amüsiert.«
Dann bat Keller Otto zu sich. Er eilte herbei und erklärte: »Nun rollt hier der Laden einigermaßen verläßlich. Was bei diesem Plötzke gar keine Kleinigkeit war – bei diesem vollmotorisierten Bruchbudenbesitzer!«
»Ich hoffe, du hast ihn mit gebotener Vorsicht behandelt.«
Otto grinste vertraulich. »Ich habe ihm ganz sanft zugeredet. Der mußte achtzehn seiner Fahrzeuge ankarren lassen, bis ich sechs davon akzeptiert habe.«
»Und wo, bitte, hält er sich jetzt auf?«
»In einem seiner Fahrzeuge. Der fährt persönlich. Stets einsatzbereit – auf Anforderung von Ihnen, von mir, von Frau Brasch. Sein Transportunternehmen funktioniert.«

Keller begab sich wieder in das Hinterzimmer. Dort residierte die Brasch, aber auch Kriminalrat Zimmermann war noch da. Er machte zwar Anstalten, sich zu verabschieden, beschäftigte sich aber weiter mit Anton, dem Hund, der ihn dankbar anblinzelte.
Zimmermann kraulte ihn ausdauernd hinter den Ohren, den Rücken entlang, und sagte vorsichtig zu Keller: »Du scheinst dich da, meiner Ansicht nach, in ein enormes Abenteuer eingelassen zu haben.«
Keller nickte. »Deiner Ansicht nach, aber doch wohl auch deinen Anregungen entsprechend.«
»Ich bin ja nicht gerade zart besaitet«, meinte Zimmermann, »aber mußt du unbedingt Gott und die Welt, die Öffentlichkeit und die Halbwelt, die Gesellschaftshyänen und die Gelegenheitskriminellen zugleich herausfordern? Hoffentlich gelingt es dir, dich ausreichend abzuschirmen.«
»Etwa durch vorbehaltlose Zusammenarbeit mit dem Präsidium – also mit dir? Als Lieferant von Material, an das ihr mit euren eingefrorenen Methoden nicht herankommt? Ich jedenfalls bevorzuge meine eigenen Methoden, ohne jede Einschränkung – eben als Privatmann.«

»Die aber, möglicherweise«, warnte Zimmermann, »unter fatalen Umständen zu einer amtlichen Untersuchung führen könnten. Gegen dich.«
»Durch dich?«
»Was nicht völlig auszuschließen wäre, falls irgend etwas schiefgeht.«
»Und was dann, gleichfalls: möglicherweise, zu einer Art Duell führen könnte – zwischen dir und mir?« Keller schien diese Konstellation zu erheitern. »Ein wahres Festfressen für große Teile des Präsidiums. Einschließlich des Präsidenten. Und durchaus vorstellbar, daß dort Wetten abgeschlossen werden. Bist du sicher, dabei der Gewinner zu sein?«

Schlesinger bewegte sich durch den halben Kilometer des Schwabinger Großvergnügens, also von der Giselastraße bis hin zum Feilitzschplatz. Er brauchte dringend frische Luft und auch innere Abkühlung durch ein geeistes, schäumendes Bier.
Die Menschen um sich übersah er. Nichts, was ihm dabei nicht bekannt gewesen wäre: die üblichen Vergnügungssüchtigen – aufgegeilt, erlebnishungrig, dahinvegetierend, verzweifelt hoffend, dabei über ihren Wert, also ihre Preise, brütend. Zeitverschwendung, sich mit ihnen abzugeben. Das waren nichts wie Verschleißobjekte des industrialisierten Vergnügens.
Schlesinger gedachte vielmehr, das Angenehme, also das gutgekühlte Bier, mit dem Nützlichen zu verbinden, einer Art Überprüfung seines Imperiums. Er begab sich zur Marktstraße. Dort gehörte ihm seit einigen Tagen ein Lokal mit Namen ›Oase‹.
Er suchte danach, fand es aber nicht – obgleich er vor einem knallgelb angestrichenen Haus stand, in dem auch ein Vergnügungsschuppen existierte, der jedoch keine rechteckigen Fenster, sondern halbbogenartige hatte; die Beleuchtung war nicht kaschemmenrot, sondern ein dunkles Braungold. Auch hieß dieser Laden nicht ›Oase‹, sondern ›Shadows‹. Er gedachte nicht länger zu suchen: sein Verlangen nach einem gutgekühlten Bier wurde übermächtig. Also ging er hinein. Er versuchte es zumindest. Doch er wurde unverzüglich aufgehalten. Ein vollbärtiger Jüngling stellte sich ihm in den Weg und erklärte: »Das ist ein Club! Nur für Mitglieder, nur Mitgliedskarten.«
Worauf Schlesinger nur müde lächeln konnte. Schließlich kannte er so gut wie alle Abwimmlungsmethoden, wenn ein Schuppen überfüllt war. Aber daß sie auch ihm gegenüber angewendet werden könnten, war ihm neu.
»Du weißt wohl gar nicht, an wen du da herangeraten bist?« fragte er zunächst noch heiter.
»An wen auch immer, dies ist kein Lokal für alte Männer!« Der Jüngling erhielt schnell Verstärkung – sie drängten ihn zurück, sanft aber ent-

schieden. »Hier wollen junge Leute unter sich sein. Verschwinden Sie also – bitte!«
Schlesinger stand dann ungläubig kopfschüttelnd mitten auf der Marktstraße. Doch dann vernahm er aus Richtung Occamstraße freudiges Gegröhl. Fußballfans machten sich lautstark bemerkbar. Ihre ›Bayern‹ hatten wieder einmal haushoch gewonnen, und diesen Triumph gedachten sie nun auszukosten. Sie hatten zunächst Teile des Olympia-Stadions ruiniert, dann Sitzpolster in der U-Bahn aufgeschlitzt, auch diverse weibliche Wesen verängstigt aufkreischen lassen. Nunmehr gedachten sie Schwabing aufzurollen.
Schlesinger mischte sich schnell entschlossen unter sie. »Kameraden!« rief er ihnen zu. »Das müssen wir feiern.«
»Machen wir, alter Knabe!« wurde ihm versichert. »Aber wie und wo am besten? Und wer bezahlt das?«
Schlesinger hielt ihnen zwei Hundertmarkscheine entgegen. »Auf meine Kosten! Und am besten in dem Schuppen da, der sich ›Shadows‹ nennt, falls man euch hereinläßt.«
»Wer will uns denn daran hindern?«
Nur wenige Minuten später hatte sich das Lokal in einen Trümmerhaufen verwandelt. Die durch nichts und niemand zu hemmenden Fußballfans wiederholten auf ihre Art noch einmal den triumphalen Erfolg ihres Vereins, auch sie lieferten eine vernichtende Entscheidungsschlacht.
Schlesinger war durchaus bereit, sie zu genießen. Entzückt lehnte er sich gegen die Fassade des gegenüberliegenden Hauses. Doch dann fiel ihm ein: zwar hatte er die ›Oase‹ vor etwa einer Woche aufgekauft, doch sie war vor ein, zwei Tagen umbenannt worden – offenbar in ›Shadows‹. Durch seinen Geschäftsführer, diesen Werner, der sich verdächtig selbständig zu machen schien. Schlesinger brauchte Minuten, um das zu begreifen.
»Verdammte Schweinerei!« rief er dann aus. »Offenbar bin ich von Idioten umgeben! Und mit so was versuche ich nun, neue Welten zu erobern!«

Chefbüro Dezernat Sitte – ein sorgfältig saubergehaltener Behördenstall. Anwesend: Kriminalkommissar Krebs. Als Besucher Pinkus, wie von Keller angekündigt.
Pinkus: »Erfreulich, Sie jetzt noch anzutreffen.«
Krebs: »Ich bin fast immer um diese Zeit im Büro, vom späten Abend bis zum frühen Morgen. Denn das ist die Hauptaktionszeit meiner Kunden; ich richte mich nach ihnen.«
Pinkus: »Herr Keller hat mir angedeutet, daß ich von Ihnen einige Auskünfte erhalten könnte – diesen Nuttenmord in der Lazarettstraße betref-

fend.«
Krebs: »Sie meinten vermutlich: den noch ungeklärten Tod einer möglicherweise als Halbprostituierte zu bezeichnenden Person. Was wünschen Sie darüber zu wissen?«
Pinkus: »Was mich dabei interessiert, ist eine ganz bestimmte Einzelheit: der Hinweis auf die Leiche soll anonym, per Telefon, erfolgt sein?«
Krebs: »Eine Kopie des Tonbandes, auf dem dieser Anruf festgehalten ist, steht Ihnen zur Verfügung. Auch Listen von Personen, die zum Bekanntenkreis der Ermordeten gehörten, erstellt anhand vorgefundener Adressenverzeichnisse, Befragungen im Haus, Ermittlungen außerhalb. Eine stattliche Sammlung, aber für uns nicht ungewöhnlich.«
Pinkus: »Herr Keller hat mich, und zwar intensiv, auf die Funktion des Telefons hingewiesen – auch hierbei.«
Krebs: »An sich nichts Besonderes. Fast alle Callgirlringe erledigen ihre Geschäfte per Telefon. Allein in dieser Stadt existieren mindestens fünfzehn, wenn nicht fast dreißig, nur zwölf davon sind uns bekannt. Sie jedoch pausenlos zu überwachen ist ganz und gar unmöglich.«
Pinkus: »Sie verfügen also nicht über das dafür notwendige technische Personal; Sie können es nicht bezahlen.«
Krebs: »Wir können nicht gegen die derzeit bestehenden Gesetze angehen! Denn in unserem Rechtsstaat ist es durchaus legal, sich anzubieten, also sich zu verkaufen – beziehungsweise derartige Verkäufe einzuleiten.«
Pinkus: »Dennoch gehen Sie gegen alles vor, was Ihnen dabei irgendwie greifbar erscheint. Allein in diesem Jahr, bis zu diesem Zeitpunkt, soll Ihr Dezernat neununddreißig Massagesalons außer Funktion gesetzt haben.«
»Dreiundvierzig«, korrigierte ihn Krebs nachsichtig. »Aber was besagt das schon? Wenn wir einen dieser Massagepuffs schließen, werden zugleich drei weitere eröffnet. Dazu kommen dann noch sogenannte Freizeitzentren, Gymnastikinstitute, Fotomodellstudios, Kosmetikschulen, Showbusinesslehranstalten. Lauter Freudenhäuser, kaum noch getarnt, aber mit garantierter Grundgesetzfreiheit.«
Pinkus: »Bis zu der Freiheit, sogar über Menschenleben zu verfügen?«
Krebs: »Kann durchaus sein, läßt sich aber nur schwer beweisen. Und vor der unfaßbar vielseitig verwendungsfähigen Funktion des Telefons kann man nur noch resignieren. In diesem Fall sind nicht nur wir verständigt worden, sondern auch ein Journalist namens Waldmann. Und gerade das kommt mir beinahe vor wie ein gezieltes akustisches Planspiel.«

Im Hinterzimmer des Restaurants ›Zur letzten Heimat‹: Anton, der Hund, erschöpft schlafend. Dann Keller, mit einem Stapel Notizzettel hantierend. Und Moser, der Spezialist für Elektronik, Sonderschaltungen und Telefonüberwachungen. Er wirkte besorgt.

»Es könnte sein«, gestand er Keller, »daß mir da vielleicht ein nicht ganz ungefährlicher Fehler unterlaufen ist.«

»Fehler sind im Grunde kaum zu vermeiden. Die Hauptsache jedoch: wir erkennen sie. Möglichst rechtzeitig. Um was könnte es sich diesmal handeln – Ihrer Ansicht nach?«

Moser: »Ich habe Ihren Anordnungen entsprechend unsere besten erreichbaren Spezialtechniker engagiert, was bei unseren Honoraren nicht sonderlich mühsam war. Doch nun glaube ich, dabei ein etwas unerfreuliches Problem entdeckt zu haben.«

»Was ist denn schon erfreulich in diesem Metier?« meinte Keller und betrachtete Moser fast neugierig. »Kommen Sie etwa nicht schnell genug vorwärts?«

»Ich komme vielmehr viel zu gut vorwärts!«

»Und was, genau, gefällt Ihnen daran nicht?«

»Sie haben mir, Herr Keller, in der Wahl meiner Mitarbeiter völlig freie Hand gelassen. Und ich engagierte dann auch die besten, die ich auftreiben konnte. Selbstverständlich habe ich ihnen nicht gleich mit aller Deutlichkeit gesagt, um was es hier geht, außer einigen unvermeidlichen technischen Einzelheiten. Etwa: Bau eines Verzerrers für Telefone. Wobei ich, hoffentlich mit Ihrem Einverständnis, sogenannte Erfolgsprämien angekündigt habe.«

»Durchaus mit meinem Einverständnis – und mit welchem Erfolg?«

»Mit einem Erfolg, der selbst mich aufhorchen läßt. Einer dieser Mitarbeiter, sein Name ist Weinert, William, erwies sich dabei, wenn auch mit einiger Vorsicht, als überraschend sachverständig. Ahnen Sie, was das bedeuten könnte?«

Keller nickte. »Möglicherweise, meinen Sie, könnte dieser Weinert bereits einen derartigen Apparat gebaut und geliefert haben?«

»Genau das«, bestätigte Moser. »Offenbar habe ich mit diesem Weinert, William, einen Kerl von der Gegenseite eingekauft! Das ist alarmierend, vielleicht sogar gefährlich. Was soll ich nun mit ihm machen?«

»Lassen Sie ihn weiter im unklaren«, entschied Keller. »Und animieren Sie ihn dazu, mit seinen technischen Spezialkenntnissen zu brillieren – bei weiterer Ankündigung großzügiger Sonderhonorare. Wenn dieser mehrgleisige Kerl versucht, auf zwei Hochzeiten zu tanzen, dann aber möglichst zuletzt bei uns; und mit verbundenen Augen.«

»Wie weit kann ich dabei gehen, Chef – ich meine, finanziell?«

»Versuchen Sie diesem Weinert einzureden, daß Sie unser Grundproblem – also die Herstellung des Verzerrers – bereits gelöst haben. Jetzt, sagen Sie ihm, kommt es Ihnen nur noch darauf an, bei einer auf Tonband fixierten Aufnahme die dazu gehörende Frequenzmodulation herauszu-

finden.«
»Das ist ein technisches Problem allererster Größenordnung.«
»Aber nicht für jemanden, der bereits weiß, welche Voraussetzungen zu einer solchen Verzerrung gehören. Was uns einiges wert sein könnte. Zwischendurch beschäftigen Sie Weinert ablenkend. Setzen Sie ihn von mir aus auf irgendeine Scheinaktion an. Er darf keinen direkten Einblick gewinnen.«
»Verehrter Chef«, gestand Moser bewundernd, »jetzt weiß ich, warum ich ein halbwegs rechtlich denkender Mensch geworden bin. Ihre Methoden ziehen mir auch heute noch die Schuhe aus und das Hemd unter dem Hintern weg. Ich gestehe nicht undankbar, daß ich hier wohl nicht sitzen würde, wenn Sie mir das nicht ermöglicht hätten.«
»Immerhin sind Sie Antons Friseur – der einzige, dem sich mein Hund halbwegs willig anvertraut. Auch so was verpflichtet.«
»Da wir gerade bei unserem Anton sind, Chef«, sagte Moser besorgt. »Sie sollten ihn nicht unnötig strapazieren, also nicht überall mitschleppen, schließlich ist er kein Kneipenhund.«
»Wollen Sie etwa mit ihm spazierengehen, Moser?«
»Würde ich gern. Aber ich habe schließlich zu tun, für Sie. Außerdem würde Anton immer befürchten, ich wollte ihn frisieren, was er gar nicht gern hat. Er braucht eine Art Dog-Sitter. Und ich weiß auch schon, wer dafür in Frage kommt – die kleine Sabine Krebs.«
»Lieber Herr Moser«, sagte Keller dankbar lächelnd, »wenn Sie als Spezialtechniker so viel Einfühlungsvermögen entwickeln wie als Hundefreund, dann sehe ich Ihren weiteren Denkresultaten mit großer Hoffnung entgegen.«

Für Rechtsanwalt Dr. Messer begann eine höchst anregende Nacht, gemeinsam mit dem ihm zugeteilten beurlaubten Kriminalbeamten von Gotha. Sie verstanden sich, nach anfänglichem gegenseitigem Mißtrauen, bald glänzend. Kamen sich sogar vor wie Brüder im Geiste.
»Kellers Denkweise«, hatte von Gotha ausgeführt, »könnte Außenstehenden unfaßbar verwirrend vorkommen, aber sie hat System und Logik. Das sieht etwa so aus: im Bereich der Kriminalität gibt es keine eindeutig berechenbaren Vorgänge. Vielmehr ist alles denkbar ungewiß, geradezu faszinierend vielfältig. Und eben darauf muß man stets gefaßt sein.«
»Hat er Ihnen im Hinblick auf mich einen ganz bestimmten Auftrag erteilt?« wollte Messer wissen.
»Nichts dergleichen«, versicherte von Gotha. »Keller hat lediglich zu mir gesagt: versuchen Sie zu denken wie Rechtsanwalt Messer. Denken Sie gemeinsam. Und das ist schon alles.«
»Er provoziert also unser Vorstellungsvermögen. Versuchen wir also

herauszufinden, was er von uns erwartet.«
Sie verbrachten damit lange, alle Möglichkeiten durchdenkend, ungemein anregende Stunden, tranken dabei Gin, mit sehr viel Eis und Tonic verdünnt. Bis bei ihnen, in den frühen Morgenstunden, Keller auftauchte, seinen Anton im Arm.
»Wir haben«, berichtete von Gotha, »wohl so gut wie alle gegebenen Möglichkeiten erörtert.«
»Wobei wir immer in Reichweite des Telefons geblieben sind«, ergänzte Messer. »Damit uns kein Anruf entgeht.«
»Mußte nicht sein«, sagte Keller, seinen schlafenden Hund sorgsam in den Armen haltend. »Wir haben es hier nicht mit normalen Kriminellen zu tun, die ihre Spielregeln haben und sie auch einzuhalten versuchen, sondern vielmehr mit denkbar schäbigsten, niedersten und auch völlig skrupellosen verbrecherischen Elementen.«
»Wir haben versucht, mindestens fünf denkbare Möglichkeiten in allen vorstellbaren Einzelheiten systematisch durchzuspielen«, berichtete von Gotha.
»Sie haben dabei etwas Wesentliches nicht erkannt«, klärte Keller sie auf. »Nämlich dies: man darf Kidnappern niemals suggerieren, daß man pausenlos für sie da ist. Das bestärkt diese Leute nur noch in ihrer Teufelsherrlichkeit. Vielmehr muß man versuchen, sie methodisch zu verunsichern, also ihnen zum Beispiel klarmachen, daß man auch noch anderes zu tun hat. Womit man sie dazu zwingt, möglichst viel Zeit zu investieren. Also: sie hinhalten, umständlich mit ihnen telefonieren, ihnen suggerieren, daß es Schwierigkeiten geben könnte, dabei weitere Telefongespräche vereinbaren, mit möglichst weit hinausgeschobenen Terminen. Ferner: von ihnen glaubhafte, überzeugende Beweise dafür fordern, daß das Kind noch lebt.«
»Und wenn das zu Kurzschlußhandlungen führt?«
»Diese Leute wollen nur ihre Million. Und gerade die darf man ihnen nicht allzu bereitwillig servieren; auch wenn das ja wohl von Ihnen, Herr Rechtsanwalt, wie erprobt auch diesmal erwartet wird.«
»Erinnern Sie mich nicht an diese Schweinerei!« rief Messer empört aus. »Nur deshalb bin ich jetzt bereit, auf alle erdenklichen Barrikaden zu steigen. Sogar, mich auf Ihre Aufträge einzulassen.«
»Was also«, wollte von Gotha wissen, »sollen wir hier weiterhin tun, Herr Keller?«
»Zumindest nichts, was diesen Kriminellen irgendwie entgegenkommt«, entschied Keller. »Eine dazwischengeschaltete Sekretärin, möglichst gepflegt unverbindlich, genügt dabei völlig. Und Sie, Herr Messer, müssen diesen Leuten klarmachen, daß Sie nicht nur für sie da sind, Sie haben Termine vor Gericht, müssen Klienten aufsuchen, haben gesellschaftli-

chen Verpflichtungen nachzukommen.«
»Und ich?« fragte von Gotha.
»Für Sie, mein Lieber«, versicherte ihm Keller, »könnte ich mir eine besonders vielversprechende Zwischenbeschäftigung vorstellen. Sie sollten sich eine Studentin etwas näher ansehen, die Isabella heißt. Hädrich mit Zunamen.«
»Hädrich?« horchte von Gotha auf. »Eine zufällige Namensgleichheit?«
»Nein. Es handelt sich tatsächlich um die Tochter unseres Kriminaldirektors«, bestätigte Keller sanft. »Das muß an sich nichts besagen. Zwischen Eltern und Kindern klaffen neuerdings Abgründe, die nicht wenige für absolut normal halten. Das sollten Sie dabei nicht übersehen.«
Von Gotha wirkte leicht überfordert. Rechtsanwalt Messer wollte wissen: »Was tut sich denn sonst noch? Was haben Sie inzwischen veranlaßt, wie weit sind Sie gekommen, Herr Keller? Schließlich muß ich das wissen.«
»Müssen Sie nicht«, sagte Keller lapidar.
»Immerhin«, versuchte der Rechtsanwalt zu behaupten, »besteht für Sie doch wohl eine gewisse Verpflichtung Ihrem Auftraggeber gegenüber, also Herrn Winter, den ich bevollmächtigt vertrete. Eine laufende Informierung ...«
»Wird abgelehnt! Ich hausiere nicht mit Vermutungen, Mutmaßungen oder gar Verdächtigungen. Ich werde, wenn ich kann, beweiskräftige Endergebnisse liefern. Darüber hinaus ist von mir kein Informationszirkus zu erwarten. Bitte, machen Sie das, falls noch notwendig, auch Herrn Winter klar. Ich bin nicht sein Lieferant, ich versuche nur, eine mögliche Wahrheit herauszufinden.«

In dieser Nacht, nunmehr bereits früh am Morgen, hatte Mucki Stein den Journalisten WW dazu ermuntert, sie aufzusuchen. Per Telefon. Mit den Worten: »Ich fühle mich so allein!«
Was wohl heißen sollte: ich bin einsam und bedarf der Tröstung – durch irgendeinen Mann. Einerlei, durch welchen. Und weil WW ihr von Schlesinger zur Betreuung anempfohlen worden war, gedachte sie sozusagen zwei Fliegen mit einer Klappe zu erledigen.
»Bin schon unterwegs«, versicherte WW fast schwungvoll.
Er erschien unverzüglich in Muckis Wohnung, zeigte sich erfreut, aber auch ein wenig besorgt. Wohl stürzte er sich auf sie, tastete verlangend ihre Rückenpartie ab, doch dann meinte er: »Ich bin ja verdammt gern bei dir, du bist einfach eine Wucht! Aber vielleicht auch nicht ganz ungefährlich.«
»Was heißt denn hier, nicht ungefährlich?« fragte Mucki, sich auf ihr Schlafzimmer zubewegend, ohne sich dabei von ihm zu lösen. »Schließlich nehme ich die Pille. Was also sonst noch?«

»Schlesinger«, gab WW zu bedenken, »unser gemeinsamer Freund Karl.«
»Der«, sagte sie, sich fallen lassend, »ist nicht hier.«
»Aber eben der«, sagte WW, breitbeinig, leicht geneigt, also aktionsbereit vor ihr stehend, »ist nicht gerade der Mann, dem ich irgendwie in die Quere kommen möchte, so verlockend das auch in diesem Augenblick sein mag.«
»Du verkennst ihn«, versicherte Mucki Stein und räkelte sich bequem hin. »Karl, mußt du wissen, ist die Großzügigkeit in Person. Der gönnt jedem einfach alles, also auch mir; damit auch dir. Mit mir.«
»Tatsächlich?« fragte WW und ließ sich auf sie fallen. »Wenn das so ist...«
Das bestätigte sie, ihn dabei umschlingend, zuerst mit den Armen, dann auch mit den Beinen. Bereitwillig und gekonnt begann sie unter ihm zu stöhnen. Doch vorher sagte sie noch: »Bei ihm muß alles einen Sinn haben. Einfach alles – auch dies.«
»Und welchen?« ächzte Waldmann. »Weißt du das etwa?«
»Woher soll ich das wissen? Ich weiß so gut wie nichts. Aber vielleicht legt er Wert auf irgendeinen Artikel von dir. Auf einen ganz bestimmten.«
»Jeden kann er haben!« WW versank in ihr. »Er muß es mir nur sagen.«
»Wird er!« bestätigte Mucki, um ihm dann zuzuflüstern: »Mach nur so weiter – du bist auf dem richtigen Weg. Dies ist unser Leben. Unsere Welt. Der Genuß. Was denn sonst?«

Der Genuß, also ›unser‹ Leben, das für sinnvoll gehaltene Dasein einiger in dieser Stadt von der Gesellschafts-Berichterstattung hochbejubelten Zeitgenossen – allein in dieser Nacht – sah etwa so aus:
›Nostalgie-Festivität bei Günter, Boutique Lord und Lady, ein ganz großer Erfolg.‹ Wenn auch mit kleineren Schönheitsfehlern: Mucki war nicht erschienen, vermutlich wegen Unterleibsstörungen; Schlesinger aber auch nicht. Was zu der geflüsterten Mutmaßung verführte, er gedenke auch diesen Laden aufzukaufen. Und Günter, zunächst noch Besitzer, mußte besorgt feststellen: einige sehr wesentliche Leute fehlten. Entzogen sie sich ihm? Bewußt? Wie etwa dieser WW, der zu Schlesinger tendierte? Er hatte ausrichten lassen: er habe was anderes vor. Womit er vermutlich sagen wollte: besseres.
Immerhin anwesend: Lo, Großindustriellengattin; vermutlich an einem griechischen Kellner interessiert. Christine, von Hollywoodstar Tony geschieden, umgeben von drei zeitgemäß schrägen Typen – zwei davon, sagte man, hätten Chancen bei ihr, gleichzeitig. Auch Rosemarie, eingeheiratet in einen Zeitungskonzern, stets bemüht, sich in den Vordergrund zu schieben – diesmal gemeinsam mit einem hessischen Prinzen.

Dann Robert und Klaus, Filmemacher, was für sie zugleich Mädchenverbrauch bedeutete: ein Feld, auf dem ihre sichersten Erfolge nachzuweisen waren. Dann Heide – überreifer Jungfilmstar, mit Euter und Hinterteil äußerst leistungsfähiger, hochgezüchteter Milchkühe ausgestattet; an sie wagte sich kaum jemand heran, sie galt als kompliziert. Schließlich Rosy-Rosy, die mit dem Superbusen – also mit Titten, ›die wie Hochgebirge waren‹. Sie zu besteigen, wagte kaum jemand, denn es war stadtbekannt: ›Die schreibt darüber. Wer mit der ins Bett geht, steht bald in einer Zeitung.‹ Oder eben: in ihren Memoiren.

Dennoch stellte der Gastgeber dieser prallen Prominentenparty immer wieder besorgt fest: »Schlesinger ist nicht gekommen, hat er was gegen mich? Will er mich etwa fertigmachen? Oder ist er nur besorgt, daß ich seine Mucki schnell mal vernasche? Die schenke ich ihm.«

Schon die letzte Bemerkung grenzte an geschäftlichen Selbstmord.

Als letzter Gast in dieser Nacht – nunmehr bereits um 5 Uhr – suchte Pinkus, der Versicherungsdetektiv, das Restaurant ›Provence rustical‹ auf. Man versuchte zwar, ihn abzudrängen mit dem Hinweis: das Lokal sei bereits geschlossen. Was Pinkus lautstark bezweifelte.

Doch der schnell herbeieilende Geschäftsführer erkannte prompt, daß es reichlich verwegen wäre, sich ausgerechnet mit diesem so späten Gast auf unnötige Diskussionen einzulassen. Er wußte, wen er vor sich hatte. Pinkus verlangte einen doppelten Whisky, irischen, möglichst zwölf Jahre alt. Dazu Eiswasser, in einer Karaffe.

»Und was kann ich sonst noch für Sie tun?«

»Machen Sie den Laden dicht«, forderte Pinkus.

Worauf die letzten beiden anwesenden Paare aufgefordert wurden, das Lokal zu verlassen. Das geschah mit einigem Nachdruck. Der Geschäftsführer war ein Wachhund im Frack. »Und was, bitte, weiter, Herr Pinkus?«

»Ich würde mich gerne mit Ihrem Personal unterhalten. Möglichst ungestört, etwa eine halbe Stunde lang.«

»Meine Leute«, gab der Geschäftsführer zu bedenken, »sind ziemlich strapaziert in diesen Anlauftagen. Die wollen möglichst schnell nach Hause, sobald hier alles abgerechnet ist.«

»Diese Abrechnung könnte sich für sie erhöhen, sagen wir um zwanzig Mark pro Person. Wobei mir Ihre Leute lediglich ein paar Fragen zu beantworten brauchen – dabei Freibier; falls gewünscht, auch in Form von Champagner.«

Das war ein überzeugendes Argument. Unverzüglich gruppierten sich die Angestellten des Restaurants um Pinkus – von der Garderobenfrau bis zum Chefkoch, der Oberkellner ebenso wie der Discjockey; die Dame von

der Bar und die von der Toilette. Doch niemand verlangte Champagner, der stand ihnen, wurde Pinkus versichert, »bis zum Hals«.
Was Pinkus nur recht war; bei aller Großzügigkeit konnte er rechnen. Er investierte niemals Beträge, die er möglicherweise für sich vereinnahmen konnte. Er war Realist.
Und als solcher zögerte er nicht, zielstrebig auf den springenden Punkt zu kommen. Also: die Eröffnungsfeier. Es war, wie er vernahm, eine äußerst gelungene Festivität gewesen, ein gesellschaftliches Ereignis erster Klasse, wie in einschlägigen Zeitungen nachgelesen werden konnte. Hervorgehoben überdies durch eine wohlgelungene, sehr begrüßte journalistische Sonderlieferung von ›Welt-Blick‹.
»Wann?« Gegen Mitternacht. Vielleicht auch kurz danach. Und darin verzeichnet die Namen aller um diese Zeit in diesem Lokal Anwesenden.
»Sind diese Namen nachweisbar?« wollte Pinkus wissen.
»Durchaus«, wurde ihm bestätigt. »Einmal anhand der Einladungslisten. Dann auch durch Eintragungen im Gästebuch. Und schließlich: diese erfreulich werbekräftige Vorausveröffentlichung von ›Welt-Blick‹. Wir haben alle erreichbaren Exemplare davon aufgekauft.«
»Kann ich eins davon haben?«
Es wurde Pinkus unverzüglich ausgehändigt. Und bei der Durchsicht fand er alles das, was in dieser Stadt als ›große Gesellschaft‹ galt. Darunter auch ein Name, auf den er in dieser Nacht bereits schon einige Male gestoßen war. Das ermunterte ihn ungemein.
»Was für ein großartiger Schweineauftrieb!« rief Pinkus aus. »Einige hundert von dieser Sorte grunzen hier freßgierig und saufselig herum, und nur einer scheint pures Gold zu scheißen. Keller muß das geahnt haben. Was für ein Mann!«
»Wer dieser Keller auch immer sein mag«, meinte der Geschäftsführer leicht vewirrt, »jedenfalls haben Sie es hier, Herr Pinkus, mit einem höchst seriösen Unternehmen zu tun. Darauf legen wir Wert.«
»Hierzu noch zwei Fragen«, fuhr Pinkus fort. »Erstens: Wer ist, abgesehen von dieser Anwesenheitsliste, dennoch *nicht* erschienen?«
Drei, vier, fünf Namen wurden ihm genannt. Die notierte er sich. Gründlich, wie er war.
»Zweitens: wer hat sich, unmittelbar nach Erscheinen dieser Zeitung, von hier entfernt? Also kurz nach ein Uhr? Oder telefoniert?«
»Wir haben leider noch kein Telefon«, berichtete der Geschäftsführer. »Außerdem ist um diese Zeit, kurz nach Mitternacht, bei uns so gut wie nichts mehr los. Da wechselt kaum noch einer die Lokalität. Zu diesem Zeitpunkt, kann man sagen, ist hier jede Nacht so gut wie gelaufen.«
»Wer hat sich dennoch entfernt?«
Nur zwei Namen wurden genannt. Die brauchte sich Pinkus nicht extra

zu notieren, er kannte sie. Und das war schon alles.
Er honorierte die anwesenden Angestellten in bar. Ohne dabei seinen doppelten Whisky, irischen, auch nur angetrunken zu haben. Eilig entfernte er sich.
Von der nächsten öffentlichen Telefonzelle rief Pinkus das sogenannte ›Hauptquartier‹ an, also das Restaurant ›Zur letzten Heimat‹. Die Brasch meldete sich. »Da sind Sie ja endlich!«
Pinkus sagte: »Ich muß dringend Herrn Keller sprechen, ohne Rücksicht darauf, wie spät oder früh es jetzt ist.«
Und die Brasch sagte: »Herr Keller wartet auf Sie. Sie sollen ihn unverzüglich aufsuchen. In seiner Wohnung.«
Dort, Viktualienmarkt, oberstes Stockwerk, fand Pinkus seinen derzeitigen Chef in einen leichten Bademantel gehüllt vor – schließlich war Hochsommer. Er saß an seinem Schreibtisch und schien intensiv lange Namenslisten zu studieren. Er sah kaum hoch.
Keller sagte nur: »Kommissar Krebs hat mir Unterlagen über den Freudenmädchenmord in der Lazarettstraße zugestellt, wie von Ihnen angeregt. Auch dabei Adressenverzeichnisse und Telefonnotizen: Namen und immer wieder Namen. Ich habe sie mit weiteren uns bereits vorliegenden Namen verglichen, etwa mit denen, die bei der Aktion Feilitzschplatz und am Odeonsplatz aufgetaucht sind. Ein mühsames Puzzlespiel, aber ein unglaublich interessantes.«
»Das kann ich vermutlich noch ergänzen«, versicherte Pinkus. »Ob Sie das allerdings vorbehaltlos freuen wird, wage ich zu bezweifeln. In unserem Metier kann niemand schnelle Bestätigungen lieben, die machen skeptisch.«
»Ihre Überzeugung in allen Ehren«, sagte Keller milde. »Aber, bitte, ohne jede Lautstärke. Mein Hund schläft. Und es wäre unverantwortlich, ihn voreilig zu wecken. Was Sie berücksichtigen werden, hoffe ich. Also, was glauben Sie beim Besuch dieser neuesten Prominentenfreßanstalt herausgefunden zu haben?«
»Einen Namen! Aber einen, der auf jeder der bisher von Ihnen erstellten Listen vorkommt.«
»Welchen bitte?«
»Schlesinger!«
Keller blinzelte vor sich hin, er schien angestrengt nachzudenken. Dann fragte er: »Was wissen Sie von diesem Schlesinger, außer dem, was Sie bereits bei der Auswertung der Fotos angedeutet haben? Ein Vergnügungsgeschäftsmann, sagten Sie, ein tüchtiger?«
»Ein enorm erfolgreicher. Vermutlich der erfolgreichste im Bereich Schwabing.«
»Seriös – wie man so sagt?«

Pinkus lachte kurz auf. »Ich bitte Sie – heutzutage, in dieser Branche! Da ist doch an Seriosität kaum zu denken. Die liefern sich Schlachten, geradezu kleine Kriege – unter dem Kennwort: Konkurrenz. Allerdings, etwas direkt Kriminelles ist ihm dabei kaum nachzuweisen.«
»Über diesen Schlesinger würde ich ganz gerne noch einiges erfahren«, meinte Keller sanft. »Möglichst viel.«
»Wird gemacht«, bestätigte Pinkus.
»Außerdem will ich ihn kennenlernen. Könnten Sie das ermöglichen?«
»Das müßte sich machen lassen.« Pinkus zeigte sich verwundert. »Aber was, bitte, versprechen Sie sich davon?«
»Nur dies: ich möchte herausfinden, was ihm wirklich zuzutrauen sein könnte.«

Ansichten des Polizeipräsidenten:
»Am Ende jener Nacht begab ich mich wieder von Rosenheim nach München, direkt ins Präsidium. Nicht etwa, daß ich unruhig geworden wäre oder Anlaß gehabt hätte, besorgt zu sein. Eher möglich, daß ich nichts versäumen wollte – ohne auch nur ahnen zu können, was da alles auf mich zukam.
Ich bat Zimmermann zu mir. Er war selbstverständlich auch noch in diesen frühen Morgenstunden im Amt erreichbar. Bei Gelegenheit, nahm ich mir vor, wollte ich ihn fragen, ob er hier wohne. Vorerst jedoch interessierte mich nur Keller. Und was ich über den wissen wollte, mußte ich nun nicht erst umständlich erfragen.
Zimmermann: ›Der macht, wie erwartet, keine halben Sachen – der geht unverzüglich aufs Ganze. Mit Methoden, die wir uns niemals leisten könnten, weder kriminalistisch noch juristisch – und schon gar nicht finanziell.‹
›Lassen Sie diese seine Methoden, bitte, allein seine Angelegenheit sein‹, empfahl ich dem Kriminalrat vorsorglich. ›Sollten sich dabei bereits Schwerpunkte oder gar Schwierigkeiten erkennen lassen?‹
Zimmermann: ›Beides! Da ist einmal die Auswahl seiner Mitarbeiter – allerbeste Spezialisten. Darunter auch Leute, die alles andere als Kriminalbeamte sind. Absolut denkbar, daß sie sich bei günstiger Gelegenheit selbständig machen, also auf eigene Faust zu kassieren versuchen. Aber mit denen dürfte Keller fertigwerden. Zweitens aber: seine nun erkennbare Zielrichtung – ausgerechnet diese vergnügungsgeile, sich durch alle Zeitungen schlängelnde Amüsiergesellschaft. Wer sich mit der einläßt, gerät unvermeidlich in einen Sumpf – und dabei sind schon so manche erstickt.‹
Ich erinnere mich an ein Gespräch mit Keller; es ist schon etliche Jahre her. Damals hat er zu mir gesagt: Diese mehr und mehr sich hervordrän-

genden Vergnügungssüchtigen beunruhigen mich tief. Denn es könnte ihren Propagandisten gelingen, jeden Moralbegriff aufzuweichen und notorische Gefühlsvernichter als Erlöser von Sittlichkeitszwängen herauszustellen. Das aber wäre nur ein Anfang, die nächste Stufe: kriminelle Gewalt als Weltanschauung. Sind wir schon so weit?«

7 Eine gefährliche Begegnung

Ein herrlich heißer Sommertag stand in Aussicht. Temperaturen bis zu 32 Grad Celsius waren zu erwarten. Der Himmel über München leuchtete tatsächlich weiß-blau. Eine angenehme Trägheit schien die Menschen dieser Stadt und ihre um diese Jahreszeit zahlreichen Besucher überfallen zu haben.

Im Vorort Neuhausen-Süd stand vor eintönigen modischen Mietskasernen ein älteres Fahrzeug bundesdeutscher unterer Mittelklasse von graudunkler Farbe, ungepflegt, doch ohne auffällige Verwahrlosung. Darin zwei Männer, die vor sich hinzudösen schienen.

Der eine von ihnen hockte gähnend hinter dem Steuerrad; der andere fast schlafend auf den hinteren Sitzen. Beide wirkten wie Brüder, waren Normalexemplare durchschnittlicher Massenmenschen: mittelgroß, gut genährt, konfektionskonservativ gekleidet, mit bieder wirkenden Bürgergesichtern.

Doch wie sich später – als es fast schon zu spät war – herausstellte, handelte es sich um folgendes: das Fahrzeug, ein älterer Opel-Kadett, war in der Nacht zuvor als gestohlen gemeldet. Die Person hinter dem Steuerrad war ein gewisser Konrads, auch ›Kerlchen‹ genannt und als solcher im ›Deck- und Spielnamenregister‹ des Präsidiums verzeichnet. Der Mann auf dem Hintersitz war ein gewisser Klemens, nachweisbar unter dem Decknamen ›Kätzchen‹.

Die beiden – ›Kerlchen‹ und ›Kätzchen‹ – hatten zwar mehrere Vorstrafen, galten jedoch nicht als notorische Kriminelle. Sie wurden, bis dahin zumindest, als ›Gelegenheitstäter‹ registriert: hier und dort mal Rauschgift, mittelmäßiger Verbrauch und kleinerer Vertrieb; gelegentlich Schmuggel mit Alkohol und Zigaretten; außerdem waren sie homosexuell veranlagt, doch ohne damit nachweisbar Geschäfte zu machen. Eine sehr persönliche, ›harmonisch‹ zu nennende Bindung zwischen beiden war vielmehr anzunehmen. Ihr Alter: 31 und 35 Jahre.

»Es muß gleich so weit sein«, sagte Kerlchen hinter dem Steuerrad.

»Wird auch langsam Zeit«, meinte Kätzchen und richtete sich auf.

»Wie einfach doch alles im Grunde ist, findest du nicht auch? Die meisten Menschen leben wie nach dem Stundenplan. Du brauchst sie nur zwei, drei Tage lang zu beobachten, allerhöchstens eine Woche, und dann weißt du ganz genau, wann sie aufstehen, sich aufs Klo setzen, irgendwas in sich hineinfressen, ihre Arbeit verrichten, dann fernsehen und miteinander

schlafen.«
»Du hast recht. Die Welt ist programmiert. Und da kommt sie auch schon – auf die Minute genau.«
Uhrzeit: 7 Uhr 50.
Kerlchen und Kätzchen sahen ein Kind auf sich zukommen, ein Mädchen, dem Äußeren nach vierzehn oder gar fünfzehn Jahre alt; es war jedoch erst zwölf. Sie hatten es zunächst kaum glauben wollen, doch dann nachgeprüft: die Kleine, Ulrike mit Vornamen, war tatsächlich erst zwölf.
»Diese kleinen Luder werden eben neuerdings weit schneller reif. Aber dafür macht sie dann das Leben ja auch schneller fertig. Einfach widerlich!«
Solche Erkenntnisse brauchten sie einander nicht zu bestätigen. In diesem Punkt waren sie sich einig. Also betrachteten sie das sich nähernde Mädchen mit verständnisvoller Nachsicht. Ulrike schleppte eine Aktentasche mit sich und war folgendermaßen bekleidet: Blue Jeans, rotweißgestreiftes Wollhemd, braune Sandalen, weiße Socken, rotes Halstuch. Letzteres wurde später bei der Spurensicherung aufgefunden. Und wie sich noch später herausstellte, hatte Ulrike es fallengelassen – und zwar mit voller Absicht.
Kerlchen und Kätzchen jedenfalls hatten in den Tagen zuvor herausbekommen, wozu sie per Telefon beauftragt worden waren: Ulrike begab sich stets zur gleichen Zeit zu einem Kindergarten, wo sie als Aushilfe tätig war. Sie überquerte die Straße stets an der gleichen Stelle und schlenderte dann in Fahrbahnnähe über einen Gehweg. Alles rollte wie mechanisch ab. Kerlchen und Kätzchen brauchten nur auf das Mädchen zu warten.
Als sich Ulrike dem Fahrzeug bis auf einige Meter genähert hatte, ließ Kerlchen den Motor anlaufen. Während Kätzchen die hintere rechte Wagentür weit öffnete und gemächlich ausstieg. »Hallo, Ulrike«, rief er ihr munter zu.
Das Kind blieb leicht verwundert stehen. »So heiße ich. Woher wissen Sie das?«
»Wir wissen noch viel mehr von dir. Wie alt du bist, wo du wohnst, wer deine Mutter ist. Auch deinen Vater kennen wir recht gut. Steig ein!«
Doch Ulrike zeigte, überraschend für beide, einen gewissen Eigenwillen.
»Ich steige nie in fremde Wagen – zu fremden Leuten.«
»Absolut richtig!« versicherte ihr der ausgestiegene Mann. »Ich freue mich über dein Mißtrauen, es bezeugt gesunden Menschenverstand. Aber wir, Ulrike, sind gar keine fremden Leute, sondern Freunde deines Vaters, der, wie du weißt, Frühdienst hat. Wir sollen dich abholen.«
»Warum?« fragte das Kind beharrlich.
»Das wirst du schon noch erfahren.«

»Ich will es aber gleich wissen.«
Wobei der Mann am Steuerrad, also Kerlchen, den Gashebel durchdrückte, so daß der Motor aufjaulte. Gleichzeitig beobachtete er die Straße. Dort gingen nur wenige Menschen, keiner davon in irgendwie gefährlicher Nähe. Nur etliche leere Fahrzeuge, zwei Hunde beim blasenleerenden Morgenspaziergang, eine sich mühsam fortbewegende Rentnerin, dem nächsten Supermarkt entgegen.
Dennoch rief Kerlchen ungeduldig aus: »Nun macht schon.«
»Außerdem«, versicherte Kätzchen, »sind wir von der Polizei, der Geheimpolizei. Du kannst dich uns also getrost anvertrauen.«
Im gleichen Augenblick dröhnte ein Lastzug vorbei und übertönte das Gespräch. Auch versperrte er für Sekunden Sicht und Einblick. Danach befand sich das Mädchen Ulrike nicht mehr am Straßenrand. Nur ihr rotes Halstuch lag dort.
Nur eine einzige höchst ungenaue Zeugenaussage konnte später nach mühsamen Suchaktionen aufgetrieben werden. Wobei die Kriminalpolizei an die hundert sich ihr anbietenden Hinweise zu überprüfen hatte. Alle negativ.
Das Fahrzeug jedenfalls, von Kerlchen gesteuert, fuhr mit normaler, keinesfalls überhöhter Geschwindigkeit davon. In südlicher Richtung, unerkennbar wohin.
Uhrzeit nunmehr: 7 Uhr 55.
Doch erst nach 13 Uhr an diesem Tage sollte das Verschwinden des Kindes bemerkt werden. Denn bis dahin glaubte seine Mutter, Ulrike befinde sich im Kindergarten. Und im Kindergarten wurde angenommen, das Mädchen müsse wohl erkrankt oder sonstwie verhindert sein.
Für die Täter bedeutete das praktisch einen Vorsprung von mehreren Stunden.

Fast zur gleichen Zeit hatte Keller, nach wenigen Stunden Schlaf, seine engsten Mitarbeiter im Hinterzimmer des Restaurants ›Zur letzten Heimat‹ erneut um sich versammelt. Auch sein Hund war dabei, gähnend vor Müdigkeit; Keller trug ihn wie ein Kind. Dennoch blinzelte Anton die Anwesenden hoffnungsvoll an: Frau Brasch, Pinkus, Moser, von Gotha. Otto, einstiger Preisringer, nunmehr Automontagespezialist, schirmte die Konferenz ab. Das war zwar praktisch kaum erforderlich, aber Otto legte stets Wert darauf, für gute Preise auch ganze Arbeit zu leisten.
Keller führte aus: »Es scheint fast so, als hätten wir eine Spur gefunden, mit der sich möglicherweise etwas anfangen läßt. Leider haben wir wenig Zeit zum gründlichen Nachdenken und noch weniger für genaue Vorarbeiten. Ich konnte Ihnen nur ein paar Stunden gönnen. Aber die, hoffe ich, haben Sie genutzt.«

Zunächst meldete sich Pinkus. »Ich habe mich mit Schlesinger beschäftigt, seinetwegen etliche Telefongespräche geführt, mit einem seiner ehemaligen Mitarbeiter gesprochen, auch unseren Nachtdienst in der Versicherung mobilisiert.«
»Erfolglos?« fragte Keller.
»Geradezu verdächtig erfolglos! Bei allen Nachforschungen stieß ich wie auf Mauern. Alle Gesprächspartner zeigten sich höchst zurückhaltend. Sein ehemaliger Mitarbeiter machte sogar einen geradezu verängstigten Eindruck.«
»Und Ihr Mann bei der Versicherung, Pinkus?«
»Der, Herr Keller, ist einer unserer besten Leute, ein ganz kalter Spezialist für Versicherungsbetrug, vom Schreibtisch aus. Er beschwor mich geradezu, die Finger von diesem Schlesinger zu lassen. Unsere Rechtsabteilung hatte ihm einmal ein Verfahren anzuhängen versucht, weil man falsche Angaben vermutet hatte, was prompt zu einer Gegenklage führte, bei der es dann zu einer Art Vergleich kam, eindeutig zugunsten von Schlesinger.«
»Das hört sich gar nicht schlecht an – von unserem Standpunkt aus betrachtet«, meinte Keller versonnen. »Bitte, sammeln Sie dazu weiteres Material.« Dann blickte er Frau Brasch fragend an. »Und wie sieht es sozusagen amtlich aus?«
»Alle irgendwie erreichbaren Auskünfte, Schlesinger betreffend, sind vom Präsidium angefordert worden. Natürlich handelt es sich dabei nur um erste Ergebnisse. Sie sind jedoch bisher völlig negativ. Schlesinger ist, vom Amt aus gesehen, ein so gut wie unbeschriebenes Blatt.«
»Nur kleinere Kriminelle«, schaltet sich Moser ein, »kommen fast immer in die Kartei. Sie leisten die eigentliche Arbeit, verursachen Spuren; ihre Tätigkeit ist nachweisbar. Die ganz großen Kriminellen jedoch zahlen, schaffen an, lassen für sich arbeiten. Die morden nie persönlich, sie honorieren Mörder. Man könnte diese Leute auch kapitalistisch abgeschirmte Kriminelle nennen.«
»Nicht auf die Dauer«, meinte Keller bedächtig und zog seinen Hund Anton an sich.
Doch Moser gab weiter zu bedenken: »Schließlich leben wir in einer Zeit der ganz schnellen Geldmacher, ob sie nun Häuser bauen, Tankstellen errichten, Straßen auswalzen, Mietwucher treiben, sich an Autoreparaturen bereichern. Nur logisch also, daß auch Kriminelle das ganz schnelle Geld machen wollen. Und das können sie am besten, wenn es noch nicht gelungen ist, ihre spezielle Machart zu durchschauen.«
»So ungefähr dürfte das hier im Prinzip aussehen«, bestätigte Keller anerkennend, wenn auch vorsichtig. »In einem solchen Rahmen kann man sich einen Schlesinger durchaus vorstellen.«

»Andere auf unseren Listen aber auch«, meinte Pinkus. »Dieser Waldmann etwa, ein Journalist. Der kommt mir verdächtig gut informiert vor.«
»Vielleicht ist er nur ein guter Journalist«, sagte Keller lächelnd. »Aber um ihn brauchen wir uns zunächst nicht weiter zu kümmern, das wird Kriminalrat Zimmermann tun, gemeinsam mit Kommissar Krebs.«
»Wollen die etwa bei uns mitmischen?« fragte Pinkus aufhorchend.
Keller: »Jedenfalls wird das Amt auf Schlesinger großzügig verzichten. Denn gegen den liegt kein unmittelbarer Verdacht vor; also kann man gegen ihn auch nicht vorgehen. Der bleibt uns überlassen.«
Pinkus nickte erfreut. Doch von Gotha meinte: »Aber was ist, wenn dieser Schlesinger lediglich eine Person am Rande wäre?«
»Selbst dann bleibt er für uns interessant. Denn über ihn könnten wir möglicherweise Zugang zu weiteren Personen oder Gruppen erhalten. Jedenfalls wüßte ich gern: wie sehen seine Kontakte aus, wohin führen sie, mit wem läßt er sich ein?«
»Dann werde ich ihn also«, folgerte Moser hellhörig, »mit einem möglichst dichten Abhörnetz überziehen. Was praktisch heißt: seine Privatwohnung, seine Büros, dazu die Telefonanschlüsse von Leuten, die erkennbar mit ihm in direkter Beziehung stehen.«
»Veranlassen Sie das«, bestätigte Keller.
Pinkus empfahl: »Dabei sollten Sie sich um den besten Abhörspezialisten bemühen, mit dem ich jemals zusammengearbeitet habe – ein gewisser Schladerer. Der scheint durch noch so dicke Wände horchen zu können.«
»Ich habe ihn bereits engagiert«, erklärte Moser nicht ohne Stolz. »Außerdem habe ich allerneuestes technisches Material aus Amerika angefordert; es wird in einer knappen Stunde hier per Flugzeug eintreffen. Wahre Wunderwerke! Feinhörigste Apparate im Kleinformat, die in Telefonapparaten, in Kugelschreibern oder an Fensterrahmen installiert werden können. Dafür benötige ich jedoch noch einige Spezialisten.«
Von Gotha schien erheblich irritiert. »Heißt das etwa, Herr Moser: Sie fordern Leute an, die bei der Installation dieser Abhörgeräte mit kriminellen Methoden vorgehen?«
Keller lächelte nachsichtig. Die Antwort hierauf gab Pinkus für ihn: »Mein lieber Herr von Gotha, wir sind hier nicht bei der Kriminalpolizei. Wir haben einen keinesfalls gewöhnlichen Auftrag übernommen. Und mit dem müssen wir nun fertig werden.«
»Aber doch nicht mit ungesetzlichen Methoden!« Herr von Gotha wirkte geradezu bestürzt.
»Ich kann Ihnen«, empfahl Pinkus, »nur den einen guten Rat geben: hören Sie einfach nicht zu, wenn Sie etwas zu vernehmen glauben, das nicht in Ihre geregelte Kriminalbeamtenwelt hineinpaßt!«

»Und wann«, wollte Keller von Moser wissen, »können Sie Ihr Netz gelegt haben?«
»In drei bis vier Stunden. Wozu ich auch Herrn Ponti, Mailand, benötige.«
»Was kann der?«
»Zahlen von null bis neun unterscheiden!« erklärte Moser, die erstaunten Blicke der Anwesenden heiter genießend.
»Heißt das etwa«, fragte der schnell reagierende Keller, »daß dieser Ponti bei Abhöranlagen die gewählten Telefonnummern erkennen kann?«
»Das ist technisch so gut wie unmöglich«, meinte von Gotha überzeugt.
»Aber wenn es möglich wäre – einfach unbezahlbar!« Pinkus zeigte sich ebenso skeptisch, aber zugleich hoch interessiert. »Ist tatsächlich damit zu rechnen, daß sich so etwas realisieren läßt?«
»Soweit sind wir wohl noch nicht«, meinte von Gotha streitbar. »Eine von einem abgehörten Apparat angewählte Telefonnummer sofort zu erkennen, also in Sekundenschnelle zu bestimmen, das wäre eine geradezu phänomenale technische Leistung.«
»Die Ponti aber zuzutrauen ist«, versicherte Moser. »Er gilt als der beste internationale Spezialist für Abhörmethoden und Überwachungsapparaturen – nicht nur in unseren Kreisen, auch bei der Kriminalpolizei, zwischen Oslo und Rom; er hat sogar schon für das FBI gearbeitet. Als Privatmann. Er ist ein Künstler von Weltrang, entsprechend hoch sind auch seine Honorare.«
»Befinden sich«, wollte Keller wissen, »seine Versuche noch im Experimentierstadium, oder liegen schon Ergebnisse vor?«
Moser gab sich sehr sicher. »Das Ponti-System basiert auf folgender Erkenntnis: jede Wahl einer Telefonnummer erfolgt mit einer gewissen rhythmischen Gleichmäßigkeit, jede einzelne gewählte Nummer ist von bestimmbarer Dauer. Der ganze Vorgang wird elektronisch erfaßt und durch Impulsrechner bestimmt.«
»Und das funktioniert hundertprozentig?« wollte Pinkus wissen.
Moser sah ihn fast nachsichtig an. »So gut wie nichts, Herr Pinkus, ist hundertprozentig. Auch nicht bei Ihnen. Oder?«
Keller beeilte sich, den Streit unter seinen Mitarbeitern zu überspielen. »Mit welcher Fehlerquote wäre dabei zu rechnen?«
»Mit einer äußerst geringen«, versicherte Moser. »Soweit ich informiert bin, soll es sich dabei höchstens um einen Stellenwert handeln; etwa bei einer sechsstelligen Zahl.«
Herr von Gotha schüttelte bedenklich seinen dekorativen Kopf. »Also letzten Endes doch wohl kein juristisch einwandfrei brauchbares, verwertbares System.«
»Darauf kommt es doch gar nicht an!« stellte Pinkus richtig. »Schließlich

arbeiten wir hier weder für die Justiz, noch für die dieser Justiz unterstellte Kriminalpolizei. Wir sind allein darauf aus, verwertbare Ergebnisse zu erzielen. Und wenn uns dieser Ponti dabei behilflich sein kann...«
»Kann er!« versicherte Moser.
Und Keller entschied: »Dieser Mann aus Mailand soll kommen!«

Weitere Anordnungen von Keller. Uhrzeit jetzt: 9 Uhr 15.

Erstens: »Sie, verehrte Kollegin Brasch, halten den Kontakt mit dem Präsidium pausenlos, aber ausschließlich über Kommissar Felder, aufrecht. Wenden Sie sich an kein Dezernat, auch nicht an Kriminalrat Zimmermann. Kontaktmann für den bin ich.«

Zweitens: »Sie, lieber Pinkus, beschäftigen sich weiter mit diesem Schlesinger. Suchen Sie ihn auf, bieten Sie sich ihm an; die Einzelheiten überlasse ich Ihnen. Versuchen Sie, möglichst viel über ihn herauszufinden. Über den will ich einfach alles wissen. Etwa: woher kommt er, was läßt er durchblicken, was könnte ihm zuzutrauen sein? Schlesinger ist jetzt ausschließlich Ihr Mann.«

Drittens: »Sie, lieber Moser, haben ab jetzt in der Wahl Ihrer Mittel, Methoden und Mitarbeiter jede erdenkliche Freiheit. Maßgeblich sind nur die von Ihnen erreichten Resultate. Wenn sich dabei ein Risiko ergibt, werde ich es mit Ihnen zu teilen versuchen. Was jedoch bei Ihrer bewährten Geschicklichkeit kaum notwendig sein wird.«
Viertens: »Nun, Herr von Gotha, wie gefällt Ihnen Ihr neuer Job – also Messer?«
Von Gotha: »Bei aller Zuneigung, die ich für ihn empfinde – sonderlich wohl fühle ich mich in seiner Gegenwart nicht. Manchmal kommt er mir wie eine Art Racheengel vor, von den Kidnappern auf das schwerste beleidigt.«
Keller: »Das wird Herrn Messer ganz schön in Schwung halten. Hauptsache: er leistet sich keine Alleingänge mehr.«
Von Gotha: »Ob es da nicht besser wäre, wenn ich mich ständig in seiner Nähe aufhalte...?«
Keller: »Sie brauchen ihn nicht zu überwachen, das macht schon das Präsidium, sozusagen zu seiner Sicherheit. Sie sollten sich zwischendurch ein wenig entspannen, auf möglichst angenehme Weise, wie ja schon angedeutet.«
Von Gotha: »So gern tue ich das nun auch nicht. Muß diese junge Dame denn ausgerechnet Hädrich heißen?«
Keller: »Könnte doch sein, daß sie Ihnen gefällt. Ich jedenfalls halte sie

für ein ungewöhnlich interessantes Mädchen. Sie hat so gar nichts von ihrem Vater.«
Von Gotha: »Eben das könnte unter Umständen zu Komplikationen führen, meinen Sie nicht auch?«
Keller: »Was, mein Verehrter, ist denn nicht kompliziert, schon gar nicht in so einer vielfach verteufelten Situation, in der wir uns befinden.«

Fünftens: »Was, liebe Mutter Lauter, macht unser Otto?«
Die Lauter: »Der schirmt ab und veranstaltet außerdem anhand von Stadtplänen eine Serie von Befragungen der für uns arbeitenden Taxichauffeure. Übrigens wüßte er gern, ob sich schon jetzt räumliche Schwerpunkte abzeichnen.«
Keller: »Nein, noch nicht.«
»Was wohl heißt«, fragte der hellhörige Moser, »daß wir dabei sind, den sogenannten Kopf eines Unternehmens herauszufinden – was Ihnen aber keinesfalls genügt. Sie wollen, gründlich veranlagt wie Sie sind, nun auch wissen, wie der dazugehörige Arsch aussieht?«
»So ungefähr«, bestätigte Keller. »Wir benötigen Hunderte von Einzelheiten, darunter jene zwei oder drei, die sich am Ende mit Erfolg verwenden lassen.«

Weiter; diese Stadt – in diesen Tagen:
»Aus Liebe nehmen sie sich das Leben! Einmal: Reinhard, Schlosser, 27, weil er seine siebzehnjährige Freundin in den Tod gefahren hatte. Dann: Rolf, Hausmeister, 52, weil er ohne seine bei einem Verkehrsunfall umgekommene Frau ›nicht mehr leben‹ konnte, ›mit ihm starb sein Hund Butzi‹. Drei weitere Selbstmorde: ›aus Angst vor Schulden, vor der Einsamkeit, vor den Eltern.‹ Ansicht eines Sachverständigen: ›Diese Häufung ist nicht zuletzt meteorologisch bedingt. Die zur Zeit herrschenden Temperaturen sind unnormal.‹
›Maskierte Mörder holten ihre Opfer aus dem Bett.‹ ›Sippenboß‹ von Zigeunern grausam hingerichtet. Seine Familie hielt sich versteckt. Die Polizei vermutet: die Frau des Opfers, 36, hatte einen Geliebten, 24 – und beiden war der Zigeunerchef im Weg. Ein weiterer Mord: Kioskbesitzerin, 71, vermutlich durch Rocker – deren Beute 13 Mark und 75 Pfennige. Hamburgerin, Helga, 52, Mutter von sieben Kindern, ›enthüllt ihre Bettgeheimnisse‹ – dabei große Anteilnahme auch in München: zahlreiche Leserzuschriften. Helga hat, wie im Fernsehen verkündet, ›Abschied von der bürgerlichen Durchschnittsehe genommen‹, also per Anzeige Sexpartner gesucht und diese auch gefunden. Zahlreiche. ›Die Reaktionen der Leser schwanken, zwischen Ablehnung und Anerkennung.‹
Die Diskussionen gehen weiter. Die einen: ›So gut wie eine Hure.‹ Die

anderen: ›Ehefrauen werden dadurch aufgeschlossener.‹ Die einen: ›Auch wir haben unsere Ehefesseln gesprengt.‹ Die anderen: ›Eine erschrekkende und deprimierende Zeiterscheinung.‹
›Geschlechtskrankheiten nehmen rapide zu. Dunkelziffer vermutlich dreimal so hoch wie gemeldete Fälle.‹ Gemeldet: an die 90000 im Bundesgebiet – in München nicht ganz 10000; zumeist Tripper, also Gonorrhoe; nur einige Hundert davon Syphilis. Amtlicher Kommentar hierzu: wohl schnell zunehmende Tendenz, recht bedenklich, aber noch nicht besorgniserregend.«

Herr von Gotha war im Grunde seines Wesens ein waschechter Kriminalbeamter – also unablässig einsatzbereit. Er zögerte nun nicht mehr, sich mit Isabella Hädrich zu beschäftigen. Er studierte den Adressenzettel, der ihm von Frau Brasch übergeben worden war.

Ihre Methoden kannte er, also wußte er auch: sie würde sich niemals eine willkürliche Aneinanderreihung von Ortsbezeichnungen leisten, sondern versuchen, sie exakt nach ihrer Bedeutung zu ordnen. Dazu hatte sie zwei Fotos bereitgelegt und eine ziemlich eingehende Personenbeschreibung; auch eine handschriftliche Notiz: »Soll sehr eigenwillig sein!« Von Gotha suchte zunächst die Adresse Nummer eins auf: ein Café Horn am Goetheplatz. Und hier fand er Isabella. Er erkannte sie sofort.

Das Café Horn war tagsüber eine Kneipe mit Schnaps, Bier und belegten Broten, abends jedoch ein kleiner Vergnügungsschuppen, wo mit Schallplatten gemäßigter Beat produziert wurde. Die Einrichtung: von gemütlicher Behäbigkeit, rauhes Holz und buntes Papier. Durchaus mäßige Preise. Besucher höchst gemischt.

Hier schien es jedem völlig gleichgültig zu sein, warum er auf der Welt war. Selbst der wie immer elegant gekleidete von Gotha störte kaum. Er setzte sich zu Isabella, die allein an einem Tisch in Fensternähe saß.

Sie trank ihre Morgenmilch, vermutlich mit Whisky verstärkt. Jedenfalls wirkte sie seltsam gleichmütig. Über von Gotha schien sie hinwegzusehen, was er sonst nicht gewohnt war.

»Sie erlauben?« fragte er nachträglich.

Nun erst betrachtete Isabella ihn – mit leicht getrübtem Blick. »Ich erlaube Ihnen gar nichts, aber was kann ich Ihnen verbieten? Etwa, sich an diesen Tisch zu setzen, obwohl das ganze Lokal nahezu leer ist, wie immer um diese Zeit?« Dann wollte sie wissen: »Wie kommt denn überhaupt so ein Typ wie Sie hierher? Haben Sie sich verirrt, oder wollen Sie etwas von mir?«

»Würde ich ganz gerne«, versicherte von Gotha spontan. »Sie gefallen mir.«

»Sie mir auch«, sagte Isabella offen. »Aber leider sind Sie wohl schon zu alt für mich; an die zwölf oder fünfzehn Jahr älter, schätze ich. Sie gehö-

ren schon zur gestrigen Generation.«
»Auch so was ist relativ«, versicherte von Gotha belustigt. Dann bestellte auch er sich ein Glas Milch, ›aber ohne Zusatz‹. Er sagte weiter: »Ich kenne da zufällig einen sogenannten alten Mann. Er hat die Augen eines Kindes, das Herz eines Cowboys und die Flinkheit eines ganzen Rudels Füchse. Dazu verfügt er dann noch über die oft verblüffenden, manchmal aber auch verwirrenden Erfahrungen eines langen, bewußt und klug verbrachten Lebens.«
»Ein alter Wunderknabe, was?« sagte nun Isabella schon munterer. »Vielleicht stellen Sie ihn mal aus! Damit man ihn besichtigen kann, Kennwort: der letzte unverblödete Greis! Das wäre in dieser entweder infantilen oder senilen Welt bestimmt eine Zugnummer.«
»Sonderlich optimistisch klingt das nicht.«
»Warum sollte es auch? Ist denn Optimismus etwas anderes als ein Schlafmittel für Idioten?«
Sie blickte zur Tür, dort stand Heinz Boerner. Isabella tat, als habe sie ihn nicht gesehen, wobei sie, fast hastig, nach der Hand des überraschten von Gotha griff.
»Verfügen Sie über eine sogenannte kräftige Konstitution?« wollte sie von ihm wissen. »Gehören Sie zu den angeblich starken Männern?«
Bevor von Gotha noch darauf antworten konnte, stand Heinz Boerner dicht vor ihnen und beugte sich zu Isabella: »Kann man dich denn keinen Augenblick allein lassen?«
»Du bist hier überflüssig – wie immer«, erklärte sie.
Worauf von Gotha sich beeilte, Isabellas Fragen zu beantworten. »Wer ist denn schon ein starker Mann? Zumindest ist stark nicht gleich dick. Ich jedenfalls habe mich auch als Boxer betätigt, nicht gerade offiziell. Aber ich bin immer noch in recht guter Form.«
Heinz Boerner schien ein wenig beeindruckt. Er ließ sich nieder, wies auf von Gotha und fragte: »Wer ist denn das; was will der von dir?«
»Das geht dich einen Dreck an!« versicherte sie sanft.
»Wir unterhalten uns, und dabei trinken wir Milch«, sagte von Gotha.
»Laß dich nicht aushorchen!« warnte sie Heinz Boerner. »Und nicht aufhalten. Wir sind gekommen, um dich abzuholen – Aschaffenburg und ich. Der mußte mal schnell auf die Toilette.«
»Leiste ihm dort Gesellschaft«, empfahl Isabella munter.
Doch Aschaffenburg erschien ganz plötzlich; es sah aus, als wäre er alarmiert herbeigeeilt. Er musterte den neben Isabella sitzenden Mann schnell, aber aufmerksam, und stellte sich vor: »Aschaffenburg.«
»Gotha.«
»Ich bin Student – Jura – viertes Semester. Und Sie?«
»Derzeit Mitarbeiter eines Versicherungsagenten, auch Hilfskraft bei ei-

nem Rechtsanwalt«, hörte sich von Gotha sagen.
»Und womit beschäftigt sich dieser Rechtsanwalt«, fragte Heinz Boerner inquisitorisch. »Etwa mit Steuerfragen – als verläßlicher Partner des Finanzamtes? Und Sie mit ihm?«
»Ich«, versicherte von Gotha, beide Hände wie in beschwörender Abwehr erhebend, »habe noch nie ein Finanzamt betreten. Als sehr junger Mensch geriet ich ahnungslos in diese Steuermühlen. Danach habe ich mir dann wochen-, fast monatelang nicht das Geringste mehr leisten können. Ich habe gehungert, mich nur noch schäbig gekleidet, konnte kaum die Straßenbahn bezahlen. Der Herr bewahre mich vor diesen Leuten!«
»Das hört sich verdächtig überzeugend an«, meinte Aschaffenburg. »Wenn ich Steuerfahnder wäre, würde ich mir auch so eine schön rührende Geschichte ausdenken.«
»Jedenfall stimmt bei dem irgendwas nicht«, vermutete Heinz Boerner.
»Was bei dir nicht stimmt«, versicherte ihm Isabella, »kann ich dir ganz genau sagen.«
Herr von Gotha genoß die Situation. Isabella gefiel ihm. Und die beiden jungen Männer machten ihn neugierig. Zumal Aschaffenburg jetzt in Aktion trat.
Er entschied: »Du, Isabella, kommst mit mir. Wir starten gleich morgen wieder eine neue Aktion. Und die muß hinhauen, also gründlich vorbereitet werden. Dafür wirst du gebraucht. Heinz sollte sich noch ein wenig näher mit diesem Herrn beschäftigen. Vielleicht ist er doch von der Steuer.«
»Wird untersucht«, versicherte Boerner.
Isabella stand auf, um Aschaffenburg zu begleiten, jedoch nicht, ohne von Gotha noch einmal vielsagend zugeblinzelt zu haben. Der blieb mit Heinz Boerner zurück – bei seinem noch nicht ausgetrunkenen Glas Milch.
»Sie behaupten also, nicht von der Steuerfahndung zu sein?«
Gotha verneinte erneut und sagte dann: »Wenn ich die Situation richtig deute, sind Sie um Fräulein Hädrich besorgt. Das wäre ich auch an Ihrer Stelle. Sie versuchen sie abzuschirmen, gegen alles und jeden, scheint mir. Nur nicht gegen Herrn Aschaffenburg, da denken Sie offenbar weit großzügiger.«
»Wer Sie sind, weiß ich nicht«, erklärte ihm Heinz Boerner. »Aber was Sie von Isabella wollen, kann ich mir vorstellen. Alle wollen das gleiche von ihr. Nur Aschaffenburg nicht. Der ist ein Neutrum, was weibliche Wesen anbelangt. Sie jedoch, Herr Gotha, gehören ganz eindeutig zur Männermasse. Darüber hinaus kommen Sie mir ein wenig undurchsichtig vor. Sie beunruhigen mich!«
»Doch nicht etwa Isabellas wegen? Sie hat mir schon erklärt, daß ich viel zu alt für sie bin. Ich kann das leider nur bestätigen.«

»Warum haben Sie dennoch versucht, sich an sie heranzuwanzen? Worauf sind Sie aus, wenn schon angeblich nicht auf Isabella selbst?«
»Herr Boerner, halten Sie es für ausgeschlossen, daß Sie Menschen begegnen, die Sie zu verstehen versuchen?«
»Sie wollen mich aushorchen!« vermutete Boerner alarmiert. »Oder versuchen Sie etwa, mich Isabellas wegen gegen irgend jemand auszuspielen, etwa gegen meine studentischen Freunde? Versuchen Sie das nicht! Dabei geht es um Überzeugungen.«
»Um welche, Herr Boerner?«
»Um solche, die Sie kaum verstehen können. Warum sollte ich sie Ihnen zu erklären versuchen?«
»Wäre nicht denkbar«, sagte von Gotha, »daß sich sogenannte Überzeugungen und reale Gegebenheiten unter bestimmten Umständen als unvereinbar erweisen? Zunächst für Sie, dann aber auch für Isabella. Was praktisch heißen würde: Sie sitzen hier beide in einem luftleeren Raum.«
»Ich kann Ihnen nur raten, mischen Sie sich nicht ein, ob Sie nun von der Steuer kommen oder sonstwoher. Schließlich können Sie nicht wissen, was ich weiß. Oder legen Sie etwa Wert darauf, in den Bereich der Kriminalpolizei zu geraten?«
An diesem Vormittag war WW, der Journalist Walter Waldmann, gegen 11 Uhr zu Karl Schlesinger gebeten worden. Eine Aufforderung, der er unverzüglich Folge leistete. Zumal sie in der Form einer Einladung gekleidet war: gemeinsame Besichtigung des neu eröffneten Restaurants ›Der Seewolf‹ – so benannt nach einem Roman von Jack London, den man neulich in ein mehrteiliges Fernsehvergnügen verwandelt hatte, womit sich erfahrungsgemäß brauchbare Nachfolgegeschäfte machen ließen.
»Ich lege großen Wert, lieber Walter, auf dein persönliches Urteil«, hatte Schlesinger versichert. »Die Inhaber dieses Lokals scheinen sich finanziell völlig übernommen zu haben, was ja heutzutage immer wieder vorkommt. Lauter gierige, aber zugleich unfähige Spekulanten – ob nun in Bars oder im Bett.«
Wobei WW den Hinweis auf das Bett als Warnung empfand, im Hinblick auf Mucki. Das veranlaßte ihn zu einigem Entgegenkommen. »Fühle mich dir gegenüber verpflichtet. Sehr!«
»Brauchst du nicht«, versicherte ihm Schlesinger fast herzlich. »Mir würde schon das Gefühl genügen, daß wir miteinander harmonieren. In hoffnungsvollster Weise.«
»An mir soll es gewiß nicht liegen.«
Das Lokal ›Der Seewolf‹ befand sich knapp fünfzig Meter seitwärts der Leopoldstraße, in Richtung Feilitzschplatz. Es war ein auf Hochglanz polierter, dazu auf kombüsenhafte Gemütlichkeit getrimmter Schuppen: Hochsee-Seglerutensilien an den Wänden – Steuerrad, Kompaß, Ga-

lionsfigur; diese prall weiblich. An jedem Tisch eine Art Schiffsglocke, mit der man die Bedienung alarmieren konnte. Die Speisekarte verzeichnete: Gaumengenüsse für Seebären – von Dörrfischfleisch, luftgetrocknet, bis Meeresfrüchte, ozeanische; letztere angeblich täglich frisch eingeflogen.

Karl Schlesinger verspeiste ein halbes Dutzend Hummerscheren – WW empfahl er isländische Königskrabben. »Du kannst aber auch Kaviar haben, echt russischen. Alles, was du willst. Betrachte dich als eingeladen.«

WW bedankte sich äußerst höflich; vorsichtig auch.

»Du siehst strapaziert aus«, stellte Schlesinger erheitert fest. »Vermutlich hast du eine anstrengende journalistische Nacht hinter dir – oder etwa eine in ganz besonderen Bereichen?«

WW sah ein, daß es nicht ratsam war, noch weiter auszuweichen. Also sagte er männlich robust, nachdem er sich mit dunkelbraunem, irischem Bier gestärkt hatte: »Ich kann nur hoffen, du nimmst es mir nicht übel, daß ich mit Mucki... zumal sie dabei sozusagen selbst die Initiative ergriffen hatte... was aber doch wohl nicht gleich ein Weltuntergang ist? Oder?«

Karl Schlesinger winkte großzügig ab. »Aber ich bitte dich, Walter! Wir beide gehören noch zu jenen Menschen, die sich ein Gefühl für Größenordnungen bewahrt haben. Selbst in dieser Zeit! Was bedeutet dabei schon die Funktion gewisser weiblicher Körperteile? Etwa verglichen mit großen, geistigen Vorgängen.«

»Mit welchen etwa?«

»Äußerlich«, versuchte sich Karl Schlesinger nun zu erklären, »bin ich nur ein Geschäftsmann. Zumindest für diejenigen, die mich nicht näher kennen; zu denen du aber nicht gehörst. In Wirklichkeit bin ich ein geistig interessierter Mensch, fast so etwas wie ein faustisches Wesen. In goetheschem Sinne – du verstehst?«

»Das traue ich dir ohne weiteres zu!« behauptete WW ungeniert, zugleich aber auch dankbar für Schlesingers Großzügigkeit. »Aber worauf willst du hinaus?«

»Auf die extremsten Gegebenheiten in unserer Gesellschaft, Walter. Die faszinieren mich. Darüber will ich möglichst alles wissen. Jede irgendwie erreichbare Einzelheit. Auch etwa über die Vorgänge bei der Entführung von Kindern.«

»Wieso, Karl, interessiert dich denn ausgerechnet so was?«

»Einmal, Walter, weil ich als faustisch veranlagter Mensch wissen will, was wirklich in dieser Zeit vorgeht. Dann aber auch, weil das noch von meiner Jugendzeit her wie ein Trauma in mir steckt.«

Schlesingers Stimme klang geradezu feierlich, als er erzählte: »Damals, kurz nach dem letzten Krieg, wurde auch ich entführt – von meiner Mut-

ter weg. Man versuchte, sie zu erpressen. Aber sie weigerte sich, für mich zu zahlen. Sie erklärte vielmehr: diesen kleinen Scheißer können Sie behalten, der ist keinen Pfennig wert. Folglich wurde ich freigelassen. Verstehst du nun, warum mich dergleichen fasziniert?«
»Ich bemühe mich«, versicherte WW entgegenkommend. »Soll ich mich also möglichst umfassend über alle diesbezüglichen Vorgänge informieren?«
»Ich will wissen, was wirklich vorgeht, mehr als gewöhnliche Menschen will ich wissen. Die dafür wohl wichtigste Quelle könnte ein gewisser Hädrich sein. Kannst du an den heran?«
»Kriminaldirektor Hädrich«, sagte WW überzeugt, »dürfte geradezu beglückt sein, wenn ich auf ihn zukomme. Schließlich verdankt er meinen zumeist recht wohlwollenden Artikeln, daß er noch halbwegs überzeugend existieren kann.«
»Beschäftige dich also mit ihm! Und berichte mir dann darüber, möglichst mit allen Einzelheiten.«
WW nickte – bedenklich, aber zustimmend.

In dem älteren Opel, der nun stadtauswärts fuhr, saß vorne in geradezu eleganter Haltung der Mann namens ›Kerlchen‹. Auf dem Hintersitz hockte ›Kätzchen‹ – unentwegt redend. Denn das neben ihm sitzende, aufmerksam zuhörende Kind stellte unentwegt Fragen. Nicht einmal die Aufforderung: »Halt endlich deine Schnauze« konnte den Fragestrom eindämmen.
Nach etlichen Umwegen, Kreuzundquerfahrten erreichten die drei den abgelegenen Stadtteil Hirschau – zwischen dem hinteren Teil des Englischen Gartens und der Isar. Dort stand ein einsames, am Waldrand gelegenes Haus – mehr eine Bretterbude mit Gemüsegarten. Das Ganze wirkte dekorativ verwahrlost.
Hier hausten Herr und Frau Treudank, beide bereits weit über sechzig. Er war Weichensteller bei der Bundesbahn gewesen, sie in Kriegszeiten vielfach bewährte Rote-Kreuz-Helferin. Sie wirkten durchaus würdig und verständnisbereit, wenn nicht gleich lieb und wert oder gar herzig. Dementsprechend bemühten sie sich um Ulrike und begrüßten sie wie einen willkommenen Gast.
»Was soll ich hier?« wollte das Kind wissen.
»Mach es dir bequem«, riet ihr Frau Treudank freundlichst. »Fühl dich hier wohl!«
Unterdessen erhielt Herr Treudank von Kerlchen einen dicken Umschlag ausgehändigt. Er sah nur kurz hinein, um dann schnell erfreut zu nicken. Damit hatte er das telefonisch vereinbarte großzügige Honorar für Unterkunft und Verpflegung plus Betreuung erhalten: für höchstens, wie

versichert, zweimal vierundzwanzig Stunden zehntausend Mark. Danach, war ihm bestätigt worden, würde das Kind wieder abgeholt werden. Kerlchen und Kätzchen jedenfalls verschwanden unverzüglich, ohne jedes Abschiedswort, ohne noch einmal zurückzusehen. Ihre Mission war beendet. Sie fuhren ihren Opel in die Innenstadt und ließen ihn beim Rindermarkt stehen, nicht ohne mögliche Spuren sorgfältig mit Taschentüchern verwischt zu haben. Bis auf eine.
Danach bestiegen sie bei der Station Marienplatz die S-Bahn, fuhren zum Hauptbahnhof und von hier aus mit dem Bus zum Flugplatz. Keller hatte später einige Mühe, sie in Teneriffa ausfindig zu machen.

Hetzing erklärte, nach Ablauf dieser Ereignisse von Keller befragt, hierzu folgendes:
»Man soll nichts dem Zufall überlassen. Alles ist Erfahrung. Und die muß man sich zunutze machen.
In diesem Fall hielt ich mich, nur wenige Tage vor diesen Ereignissen im Gasthof Hirschau auf, um eine Freundin abzuholen, die auf den dort angelegten Volkssportplätzen einer cleveren Firma Tennis spielte. Dabei lief mir deren Freundin über den Weg.
Und mit der unternahm ich einen Spaziergang in die nächste Umgebung. Dort stemmte ich sie – gegen einen Baum. Wobei sie aufstöhnte, röhrte und röchelte – vor Lust. Dann sogar aufschrie – wie eine Sirene. Laut und immer lauter. Das war wohl so ihre Masche.
»Ich sagte zur ihr: ›Halt die Schnauze!‹ Hielt sie ihr sogar zu. Was aber vergeblich war. Sie jaulte vor Lust wie ein Rudel erregter Hofhunde. Und niemand hörte sie. Keiner störte uns – trotz ihrem Lustgeröhre.
Ich fand das bemerkenswert. In dieser gottverlassenen Gegend, wenn auch nicht gleich außerhalb von München, blieb jedes noch so enorme Geschrei unbemerkt. Das war genau die Gegend, nach der ich immer schon gesucht hatte. Wenn es einem ausgewachsenen Weib schon nicht gelang, sich in der Umgebung bemerkbar zu machen, würde es einem Kind schon gar nicht gelingen.
Daher also die Wahl dieses Ortes. War eine bessere denkbar? Wenn dennoch alles scheiterte – lag das an mir?«

»Wo bin ich hier?« wollte Ulrike beharrlich wissen.
»Bei lieben Freunden«, wurde ihr von Frau Treudank versichert. »Wir sind um dein Wohlergehen von Herzen bemüht.«
»Und wie, bitte, heißen Sie?«
»Du kannst ruhig Oma zu mir sagen.«
»Sag ich aber nicht!«
Ulrike blickte dabei forschend um sich und stellte fest: die Wohnhütte,

in der sie sich befand, wirkte nicht ungemütlich. Klobige Holzmöbel, handgewebte Vorhänge in sanften Dunkelfarben, dicke Decken überall – auf Stühlen, einer Sitzbank, einem Schlafgestell. Doch die Luft im Raum war dick und schwer. Die Fenster schienen nicht nur verriegelt, sondern auch abgedichtet zu sein.
»Hier erstickt man ja fast«, stellte Ulrike fest. »Kann man die Fenster nicht aufmachen?«
»Es ist ein sehr heißer Tag, mein Kind«, erklärte Herr Treudank. »Nach dem Wetterbericht könnte es der heißeste Tag seit Jahren werden – mit Temperaturen weit über dreißig Grad. Schatten aber bedeutet Kühle – und die wird dir wohltun. Nur deshalb sind hier die Fenster geschlossen.«

An diesem Tag, in dieser Stadt; nach Zeitungsberichten:
»Dieses Wetter – schlimmer als Föhn! ›Polizei klagt über Mehrarbeit.‹ – ›Dieses Wetter macht die Münchner fix und fertig. Alle leiden unter diesem Treibhausklima, das in der Stadt herrscht.‹
Ein Krankenhausarzt: ›Die Zahl der Kreislaufkollapse und Herzattacken nimmt in den letzten Tagen zu.‹ Weit mehr Notfälle als sonst wurden eingeliefert. – ›Die Leute sind gereizt.‹ Und die Polizei registrierte: ›Die Autofahrer sind nervöser als sonst – es gibt mehr Unfälle.‹
›Dieses Wetter macht uns krank.‹ Luftfeuchtigkeit: 56 Prozent. Zahlreiche Operationen wurden ausgesetzt. Im Voralpengebiet, wurde verkündet, sei die derzeitige Luftfeuchtigkeit noch wesentlich höher – fast 60 Prozent.
Dann aber ganz plötzlich ein Wetterumsturz sondergleichen. In nur wenigen Minuten sinkende Temperaturen. Alsbald ein schwarzdunkler Himmel. Sich ergießende Wassermassen. ›Dörfer von den Fluten wie überrascht. Das Wasser kam wie eine Walze.‹ Wolkenbruchartige Regenfälle, schwere Hagelniederschläge, Schlammassen setzten sich in Bewegung.
Und nur eine knappe Stunde danach war die Luft wieder heiß und trocken, die Erde hatte die auf sie zugestürzten Wassermassen wie ein ausgetrockneter Schwamm aufgesogen. Temperaturen stiegen beschleunigt – bis über 30 Grad Celsius. Ein Dezernat der Münchner Kripo registriert: ›Spuren eines Mörders durch den heftigen Regen völlig verwischt‹.«
Zimmermann zu seinen Beamten: »Wer sich dadurch irgendwie irritieren läßt, bekommt es mit mir zu tun. Das wäre ja geradezu lächerlich, wenn wir vor Witterungseinflüssen kapitulierten!«

»Und warum«, wollte Frau Treudank von Ulrike wissen, »willst du nicht Oma zu mir sagen?«
»Weil Sie nicht meine Oma sind«, erklärte das Kind ernsthaft. »Von der

Sorte habe ich schon zwei – und mehr hat kein Mensch. Eine allerdings ist voriges Jahr gestorben; ich habe gesehen, wie sie begraben wurde. Aber die andere lebt noch – in Berlin.«

Frau Treudank führte Ulrike zum Tisch in der Mitte der Hütte. Darauf standen ein Korb voller Obst, zumeist Südfrüchte, zwei Teller mit Kuchen, Sahnetorte auf dem einen, Blätterteiggebäck auf dem anderen, eine Karaffe mit Milch, eine andere mit einem Fruchtsaftgetränk. »Alles für dich, Ulrike!«

Das Kind ließ sich nicht weiter nötigen: es griff nach einem schokoladenfarbigen Tortenstück und biß hinein. Es schmeckte ihm vorzüglich; was es auch bekundete. Doch dann, bereits nach dem zweiten, rosarot gefärbten Kuchenstück greifend, wollte es wissen: »Was soll ich hier?«

»Warten«, versicherte Herr Treudank.

»Auf deine liebe Mutter warten«, fügte Frau Treudank hinzu. »Sie wird bald kommen.«

»Wann ist bald?«

»Nun – so gut wie jeden Augenblick. Vielleicht aber auch erst in einigen Stunden. Du mußt Geduld haben.«

»Und bis dahin soll ich hier festgehalten werden?«

»Das Kind fragt zu viel!« stellte Herr Treudank nicht unbesorgt fest.

»Warum soll sie denn nicht«, meinte seine Frau besänftigend. »Ulrike ist ein kluges Kind. Sie wird von uns betreut, bis sich alles aufklärt.«

»Bis sich was aufklärt?« fragte das beharrliche Kind, Kuchen kauend.

»Nur Geduld, Geduld!« mahnte Herr Treudank. »Schließlich ist alles bestens geregelt. Allerbestens. Hat also seinen Sinn. Wie sollte man sonst leben können?«

Wenige Tage zuvor war ein Telefongespräch geführt worden – mit Herrn Treudank. Der Anrufer war unbekannt. Seine Stimme: dunkel, schleppend, dennoch sehr deutlich.

Der spätere Versuch einer Rekonstruktion des Telefongesprächs ergab folgende Einzelheiten:

Der Anrufer: »Herr Treudank, ich wende mich vertrauensvoll an Sie. Sie und Ihre verehrte Gattin sind mir als äußerst verläßlich bezeichnet worden. Von wem, ist unwichtig. Jedenfalls würde ich Ihnen gerne in den nächsten Tagen ein Kind anvertrauen; es heißt Ulrike. Eine verläßliche, kurzfristige Unterbringung könnte notwendig werden. Wir würden das Kind nach allerspätestens zwei Tagen wieder von Ihnen abholen.

Falls Sie einverstanden sind, was ich sehr hoffe, werde ich Ihre sorgfältige Betreuung mit zwanzigtausend Mark honorieren. Davon fünftausend im voraus, diese Summe liegt bereits in einem Schließfach im Hauptbahnhof; der dazugehörige Schlüssel geht Ihnen per Eilboten zu, sobald Sie

sich bereiterklären, diesen Auftrag anzunehmen. Weitere zehntausend Mark, in bar, wenn das Kind bei Ihnen abgeliefert wird. Die restlichen fünftausend, abermals in bar, bei der Abholung.
Sie dürfen dabei absolut sicher sein: alles geschieht nur zum persönlichen Schutz dieses Kindes, das jedoch keinesfalls irgendwie verwirrt werden darf. Was also heißt: keinerlei Namensnennungen oder Ortsangaben; keine Einzelheiten über Raum und Zeit. Sie haben das Kind lediglich zu betreuen – mit möglichst liebevoller Fürsorge. Sind Sie mit meinem Angebot einverstanden?«
Worauf Herr Treudank, »voll guten Glaubens«, wie er später versicherte, gesagt zu haben behauptete: »Verehrter Herr, ich bin ein sehr kinderlieber Mensch. Und meine Gattin ist das auch. Wenn wir Ihnen also irgendwie helfen können – und unter welchen Umständen auch immer – wir tun es gern.«
Womit das schäbige Geschäft perfekt zu sein schien. Und weitgehend abgesichert. Nur waren dabei weder die Beharrlichkeit dieser Ulrike, noch der Spürsinn eines Keller mit einkalkuliert – noch die Hintergedanken der scheinbar so sanft besorgten Frau Treudank.

Keller und sein Hund Anton fanden sich, nach einem nur leicht verkürzten Vormittagsspaziergang, im Polizeipräsidium ein, um Kriminalrat Zimmermann aufzusuchen. Der hob bei ihrem Anblick in gespieltem Entsetzen beide Hände, um sie dann gleich wieder zu senken, damit er den ihn freudig anspringenden Hund umarmen konnte.
Eine Beschäftigung, bei der sich der ›Löwe‹ diesmal jedoch nicht allzulange aufhielt. Was Anton nur recht war; wenn einer an diesem Treibhaustag als hundemüde bezeichnet werden konnte, dann war er es. Also rollte er sich unter Zimmermanns Schreibtisch zusammen.
Keller musterte den Kriminalrat und meinte dann: »Nicht sonderlich viel zu tun – was?«
»Wo denkst du hin!« versicherte Zimmermann. »Ich komme mir vor wie ein Straßenkehrer der Gerechtigkeit. Tag für Tag beseitige ich Haufen von Dreck, um dann immer wieder neue vorzufinden, meist größere, und dann noch größere.«
»Dann wundert es mich um so mehr, in welchem Ausmaß du dabei noch Zeit findest, dich für meine Angelegenheiten zu interessieren – vorerst noch, ohne dich einzumischen.«
Der Kriminalrat blinzelte Keller zu. »Wenn ich den für dich direkt arbeitenden Kommissar Felder um Auskünfte ersucht habe, geschah es aus drei Gründen. Einmal, um mich möglichst umfassend zu informieren – wozu ich verpflichtet bin. Zweitens, um dich gebührend zu bewundern – als Privatmann und als Kriminalist zugleich. Drittens schließlich, um dich,

falls das notwendig sein sollte, abzuschirmen.«
»Ach was, Zimmermann, du willst hier mitmischen!«
Das leugnete der Kriminalrat nicht. »Na, und wenn! Das wäre doch nur willkommene Verstärkung für dich.«
»Du vergißt, daß wir mit völlig verschiedenartigen Methoden operieren. Falls du bei mir mitmachen willst, mußt du dich meinen Methoden anpassen. Das, Martin, ist kein Vorschlag, das ist eine Bedingung. Oder willst du es – und ich kenne deine Tricks! – zu unangenehmen Komplikationen kommen lassen? Zwischen uns beiden?«
»Du bist einfach unverbesserlich, Konstantin. Die Schwierigkeiten, die du dir schon als Beamter geleistet hast, wirken wie Kinderspiele im Vergleich mit dem, was du dem Amt neuerdings zumutest. Und das soll dann womöglich auf meinem Rücken ausgetragen werden?«
»Der war schon immer sehr breit«, meinte Keller belustigt, »und bewundernswert stabil. Damit rechne ich jetzt auch. Ganz ernsthaft, Zimmermann – ohne deine verläßliche Absicherung ist meine Chance nicht sonderlich groß, mit diesem Dschungel fertigzuwerden. Aber ich weiß, daß ich mich auf dich verlassen kann.«
»Das reicht, Keller! Genug Öl für meine arme Seele. Womit also kann ich dienen?«
»Eigentlich wollte ich nur Kommissar Felder aufsuchen, um mit ihm die Überprüfungsergebnisse der ersten Personenliste durchzugehen. Damit er nicht zweimal berichten muß – einmal mir und dann auch dir – könnte er auch hierherkommen. Wovon auch Anton profitieren würde – er kommt mir ziemlich überfordert vor.«
»Wie rücksichtsvoll du doch bist, Keller – zumindest deinem Hund gegenüber.«
Kriminalkommissar Felder erschien unverzüglich. Er breitete einen Stapel Notizen vor sich aus und kam zur Sache. Was er vortrug, hörte sich streckenweise an, als verlese er einen Börsenbericht.
»Mir zwecks Überprüfung übermittelte Namen – zunächst fünf. Nummer eins davon, ein Bankdirektor; der scheidet aus – er macht seit gut zwei Wochen Ferien. Gleichfalls ausscheidend Nummer zwei, ein Hehler; der macht auch Ferien, aber auf Staatskosten; der sitzt seit einem Monat im Gefängnis Stadelheim. Nummer drei dann, auf dieser Liste, ein Einsatzleiter der Wach- und Schließgesellschaft; der könnte möglicherweise in Frage kommen – aber doch wohl nur als Handlanger, vielleicht als eine Art Aufseher. Übrigens gilt er neuerdings als nicht mehr voll verläßlich; er trinkt viel, hat oder hatte Schulden.«
»Wer hat denn heutzutage keine Schulden«, meinte Zimmermann erheitert. »Und trinken tue ich auch.«
»Hoffentlich spricht dich daraufhin kein Krimineller an«, meinte Keller

mit milder Ironie, um sich dann unverzüglich wieder an Felder zu wenden: »Bitte, besorgen Sie über diese Nummer drei alle erreichbaren Details. Falls sich dabei amtliche Schwierigkeiten ergeben sollten, wird Pinkus mit einigen seiner Versicherungsleute das übernehmen.«
Felder, der ›Fuhrmann‹ nickte. »Nummer vier nunmehr, dieser Journalist Waldmann. Er gilt im Amt als eindeutig polizeifreundlich eingestellter Reporter. Wenn auch bei manchmal sehr robusten, gelegentlich sogar leicht kriminellen Methoden; aber dennoch positiv, meint Kriminaldirektor Hädrich. Er scheint Waldmann zu schätzen.«
»Was nichts besagen muß«, meinte Zimmermann nachsichtig grinsend, um dann hinzuzufügen: »aber zu berücksichtigen ist.«
»Weitere Recherchen in dieser Richtung würde ich gerne von meinen Leuten übernehmen lassen«, sagte Keller schnell. »Irgend etwas dagegen, Zimmermann?«
»Nun so gut wie nichts mehr, Keller, was ich dir nicht gönne – was oder eben wen!« Der Kriminalrat schien die Situation zu genießen. »Bankdirektoren und Journalisten – die einen, sagt man, wissen am besten, wie man eine Bank ausraubt; von den anderen wird gelegentlich sogar behauptet, daß sie es fertigbrächten, jemanden umzulegen, um dann exklusiv darüber berichten zu können.«
Keller blieb völlig unbeeindruckt und fragte Kommissar Felder: »Aber was ist mit Nummer fünf auf unserer ersten Liste?«
»Dieser Schlesinger also, Karl mit Vornamen, Jahrgang 1939«, referierte Felder und wollte dann wissen: »Wie sind Sie denn, wenn ich fragen darf, ausgerechnet auf den gekommen? Ich habe bei allen Ressorts, also kreuz und quer durch den Garten, um Auskünfte ersucht. Zunächst ohne jeden Erfolg. Er hat weder irgendwelche Vorstrafen, noch liegt ein Aktenstück über ihn vor. Nicht einmal eine Aktennotiz.«
»Sie sagten: zunächst«, registrierte Keller aufmerksam. »Was haben Sie später herausgefunden?«
»Auch nichts irgendwie Aufregendes. Nur im Dezernat Wirtschaftskriminalität war dieser Name einige Male registriert. Aber nicht direkt belastend, eher als Auskunftsperson. Außerdem soll er Schwierigkeiten mit der Steuer haben.«
»Also ein zeitgemäßer Ehrenmann«, kommentierte Zimmermann amüsiert. »Einer mit allgemein üblichen sogenannten Kavaliersdelikten. Schließlich habe ich mich sogar neulich als Schwarzfahrer betätigt – auf der U-Bahn. Ohne mich selbst zu verhaften.«
Keller lächelte karg. »Soviel ich weiß, besitzt du einen dienstlichen Dauerfahrausweis.«
»Nun ja«, meinte der unerschütterliche Zimmermann. »Aber ich hatte ihn nicht bei mir.«

Keller überging diese Erklärung und wollte von Felder wissen: »Ist damit Ihre vielversprechende Formulierung ›zunächst‹ bereits erschöpft, oder können Sie sonst noch was anbieten?«
»Nur noch eine Kleinigkeit«, sagte Felder.
»Von Kleinigkeiten«, versicherte Keller ermunternd, »leben wir Kriminalisten. Damit können wir weiterkommen. Also – bitte! Was haben Sie herausgefunden?«
»Bei den Nachforschungen betreffend Schlesinger«, berichtete Felder, »meldete sich ein ehemaliger Polizeibeamter bei mir. Er gehörte einst zum Revier Leopoldstraße, das für Schwabing-Mitte zuständig ist; er bearbeitet nun im Amt Akten. Dem ist dieser Schlesinger sozusagen mehrmals über den Weg gelaufen – allerdings vor etwa zehn oder zwölf Jahren.«
»In welcher Weise?«
»An sich nichts Besonderes, zumindest nichts Greifbares; die üblichen kleinen Fische für einen Vergnügungsbetriebsangestellten. Als solcher hat sich Schlesinger damals betätigt. Also angeblich falsch erstellte Abrechnungen, dann behauptete, aber nicht nachweisbare Beteiligung beim Hinauswurf eines Gastes, mit Körperverletzung, vermutete Erpressung wegen Mißbrauchs einer Minderjährigen. Und ähnliches in dieser niederen Preislage. Und bald danach so gut wie nichts mehr.«
»Seit wann etwa?« wollte Keller wissen.
»Seit ungefähr acht Jahren. Damals übernahm Schlesinger sein erstes Lokal. Womit sein, wie es heißt, unaufhaltsamer Aufstieg begann.«
»Und andere alle dabei anfallenden Dreckarbeiten übernahmen«, stellte Zimmermann gelangweilt fest. »Aber eben das, mein Lieber, ist doch nur ein Grundgesetz dieser Verdienerbranche, tausendmal praktiziert: der Kaiser winkt, die Kulis werken!«
»Bitte, veranlassen Sie, Kollege Felder, daß uns dieser Polizeibeamte zur Verfügung gestellt wird. Über diese Zeitspanne im Leben des Herrn Schlesinger wüßte ich gerne noch ein wenig mehr. Das ist im Augenblick alles.«
Felder entfernte sich wortlos. Keller blickte ihm anerkennend nach, während Zimmermann seinen Freund mit steigender Aufmerksamkeit betrachtete.
Dann wollte der Kriminalrat wissen: »Soweit ich erkennen kann, läuft doch alles bestens. Trotzdem, Keller, kommst du mir besorgt vor – warum?«
»Du weißt ganz genau, was mich beunruhigt. Da habe ich nun eine Art Treibjagd entfesselt – und zwar mit höchst eigenwilligen Leuten.«
»Was ich vermutet habe!« versicherte Zimmermann, freudig Komplikationen witternd. »Die von dir angesetzten Burschen werden denkbar

rücksichtslos vorgehen, dein Millionenetat erlaubt es ihnen.«
»Ja«, sagte Keller bedächtig, »aber dazu kommt dann noch dein intensives Interesse. Die Reaktionen von Kriminellen lassen sich durchschauen, also errechnen, die von Kriminalbeamten jedoch nicht. Damit meine ich dich, Zimmermann!« Der wies diesen Verdacht nahezu feierlich von sich. Aber Keller sagte eindeutig warnend: »Versuche nie, Zimmermann, dich ohne Absprache mit mir in diese Vorgänge einzumischen. Das könnte nicht nur unsere langjährige Freundschaft gefährden, sondern sogar Menschenleben kosten. So billig die zur Zeit auch sein mögen.«

Als sich Schlesinger kurz vor 13 Uhr im Hinterzimmer seines Barackenbüros aufhielt, wurde ihm von Werner ein gewisser Pinkus gemeldet. Schlesinger blickte unwillig von seinen Abrechnungen auf. »Kein Gespräch in diesem Büro ohne bestätigte Voranmeldung – das ist mein Prinzip.«
»Aber doch wohl keine Regel ohne Ausnahme«, sagte Werner. »Und dieser Pinkus könnte eine sein.«
»Wer ist der denn schon?«
»Ein Versicherungsmann. Aber einer, der stets den neuesten Jaguar fährt und seine Anzüge direkt aus der Bondstreet bezieht. Er verdient, sagt man, weit mehr als ein Generaldirektor.«
Das waren Argumente, denen sich selbst ein Schlesinger nicht entziehen konnte. Er kannte Pinkus bereits von einigen gemeinsam besuchten gesellschaftlichen Veranstaltungen her, ohne jedoch mit ihm in näheren Kontakt geraten zu sein. Was hoffentlich kein Versäumnis war.
Jedenfalls begab Schlesinger sich in sein Vorzimmer, wo er Pinkus auf dem Schreibtisch seiner Privatsekretärin sitzen sah. Er schien mit ihr zu scherzen, sichtlich mit Erfolg. Was bei dieser Dame durchaus nicht üblich war. Offenbar akzeptierte sie diesen Pinkus, und auf ihre Menschenkenntnis war Verlaß. Schlesingers Begrüßung fiel daher auch nicht, wie er sich zunächst vorgenommen hatte, zurückhaltend-verbindlich aus, sondern fast schon vertraulich-herzhaft.
Dann saßen sich beide im Barackenbüro gegenüber. Pinkus begutachtete die Umgebung ungeniert, aber anerkennend. »Sie wissen offenbar noch, was Untertreibung ist. So was ist heutzutage selten geworden.«
»Sie wollen doch nicht etwa versuchen, mich für Ihre Versicherungsagentur zu vereinnahmen?« scherzte Schlesinger, um dann nach den speziellen Wünschen seines Besuchers zu fragen – in bezug auf Getränke zunächst.
»Da ich Ihnen sehr viel zutraue«, versicherte Pinkus gleichfalls scherzend, »nehme ich an, daß Sie über einen Ruinart Dom verfügen. Ein Glas erlesenen Champagners ist mir zu jeder Tageszeit und bei jeder Gelegenheit

willkommen.«
Schlesinger reagierte erfreut. »Da haben wir ja wohl den gleichen Geschmack!« Ohne aufstehen zu müssen, öffnete er eine Truhe, in die ein Eisschrank eingebaut war, entnahm ihr eine Flasche, die er dann triumphierend hochhielt:
»Ruinart Dom, 1963!«
»Ganz prächtig!« versicherte Pinkus anerkennend. »Offenbar lieben Sie, wie auch ich, überzeugende Überraschungen. Möglichst auf exklusiver Basis.«
»Genau das, worauf ich Wert lege!«
Schlesinger hielt zwei Gläser prüfend gegen das Licht. Erst dann öffnete er sorgfältig und fachmännisch die Champagnerflasche und sagte wie nebenbei: »Bisher habe ich Sie, Herr Pinkus, für einen Geschäftsmann gehalten – etwa: Baubranche, Immobilien, Generalvertretung; auch für Autos, britische. Aber nun höre ich, daß Sie bei einer Versicherung tätig sind?«
»Nicht bei irgendeiner – bei der derzeit größten! Sie ist sogar derart finanzstark, daß sie sich einen Mann wie mich leisten kann«, erklärte Pinkus, mit lässigem Lächeln, über sich selbst amüsiert. »Und selbstverständlich treibe ich da keine Versicherungsbeiträge ein – ich versuche vielmehr, größere Auszahlungen zu verhindern; was mir zumeist auch gelingt. Dabei kann ich ganz brauchbare Erfolgsprämien kassieren, zusätzlich zum garantierten Grundhonorar, plus Spesen. So was summiert sich.«
Schlesinger hob anerkennend sein Glas – Pinkus entgegen. Sie tranken sich zu, mit sichtlichem Genuß und sanft lauerndem Mißtrauen, was beide erkannten und was sie fast heiter stimmte.
»Wie machen Sie denn so Ihre Summen?« wollte Schlesinger wissen.
»Nun – zumindest nie leichtfertig!« versicherte Pinkus. »Um etwa ein Beispiel aus Ihrer speziellen Branche aufzugreifen: da wird, sagen wir, ein Lokal demoliert. Dergleichen kann mehrere Gründe haben. Etwa um eine Wertminderung herbeizuführen; aber auch, um den derzeitigen Besitzer zu schocken. Wodurch sich lukrative Aufkäufe ermöglichen lassen.«
»So was«, sagte Schlesinger, nun hellwach, »soll es tatsächlich geben.«
»Gibt es! Wobei ich dann als Versicherungsmann vor der Aufgabe stehe, entweder unsere Kasse anzuweisen, den verursachten Schaden zu bezahlen – oder den Verursacher dafür haftbar zu machen.«
Schlesinger lehnte sich zurück. »Sollten Sie etwa deshalb hier sein?«
Pinkus trank sein Glas Champagner leer und schob es Schlesinger zum Nachschenken zu, was prompt geschah. »Das Vergnügen«, versicherte er, »hätte ich schon weit früher haben können. Ich habe es mir erspart.«
»Wollen Sie mir das, bitte, näher erklären?« verlangte Schlesinger zu

wissen. Auch er füllte nun sein geleertes Glas – wohl ein wenig zu heftig; der Champagner schäumte über.
»In meiner Eigenschaft als Versicherungsspezialist bin ich Ihrer Firma, also Ihrem Namen, bereits mehrmals begegnet. Das hätte jedoch zu einer Begegnung geführt, von der ich mir nicht sonderlich viel versprochen habe. Ich bin ihr also ausgewichen.«
»Weil Sie mir – meiner Firma – nichts wirklich entscheidend Belastendes nachweisen konnten.«
»So ungefähr. Oder sagen wir, um ein wenig genauer zu sein: ein solcher Versuch wäre viel zu mühsam gewesen. Wenn nicht gar eine glatte Geldverschwendung im Bereich des von mir vertretenen Unternehmens, das auf Gewinn basiert. Das wurde mir bereits bei Durchsicht erster Unterlagen klar – an Sie war kaum heranzukommen. Womit ich Ihnen, Herr Schlesinger, ein ganz besonderes Kompliment ausgesprochen habe. Ich hoffe, Sie wissen das zu würdigen.«
Der atmete auf – ehrlich erleichtert. »Na fein!« sagte er. »Wenn das tatsächlich so ist, dann sollen Sie mir in ganz besonderer Weise willkommen sein.«
»Ich wollte Sie schon immer einmal näher kennenlernen«, versicherte Pinkus sehr bedächtig. »Sie interessieren mich. Und je mehr ich von Ihnen erfuhr, um so neugieriger wurde ich auf Sie.«
»Also«, folgerte Schlesinger schnell, »sind Sie nicht nur hier, um mir Ihr Wohlwollen zu versichern.«
»Selbstverständlich nicht«, bestätigte Pinkus. »Sehen Sie das so: ich bin ein erklärter Geschäftsmann – und Sie sind auch einer. Wir beide: erfolgreich. Jeder auf seine Weise! Warum also, habe ich mir gesagt, sollten wir nicht versuchen, gemeinsame Geschäfte zu machen?«
»Welche denn wohl, Herr Pinkus? Und wie?«
»In meiner Versicherungsbranche gibt es immer Möglichkeiten, lukrativ zu investieren. Um dann ohne Risiko zu kassieren. Aber so was muß gründlich vorbereitet werden. Erstens gehört ein erfahrener Versicherungsfachmann dazu, also ich – aber auch noch eine zweite Person, auf die man sich voll verlassen kann, ein Mann wie Sie. Ein Arrangement mithin, das auf absoluter Gegenseitigkeit beruhen müßte. Ein verläßliches Interessenkartell!«
»Und das – ganz legal?«
»Völlig im Rahmen der derzeitigen Gesetze.«
»Tatsächlich? Gesetzlich absolut einwandfrei?« wollte Schlesinger wissen, ohne seine lauernde Vorsicht aufzugeben. »Das würde ich für eine wesentliche Voraussetzung halten. Ich zögere niemals, sinnvoll zu investieren. Aber auf fragwürdige Unternehmungen lasse ich mich nicht ein.«
»Offizielle Versicherungsbestimmungen und interne Vereinbarungen,

zumal im internationalen Bereich, haben unvermeidlich Lücken. Man muß sie nur kennen. Und ich kenne fast alle. Doch um dergleichen mit Erfolg auswerten zu können, braucht man einen verläßlichen Partner.«
Schlesinger zeigte sich durchaus interessiert, ließ aber immer noch starke Bedenken durchblicken. »Dabei müßte es sich allerdings um interessante Größenordnungen handeln – für ein paar Zehntausender lasse ich mich auf kein Risiko ein.«
»Ich auch nicht«, bestätigte ihm Pinkus. »Bauchladengeschäfte sind Kleinviehmist! Nur die ganz großen internationalen Investitionen bieten sich als lohnend an – eben weil sie im Grundprinzip einfach, also übersichtlich sind. Wobei noch hinzukommt, daß man stets mit der international sichersten Währung operieren muß.«
»Gold etwa?«
»Das sogenannte schwarze Gold – also Öl!«
»Ist das, Herr Pinkus, nicht weitgehend monopolisiert?«
»Das war einmal, Herr Schlesinger. Doch nun beginnen sich die Märkte zu verschieben, wenn nicht gar aufzulösen. Einige arabische Länder wollen und können nicht mehr direkt an die USA liefern, an deren Sympathiepartner auch nicht – aber an sogenannte neutrale Länder durchaus, etwa in die Schweiz. Und dort warten gewisse Rechtsanwälte nur darauf, für Firmenneugründungen eingespannt zu werden.«
»Und wo, bitte, sehen Sie dabei unseren Vorteil?«
»Dieses Öl«, erklärte Pinkus nahezu nachsichtig, »ist ein Versicherungsobjekt allerersten Ranges. Schon an den Quellen, dann beim Durchlaufen der Pipelines, weiter beim Transport, in den Raffinerien, bei der Verteilung. Überall sind dabei Verluste denkbar, gegen die man sich versichern kann. Und eben damit, mein Lieber, lassen sich Millionen machen!«
»Das hört sich nicht schlecht an«, gestand Schlesinger seinem Besucher zu. Dann erhob er sich unruhig. »Aber das will genau überlegt sein. Zunächst muß ich mal pinkeln.«
»Brauchen Sie nicht – falls das ein Vorwand ist, um über mich Erkundigungen einziehen zu lassen.« Pinkus lächelte Schlesinger gewinnend an. »Ich habe Ihnen eine Aufstellung fast aller Einzelheiten über mich mitgebracht. Dazu dann auch noch eine über Sie. Nur damit Sie sehen, daß ich nicht der Mann bin, der halbe Sachen macht.«
Schlesinger nahm etliche Blatt Papier entgegen, die Pinkus aus seiner Brusttasche hervorgezogen hatte: eine Ansammlung von Daten, Auszügen aus Personallisten, Details sehr persönlicher Art; aber auch aus Polizeiakten. Was Schlesinger da zu sehen bekam, wirkte auf ihn recht überzeugend.
»Prüfen Sie das alles gründlich nach«, ermunterte ihn Pinkus. »Lassen Sie sich Zeit.«

»Sie verstehen natürlich«, meinte Schlesinger, erneut und nun geradezu schwungvoll Champagner einschenkend, »daß wir uns zunächst einmal beriechen müssen – ganz intern.«
»Das machen wir«, bestätigte ihm Pinkus. »Fangen wir damit an, daß wir gemeinsam pinkeln gehen. Denn so was, sagt man, fördert das männliche Zusammengehörigkeitsgefühl. Danach könnten wir möglichst exklusiv speisen – alles weitere wird sich dann schon finden.«

Im Polizeipräsidium trat zur gleichen Zeit Kriminalkommissar Weber in Aktion. Er war im Amt verantwortlich für das Spezialgebiet Observationen; er koordinierte Überwachungen und Fahndungen.
Doch das Bemerkenswerteste an ihm war, daß Keller zu seinen ältesten Kollegen gehörte. Sie hatten in langen gemeinsamen Jahren erfolgreich miteinander gearbeitet und dabei nicht immer gezögert, ungewöhnliche Methoden anzuwenden. Dergleichen verpflichtete.
Kommissar Weber rief zunächst Felder an, den Fuhrmann. Und der, schnell orientiert, schaltete unverzüglich zur Brasch hinüber – in die ›Letzte Heimat‹. Dort meldete sich dann, dringlich angefordert, Keller. Er fragte: »Was kannst du mir anbieten – also wen?«
Weber: »Möglicherweise einen gewissen Schneider, Erwin. Sagt dir der Name was?«
Keller: »Ein Erwin Schneider wurde, wenn ich mich richtig erinnere, auf einem unserer Großfotos identifiziert. In unmittelbarer Nähe der überfallenen Bank, also dort, wo Butand starb. Meinst du den?«
Weber: »Genau den! Dieser Erwin Schneider ist ein Einbruchsspezialist von einigem Rang und erheblicher krimineller Energie – nach Auskunft des dafür zuständigen Dezernats. Meine Leute haben inzwischen herausgefunden, wo er sich zur Zeit aufhält. Wir könnten ihn also vereinnahmen.«
Keller: »Wobei aber, nicht wahr, ein voreiliger Mißgriff vermieden werden sollte.«
Weber: »Reden wir doch ganz offen miteinander, Keller. Falls du Wert darauf legst, daß ich dir diesen Mann überlasse – dir persönlich – dann ließe sich das machen. Und zwar mit der von dir angedeuteten Begründung: hier scheint vorerst lediglich ein Verdacht zu bestehen, also eine Vermutung ohne erkennbare Beweiskraft. Auf diese Weise könnten wir uns zurückhalten.«
Keller: »Und wie lange?«
Weber: »Sagen wir: für vierundzwanzig Stunden. Zunächst. Danach müßten wir uns, falls notwendig, ein weiteres Arrangement überlegen. Aber einen Tag kann ich hier auf der Stelle treten.«
Keller: »Das müßte genügen. Übermittle mir die derzeitige Adresse von

diesem Schneider; dazu einen Kurzbericht deiner Observationsgruppen. Du weißt schon, worauf es mir dabei ankommt – ich will einiges von seinen Gewohnheiten und seinem Umgang wissen. Dann werde ich ihn mir vornehmen.«
Weber: »Wobei das Objekt von uns, also unseren Observationsleuten, ständig beobachtet wird und als abgesichert gelten kann. Nicht zuletzt deinetwegen.«
Keller: »Deine Spezialisten können von mir aus ihre Nasen so weit vorstrecken, wie sie es für richtig halten – sie brauchen sich also nicht sonderlich angestrengt zu tarnen; davon verspreche ich mir einiges. Aber kein direkter Zugriff, Weber – nicht ohne meine Anordnung. Nur dann könnten wir in diesem Dschungel ein wenig weiterkommen.«

Am Nachmittag dieses Tages im Monat August, um 15 Uhr, wurden im Polizeipräsidium die eingelaufenen Vermißtenmeldungen routinemäßig bearbeitet. Fünf insgesamt. Der zuständige Beamte konnte dabei nur noch gähnen.
Tag für Tag, mit ermüdender Regelmäßigkeit, geschah in dieser Stadt das gleiche. Verirrungen etwa – ein Kind hatte die Orientierung verloren und fand nicht nach Hause zurück. Dann Herumstreunerei – ein Kind wollte nicht in seine häusliche Hölle heimkehren, um dort geschlagen zu werden wie ein Tier, das rechtlich so gut wie schutzlos ist, als »Sache« gilt, also nicht als Lebewesen. Weiter: Verfolgungsangst – irgendwelcher veruntreuter oder entwendeter Gelder wegen; ein Kind etwa, das Brötchen kaufen sollte, jedoch dem Verlangen nach Speiseeis erlag. Makaber-primitive Tragödien konnten sich daraus ergeben, die bis zum Selbstmord reichten – bis zum Mord auch.
Das jedoch hatte der Beamte nicht zu berücksichtigen. Entscheidend für ihn waren seine amtlichen Richtlinien. Dazu manchmal auch spezielle Hinweise diverser Dienststellen.
Und heute lautete das ihm zugeleitete Stichwort: »Winter.« Das hatte er, dick auf einem weißen Pappdeckel verzeichnet, vor sich liegen.
Und darunter stand: »Diesbezügliche Ermittlungen sofort an Felder.«
Und folglich erkannte der Beamte prompt: der fünfte an ihn gelangte Fall war sozusagen ›heiß‹. Er betraf ein Kind, weiblich, 12 Jahre alt, Ulrike mit Vornamen. Ulrike hatte sich zu einem Kindergarten begeben, war aber weder dort erschienen noch nach Hause zurückgekehrt. Dergleichen kam etliche dutzendmal im Jahr vor. Doch der Vater des Kindes war Maschinensetzer und als solcher im Winter-Konzern beschäftigt.
Also: Meldung an Felder!
Und der entschied: »Unverzüglich Keller benachrichtigen.«
Das wurde schnellstens versucht, war jedoch vergeblich. Denn Keller war

irgendwohin unterwegs. Selbst Frau Brasch konnte ihn nicht erreichen. Sie versprach aber, es hartnäckig zu versuchen, weil Felder gesagt hatte: »Es ist genau das geschehen, was Keller befürchtet hat!«
Danach benachrichtigte der Kommissar seinen Kriminalrat. Zimmermann kommentierte nur: »Da haben wir den Salat! Lassen Sie Hädrich schnellstens daran Anteil nehmen.« Was auch prompt geschah.
Und Kriminaldirektor Hädrich ordnete an: »Großalarm für alle bereits eingesetzten und zum Einsatz vorgesehenen Einheiten. Nun gehen wir aufs Ganze! Und niemand soll uns daran hindern.«
Dann verständigte er, vorsorglich, den Polizeipräsidenten und verkündete ihm: »Der absolute Nullpunkt aller dieser Vorgänge scheint nun erreicht.«
Der Präsident jedoch meinte leicht verweisend: »Das, Herr Hädrich, mag Ihre Ansicht sein. Aber die behalten Sie bitte für sich. Die Öffentlichkeit darf unter keinen Umständen voreilig informiert oder gar alarmiert werden. Stapeln Sie tief! Hoffen Sie dabei, möglichst nicht tatenlos, auf irgendein Wunder. Denn so was, meint Keller immer, soll es geben; nicht nur in den Gefilden der Kirche, auch im Bereich der Kriminalpolizei.«

Keller hatte Sabine, die Tochter seines Freundes Krebs, gebeten, ihn zu besuchen – ein Taxi, mit Otto persönlich als Begleiter, holte sie ab. Ihr wurde der Hund Anton anvertraut – für einen langen Spaziergang. Und da Kind und Tier eng miteinander befreundet waren, freuten sich beide.
Keller selbst fuhr mit der U-Bahn vom Marienplatz zum Feilitzschplatz – dieser hieß offiziell ›Münchner Freiheit‹, seit 1945. Vorher, ab 1939, wurde er ›Danziger Freiheit‹ genannt – davor: Feilitzschplatz. Und so nannten ihn die Münchner noch immer.
Die Fahrt dauerte fünf bis sechs Minuten, wobei sich Keller mit den ihm zugeleiteten Unterlagen seines Kollegen Weber, Observation und Fahndung, beschäftigte. Sie bestanden aus drei Blatt Papier. Doch darauf waren an die hundert Informationen verzeichnet.
Dazwischen lag ein Foto: Schneider, Erwin. Typ: netter, gemütlicher Junge; eine Art Kaschemmenplayboy – nunmehr 34 Jahre alt; mehrfach vorbestraft: Einbruch, Körperverletzung, Raubüberfall. Tätigkeit an wechselnden Orten: erst Berlin, dann Frankfurt, jetzt München.
Dieser Mann saß nun vor einer Kneipe am hinteren Ende des Feilitzschplatzes auf einem knallroten Plastikstuhl, an einem gleichfarbigen Plastiktisch. Vor ihm ein Bier vom Faß – Dortmunder Union. Ein gutmütig genießender Freizeitmensch.
Keller setzte sich neben ihn, ohne um Erlaubnis zu fragen, streckte seine Beine aus, schien sich gemütlich entspannen zu wollen und bestellte ein Bier. Die leicht unwilligen Blicke des sich gestört, zumindest belästigt

fühlenden Mannes übersah er.
Der sagte dann: »Feine Manieren haben Sie ja gerade nicht, Opa.«
»Brauch ich auch nicht zu haben«, erklärte Keller freundlich. »Nicht Ihnen gegenüber.«
Der staunte nun ehrlich. »Mann – sind Sie etwa scharf darauf, die Fresse poliert zu bekommen? Das kann Ihnen blühen. So naßforsch können Sie doch nicht mit mir umspringen. Sie Zittergreis!«
»Kann ich«, versicherte Keller sanft provozierend und nahm das bestellte Bier in Empfang. »Auf Ihr Wohl, Herr Schneider – falls es so was noch für Sie gibt!«
Der war nun alarmiert, versuchte aber dennoch überlegen zu erscheinen. »Sie kennen mich?«
»Ausreichend.«
»Woher?«
»Aus Akten, Herr Schneider.«
»Sie sind wohl ein Polyp, was?«
»Gewesen«, erklärte Keller behutsam. »Und genau darauf sollten Sie achten. Ich bin ein vorzeitig pensionierter Polizeibeamter – also sozusagen ganz privat hier. Zu Ihrem Glück – falls Sie begreifen, was ich damit meine. Bemühen Sie sich darum – ich empfehle es Ihnen.«
Erwin Schneider starrte den alten, unscheinbaren Mann mit Widerwillen an, als habe er ein schleimiges Reptil vor sich. »Spionieren Sie mir etwa nach?«
»Habe ich gar nicht nötig, Schneider. Das besorgen andere bereits. Sollte es Ihnen noch nicht aufgefallen sein? Sie sind doch, sagt man, kriminell nicht unbegabt – wozu auch Instinkt gehört. Sie haben nicht gemerkt, daß Sie schon seit geraumer Zeit beobachtet werden?«
»Was sagen Sie da?« Schneider starrte den Mann neben sich bedrohlich an. »Sagten Sie – ich werde beobachtet?«
»Sehen Sie sich um!« empfahl ihm Keller heiter. »Merken Sie nichts? Etwa den Mann da vor der Kirche? Er scheint in den Anblick von Schwabing versunken zu sein – blinzelt aber unentwegt zu Ihnen herüber. Und dann die Frau, die da vor der indischen Ramschboutique steht, seit Viertelstunden schon – die braucht nur auf die Schaufensterscheibe zu sehen, um jede Ihrer Bewegungen zu registrieren.«
»Was versuchen Sie mir da einzureden!« Schneider, Erwin, bemühte sich angestrengt um Gelassenheit. »Wer sollte denn ausgerechnet mich beobachten? Und warum?«
»Schließlich stehen Sie in der gefährlichsten Kundenkartei, die in dieser Geschäftswelt existiert – bei der Kriminalpolizei. Und da scheint man wieder einmal auf Sie aufmerksam gemacht worden zu sein.«
»Na wenn schon!« rief Schneider heftig aus. »Was glaubt man mir denn

nachweisen zu können? Ich gehe einem geregelten Beruf nach, ich habe eine feste Adresse. Bei mir ist alles in allerbester Ordnung.«

»Steigen Sie schnellstens von Ihrem hohen Roß – und hören Sie mir möglichst aufmerksam zu. Stärken Sie sich mit noch einem Bier – das soll beruhigen.« Keller wirkte nun suggestiv-fordernd. »Ich sage Ihnen dann gern, was ich über Sie weiß.«

Schneider, Erwin, stärkte sich, wie ihm empfohlen, durch ein weiteres Bier. Die Inhaberin des Ausschanks servierte es ihm unverzüglich. Ihre schwarze, heftig schnaufende Bulldogge hatte sich lang ausgestreckt. Sie trug erheblich dazu bei, hier eine Art Idyll zu schaffen: biertrinkende Männer vor einer gemütlich verwahrlosten Eckkneipe – sommerlich übersonnt. Schneider jedoch begann zu schwitzen.

Keller sagte: »Versuchen Sie also, mir zuzuhören – möglichst ohne mich zu unterbrechen. Verdauen Sie das dann! Sie haben gar keine andere Wahl.«

»Ihnen würde ich am liebsten eins in die Schnauze hauen!«

»Was ich Ihnen keinesfalls empfehlen würde, Schneider. Denn ich würde zurückschlagen – auch in dieser Hinsicht dürften Sie mir noch einiges zutrauen. Außerdem hätten Sie dann sofort etliche Kriminalbeamte auf dem Hals. Und das wollen Sie doch nicht leichtfertig riskieren – oder?«

»Nun schleimen Sie sich schon aus, Mann!«

»Sie sind bei dem Bankraub am Odeonsplatz beteiligt gewesen, wobei der Kriminalbeamte Butand erschossen wurde.«

»Aber nicht von mir! Versuchen Sie nicht, mir so was anzuhängen!«

Keller lächelte karg und betrachtete Schneider nahezu nachsichtig. »Sollten Sie etwa auch noch dumm sein? Das will ich nicht hoffen – in Ihrem und meinem Interesse nicht. Denn ich erwarte mir einiges von Ihnen.«

Erwin Schneider erkannte, welchen verheerenden Fehler er sich soeben geleistet hatte, und das empörte ihn. Wütend rief er aus: »Was versuchen Sie mir da anzusauen! Das mit dem Bankraub, das ist doch einfach Unsinn – reinster Quatsch ist das. Wie sollte denn ausgerechnet ich dazu kommen! Das ist eine glatte Verleumdung. Das, Herr, ist mit mir nicht zu machen!«

»Genau das, was ich befürchtet habe, Schneider – Sie können nicht denken, nicht einmal nachdenken.« Keller sagte das so nachsichtig, als habe er ein störrisches, wenn nicht gar gestörtes Kind vor sich. »Da muß ich wohl ein wenig nachhelfen.«

»Man kann mir alles zutrauen, von mir aus«, versicherte Schneider fast feierlich, »nur eins nicht – Mord! Das ist nicht in meinem Repertoire!«

»Habe ich auch nicht behauptet«, bestätigte ihm Keller. »In dieser Hinsicht kann ich Sie sogar beruhigen. Die bisherigen Untersuchungen haben ergeben, daß Sie kein scharfschießender Tätertyp sind.«

»Aus Prinzip nicht.«
»Das ergibt sich auch aus Ihren Akten. Sie waren zwar an diesem Bankraub beteiligt – aber auf Butand geschossen haben Sie nicht. Die von Ihnen mitgeführte Schußwaffe war eine Attrappe. Das gestehe ich Ihnen zu. Beruhigt Sie das irgendwie?«
»Was glauben Sie mir denn sonst noch nachweisen zu können?«
»Eine ganze Menge, Schneider! Denn ich kenne jetzt die dabei angewendete Praxis.«
»Die kann keiner kennen!« behauptete Erwin Schneider absolut überzeugt. »Die ist völlig einmalig!«
»Die sieht so aus: Sie haben ein ganz eindeutiges Angebot erhalten – per Telefon. Dabei wurde Ihnen eine Art Garantiehonorar angeboten. Zunächst eine stattliche Anzahlung, die in einem Schließfach für Sie bereitlag und die Sie vereinnahmten. Dann erhielten Sie, wieder per Telefon, einen fest umrissenen Auftrag, den Bankraub Odeonsplatz betreffend. Und daran beteiligten Sie sich.«
Schneider, Erwin, starrte den Mann vor sich an – äußerst ungläubig. Offenbar versuchte er, höchst angestrengt, aber auch völlig vergeblich, nachzudenken. »Aber ich bitte Sie – wie kommen Sie denn auf so was, Herr...«
»Ich heiße Keller«, sagte der ehemalige Kriminalbeamte höflich.

Damit war einer der seltsamsten Vorgänge zwischen kriminalen und kriminellen Menschen wieder einmal perfekt: die berechnete Verlagerung von Persönlichkeitswertungen.
Hierzu eine Erklärung von Keller:
»Zunächst ist jeder Kriminelle – wie hier Schneider – ein Untersuchungsobjekt, fast ein Neutrum, undurchsichtig, unbestimmbar. Man muß sich ihm mit einiger Vorsicht nähern. In dieser Phase geht es darum, den Charakter des Kriminellen zu erkennen, seine Reaktionen zu erspüren, sich darauf einzustellen.
Die zweite Phase darf erst folgen, wenn das Untersuchungsobjekt tatsächlich in Einzelheiten als dringend tatverdächtig erkannt ist. Dann ist es empfehlenswert, mit einigem physischen Nachdruck zu operieren. Wozu massivere, aber niemals unmotivierte Schockformulierungen ebenso gehören können wie eine berechnete Veränderung der Anrede – statt ›Herr Schneider‹ lediglich ›Schneider‹ oder nur ›Erwin‹. Die dritte, die sogenannte Vertrauensphase, kann erst einsetzen, wenn der nun so gut wie überführte Kriminelle erkennt, daß sein Spiel verloren ist. Selbst dann darf er niemals das Gefühl haben, in eine erbarmungslose Vernichtungsmaschinerie hineingeraten zu sein – das würde ihn verzweifelt verstummen lassen. Vielmehr muß ihm klargemacht werden, daß er zwar

gestellt worden, jedoch nicht hilflos ausgeliefert ist – wobei es solchen Menschen erfahrungsgemäß guttut, nunmehr einfach mit ›du‹ angeredet zu werden. Das, wie gesagt, ist die unvermeidliche Praxis. Die Theorie sieht natürlich wesentlich anders aus: korrekte, höfliche, bemüht sachliche Vernehmungen. Also keine persönlichen Pressionen, keinerlei physische Tricks, bemühte Wahrung der Menschenwürde.
Aber eben das einem Kriminellen klarzumachen, ist oft verdammt schwer. Braucht auch seine Zeit. Und Zeit haben Kriminalbeamte so gut wie nie!«

Erwin Schneider schaltete prompt auf vertrauliche Ergebenheit. »Sie müssen mir glauben, Herr Keller...«
»Dir, Schneider, brauche ich nichts zu glauben. Denn es ist erwiesen, daß du versucht hast, mich zu belügen.«
»Herr Keller – eine Art Ausrede – sozusagen in Notwehr.«
»Hättest du dir und mir ersparen können, Erwin! Schon, weil da ein schönes, gestochen scharfes Foto existiert, von dir – aufgenommen beim Odeonsplatz.«
»Ein Foto, auf dem ich tatsächlich zu erkennen bin?« fragte Schneider ungläubig, zugleich wieder ein wenig Morgenluft witternd. »Sie wollen mich reinlegen!«
»Bemüh dich nicht, Erwin, hier noch weiter die verkannte Unschuld zu mimen! Allein über deine Teilnahme am Bankraub könnte ich dir einen ganzen Film vorspielen. Da waren nämlich Fernsehkameras eingebaut. Die Bilder wurden magnetisch aufgezeichnet.«
»Na – wenn schon!«
»Du meinst, darauf bist du nicht deutlich genug auszumachen, weil du dir einen Nylonstrumpf über die Visage gezogen hattest?« Keller stellte das geradezu nachsichtig fest. »Aber an deiner Stelle würde ich auf diese Aufzeichnung erheblichen Wert legen. Sie beweist nämlich, daß du nicht auf Butand geschossen hast – und eben deshalb rede ich mit dir.«
»Sie wollen mich nur fertigmachen, Herr Keller!«
»Du bist fertig, Erwin! Schon dieses eine Foto beweist das: darauf du, vor der Bank, mit einer dicken Aktentasche. Und darüber, zu allem Überfluß, noch eine große, ganz genau gehende Uhr.«
»Pfui Teufel!« rief Erwin Schneider ehrlich erschüttert aus.
»Was für eine hinterhältige Gemeinheit!«
»Durchaus – von deinem Standpunkt aus.«
»Kann ich noch ein Bier haben?« fragte Erwin.
»Auch zwei, was dann – für Jahre – deine letzten Biere sein könnten. Aber nicht unbedingt sein müssen.«
Schneider blinzelte den Mann neben sich nun nahezu vertrauensvoll an.

»Was, bitte, wollen Sie wirklich von mir, Herr Keller? Etwa – mich verhaften?«
»Das, Erwin, muß nicht gleich sein. Ich bin vielmehr bereit, dir eine Chance zu geben. Ich rechne auf deine Mitarbeit. Von der ich mir einiges verspreche.«
»Was also, Herr Keller, erwarten Sie von mir?«
»Daß du mir eine schöne, aber auch wahre Geschichte erzählst. Mit allen Einzelheiten. Aber die müssen genau stimmen. Falls nicht, lasse ich dich fallen wie eine heiße Kartoffel. Was praktisch heißt: dann bist du erledigt und wirst vereinnahmt. Klar?«
»Sagen Sie mir genau, was Sie wissen wollen, Herr Keller – Sie haben mich überzeugt.«
Uhrzeit nunmehr bereits: 16 Uhr 30.

Ulrike hockte auf dem Bettgestell in der Hütte am Waldrand. Sie blinzelte scheinbar müde vor sich hin – mit halbgeschlossenen Augen. In Wirklichkeit war sie hellwach.
Frau Treudank, die sie unentwegt beobachtete, sagte freundlich: »Du kannst hier tun und lassen, was du willst. Und wenn du irgendwelche Wünsche hast, brauchst du sie nur zu sagen.«
»Ich will nach Hause.«
»Kommst du auch, Ulrike. Du wirst hier abgeholt, sehr bald schon. Von deinem Vater oder von deiner Mutter. Nur Geduld. Willst du ein Eis?«
»Nein!« erklärte Ulrike. »Ich will nach Hause.«
»Du«, wurde ihr versichert, »bist übermüdet. Dir fallen schon die Augen zu. Warum schläfst du nicht? Als Kind habe ich immer an heißen Sommertagen nachmittags geschlafen – zwei bis drei Stunden. Das ist gesund.«
Worauf Ulrike, dahockend, gehorsam die Augen schloß. Dabei lauschte sie intensiv allen Geräuschen nach, die in die Hütte drangen. Und schon bald gelang es ihr, sie einigermaßen zu unterscheiden. Es waren drei.
Einmal: ein wenn auch fernes, aber beständig vernehmbares Gedröhn, von Motoren stammend – vermutlich eine viel frequentierte Autostraße. Zweitens: scharf rhythmische Aufprallgeräusche, regelmäßig unterbrochen – vielleicht auf einem der Tennisplätze, die sich neuerdings rings um diese Stadt ausbreiteten, als Freizeitzentren deklariert. Und drittens: ein sanftes, beharrliches Rauschen, völlig gleichmäßig – also wohl ein Fluß. Und wenn ein Fluß, dann hier, in München, die Isar.
Das Kind hatte exakt erkannt, was sich später als ›Tatort‹ herausstellen sollte: eine Hütte am Rande eines Waldgebietes, hinterer Teil des Englischen Gartens, östlich davon. Einige hundert Meter entfernt, südlich: der stets stark von Autos frequentierte ›Mittlere Ring‹. Knapp zweihundert

Meter nördlich: Tennisplätze einer gut verdienenden Freizeitfirma. Und dann, mehr östlich: die unentwegt dahinströmende Isar. Alles das – Ortsteil, abgelegener, schwer zugänglicher in dieser Stadt – bezeichnet als Hirschau.
»Kann ich mal telefonieren?« wollte Ulrike wissen.
»Das geht leider nicht, Kindchen«, sagte Frau Treudank, deren Namen Ulrike nicht kannte. »Unser Telefonanschluß ist gestört, wir können zwar angerufen werden, aber irgendwen anrufen können wir nicht.«
Ulrike nahm diese Erklärung schweigend hin und lauschte weiter um sich. Vor dem Haus vernahm sie Schritte, schlurfende, doch das war, wie sie nun schon wußte, der Mann dieser Frau. Er vertrat sich dort, wie er auch angekündigt hatte, die Füße. Er war wohl sehr unruhig.
Die Frau, registrierte Ulrike weiter, stellte in der Küche einen gläsernen Gegenstand zurecht, der klirrte. Dort wurde eine Flüssigkeit hineingegossen und umgerührt – sehr lange, fast heftig. Das Kind streckte sich lang aus.
Intensiv lauschend, registrierte Ulrike weiter: wohl waren gelegentlich ganz nahe Motorengeräusche zu vernehmen – doch sie kamen nie auf dieses Haus zu. Fuhren also nicht daran vorüber. Offenbar war das hier eine Sackgasse.
Dann erschien Frau Treudank wieder – mit einem Tablett, auf dem ein Glas mit einer grüngelben Flüssigkeit stand. Beim Anblick des entspannt vor ihr liegenden Kindes rief sie aus: »So ist es gut. Ruh dich nur aus. In meiner Jugend wußte man noch, wie erholsam ein Nachmittagsschlaf sein konnte. Mein Vater sagte immer: wer schläft, der sündigt nicht!«
Ulrike richtete sich auf. »Ich bin aber nicht müde!«
»Das kommt dir nur so vor. Vermutlich macht das die ungewohnte Umgebung. Aber die wird dir schnell vertraut werden.«
»Wie lange muß ich denn hier bleiben?«
»Frag nicht so viel, Kindchen!« wehrte Frau Treudank ab. »Fühl dich hier wohl. Trink, was ich dir da gebracht habe – das wird dir guttun.« Sie hielt Ulrike das gefüllte Glas hin.
Das Kind griff gehorsam danach, nippte davon und meinte dann: »Schmeckt bitter.«
Frau Treudank lächelte verständnisvoll und erklärte: »Ja, das schmeckt nicht süß, wie du es sonst gewöhnt bist. Aber das bedeutet nur, daß es nicht gezuckert ist; gerade das ist sehr gesund.«
»Was ist das, bitte, was ich da trinken soll?«
»Apfelsaft, Kindchen. Aber nicht aus irgendeiner Fabrik, sondern selbstgepreßter! Von Früchten aus unserem Garten, beste, allerbeste Sorten! Von meinem Mann betreut; der versteht was davon. Trink also nur, Kleine!«

Ulrike nickte bereitwillig, wobei sie jedoch angestrengt nach draußen zu horchen schien. »Ist Ihr Mann nicht mehr da?«
Das machte die Treudank schnell besorgt. Sie eilte hinaus und fand ihren Mann auf der Gartenhaustoilette vor. Er grinste sie freudig an und meinte: »Scheißen wird man doch wohl noch dürfen. Möglicherweise ist das die einzig wirkliche Freiheit, die man sich als Mensch noch leisten kann. Und selbst das nicht immer ungestört.«
Seine Frau eilte wieder in die Hütte zurück. Als sie ankam, war Ulrikes Glas leer. Das Kind hatte den Inhalt auf mehrere Blumentöpfe verteilt und sich danach wieder hingelegt.
»So ist es brav«, sagte Frau Treudank zufrieden. »Versuch zu schlafen.«
Was nach knapp zwanzig Minuten tatsächlich der Fall zu sein schien. Ulrike lag auf ihrem Bettgestell – mit geschlossenen Augen und leicht geöffnetem Mund. Es war, als atme sie schwer.
»Unsere Rosen«, nörgelte der hereinkommende Herr Treudank besorgt, »wollen mir in diesem Jahr nicht recht gefallen. Sie verblühen zu schnell. Auch haben sie keine volle Farbe. Und das bei meiner Pflege!«
»Andere Sorgen hast du nicht?« fragte seine Frau. »Merkst du denn nicht, was mit diesem Kind los ist, das man uns zugeschoben hat? Das ist ein Brocken – die ist mir viel zu neugierig!«
»Soll sie doch! Kinder sind heutzutage nun mal so. Und nicht so laut – die Kleine könnte dich hören.«
»Die pennt! Der habe ich ein wirksames Schlafmittel verpaßt. Aber glaube mir – die ist gefährlich!«
»Diese Kleine«, gab Treudank zu bedenken, »bringt uns ein Vermögen ein.«
»Oder ins Zuchthaus!«
»Denk doch nicht gleich an so was!« Treudank war sehr sicher. »Wir betreuen das Kind, sogar sorgfältig – und dafür werden wir bezahlt. Was wollen wir mehr?«
»Wir sollten viel mehr verlangen – bei diesem enormen Risiko«, forderte seine Frau. »Sicher, wir haben ein Kind erwartet – aber doch nicht gleich so eins! Die Kleine weiß offenbar genau, was hier vorgeht. Und das kann lebensgefährlich werden für uns.«
»Das müssen wir durchstehen. Schließlich kannst du sie ja nicht abschaffen.«
»Das könnte man – müßte es vielleicht sogar. Entweder das – oder den Preis für sie erhöhen. Bei dem Risiko!«
»Das«, erklärte Herr Treudank schlicht, »will ich nicht gehört haben. Wir sind gebeten worden, ein Kind zu betreuen, und wir werden dafür bezahlt. Und zwar nicht gerade kleinlich. Für mich ist das verpflichtend.«
»Was unter Umständen lebenslänglich bedeuten kann! Natürlich muß

das nicht sein. Etwa nicht, wenn wir uns finanziell so absichern, daß wir im Ausland leben können. Oder wenn wir dafür sorgen, daß dieses Kind gar nicht gegen uns aussagen kann.«
»Was sind denn das für Ideen! Was soll das heißen?« fragte Herr Treudank entgeistert. »Willst du die Kleine umbringen?«
»Wenn das die einzige Möglichkeit ist, unseren Lebensabend zu sichern, dann haben wir doch gar keine andere Wahl! Aber es gibt da ja noch zwei andere: Einmal, wie gesagt, die Erhöhung der für uns vorgesehenen Summe. Oder wir verständigen die Polizei; Bereitschaft zur Mitarbeit.«
»Bist du verrückt geworden?« rief Herr Treudank anklagend aus. »Was hast du da ausgebrütet! Nur keine Panik, keine wilden Spekulationen! Ich bitte dich: wir kommen nur der Aufforderung nach, ein Kind zu betreuen. Höchst sorgfältig. Nur so hast du das zu sehen! Darauf bestehe ich.«
»Aber wie lange noch?« fragte seine Frau schwer atmend. »Sogar du wirst bald erkennen, daß die Kleine ein ganz ausgekochtes Luder ist. Die hat es faustdick hinter den Ohren. Der ist so gut wie gar nichts vorzumachen. Sollen wir etwa ihretwegen den Rest unseres Lebens hinter Gittern verbringen?«

Aufrichtige Bekenntnisse des Erwin Schneider dem ehemaligen Kriminalbeamten Keller gegenüber.
Phase eins der von ihm geschilderten Vorgänge:
»... erhielt ich vor etwa vier, fünf Tagen einen Anruf ... wobei mir gesagt wurde: hätten Sie Lust – oder so was Ähnliches. Also: wollen Sie einen Spezialauftrag übernehmen? Im Bereich einer Bank. So gut wie ohne jedes Risiko, doch bei garantiertem Honorar ... wie hoch, wollte ich wissen ... Fünfzigtausend, wurde mir gesagt, zwanzig davon im voraus, in bar weitere zehn zwischendurch; der Rest unmittelbar nach Erledigung. Ich sagte nicht nein.
Dann wurde mir, per Eilbrief, ein Schlüssel zugeschickt ... passend zu einem Schließfach am Hauptbahnhof ... ich dort hin, fand tatsächlich die angekündigten Zwanzigtausend vor, in kleinen Scheinen, vereinnahmte sie ... womit der Vertrag, nun Ehrensache, perfekt war.«
Phase zwei:
»... ich erhielt einen weiteren Anruf, bestätigte die Anzahlung, versicherte meine Einsatzbereitschaft ... sollte mir noch am gleichen Vormittag gegen elf Uhr die Bank beim Odeonsplatz ansehen, in unauffälliger Kleidung, dabei Geld wechselnd; mir überlassen, in welcher nicht auffälligen Höhe, in welcher Währung, westeuropäischer oder amerikanischer ... Wobei ich auf folgende Entfernungen achten sollte: vom Haupteingang bis zum Kassenschalter – dann vom Haupteingang bis zur nächsten Straßenecke. Richtung Siegestor. Weitere zehntausend konnten

vereinnahmt werden.
Dann folgte noch ein Anruf. Ich erhielt die Weisung: Begeben Sie sich morgen nachmittag in die Bank, die um 14 Uhr öffnet... dort eintretend, auf die Sekunde genau, nach Rundfunkzeit, um 14 Uhr 10. In einem Straßenanzug, Grundfarbe grau, doch über dessen rechten Arm einen Trauerflor gezogen; mindestens zehn Zentimeter breit. Eine Aktentasche war mitzubringen, groß, aber unauffällig – für den Mann bestimmt, der im Arbeitsanzug am Kassenschalter in Aktion treten würde...«
Phase drei:
»...zunächst verlief alles genau wie geplant. Der Mann am Schalter kassierte mit Hilfe einer Maschinenpistole; ich schirmte ihn ab, mit der Attrappe einer Walther siebenkommasechsfünf, was völlig ausreichte. Die Anwesenden machten sich bibbernd in die Hosen, die von mir hingereichte Tasche wurde gefüllt... alles lief wie am Schnürchen.
Bis dann plötzlich, vom Hintereingang her, dieser irre brüllende Kerl herbeistürzte und unseren Mann am Kassenschalter ansprang. Worauf der, wohl in Notwehr, feuerte... die Anwesenden kreischten auf... während sich Butand gurgelnd in seinem Blut... ergriff ich die fast gefüllte Tasche... stürzte mit ihr hinaus...«
Phase vier:
»...ich hatte den Auftrag, die Aktentasche an der nächsten Straßenecke, Richtung Siegestor, einem Mann zu übergeben, der mich dort erwarten würde... wie angekündigt, sportlich gekleidet, also in hellen Farben. Aber auch er trug einen Trauerflor, mehr als zehn Zentimeter breit – ebenfalls auf dem rechten Oberarm. Ich fand ihn vor und übergab ihm die Aktentasche. Dann mischte ich mich weisungsgemäß unter die Menge.«
Phase fünf:
»...konnte ich gleich am nächsten Tag die versprochenen restlichen Zwanzigtausend kassieren. Auch die lagen in einem Schließfach bereit. Womit also das Ding gelaufen war. Und nun, Herr Keller, kreuzen Sie hier auf. Wollen Sie mich unbedingt mit Gewalt um alle Früchte meiner Arbeit bringen?«

»Was du mir da erzählt hast, Erwin«, sagte nunmehr Keller, »scheint glaubhaft.«
»Freut mich – freut mich ungemein, wenn Sie das so sehen. Bin ich jetzt entlastet? Werden Sie sich für mich einsetzen?«
»Warum nicht«, sagte Keller sanft. »Falls du nun auch bereit bist, meine zweite Forderung zu akzeptieren. Ich habe sie dir bereits angekündigt – erinnerst du dich daran?«
»Welche, Herr Keller?«
»Bedingungslose Mitarbeit. Was praktisch bedeutet – du machst hier

weiter. Als ob nichts geschehen wäre – als ob es mich überhaupt nicht gäbe. Ich nehme an, daß dein Auftraggeber dich inzwischen bereits wieder angerufen hat. Versuche nicht, Erwin, mir irgend etwas zu verschweigen! Dann gilt unser Abkommen nämlich nicht mehr – dann überlasse ich dich der Kriminalpolizei; da warten bereits einige auf dich. Klar? Also?«

»Nun ja – ich bin tatsächlich wieder angerufen worden. Wobei mir versichert wurde: gute Arbeit!«

»Und weiter?«

»Die Ankündigung eines nächsten Auftrags. Bei gleicher Methode, aber garantierter Honorarerhöhung.«

»Du hast zugesagt?« fragte Keller fast freudig.

»Jedenfalls habe ich nicht nein gesagt. Wonach die Aufforderung erfolgte: Halten Sie sich bereit!«

»Fein, dann halte dich also bereit, Erwin. Wobei du mich laufend zu informieren hast; schnellstens und möglichst genau. Falls du irgend etwas Neues für mich weißt, ruf mich an. Hier meine Telefonnummer – die ist Tag und Nacht besetzt. Wenn ich nicht selbst zu erreichen bin, meldet sich Frau Brasch; und die ist genau im Bilde, der kannst du alles sagen.«

»Mach ich, Herr Keller – muß ich wohl. Oder?«

»Mußt du, Erwin! Falls du aus dieser Angelegenheit einigermaßen unbeschadet herauskommen willst. Und das willst du – du bist ja kein Idiot! Wenn du auch nicht logisch denken kannst. Womit ich sagen will: wenn du es etwa riskierst, mich übers Ohr zu hauen, dann reagiere ich denkbar sauer.«

»Kann ich mir vorstellen, Herr Keller.«

»Zumal du dir ja auch denken kannst, daß wir dein Telefon angezapft haben. Nur ein falscher Schritt, der Versuch einer Absicherung, ein warnendes Wörtchen – und du wirst unverzüglich kassiert. Vereinnahmt und bearbeitet. Ist das klar?«

»Klar«, bestätigte Schneider ergeben. »Ich bin nun Ihr Mann, Herr Keller.«

Das um 17 Uhr 30.

Kriminalistische Gegebenheiten in dieser Stadt, in diesen Tagen:

»›Kinderkriminalität nimmt rapide zu! – Vierzehnjähriger führt Doppelleben‹ – am Tage Musterknabe – abends Bandenboß. Mit seinen fünfzehn- bis neunzehnjährigen Komplizen verübte Josef B. in einem Jahr 53 Einbrüche und Diebstähle. ›Er ärgerte sich, weil seine ältere Schwester ihm zu Hause angeblich vorgezogen wurde.‹

Vier Münchner, neunzehn bis einundzwanzig, demolierten ›aus Gaudi‹ 200 Autos. Außerdem stahlen sie 30 Fahrzeuge. Auch ließen sie sich von Homosexuellen und Ausländern am Bahnhof ansprechen, schlugen sie dann nieder und raubten sie aus. Erklärten dazu: ›Es war einfach lustig

– und wir waren halt besoffen!‹
Drei Minderjährige als Rauschgiftvertreiber festgestellt. Zwei als Zuhälter überführt. Einer als Taschendieb verhaftet. Weitere fünf bei Warenhausdiebstählen vereinnahmt. Sieben als obdachlos registriert.
›Langeweile‹, folgerte eine Zeitung, ›macht Schüler zu Verbrechern!‹ Sie wußten sonst nichts mit ihrer Freizeit anzufangen. Also verübten sie Einbrüche, veranstalteten Überfälle, klauten in Kaufhäusern. ›Diese Ferien‹, erklärten sie, ›sind so fad!‹
Die Polizei registrierte: ›Je kleiner die Diebe, um so größer die Lügen!‹ Kriminelle Delikte nur, um ein Geschenk zu machen – um sich vor dem Freund nicht zu blamieren – um sich zu bewähren! Dabei auch zwei Raubüberfälle – mit gezogenen Messern, unter der Devise: ›Geld oder Prügel!‹
Und zugleich die Meldung: ›Schulkind schuftete für 10 Mark am Tag.‹ Zwölfjährige Sittlichkeitsfilmerin geschlechtlich mißbraucht; Sechzehnjährige als Bardame beschäftigt; Vierzehnjährige als Bordellattraktion, unter dem Kennwort: ›Laßt doch der Jugend freien Lauf!‹«
Hierzu Zimmermann: »Klippschule für Kriminelle – zeitgemäßer Lehrbetrieb. Früh muß sich üben, wer mal ein Meister werden will.«

Anruf bei Winter – über dessen Zentrale sofort weisungsgemäß durchgestellt und auf Tonband aufgenommen:
Anrufer: »Es ist jetzt so weit!«
Winter: »Was ist jetzt so weit – bitte, erklären Sie mir das näher?«
Anrufer: »Versuchen Sie nicht, dieses Gespräch in die Länge zu ziehen. Wir kennen alle technischen Tricks. Nehmen Sie nur zur Kenntnis: in unserem Gewahrsam befindet sich ein Kind. Der Vater ist einer Ihrer Mitarbeiter, gleichgültig, in welcher Stellung. Sein Name: Sombart, Verlagsdruckerei München. Seine Tochter heißt Ulrike und ist zwölf Jahre alt. Sie werden also zahlen – und zwar die von uns geforderte Summe. Eine Million.«
Winter: »Wann – und wie? Unter welchen Umständen? Unter welchen Bedingungen?«
Anrufer: »Das wird Ihnen noch mitgeteilt werden. Sie brauchen sich jetzt nur darauf vorzubereiten. Unsere Forderung lautet: Keine Registrierung der an uns zu liefernden Banknoten; keine Einschaltung der Polizei. Aber auch: keine Veröffentlichungen in der Presse; also auch nicht in den zu Ihrem Konzern gehörenden Zeitungen.«
Winter: »Es könnte doch sein, daß irgendeiner meiner Journalisten...«
Anrufer: »Das darf nicht sein! Nur Sie sind informiert. Und Sie dürfen nur noch Rechtsanwalt Messer informieren, der die Abwicklung übernehmen soll. Sonst niemand!«

Winter: »Aber falls dennoch – durch einen Zufall etwa...«
Anrufer: »Schalten Sie jeden Zufall aus. Schließlich steht ein Menschenleben auf dem Spiel. Und das wollen Sie doch wohl nicht leichtfertig gefährden?«

Die Tonbandaufzeichnung dieses Telefongespräches wurde – nur wenige Minuten später – zwei Experten vorgespielt: einem Spezialtechniker des Präsidiums und einem international anerkannten Fachmann des Bayerischen Landeskriminalamtes.
Beide schalteten in wohlabgestimmter Arbeitsteilung alle ihnen zur Verfügung stehenden, zum Teil von ihnen selbst konstruierten Meß-, Zusatz- und Vorsatzapparaturen ein. Der Erfolg war äußerst entmutigend. Denn sie mußten feststellen: die Stimme des Anrufers war einfach »nicht normal«. Sie war technisch verzerrt – unbestimmbar, mit welchen Modulationen. Was praktisch hieß: Weder kriminaltaktisch verwendungsfähig noch gar juristisch irgendwie beweiskräftig.
Eine Kopie der Tonbandaufzeichnung wurde per Eilkurier der Gruppe Keller zugestellt und dort unverzüglich an Moser weitergegeben. Der hörte sich das Gespräch über Kopfhörer bei miteingeschalteten Meßgeräten an – mit steigendem Entzücken.
Keller, die Brasch und von Gotha beobachteten ihn mit vorsichtiger Verwunderung. Sie hörten die Tonbandaufzeichnung aus einem Lautsprecher und empfanden dabei nicht das geringste Vergnügen.
Moser aber versicherte: »Es geht doch nichts über Perfektion! So was läßt das Herz jedes Fachmannes höher schlagen – ähnlich wie bei einer Frau, die verlockend kompliziert zu sein scheint. Aber eben dann will man erst recht wissen, an wen man da geraten ist.«
»Und wann«, fragte Keller, »werden Sie das tatsächlich wissen? Es wird langsam Zeit, daß wir zu greifbaren Resultaten kommen.«

Walter Waldmann, also WW, der angesehene Journalist, hatte sich abermals mit Schlesinger zu treffen. Allerdings auf halbwegs neutralem Boden: in einem Restaurant im London-Stil – in Nähe Residenzplatz. »Wo wir ganz unter uns sind.« Wer in diesem Luxusladen etwa einen echt britischen Gin zu trinken begehrte, der mußte dafür den Halbtagslohn eines Metallarbeiters hinblättern. Und das konnten sich nur wenige leisten.
»Ich komme«, berichtete WW seinem Freund Schlesinger, »direkt vom Präsidium – wie von dir angeregt, mein Lieber. Dabei habe ich diesen Hädrich ausgehorcht, er ist mir persönlich verpflichtet. Ich habe ihn in diversen Artikeln hochgejubelt – als Garanten größter Sicherheit. Er hat mir geflüstert, was er weiß oder zu wissen glaubt.«
»Und – was glaubt er zu wissen?«

»So gut wie nichts! Der schwimmt. Der jongliert. Der betätigt sich als Drahtseiltänzer.« WW zeigte sich höchst amüsiert. »Aber eben das war ja wohl vorauszusehen. Bei allem Wohlwollen unserer Polizei gegenüber: schöpferisch vorausdenken können diese Leute nicht. Das konnte wohl nur einer – aber den haben sie frühzeitig pensioniert.«
»Also Leerlauf«, stellte Schlesinger vorsichtig erfreut fest.
»So ungefähr«, bestätigte WW. »Meinen speziellen Vertrauensmann im Präsidium konnte ich allerdings noch nicht befragen. Das ist ein Oberinspektor – im zentralen Bereich eingesetzt, im Vorzimmer des Präsidenten. Dort zuständig gemacht für Koordinierung – etwa zwischen Dauerdienst und Sonderkommandos. Er weiß so gut wie alles, was in diesem Amt vor sich geht. Aber auch der muß mal Pause machen.«
»Ein wichtiger – also auch ein teurer Mann?«
»Wichtig durchaus, doch sonderlich teuer nicht – nicht für mich.« WW konnte da nur lächeln. »Der Herr Oberinspektor hätte erst neulich als eifriger Besucher und dann sogar als indirekter Mitinhaber eines Massagesalons überführt werden können. Durch mich. Wovon ich mir nicht sonderlich viel versprach, eher schon davon, ihn mir zu verpflichten.«
»So also wurde er zu deinem Lieferanten für Nachrichten aus dem Präsidium«, stellte Schlesinger anerkennend fest.
»Nicht nur er – andere auch. Und eben deshalb, mein Lieber, gelte ich in dieser Stadt als einer der bestinformierten Journalisten. Andere mögen sich als erfolgreiche Nabelbeschauer und Arschbetrachter dieser Gesellschaft vorkommen; ich kenne die Hintergründe.«
»Darauf, Waldmann, sollten wir trinken!«
»Vielleicht später – und dann gerne!« versicherte WW. »Im Augenblick muß ich mich um eine Geschichte kümmern, von der ich aus der gleichen Quelle Kenntnis erhalten habe. Draußen in Riem, auf dem Flugplatz, scheint ein Irrer am Werk zu sein. Schon seit fast sechs Stunden. Er hat sich in einem Flugzeug verschanzt und hält eine Stewardeß gefangen. Der Kerl soll sich in den idiotischsten Forderungen gefallen. Da will ich dabei sein.«
»Ich auch, falls du mich mitnimmst«, sagte Schlesinger. »So was interessiert mich ungemein. Zumal ich hier zur Zeit wohl nichts zu versäumen habe. Mucki kann später nachkommen; falls du Wert darauf legst. Akzeptiert, Waldmann?«
»Klar«, sagte WW. »Laß deinen Rolls Royce vorfahren.«
»Was dagegen, wenn ich einen meiner Freunde auffordere, uns zu begleiten? Einen gewissen Pinkus?«
Kein Einwand.

Auswertungsversuch der Tonbandkopie – Gespräch Winter – Anrufer – im Hinterzimmer des Restaurants ›Zur letzten Heimat‹. Uhrzeit nunmehr: 18 Uhr 12.
Was Keller von Moser wissen wollte: »Wenn das verzerrt wurde, kann es dann auch wieder entzerrt werden?«
»Aber ja«, bestätigte Moser. »Man muß nur wissen, wie. Aber das weiß wohl nur dieser William Weinert. Und bis ich den soweit habe, mir das mitzuteilen, können noch Stunden vergehen.«
»Eine Stunde gebe ich Ihnen, Moser!« versicherte Keller. »Wenn Sie dann immer noch nicht weitergekommen sind, nehme ich mir Ihren entgleisten Experten persönlich vor.«
»Mir jedenfalls«, bekannte von Gotha, »widerstrebt es, mich von Kriminellen abhängig zu machen. Können wir denn nicht auch anders weiterkommen? Etwa indem wir versuchen, dieses Gespräch nicht nur kriminalistisch auszuwerten, sondern vielmehr zu analysieren?«
»Sozusagen psychologisch – was?« Moser zeigte sich äußerst amüsiert. »Das hätte uns gerade noch gefehlt.«
»Versuchen Sie es dennoch!« empfahl Keller. »Wir haben da also ein Gespräch abgehört. Darin kaum irgendeine Besonderheit – für Kriminalisten. Aber einige Kleinigkeiten scheinen mir doch recht interessant. Meinen Sie nicht auch, Frau Brasch?«
»Mir fällt auf«, bestätigte die Brasch unverzüglich, »daß der Entführer sich Zeit läßt. Er schiebt die Angelegenheit fast systematisch hinaus. Was er sich ja wohl auch leisten kann.«
»Was geht wohl in ihm vor?« fragte von Gotha.
»Vermutlich demonstriert er seine Macht. Er hat sich möglicherweise mit voller Absicht Winter ausgesucht, diesen meinungsmachenden Konzernherrn, der auch ›der Allmächtige‹ genannt wird. Er will ihn im eigenen Saft schmoren sehen, ihn zwingen, seine Anordnungen zu befolgen, vor ihm zu kriechen.«
»Sie, Frau Brasch«, steuerte Moser vergnügt bei, »halten so etwas offenbar für eine Art von Perversion! Es könnte aber auch als ein bewußt revolutionärer Vorgang angesehen werden – eine Art Klassenkampf auf krimineller Ebene.«
Herr von Gotha konnte dabei nur den Kopf schütteln. Eindeutig warnend sagte er: »Wenn wir erst einmal anfangen, bei verbrecherischen Vorgängen gesellschaftspolitische Ambitionen oder gar Überzeugungen zu vermuten, sind wir völlig verloren. Dann könnte nämlich selbst ein schlichter Autodieb als antikapitalistischer Systemüberwinder auftreten.«
»Welch verlockende Fülle von Möglichkeiten!« stellte Keller nachsichtig fest. »Aber wir haben uns an greifbare Tatsachen zu halten. Und dabei müssen wir mit einem Menschen rechnen, der immerhin auf eine erfolg-

reiche gewalttätige Vorarbeit hinweisen kann, zumindest auf einen Mord. Und der damit rechnet, daß so was auch von uns einkalkuliert wird. Von Leuten wie Winter und Messer erst recht. Denn die haben es nicht gelernt, Leichen vor sich liegen zu sehen.«

»Das alles«, bekannte von Gotha ganz offen, »kommt mir reichlich verwirrend vor. Schon bei der Kriminalpolizei habe ich mich manchmal wie ein Hochseiltänzer gefühlt – aber wenigstens doch über einem aufgespannten Netz. Hier habe ich das Gefühl, ungesichert Abgründe zu überschreiten.«

»Schauen Sie nicht hinunter, wenn Sie nicht schwindelfrei sind«, empfahl Moser.

Und Frau Brasch meinte: »Lassen Sie sich ablenken – etwa durch Fräulein Hädrich, wie von Herrn Keller angeregt.«

»Und nicht durch ihren derzeitigen Freund«, empfahl Moser. »Ich meine, wohl unter etlichen anderen, einen ganz bestimmten – einen gewissen Hetzing.«

»Aber der«, mutmaßte Gotha, »ist doch auch nur ein Kerl unter Kerlen. Oder etwa nicht?«

»Oder etwa nicht?« wiederholte Moser belustigt. »Der steht auf meiner Abhörliste – und zwar nicht nur unter ›ferner liefen‹, sondern in gehobener Position. Der scheint zu Schlesingers engsten Freunden zu gehören. Auf den habe ich ein Spezialteam angesetzt.«

Keller griff unverzüglich die ihm zugespielten Anregungen auf. »Bitte, Frau Brasch, sammeln Sie alle irgendwie erreichbaren Unterlagen über diesen Hetzing.«

»Was vermutlich in die Binsen gehen wird«, vermutete von Gotha. »Auch wenn ich ihn bisher nur flüchtig kennengelernt habe, kommt er mir vor wie ein Unterseeboot.«

»Beschäftigen Sie sich mit ihm«, ordnete Keller an. »Vielleicht kommen Sie über Isabella am schnellsten an ihn heran. Und wenn Sie ihn schon für eine Art Unterseeboot halten, so versuchen Sie eben, ihn zum Auftauchen zu bringen.«

»Aber wie, Herr Keller?«

»Finden Sie das heraus, Herr von Gotha – am Objekt.«

Auf dem Münchner Flughafen Riem fand seit nunmehr fast sechs Stunden eine kriminelle Großveranstaltung statt – wenn auch weitgehend unter Ausschluß der Öffentlichkeit. Und ohne Anwesenheit des Polizeipräsidenten. Zwar war er immer bereit, als populärer Mann aufzutreten; aufgepulverte Publicity jedoch versuchte er stets zu meiden.

Was hier vorging, hatte fast irrwitzig banal begonnen. In einer gelandeten Maschine drängte ein älterer Mann eine Stewardeß ab. Er fuchtelte vor

ihrem Standardgesicht mit einer klobigen Pistole herum und schrie gurgelnd: »Alle anderen können aussteigen! Dann die Gangway wegrollen! Oder ich schieße! Ich puste diesem Huhn das Gehirn aus! Alle Weiber sind Hühner!«
Der daraufhin alarmierte Flughafendirektor überprüfte die Situation, besprach sie mit seinem Sicherheitsbeamten – der nur warnen konnte. Dann wendete er sich an den diensttuenden Einsatzleiter der Polizei.
Und der meinte nur: »Das ist doch einfach irre, was dieser Kerl da versucht.« Womit er die Gegebenheiten ziemlich genau eingeschätzt hatte. »Den schalte ich mit drei von meinen Leuten aus. Falls Sie mir völlig freie Hand geben.«
»Bitte, nur kein unnötiges lebensgefährliches Risiko! Schließlich handelt es sich um eine Geiselnahme!«
»Um den Versuch eines Geistesgestörten, sich in Szene zu setzen«, behauptete der Polizeioffizier. »Überlassen Sie ihn mir! Der muß schnellstens außer Funktion gesetzt werden.«
»Wollen Sie ihn etwa abknallen?« fragte der Flughafendirektor sichtlich besorgt. »Nur kein Blutvergießen!«
»Ich sage nicht: das ist unvermeidlich. Mit so was muß man immer rechnen.«
»Und ich«, stellte der Flughafendirektor ablehnend fest, »mache Sie darauf aufmerksam, daß in diesem Bereich nur meine Ansichten maßgeblich sind. Und die stimmen nicht mit den Ihren überein.«
Womit der Rummel auf dem Flughafen so gut wie perfekt war. Der Direktor ordnete Flugsperre an. Dann ließ er den Platz um die gefährdete Maschine räumen und alle Zugänge zum Rollfeld hermetisch abriegeln. »Den Gefahrenherd isolieren!« war seine Forderung.
Dem Einsatzleiter der Polizei blieb nichts anderes übrig, als das Geschehene an das Amt weiterzumelden. Zugleich forderte er Verstärkung an, die alsbald eintraf – dazu ein Spezialkommando des Präsidiums. Sogar der zuständige Oberstaatsanwalt fand sich persönlich ein.
Den nun folgenden Unternehmungen konnten höchste Sorgfalt und äußerste Vorsicht nicht abgesprochen werden. So gut wie alles wurde gründlich durchdacht, intensiv durchgesprochen – was freilich Stunden dauerte.
Inzwischen gab der Mann, der die Stewardeß im Flugzeug gefangen hielt, über die Funksprechanlage schrill tönende Verlautbarungen von sich. Bis die Anlage durch falsche Bedienung ausfiel. Woraufhin der Geiselnehmer Zettel aus dem Flugzeug warf – Forderungen, jedoch höchst unklare. Sie handelten von Geld, Krankheit, Rache, Gefühlen und Freiheit. Sie lösten unverzüglich weitere intensive Besprechungen aus – man rätselte herum. Vorsichtig. Zeitraubend.

Währenddessen hatte sich die Blockierung des Flugplatzes in München herumgesprochen. Der Bayerische Rundfunk schaltete auf Sonderberichterstattung. Alsbald trafen Fernsehteams ein; sie postierten ihre Kameras am Rande des Rollfeldes, aber auch auf der Terrasse des Restaurants. Einer der zuständigen TV-Gewaltigen behauptete: »Wir dürfen nichts auslassen. Wir wissen schließlich noch, was aktuelle Berichterstattung ist.«

Und dann fanden sich auch, durch private Kanäle alarmiert, die an Katastrophen und Vergnügungen interessierten Bewohner der Stadt ein. Sie bevölkerten das obere Lokal, dessen Umsatz sprunghaft anstieg.

Hier traf auch Schlesinger ein; gemeinsam mit WW und Pinkus. Die inzwischen mehrfach im Flughafengelände errichteten Sperren konnten sie nahezu mühelos überwinden. Schlesinger etwa gab sich als Geschäftspartner des derzeitigen Restaurant-Pächters zu erkennen. WW erklärte ganz einfach: »Presse!« – was völlig genügte. Und Pinkus behauptete, als Vertreter der für die Flughafengesellschaft zuständigen Versicherung anwesend zu sein.

So in das Zentrum des Geschehens gelangt, betrachteten sie alles, was sich ihnen anbot, wie von einem Logenplatz aus. Schlesinger zumindest war sichtlich bereit, es zu genießen. WW dagegen machte sich andere Gedanken. Sein Zeitungssoll in diesem Monat war bereits erfüllt. Was er darüber hinaus schrieb, war unbezahlte Zusatzarbeit – es sei denn, hier ließen sich Sonderhonorare herausschlagen.

Eben das jedoch, erkannte er, schien sich anzubahnen. Scharfschützen gingen in Position – bestens getarnt für den vermutlich geistesgestörten Mann mit seiner schockierten Geisel im Flugzeug; aber von allen Zuschauern im Tower und im Restaurant gut sichtbar. »Das«, vermutete WW, »kann ein Schlachtfest werden! Was sich garantiert gut verkaufen läßt – etwa an eine Illustrierte.«

Pinkus begab sich in die nächste Telefonzelle und rief Keller an.

»Kommen Sie her. Ich hoffe Ihnen etwas nicht ganz Alltägliches bieten zu können. Nicht nur die mögliche öffentliche Hinrichtung eines Geisteskranken, sondern auch Schlesingers Reaktionen darauf. Kriminalistische Studienobjekte allerersten Ranges.«

»Ich komme«, sagte Keller unverzüglich. »Aber nur, um mich umzusehen. Vermeiden Sie es also, mich zu kennen. Versuchen Sie nicht einmal, mich zu bemerken.«

»Das«, bestätigte ihm Pinkus, »ist ganz in meinem Sinne.«

»Da sind Sie ja wieder!« rief Heinz Boerner aus, als er von Gotha erblickte. »Wem spionieren Sie hier eigentlich nach – mir, diesem Hetzing, oder Isabella?«

»Zunächst bin ich hier – bei Ihnen.« Sie begegneten sich in der Germaniastraße – in der Nähe des Hauses, in dem Hetzing wohnte. Und obwohl es noch nicht Abend war, befand sich Isabella bereits bei Hetzing.
»Gehört das etwa auch zu den revolutionären Freiheiten?« scherzte von Gotha. »Wenn ja, dann wäre sogar ich bereit, mich gelegentlich als Revolutionär zu betätigen. Oder wenigstens als Systemveränderer, wenn Sie so wollen.«
»Von Ihnen will ich gar nichts! Nur, daß Sie hier abhauen! Ihr Geschwätz geht mir auf die Nerven. Was wissen Sie denn schon von uns!«
»Mehr, als Sie vermuten, Herr Boerner. Aber ich versichere Ihnen nochmals, daß ich nicht von der Steuer bin, vom Verfassungsschutz auch nicht. Nehmen Sie an, ich wäre sozusagen privat hier.«
»Also doch wegen Isabella!«
»Ein überaus bemerkenswertes Mädchen!« bestätigte von Gotha. »Nicht zuletzt ihrer Bekanntschaften wegen – womit ich aber nicht Sie meine, was eine Art Kompliment ist. Jedenfalls scheint unsere schöne Freundin äußerst unkonventionell zu sein – zumindest im privaten Bereich. Offenbar gefällt ihr sogar die Liebe am späten Nachmittag.«
Aber das war ein Thema, das Heinz Boerner nicht erheitern konnte.
»Was geht denn Sie das an?«
»Trotzdem könnte es sein«, meinte von Gotha, »daß wir beide die gleichen Interessen haben – Sie wissen nur nicht, welche. Noch nicht.«
»Doch nicht Isabellas wegen?«
»Im direkten Zusammenhang mit ihr. Denn mich, Herr Boerner, interessiert nicht weniger als Sie, mit wem sich Isabella einläßt. Wenn auch unter wesentlich anderen Voraussetzungen. Allerdings kann ich mir nicht vorstellen, daß Sie versuchen würden, diesen Hetzing zu schützen. Oder – etwa doch?«
»Der kann von mir aus auf einem Rost gebraten werden!«
»Was ich mir durchaus vorstellen könnte; allerdings nur theoretisch.«
»Seien Sie lieber vorsichtig!« warnte Heinz Boerner. »Halten Sie sich da heraus. Vor allem: lassen Sie sich nicht mit diesem Hetzing ein. Der haut Sie glatt aus Ihrem Zweihundertdollaranzug. Der kann Sie friedhofsreif machen.«
»Das ist noch nicht ganz sicher«, sagte von Gotha. »Und was kann er sonst noch?«
»Dem traue ich einfach alles zu – auch, daß er Sie fertigmacht! Aber erwarten Sie nicht, daß ich dann Ihre Partei ergreife. Mein Bedarf an schlagkräftigen Argumenten ist voll gedeckt.«
»Also war er es, der Sie neulich zusammengeschlagen hat? Als Sie von einer Polizeistreife aufgefunden wurden?«
Boerner schaffte es nicht mehr, von Gotha zu fragen, wieso er von diesem

Vorgang wußte. Denn er sah Hetzing – und Isabella: beide kamen direkt auf ihn zu. »Jetzt sind Sie dran!« rief er von Gotha zu. »Eine falsche Bemerkung von Ihnen genügt.«

Isabella blieb instinktiv zurück. Hetzing jedoch bewegte sich zielstrebig auf von Gotha zu. Heinz Boerner, der eine Art Erklärung abgeben wollte, wurde energisch zur Seite geschoben. Und Hetzing sagte: »Ich liebe es nicht, wenn man mir nachschnüffelt.«

Von Gotha gab sich lässig. »Haben Sie vor, etwas dagegen zu unternehmen?«

Hetzing blickte ihn erstaunt an. »Mann – so einen wie dich atme ich ein!«

»Versuch das mal«, forderte von Gotha ihn fröhlich auf und bedeutete Boerner mit einer Handbewegung, sich mit Isabella zu entfernen. Das geschah.

Danach erst sagte von Gotha zu Hetzing: »Deine große Schnauze würde ich gern mal ganz klein sehen.«

Worauf sie unverzüglich übereinander herfielen. Sie bearbeiteten sich mit den Fäusten. Dabei stürzte von Gotha zu Boden, und Hetzing warf sich auf ihn. Doch er wurde hochgewuchtet und prallte auf den Gehsteig. Beide wälzten sich dann eng umklammert auf die Fahrbahn zu. Zum Glück gab es in der Germaniastraße, obgleich sie nahe beim Feilitzschplatz lag, keinen sonderlichen Autoverkehr – so gut wie zu keiner Tageszeit.

Während sie einander schwer keuchend bearbeiteten, wurden sie von der Besatzung eines Funkstreifenwagens gesichtet; die Polizeibeamten hatten ermüdenden Bereitschaftsdienst. Sie hielten sich hier in Wartestellung auf, um in Erscheinung zu treten, falls sich irgendwo in Schwabing, in dieser Vergnügungshölle, irgendwelche alarmierenden Komplikationen ergaben.

Aber das war nicht oft der Fall. Die Amüsierhyänen und Spielhasen pflegten sich meist zu arrangieren. Wenn nicht gerade enthemmte Volltrunkene oder betont kooperationsunwillige Rocker auftauchten, hatten die Polizisten während ihrer Bereitschaftsdienststunden kaum etwas zu tun. Doch nun erblickten sie – überrascht, nicht erfreut – diese solide Prügelei mitten auf der Straße. »Fast wie im Kino!« stellte der eine Beamte fest. »Wollen wir ihnen das Vergnügen gönnen?« Der Streifenführer jedoch entschied: »Da müssen wir eingreifen!«

Worauf beide – Hetzing ebenso wie von Gotha – offiziell gestellt, auseinandergezerrt und festgenommen wurden. Ihre Anlieferung beim zuständigen Polizeirevier erfolgte wenige Minuten später. Um 19 Uhr 09 – laut Eintragung im dortigen Tagebuch.

Auf dem abgesperrten Flughafengelände von München-Riem traf nunmehr auch Keller ein – ohne seinen Hund Anton. Er prallte prompt auf einen Polizisten, der ihm energisch erklärte: »Unbefugten ist hier der Zutritt verboten!«

»Ich bin aber befugt, was auch immer darunter zu verstehen ist.«

»Haben Sie einen Ausweis?«

»Sagen Sie Ihrem Einsatzleiter meinen Namen. Ich heiße Keller.«

Das war eine Forderung mit amtlich klingendem Unterton. Der Polizist verständigte unverzüglich den Einsatzleiter über Sprechfunk. Und der erschien nach wenigen Minuten.

Als er Keller erblickte, rief er erfreut: »Tatsächlich Sie! Gut, daß Sie kommen. Hier ist der Teufel los – ein völlig irrsinniger Vorgang. Mit normalen Methoden einfach nicht zu schaffen. Kommen Sie vom Präsidium?«

»Ich bin privat hier«, versicherte Keller.

»Jedenfalls sind Sie hier. Wie gut. Wollen Sie Einzelheiten wissen?«

»Vielleicht später, Herr Kollege. Zunächst möchte ich mich umsehen – möglichst ungestört. Kann ich mich hier frei bewegen?«

»Selbstverständlich, Herr Keller. Soll ich Ihnen einen Beamten mitgeben?«

»Nein. Ich gehe zunächst ins Hauptrestaurant – privat, wie gesagt.«

»Wird respektiert – selbstverständlich.«

Keller mischte sich – aus purer Neugier, wie es schien – unter die versammelten Show-Teilnehmer. Zunächst versuchte er, einen Überblick zu gewinnen, von einem Eckplatz aus. Er begab sich an das hinterste Ende der Bartheke im oberen Restaurant. Hier bestellte er ein Bier, ohne davon zu trinken.

Mit bedächtiger Aufmerksamkeit registrierte er alle Einzelheiten. Etwa: dort unten, auf dem Rollfeld, umglänzt von früher Abendsonne, das abgestellte Flugzeug – darin der von der Polizei umstellte Geistesgestörte mit seiner Geisel. Belagert überdies von etwa zwei Dutzend Reportern und drei Kameras – zwei Fernsehanstalten, eine Wochenschau.

Im Hauptrestaurant hatten sich größere Teile der stets erlebnisfreudigen Amüsiergesellschaft eingefunden. Von wohltuend weichem Licht behutsam angestrahlt, versuchten sie sich in Szene zu setzen. Banal diskutierend, sich Komplimente zuschreiend, dabei zumeist Champagner schlürfend: Leute von Welt!

Einige von ihnen hatten sich bereits – von Keller nachsichtig beobachtet – in den verdunkelten Hintergrund des Restaurants begeben. Und dort, auf blutroten Sitzpolstern, wurden Busen entblößt, wurde weiblichen Wesen zwischen gespreizte Beine gegriffen. Sie wähnten, einer neuartigen Variante des Lustgewinns sehr nahe zu sein.

WW dagegen hielt sich dicht bei den auf der Aussichtsterrasse postierten Fernsehkameras auf. Schlesinger und Pinkus waren bei ihm. Für sie kommentierte der welt- und halbwelterfahrene Journalist genußvoll: »Hier passiert fast das gleiche, wie Casanova es einmal in seinen Memoiren beschrieben hat. Er hielt sich bei einer öffentlichen Hinrichtung in Paris auf – direkt hinter einer Dame, die sich weit aus dem Fenster ihrer Wohnung beugte, um das Schauspiel genießen zu können. Wobei er die Dame, in dieser Stellung, mit bestem Erfolg bediente. Aber so ist nun mal das Leben! Die einen krepieren, andere zeugen.«

Dann begab sich WW zum nächsten Telefon, um seinen ersten Bericht durchzugeben. Die von ihm vorgeschlagene Schlagzeile für die erste Seite seiner Zeitung: »Ein Geistesgestörter und seine Geisel! Makabre Tragödie auf dem Rollfeld. Polizei scheut vor letzter Konsequenz zurück.«

Pinkus war heilfroh darüber, daß WW sich aus dem Restaurant entfernte. Pinkus wußte: WW kannte Keller. Doch nun war die Gelegenheit günstig, Schlesinger indirekt vorzuführen. Er lotste ihn an die Bar, nach rechts hinten. Genau dahin, wo ein älterer unscheinbarer Herr im dunklen Anzug saß, der sich für nichts sonderlich zu interessieren schien – nicht einmal für sein Münchner Bier.

Mit Schlesinger angekommen, bestellte Pinkus Whisky, schottischen, mindestens zwölfjährigen, der noch dazu ›angeraucht‹ zu sein hatte. Dabei sagte er: »Im Grunde ist das hier nur eine überzeugende Demonstration der Hilflosigkeit unserer Polizei. Basierend auf Unentschlossenheit, die dann hinterher als ›gründlich durchdachtes Vorgehen‹ bezeichnet wird.«

Schlesinger nickte zustimmend. Er fühlte sich von Pinkus verstanden, wenn nicht gewürdigt, und trank ihm zu. Sie lächelten sich an.

Dann sagte Schlesinger: »Wir haben es ganz offenbar mit einem Geistesgestörten zu tun. Dabei gibt es doch wohl nur eine Konsequenz: solchen Leuten muß man das Hirn auspusten, wenn man das Leben der Stewardeß retten will. Trotzdem zögert die Polizei hinaus, was absolut unvermeidlich ist. Stunden um Stunden! Denen fehlt es an Entschlußkraft – sie haben einfach nicht den Willen, sich durchzusetzen.«

Wobei Schlesinger in seiner unmittelbaren Nähe einen Mann entdeckte, der ganz offensichtlich mithörte. Und zu dem, also zu Keller sagte er nun: »Stimmt das, oder habe ich recht? Was meinen Sie dazu, Herr Nachbar?«

»Kann sein, daß Sie recht haben«, sagte der bedächtig. »Von Ihrem Standpunkt aus – aber nicht von dem des Täters.«

»Hat der mich was anzugehen?« wollte Schlesinger wissen. »Hier ist doch alles geradezu kristallklar. Speziell was unsere Polizei angeht. Die zögert doch nur hinaus, was getan werden muß; für die könnte man ja geradezu Mitleid empfinden.«

»Mit dem wahrscheinlich schwerkranken Mann im Flugzeug auch«, meinte Keller vorsichtig. Er vermied es, Pinkus anzusehen; er widmete sich ausschließlich seinem zufälligen Nachbarn Schlesinger. »Wer weiß denn schon, ob wir es hier mit einem Verbrechen oder einer anfallsweise auftretenden Krankheit zu tun haben.«

»Das hört man immer wieder«, versicherte Schlesinger angeekelt. »Aber das ist doch nur eine Ausrede, eine Ausflucht – leichtfertige Humanitätsduselei. Diese verdammte Neigung, kompromißwillige Ausreden zu erfinden – wenn man zu letzten Entscheidungen zu schwach ist. Diese Leute bekacken ihr eigenes Nest, um dann womöglich zu behaupten: so was ist menschlich! Und das in einer Welt, die nur durch konsequenten Realismus zu beherrschen ist – also in den Griff genommen werden will. Und muß!«

Eine Behauptung, die Keller gespannt zur Kenntnis nahm.

Im Polizeirevier 13, zuständig für München-Schwabing, begann sich einige Unruhe auszubreiten. Sie wurde erzeugt – und dann noch verstärkt – durch eine der beiden anläßlich einer Schlägerei auf offener Straße eingelieferten Personen.

Dieser Mensch nannte wohl seinen Namen, es war ein gewisser Gotha, war jedoch nicht bereit, weitere Angaben zu seiner Person zu machen. Beharrlich behauptete er, angegriffen worden zu sein. Man habe ihn überfallen. Er habe lediglich versucht, sich zur Wehr zu setzen.

Was jedoch die andere aufgegriffene Person – dieser Hetzing – mit Nachdruck bestritt. Er gab sich bemüht seriös, auch konnte er sich ausweisen, wobei er sein Bedauern über das Geschehene fast feierlich ausdrückte. Er behauptete: »Ich bin es, der angegriffen wurde. Übrigens handelte es sich um eine persönliche Auseinandersetzung – einer Frau wegen. Da muß doch die Polizei nicht gleich eingreifen!«

»Das ist eine Lüge«, versicherte von Gotha. »Der Kerl hat mich angefallen, auf mich eingeschlagen. Mein Verhalten war glatte Notwehr.«

Der vernehmende Polizeibeamte schien ratlos – verärgert war er auch. Er musterte die beiden vor ihm stehenden Männer und sagte dann gedehnt: »Wollen Sie sich unbedingt Schwierigkeiten einhandeln?«

»Haben wir uns denn selbst festgenommen und hergebracht?« fragte von Gotha provozierend.

»Ich jedenfalls«, versicherte Hetzing, »kann nur immer wieder sagen: nun gut – wir haben uns gerauft. Kleine Auseinandersetzung von Mann zu Mann. Tut mir leid, wenn da unsere Polizei...«

»Nun, wenn es tatsächlich so ist«, meinte der Polizeibeamte noch gedehnter, »dann könnten wir eigentlich diese Angelegenheit...«

»Es war aber nicht so!« behauptete von Gotha, schnell vorprellend. »Dieser Kerl«, er wies auf Hetzing, »ist ein Schläger. Und zwar ein brutaler.«

»Nun nehmen Sie doch endlich Vernunft an!« riet Hetzing dem lautstark empörten von Gotha. »Wenn nicht, kann Sie das verdammt teuer zu stehen kommen.«

»Da hören Sie es – er droht schon wieder!«
»Schluß!« entschied der Polizeibeamte betont energisch. »Beide werden voneinander isoliert und dann getrennt vernommen. Bis dahin können Sie nachdenken!« Was praktisch hieß: bis dahin können wir nachdenken. Worauf beide – Hetzing und von Gotha – in je eine Einzelzelle gebracht wurden. Der untersuchende Polizeibeamte begab sich zum Vorsteher des Reviers und meldete ihm: »Da hat ein Funkstreifenwagen zwei reichlich schräge Typen aufgegriffen, die sich herumgeprügelt haben – auf offener Straße.«
»Du lieber Gott!« rief der Reviervorsteher unwillig aus. »Haben unsere Leute denn nichts anderes zu tun, als in Aktion zu treten, wenn sich zwei die Fresse polieren? Auch das kann schließlich zu unseren garantierten Freiheiten gehören! Oder haben diese beiden etwa dabei den Verkehr gestört, Sachwerte gefährdet – oder gar Menschenleben? Andere?«
»Das wohl nicht. Aber der eine der beiden Typen scheint wie versessen darauf, dem anderen Schwierigkeiten zu machen. Weiß der Teufel, warum! Aber was der sich leistet...«
»Führen Sie ihn vor!« ordnete der Reviervorsteher entschlossen an.
Das geschah unverzüglich. Und nun wirkte von Gotha ungemein munter. »Na – endlich!« rief er dem Reviervorsteher entgegen. »Jetzt sind wir ganz unter uns.«
»Was verstehen Sie darunter?«
Und der sagte: »Mein Name ist von Gotha. Ich bin Kriminaloberinspektor und arbeite im Präsidium – bei den Sonderkommissionen von Kriminalrat Zimmermann. Rufen Sie ihn bitte an.«
Das geschah nach kurzem Zögern. Zimmermann meldete sich sofort. Der Reviervorsteher schilderte ihm mit bemühter Kürze, was sich zugetragen hatte und nannte den Namen von Gotha. Worauf der Kriminalrat auflachte und mit von Gotha zu sprechen wünschte. Er fragte ihn: »Wo, mein Lieber, sind Sie denn da gelandet?«
»Vermutlich genau«, versicherte von Gotha, »bei dem richtigen Mann – bei Hetzing.«
»Steht der auf Kellers Liste?«
»Ganz oben, Herr Kriminalrat – soweit ich informiert bin.«
Worauf Zimmermann dem Reviervorsteher gegenüber anordnete: »Kriminaloberinspektor von Gotha ist für Sie außer Obligo. Ich empfehle Ihnen, sich nach seinen Wünschen zu richten.«
»Werde ich tun, da Sie das verlangen«, bestätigte der. »Allerdings kann ich nicht vermeiden, daß der hier bereits registrierte Vorgang weitergemeldet wird. Der ist nun sozusagen amtlich und läßt sich wohl kaum noch aus der Welt schaffen.«
»Jede Menge der dabei unvermeidlichen Notwendigkeiten, von mir aus.

Jedoch zunächst direkt an mich.«
»Wird gemacht«, bestätigte der Reviervorsteher und beschäftigte sich erneut wieder mit von Gotha, jedoch nun einigermaßen höflich. »Also was, meinen Sie, hat zu geschehen?«
»Sie sollten so tun, empfehle ich, als wären wir beide – also dieser Hetzing und ich – kriminelle Elemente.«
»Ich soll Sie also beide erkennungsdienstlich behandeln? Sie fotografieren lassen, Ihnen die Fingerabdrücke abnehmen, einen Personalbogen erstellen? Ich glaube kaum, daß ich das verantworten kann – nach Lage der Dinge.«
»Tun Sie es trotzdem«, empfahl ihm von Gotha. »Mal sehen, was sich damit anfangen läßt. Danach können Sie diesen Hetzing entlassen. Mich dann ein wenig später – auf Sichtweite sozusagen.«

Die Tragödie auf dem Flugplatz eilte nun schnell ihrem Höhepunkt zu. Das war für einen Kenner dieses Metiers wie Keller deutlich sichtbar. Der von der Polizei um das Flugzeug gebildete Ring zog sich planmäßig enger, während sich die Einsatzleitung plus Staatsanwalt, also in voller Besetzung, im Tower befand; drei, wenn nicht vier Scharfschützen gingen in Anschlag.
Auch Schlesinger spürte instinktiv, daß hier nun alsbald die Schlußphase folgen mußte. Er sagte zu Pinkus: »Jetzt werden sie ihn abknallen!«
»Wo denken Sie hin«, wehrte Pinkus ab. »Jeder Geistesgestörte ist zu überlisten! Man muß nur seine schwachen Stellen herausfinden und ihn dann geschickt bearbeiten. Zeit genug für solche Vorbereitungen war ja wohl.«
Der daneben sitzende Keller meinte lediglich: »Jeder Mensch ist wie ein Dschungel, auch wenn er noch so normal wirkt. Und ein kranker Mensch ist wie ein Dschungel voll aufgestörter Raubtiere.«
Schlesinger betrachtete Keller mit steigender Verwunderung, beugte sich ihm dann entgegen und wollte wissen: »Was sind denn Sie für einer? Wohl so eine Art Seelenarzt – was?«
»Ich«, sagte Keller, »übe keinen festen Beruf aus.«
»Also ein freischaffender Künstler!« glaubte Schlesinger ironisch feststellen zu können. »Nun gut – solche muß es ja wohl auch geben. Aber was hier, verehrter Herr, zu geschehen hat, gehört zu den Urpraktiken des Daseins: die Ausschaltung minderwertiger Elemente – damit das gesunde, kraftvolle, bewußte Leben ungestört weitergehen kann.«
»Ich störe diese Unterhaltung nur ungern«, mischte sich Pinkus besorgt ein. »Aber wenn Sie, Herr Schlesinger, die Schlußnummer direkt genießen wollen, sollten Sie jetzt Ihren Logenplatz beziehen. WW ist schon dort.«

»So was lasse ich mir nicht entgehen!« versicherte Schlesinger. Er nickte Keller zu, fühlte sich überlegen, nahezu gönnerhaft: »War ganz unterhaltsam, Sie kennenzulernen.«
»Unterhaltsam auch für mich«, bestätigte Keller höflich.
Auf dem Weg zur Terrasse wollte Schlesinger von Pinkus wissen: »Was war denn das für ein Typ! Kennen Sie den? Er wirkte reichlich komisch, finden Sie nicht auch?«
»Vermutlich eine Art Dschungelforscher inmitten von Steinwüsten«, sagte Pinkus lächelnd.
»Nichts wie Spinner – in einer Welt, die Tatmenschen braucht!«
»Hier jedenfalls dürfte es bald einen Toten geben!« stellte Pinkus fest. »Läßt Sie das gleichgültig?«
»Was«, fragte Schlesinger, »ist denn schon so ein Tod? Eine Erlösung von unerträglichen Zwängen – eine Wohltat für Überlebende – die Voraussetzung für ein Erbe – die Befreiung von quälendem Dasein – die Abschaffung minderwertiger Elemente? Mein Lieber, auch so ein Tod ist doch im Grunde nur eine Regulierung unzulänglicher Zustände!«
Keller erhob sich, hielt sich jedoch weiter im Hintergrund auf. Ein umfassender Überblick war kaum noch notwendig – ein begrenzter Ausschnitt genügte: die vordere Einstiegluke des umlagerten Flugzeugs.
Dort wurde auf einer Treppenleiter ein Karton mit Lebensmitteln abgestellt. Er war für den Geisteskranken und seine Geisel bestimmt. Doch erst nach Minuten wurde die Luke des Flugzeugs geöffnet. Der umstellte Mann wurde sichtbar, als er sich ins Freie zwängte, ein hektisch-hoffnungsloser Geisteskranker.
Und nun trat einer der postierten Scharfschützen in Aktion – der dritte von vieren. Er lag auf der Tragfläche eines abgestellten Flugzeuges. Und es gelang ihm, den Mann beim Lebensmittelkarton voll ins Fadenkreuz zu bekommen. Sein kahler, bleicher, vorgebeugter Schädel erwies sich als eine ideale, leuchtende Zielscheibe. Der Scharfschütze drückte ab. Die Kugel zerschmetterte den Schädel. Er zerplatzte wie ein fauler Kürbis. Der Mann zuckte heftig auf, sank dann schnell in sich zusammen, sackte vornüber. Fiel abwärts, prallte auf dem Zementboden der Rollbahn auf, blieb dort liegen – nur noch ein plumpes, verkrümmtes, sackartiges Gebilde.
»Volltreffer!« stellte Schlesinger anerkennend fest.
»Das«, sagte Pinkus, sich abwendend, »war eine Hinrichtung.«
Keller entfernte sich beinahe hastig. In diesem Augenblick empfand er heftige Sehnsucht nach seinem Hund. Und ihn beherrschte das Verlangen, nichts anderes mehr empfinden zu wollen. Vorübergehend.
Uhrzeit nunmehr 20 Uhr 04 – etliche Minuten nach Sonnenuntergang.

8 Die entscheidende Nacht – und der Morgen danach

Unmittelbar nach dieser Hinrichtung eines Geistesgestörten auf dem Flugplatz ließ sich Keller wieder nach München hineinfahren, zu seiner Wohnung am Viktualienmarkt. Er war sicher, dort das Kind Sabine und den Hund Anton vorzufinden, auf die er sich freute.
Dauer dieser Fahrt: nicht ganz 30 Minuten. Sie kam ihm endlos vor. Er wirkte müde und hatte die Augen geschlossen. Doch als er endlich am Viktualienmarkt angelangt war, wurde er schnell wieder munter und eilte die Treppen zu seiner Mansardenwohnung hinauf, mit großen Schritten, fast springend – eine Bewegungsart, die zu seinem täglichen Spezialtraining gehörte; zumeist gemeinsam mit seinem Hund.
Anton schien auf ihn gewartet zu haben. Instinktsicher lauerte er an der Tür, miefte beim Anblick Kellers schwanzwedelnd auf, geriet in kreisende Bewegung. Sabine, das Kind, genoß die Begrüßungsdemonstrationen des Hundes – erst danach ließ sie sich von Keller umarmen.
»Es ist ein wenig spät geworden«, sagte er.
»Ach – es kann nie spät genug sein!« versicherte Sabine. »Mit Anton vergeht die Zeit wie im Flug.«
Das schöne Idyll wurde von Frau Weber, Kellers Wirtschafterin, unterbrochen. Sie berichtete: »Sabines Mutter hat mehrfach angerufen – ohne jede Besorgnis, nur um sich zu informieren, wie es dem Kind geht; und dem Hund. Inzwischen sind einige Nachrichten von Kommissar Felder für Sie eingetroffen.«
»Die haben Zeit«, sagte Keller und ließ sich auf dem Fußboden bei Sabine und Anton nieder. »Ist Eis für uns bereit? Ja? Dann also, bitte, eine Riesenportion für Sabine, eine mittelgroße für mich, eine kleinere für Anton.«
»Schon vorbereitet«, sagte die Weber. »Außerdem hat Frau Brasch etliche Unterlagen hergeschickt – eine gewisse Ulrike Sombart betreffend. Sie liegen auf Ihrem Schreibtisch.«
»Bestens! Und was weiter? Hat Moser endlich von sich hören lassen?«
»Er hat! Er verlangt, läßt er sagen, noch sechs weitere Mitarbeiter. Frau Brasch hat sie ihm bewilligt – Ihre Zustimmung vorausgesetzt. Falls die verweigert werden sollte, bittet Frau Brasch um unverzügliche Weisung.«
»Nicht notwendig«, sagte Keller. »Bestätigen Sie ihr das. Und sagen Sie ihr auch, daß ich Moser erwarte. Schnellstens! Er soll erste Resultate mitbringen. Doch zunächst das Wichtigste – her mit dem Eis! Versuchen wir

wenigstens für Minuten, diesen verwegen-phantastischen Zirkus um uns zu vergessen.«

Weiter in dieser Stadt, in den ersten Tagen des Monats August – abermals nach Zeitungsmeldungen:
»›Strenge Sitten bei den Meisterschaften der Schuhplattler!‹ Dort sind die guten, alten Regeln noch selbstverständlich. Etwa: für lange Haare gibt es Strafpunkte. Abwertung auch durch aufgestülpte Hemdsärmel, rutschende Strümpfe, nicht festsitzende Hosenträger.
In München eingetroffene Touristen wollen nach Auskunft des Fremdenverkehrsamtes am häufigsten wissen: ›Wo gibt es hier leichte Mädchen?‹ Dann: ›Wo liegt eigentlich dieses Schwabing?‹ Auch: ›Wo finde ich ein billiges Zimmer?‹
Staatsanwalt ermittelte gegen ›Väterchen Timofei‹. Der ›Olympia-Mönch‹ wird beschuldigt, Bigamist zu sein. Auch soll er sich des Unterstützungsbetruges schuldig gemacht haben – er hat während der Olympischen Spiele Geldspenden in Eimern und Milchkannen kassiert und sich dafür vermutlich Autos gekauft. ›Väterchen‹ hierzu: ›Alles Erfindungen des Teufels! Nix wahr.‹
Und das wurde gezahlt: Lotto, sechs Richtige: DM 500000,–. Toto, elf Richtige: nahezu DM 42000,–. Pferde-Quintett: DM 96000,–. Pferde-Lotto: DM 96400,–. ›Betreuer‹, also Zuhälter von einem Masseusenduo: DM 6500,–; Verdienst einer mittleren Straßennutte: DM 2100,–.«
Die letzte Summe entsprach fast genau dem monatlichen Gehalt von Kriminalrat Zimmermann, Leiter aller Sonderkommissionen, Chef der Morddezernate, Koordinator für extremste kriminalistische Situationen, eine der rechten Hände des Polizeipräsidenten, allen technischen Gruppen des Amtes übergeordnet.

Mit der Erledigung eines Geistesgestörten auf dem Flugplatz hatten sich für maßgeblich haltende Angehörige der Prominenz dieser Stadt ihre Sensation gehabt. Es hatte ihnen zwar gefallen, sie aber noch nicht voll befriedigen können. Nun verlangte es sie noch nach weiteren Genüssen. Sie verlagerten also den Schauplatz ihrer Vergnügungen vom Flugplatzrestaurant in das Nobellokal ›Henry privé‹ am Odeonsplatz. Und zwar auf Vorschlag von WW, nach schneller Absprache mit Schlesinger.
Der stets wohlinformierte WW hatte herausgefunden: bei ›Henry privé‹ hielt sich an diesem Abend ›La Chatte‹ auf, die Katze – das Kätzchen: eine derzeit halbweltbekannte mittelrheinische Lebedame, die erst neulich einen aufsehenerregenden Prozeß hinter sich gebracht hatte. Sie war angeklagt worden, ihren Geliebten zum Mord an ihrem Mann, einem Spirituosenmillionär, angestiftet zu haben, um ihn dann beerben zu können.

Was ihr aber nicht nachgewiesen werden konnte.
So kam sie davon, um alsbald von ihrem Mann liebevoll-verzeihend betreut zu werden. Beide hatten soeben, versicherte er, ihre »zweiten Flitterwochen« an der Riviera verlebt, in Cap d'Antibes, dort Luxusvilla; dann auf Lustreisen nach Tokio und San Francisco. Nun aber machten sie, bevor sie wieder in ihren rheinischen Luxusstall heimzukehren gedachten, in München Station – auch hier einiges Interesse erregend. Sie genossen es.
Und zwar im ›Henry privé‹, einer ihnen durchaus angemessenen Umgebung: Nußbaumhölzer mit Silberbeschlägen; Sitzmöbel mit Büffelleder überzogen; Damastdecken aus Lyon auf den Tischen; Gläser, mundgeblasen, aus Murano; Spiegelwände aus garantiert ältesten Londoner Lokalen importiert. Ein Anblick, bei dem Schlesinger sachverständig feststellte: ein garantiertes Pleiteunternehmen mehr, das er alsbald zu vereinnahmen gedachte.
Dementsprechend wirkte er ungemein unternehmungslustig. Seinem Begleiter Pinkus vertraute er an: »Die Kerle sind ja wohl nicht ganz normal! Für so einen scheißfeinen Pleiteschuppen verschwenden sie mindestens dreihunderttausend Mark!«
»Fast fünfhunderttausend«, klärte ihn Pinkus auf. »Ich weiß es zufällig genau. Aber die Versicherungspolice für diesen Laden lautet auf siebenhunderttausend.«
»Also – eindeutige Überversicherung!« stellte Schlesinger aufhorchend fest. »Ist so was nicht strafbar?«
»Nur wenn es herauskommt! Etwa, wenn Schadenersatzansprüche gestellt werden, die sich als nicht berechtigt erweisen; bei Brand, Zertrümmerung der Einrichtung, Wasserrohrbruch – und ähnlichem. Wenn so was an unsere Versicherung gelangen sollte, gehen wir sozusagen auf die Palme.«
»Was praktisch heißt: der Preis für dieses Unternehmen könnte danach rapide sinken«, folgerte Schlesinger. »Ein Effekt, der nach etwas aussieht. Könnte ich, unter glücklichen Umständen, bei Ihnen mit Schützenhilfe rechnen?«
»Können sie«, bestätigte Pinkus entgegenkommend. »Durchaus.«
WW, der Journalist, erschien und wollte wissen: »Nun – wie gefällt sie dir?«
»Wer?« fragte Schlesinger leicht abwesend.
»Diese Person – ›La Chatte‹! Ist die nicht eine Wucht! Hat dieses Luder doch versucht, ihren Mann umbringen zu lassen – und nun frißt er ihr aus der Hand. Das ist doch geradezu umwerfend.«
Schlesinger fühlte sich von seinem vielversprechenden Gespräch mit Pinkus abgelenkt. Doch er betrachtete, wie aufgefordert ›La Chatte‹. Dann

meinte er: »Ich kann an dieser Person nichts Besonderes finden. Die ist doch schon mittleres Mittelalter: pralle, aber bereits schwabbelnde Brüste, zu viel Speck auf den Hüften, und ihr Hintern hat das Format von oktoberfestlichen Brauereipferden.«
»Es gibt Leute, denen gefällt so was!« versicherte WW.
»Wobei es dann wohl auf eine Art geheimes Glockenspiel ankommt – und das scheint diese Kuh zu beherrschen. Die macht, so wird behauptet, selbst stärkste Männer schwach – allein mit ihren Händen.«
»Der Dunstkreis eines Weibes«, meinte Pinkus versonnen, »an dem man sich nicht satt weiden kann – ›Faust‹, wenn ich mich nicht irre. Irgendwie ausgeliefert sind wir immer! Und man staunt manchmal, in welchem Ausmaß das der Fall sein kann. Selbst im Leben eines Goethe gab es Pipimädchen. Kein noch so großes Genie, das von solchen Ausdünstungen verschont geblieben wäre. Auch olympische Götter haben einen Unterleib – um nicht zu sagen: einen Arsch!«
Schlesinger schien auf diese Bemerkungen nicht weiter zu achten. Er wollte vielmehr wissen: »Wo bleibt denn Mucki?«
WW wußte Bescheid. »Unsere, deine Mucki ist bereits eingetroffen und wird sich in Kürze hier zeigen.«
»Und Hetzing?«
»Von dem ist hier weit und breit nichts zu sehen. Er scheint irgendwo versumpft zu sein, was ihm zu gönnen ist. Zumal er dann keinem von uns in die Quere kommen kann – bei Mucki!«

Keller geleitete gemeinsam mit seinem Anton das Kind Sabine heimwärts – also zur Wohnung des Kriminalhauptkommissars Krebs, Chef des Dezernats Sitte, Ungererstraße. Sie wurden zunächst von einem Taxi der Firma Plötzke bis zum Feilitzschplatz gebracht. Von hier aus gingen sie zu Fuß weiter. Der Abend glühte sanft, der heiße Tag hatte sich noch nicht abgekühlt, die Temperaturen blieben nahe 20 Grad Celsius. Es war heißester Hochsommer in München.
Sie schlenderten rechts am Park entlang zur Ungererstraße. Menschen wichen sie aus – besonders jenen, die schon jetzt, kurz nach 21 Uhr, zu taumeln schienen, betäubt von Alkohol und Drogen.
Keller wollte von Sabine wissen: »Versuch doch mal, dir folgende Situation vorzustellen: du gehst allein die Straße entlang, an einem Auto vorbei – und plötzlich wirst du in das Auto hineingezerrt. Was würdest du tun? Schreien?«
»Nicht unbedingt – es kommt darauf an.« Sabine reagierte schnell auf diese Frage. Für Keller, das spürte sie deutlich, war sie kein Kind; vielmehr ein Gesprächspartner, der ernstgenommen wurde. »Es käme darauf an, ob jemand in der Nähe ist, der mich hören kann, wenn ich schreie – falls

er mich überhaupt hören will. Aber wer wird sich schon einmischen, wenn es gefährlich wird?«
»Du würdest also nicht schreien? Dich nicht einmal wehren?«
»Mit Gewalt ist da doch wohl nicht allzu viel zu machen, meinst du nicht auch, Onkel Keller? Also muß man aufpassen, nachdenken – vielleicht sich sogar anpassen. Vorübergehend. Provozieren jedenfalls darf man solche Leute nicht.«
Keller war ehrlich erstaunt. »Hast du dich schon mal mit deinem Vater über solche Dinge unterhalten?«
»Nein. Aber es ist doch wohl immer wieder dasselbe«, stellte das Kind ernsthaft fest. »Knurrende Hunde soll man nicht reizen; man darf ihnen auch nicht zeigen, daß man Angst hat. Betrunkenen gehe ich aus dem Weg; aber wenn mir das nicht gelingt, nicke ich freundlich zu allem, was sie sagen. Und wenn sie mal nicht aufpassen, entwische ich ihnen. Was denn sonst? Aber warum fragst du danach?«
»Weil ich die Beschreibung eines Kindes gelesen habe, das dir recht ähnlich zu sein scheint, Sabine. Es ist in deinem Alter, hat offenbar die gleichen Vorlieben und ähnliche Abneigungen wie du; sogar die Noten in euren Schulzeugnissen entsprechen sich. Aber dieses Kind, es heißt Ulrike, ist entführt worden. Mit Gewalt.«
»Gekidnappt also«, stellte Sabine sachverständig fest. »Und nun willst du von mir wissen, wie so ein Kind darauf reagiert? Kannst du dir das denn nicht vorstellen? Du kannst doch sonst alles.«
»Alles, liebe Sabine, kann niemand. Gerade deshalb braucht man Spezialisten. Und für mich bist du eine Art Spezialist – für die Reaktionen eines Kindes bei gewaltsamer Entführung.«
»Wirklich? Bin ich gern.«
»Fein, Sabine. Dann solltest du weiter über meine Fragen nachdenken. Wir unterhalten uns morgen früh nochmals darüber, wenn ich dich mit Anton abhole.«

Im Restaurant ›Zur letzten Heimat‹ traf fast zur gleichen Zeit ein gewisser Georg Leitner ein. Er fragte lautstark nach Keller und wurde zunächst von Mutter Lauter begutachtet – mit positivem Ergebnis. Leitner, glaubte die Wirtin zu erkennen, war ein solide-verläßlicher Mann – ein typischer Polizist.
Sie verwies ihn an Otto, der gerade Absicherungsdienst hatte. Der stemmte sich mühsam hoch, baute sich wie ein Schrank vor Leitner auf und sagte: »Dann wollen wir doch zunächst einmal sehen, ob Sie sauber sind. Bewaffnet lasse ich niemanden in die Nähe von Herrn Keller. Also, mein Lieber – an die Wand, Beine breit, Hände ausgestreckt.«
»Erspar uns das«, meinte Leitner warnend. »Ich bin ein wandelndes Arse-

nal. Ich habe eine Cobra im Schulterhalfter oben links, eine weitere rechts in Gürtelnähe, dazu ein Wurfmesser im Nacken, ein Türschloßbesteck in der linken Hosentasche und noch einige andere Kleinigkeiten.«

»Na schön – zeigen Sie mal her.«

»Strecken Sie ihre Finger nicht allzuweit aus. Ich rate Ihnen, sich nicht näher mit mir zu beschäftigen. Sie brauchen Herrn Keller nur meinen Namen zu nennen – er weiß, wer ich bin. Und wenn er nicht anwesend ist, verständigen Sie Frau Brasch, auch sie kennt mich. Und Sie werden mich auch noch kennenlernen.«

Otto blickte staunend und skeptisch zugleich. Dann verständigte er Frau Brasch im Hinterzimmer. Sie erschien unverzüglich, musterte Leitner erfreut, aber auch nicht unbesorgt und sagte dann: »Ausgerechnet Sie! Was haben Sie denn hier zu suchen?«

Leitner gab sich ungemein bieder. »Ich bin Herrn Keller zugeteilt worden – zu seinem persönlichen Schutz. Im Auftrag von Herrn Zimmermann.«

»Herrn Keller beschützen wir!« versicherte Otto entschieden.

»Aber ich«, behauptete Georg Leitner mit großer Selbstverständlichkeit, »kann das besser.«

»Das stimmt«, bestätigte Frau Brasch zustimmend, wenn auch kaum erfreut über seine Anwesenheit. »Herr Leitner ist wohl der beste und auch schnellste Scharfschütze des Präsidiums; eine Art letzte Lebensversicherung für gefährdete Kriminalisten – mit Spezialausbildung beim FBI in Amerika.«

»Eine Art amtlicher Killer also«, mutmaßte Otto. »Einer mit allen erdenklichen Vollmachten – im Rahmen heutigen Rechts.«

»Jedenfalls bin ich hier«, stellte Leitner unbeeindruckt fest. »Also rechnen Sie mit mir!«

»Sollen Sie etwa Herrn Keller überwachen?« wollte Frau Brasch wissen.

»Wie stellen Sie sich das vor, Kollegin?« Selbst Leitner zeigte sich vergnügt. »Ich bin ihm lediglich zugeteilt.«

Frau Brasch horchte auf: »Heißt das – Sie stehen ihm zur Verfügung?«

»Voll und ganz, Kollegin Brasch. Ich habe Auftrag, mich nach seinen Anordnungen zu richten. Und ich rate niemandem, das zu bezweifeln.«

»Meinen Sie damit etwa mich?« wollte Otto streitbar wissen.

»Schon gut«, sagte Frau Brasch besänftigend, »wenn es so ist, wird Herr Keller das vermutlich akzeptieren. Wobei Sie allerdings auf einiges gefaßt sein sollten.«

»Bin ich immer!«

»Auch wenn es sich dabei um einen Hund handelt?«

»Meinen Sie etwa Anton?«

»Der«, erklärte Frau Brasch nachsichtig, »ist im Bereich von Herrn Keller so gut wie unvermeidlich.«

»Ich denke«, sagte Leitner ehrlich erstaunt, »hier geht es um Menschenleben? Das jedenfalls hat mir Herr Zimmermann gesagt. Aber Sie reden von diesem Hund! Wollen Sie mir etwa Anton unterjubeln? Es gibt ja nicht viel, wovor ich zurückschrecke. Aber mein Auftrag lautet: Keller!«
»Und damit auch Anton«, sagte Frau Brasch vergnügt. »Darauf sollten Sie gefaßt sein!«

Im Nobelrestaurant ›Henry privé‹ erschien nunmehr auch Mucki Stein. Sie durchschritt hoheitsvoll den Hauptraum und nickte WW vertraulich zu, um sich dann bei Schlesinger niederzulassen.
»Wo ist denn Hetzing?« fragte Schlesinger. »Ich nehme an, du kommst von ihm. Warum hat er dich nicht begleitet? Er wird hier dringend benötigt.«
»Dieser Hetzing«, sagte sie verächtlich, »ist doch eine Null – zumindest in sexuellen Bereichen. Ein Schnellmacher und Wegwerfer. Nur weil er sich nicht konzentrieren kann. Und mit so einem Versager gibst du dich ab!«
»Das«, verwies Schlesinger sie energisch, »kannst du nicht beurteilen. Samenmenge und Hirnsubstanz sind zwei völlig verschiedenartige Dinge.«
Mucki nahm die Belehrung gähnend hin und beäugte nicht ohne Hoffnung Pinkus. »Wer sind denn Sie? Kennen wir uns?«
»Schon möglich«, sagte Pinkus. Und er sagte es Schlesingers wegen höchst vorsichtig. »Wir sind uns schon einige Male begegnet, auf irgendwelchen Parties; aber ohne uns vorgestellt worden zu sein.«
Dieses Versäumnis holte Schlesinger eilig nach. Er machte Fräulein Stein mit Herrn Pinkus bekannt. Pinkus beugte sich über die ihm entgegengestreckte Hand und küßte sie – durchaus formvollendet.
Mucki genoß das – wie sie alles Männliche genoß, das sich ihr irgendwie bot. Zumal Pinkus ganz offensichtlich das besondere Wohlwollen Schlesingers besaß; was einiges an Freizügigkeit erhoffen ließ.
Doch zunächst musterte Schlesinger fachmännich den Dienstleistungsbetrieb in diesem Luxusschuppen. Die Kellner schenkten Sekt aus, wenn Champagner bestellt wurde, wenn auch französischen Sekt; Kaviar kam aus Ersatzkonserven; Gänseleberpastete war eine bessere Wurstsorte; Hummerscheren erwiesen sich als Gefrierprodukte von Riesenkrabben; dazu gab es Whisky niederer Preissorten, in Luxusstandardflaschen umgefüllt.
»Der Service hier ist unter aller Sau!« stellte er fest.
»Die sind auf ganz schnelle Gewinne aus«, bestätigte ihm Pinkus. »Das ist auch sonst in dieser Branche üblich – aber hier scheinen sie es besonders nötig zu haben. Sieht so aus, als stünden diese Schaumschläger tat-

sächlich kurz vor der Pleite.«
»Wissen Sie, ob Henry der alleinige Inhaber ist?«
»Der hat hier, soweit ich weiß, keinen Pfennig investiert – nur seinen sogenannten guten Namen. Angezapfte Geldgeber sind derzeit ein hochgejubelter Schlagersänger, ein ehemaliger Eislaufmatador und ein älterer Playboy mit ererbten Aktien.« Pinkus zeigte sich wohlinformiert. »Falls Sie es wünschen, kann ich Ihnen bis morgen alle nötigen Einzelheiten liefern.«
»Tun Sie das, bitte!« nickte Schlesinger dankbar und anerkennend zugleich. Nun war er sicher, mit diesem Pinkus einen guten Fang gemacht zu haben.
Erst jetzt konnte er sich zufrieden ›La Chatte‹ und ihrem hörigen Getränkemillionär widmen. Sie genossen es, erklärter Mittelpunkt zu sein. Er setzte sich zu ihnen.
»Sie beide«, versicherte er ihnen, »haben meine besondere Sympathie! Wenn ich daran denke, über wie viele Vorurteile Sie sich hinweggesetzt haben...«
Der Getränkemillionär: »Sehen Sie das so, Herr Schlesinger: man liebt – oder man liebt nicht! Und wenn man liebt, darf man vor nichts zurückschrecken.«
›La Chatte‹: »Es gibt sie also noch – die große, wahre Leidenschaft!«
Der Getränkemensch: »Ich wurde überfallen und angeschossen – von irgendeinem Halbirren; er behauptete dann, meine Frau habe ihn dazu ermuntert.«
›La Chatte‹: »Aber du hast es nicht einen Augenblick lang geglaubt! Zu so was könnte ich vielleicht fähig sein, wenn ich deiner Liebe nicht mehr sicher wäre – aber ich habe eben nie an dir gezweifelt.«
»Hör dir das an!« rief Schlesinger Mucki Stein zu. »So was gibt es also noch – vorbehaltlose Liebe ohne jeden Zweifel. Was auch immer geschehen mag. Ist das nicht imponierend?«
Mucki nickte beeindruckt und starrte ›La Chatte‹ an. Ihr Gesicht war stark überschminkt, ihr Busen hing herab und ihr Hintern wirkte wie breitgewalzt. Ihr Anblick stimmte Mucki hoffnungsvoll – bis sie selbst so weit war, würden noch etliche Jahre vergehen.
Die beiden waren von Henry persönlich betreut und zu seinen bevorzugten Gästen erklärt worden. Für sie ließ er Champagner servieren – Pommery, die Flasche laut Listenpreis für DM 80,–; der ›Einkaufspreis‹ lag für Großabnehmer bei DM 18,–. »Ich lege höchsten Wert darauf, daß Sie sich hier wohl fühlen. Wie bei sich zu Hause.«
Mucki Stein glaubte genau zu wissen, was das bedeutete – sie bezog ihre diesbezüglichen Informationen aus mitgehörten Gesprächen auf der Damentoilette. »Da sind Wetten abgeschlossen worden, ob es gelingt, den

nackten Hintern von ›La Chatte‹ zu besichtigen, und zwar mitten auf dem Parkett. Daran arbeitet unser Henry.«
»Das könnte ihm sogar gelingen«, meinte Pinkus anerkennend. »Seine Anreißermethoden ziehen selbst mir die Schuhe aus – mehr allerdings nicht.«
»Und auf welche Methoden reagieren Sie intensiver?« wollte Mucki Stein sanft provozierend wissen.
»Ich«, sagte Pinkus, »versuche immer, sogenannten vollendeten Tatsachen auszuweichen. Sie können in barbarische Forderungen ausarten, wenn man nicht aufpaßt.«
»Entschuldigt mich bitte«, rief Schlesinger ihnen zu. »Laßt euch nicht weiter stören!« Er ging schnell davon.
Endlich hatte er Hetzing erblickt. Er stand in der Nähe der Tür; mißmutig, wie fast immer. Schlesinger zog ihn in den Vorraum hinaus und fragte: »Nun – wie läuft alles?«
»Bestens! Aber auch ganz beschissen«, sagte Hetzing betont lässig. »Unsere Aktionen: absolut planmäßig. Ich persönlich bin durch irgendeinen Idioten in die Hände der Polizei geraten – ganz direkt. Durch eine Schlägerei.«
Schlesinger: »Das könnte ein Fehler gewesen sein. Einer mehr! Vielleicht sogar einer zuviel.«
»Ach was, das kann schon mal vorkommen. Ein Zufall – kaum mehr. Selbst dir kann das passieren.«
Schlesinger warf ihm einen eindeutig warnenden Blick zu. »Ich muß dich bitten, solche Anspielungen zu unterlassen! Fehler können sich immer wieder einschleichen – es kommt nur darauf an, ob sie sich schnellstens und gründlich bereinigen lassen. Wenn es irgend geht: endgültig. Wie im Fall einer gewissen vorlaut-aufdringlichen Dame. Und du hast dich in die Hände der Polizei hineingeprügelt?«
Hetzing: »Aber ich bitte dich – das ist doch ein total lahmer Verein! Diese Kulis der Gerechtigkeit kommen doch vor lauter Verordnungen und Gesetzen kaum noch dazu, logisch zu denken. Dafür verbrauchen die doch ganze Tage! Bis dahin ist doch hier alles längst gelaufen!«
Schlesinger: »Hat man dir Fingerabdrücke abgenommen?«»
Hetzing: »Hat man! Aber was besagt das schon? Meine derzeitigen Fingerabdrücke sind seit meiner Spezialoperation vor drei Jahren nirgends registriert. Die Zehntausenddollarinvestition in Chicago macht sich nun bezahlt.«
Schlesinger: »Was auch ich hoffe. Aber man sollte sich davor hüten, die Polypen zu unterschätzen. Die müssen systematisch überspielt werden.«
Hetzing: »Aber – wie am sichersten?«
Schlesinger: »Indem wir sie unter Zeitdruck setzen. Wir werden alle ge-

planten Aktionen vorverlegen – um genau vierundzwanzig Stunden. Also: bis spätestens morgen mittag muß hier alles gelaufen sein. Unmittelbar danach kannst du verreisen – meinetwegen nach Südamerika. Sobald hier über alles Gras gewachsen ist, also vielleicht schon Weihnachten, fangen wir wieder von vorne an – mit den allerneuesten Methoden.«

Aschaffenburg, der Studentenführer, hatte einige seiner verläßlichsten Gesinnungsgenossen um sich versammelt. Jene, die zum sogenannten ›harten Kern‹ gehörten. Es war kein offizielles Zusammentreffen. Er hatte lediglich seine Freunde gebeten, sich am späten Abend bei ihm einzufinden; um die Zeit totzuschlagen, vor sich hin zu diskutieren, dann gemeinsam irgendein Lokal heimzusuchen.

Aschaffenburg verkündete: »Wir sind auf dem richtigen Dampfer! Gleich morgen machen wir weiter. Genau da, wo wir vorgestern aufgehört haben.«

Das war eine Anregung, die bald erhebliche Meinungsverschiedenheiten in der Politgruppe ans Licht brachte. Einige meinten, die Aktion sei überstürzt, ließe sich nicht mehr gründlich genug vorbereiten, würde kaum die notwendige Beteiligung finden – und was sich noch an Einwänden anbot. War erst einmal eine Diskussion entfesselt, konnte sie sich endlos hinziehen – kein Argument, das nicht hundert Pferdeschwänze zu haben schien.

Isabella Hädrich rief herausfordernd: »Ihr wollt euch wohl auf euren Lorbeeren ausruhen – Ihr verschissenen Schlappschwänze!«

»Bezeichne uns gefälligst nicht so!« verwies sie einer dieser Gruppe energisch. »Selbst wenn du, was nicht ausgeschlossen ist, über allerhand Fachwissen auf diesem Gebiet verfügen solltest – aber nicht bei mir persönlich.«

»Wovon ich mir auch nicht das Geringste verspreche!« sagte Isabella streitbar. »Du gehörst zu denen, die bei mir nicht landen können – so sehr du dich auch anstrengst. Wie andere auch! Außerdem verbitte ich mir den Versuch, mein Geschlechtsleben zu kritisieren. Mein Bauch gehört mir!«

»Entschuldige dich also!« forderte Heinz Boerner das streitwillige Politgruppenmitglied auf.

»Das«, sagte der, »geht dich einen Dreck an. Schließlich herrscht hier Meinungsfreiheit. Ich kann also sagen, was ich will – oder etwa nicht?«

Isabella bestätigte ihm das unverzüglich. Sie warf Boerner einen verweisenden Blick zu. »Das geht dich tatsächlich einen Dreck an – das und anderes auch.«

»Na also!« stellte der Provokant befriedigt fest.

Boerner sagte angriffslustig: »Vulgäre Kraftworte ersetzen keine Argumente!«

»Ach, leck mich doch am Arsch!« sagte der streitsüchtige Politmensch lapidar. »Und das ist eine Aufforderung, die du meinetwegen auch als Anregung für fortschrittliches Geschlechtsleben betrachten kannst. Jedenfalls lasse ich mich nicht auf hinterhältige Provokationen ein. Oder willst du dich etwa, Boerner, wieder einmal herumprügeln? Nicht mit mir. Ich bin freiheitsbewußt und friedlich zugleich.«

»Das ist ein absolut richtiger Standpunkt«, entschied Aschaffenburg. Er riß nun die Gesprächsführung wieder an sich. »Wir provozieren niemanden – auch nicht die Polizei; schon gar nicht uns untereinander. Wir versuchen, durch Argumente zu überzeugen – und die müssen durchdacht sein. Entscheidend aber ist die Umsetzung in die Tat.«

»Du bist also dafür, daß wir gleich morgen wieder...«

»Absolut dafür!« bestätigte Aschaffenburg. »Und zwar mit folgenden Begründungen. Erstens: es handelt sich keinesfalls um ein überstürztes Vorgehen, sondern vielmehr um die konsequente Fortentwicklung einer konzentriert dynamischen Stoßkraft, deren durchschlagende Wirkung in der zielstrebigen, bereits eindrucksvoll erprobten Wiederholung liegt. Zweitens: eine in sich intakte, von geistigen Kräften beherrschte Organisation wie die unsere ist stets aktionsbereit; sie bedarf also keiner umständlichen, bürgerlich-bürokratischen Vorbereitungen. Drittens: die wirksame Mobilisierung von Gesinnungsfreunden und Sympathisanten ist also keine Zeitfrage, sie basiert vielmehr auf der Wirksamkeit von Persönlichkeiten, womit ich uns alle meine – schließlich ist jeder von uns absolut entschlossen, sich bedingungslos einzusetzen, was zu mitreißender Wirkung führen muß. Wir sind uns einig, Freunde?«

Sie schienen es zu sein. Zumal ihnen Aschaffenburg weiter versicherte: »Hier geht es nicht darum, diese total versaute Gesellschaft aufzuklären, sie zu überreden, sie zum Positiven zu provozieren – das hätte keinen praktischen Sinn. Man muß sie beseitigen – absolut entschlossen! Bis dann auf ihrem verwesenden Mist Blumen wachsen!

Die bessere Gesellschaft Münchens handelte in dieser Nacht nach einer klassisch-militanten Maxime: Getrennt marschieren – vereint schlagen! Schwerpunkt eins: das Nachtlokal ›Henry privé‹ versammelte den Großteil der Vergnügungsbetriebswilligen. Sich konzentrierend auf ›La Chatte‹ – die Wetten, ob sie ihren Hintern entblößen würde, standen 10 zu 1 für die zu erwartende Entblößung. Champagnerverbrauch schnell ansteigend – Henry durfte bereits mit einem Reingewinn von fünftausend Mark mindestens rechnen. Seine Schulden jedoch betrugen, was nur Schlesinger wußte, fast das Hundertfache.

Schwerpunkt zwei: Ernesto, der Honorarkonsul, sonst mit kostbaren Stoffen handelnd, gab ein Gedächtnisbankett für seine liebe verstorbene

Frau. Ihr Großporträt in Öl beherrschte den Hintergrund. Anwesend: sieben Hochadlige, fünf Diplomaten, drei Bauunternehmer, ein Privatbankier. Mit der üblichen weiblichen Begleitung: Topmodell, Enkelin des Dichterfürsten, Brauereierbin, Jungfilmerin, Nachwuchsprinzessin, Edelnutte.
Schwerpunkt drei: ›Maggie Mac‹ – allerneuester Geheimtip von Schwabing. Auftrieb attraktivster Mädchen – damit auch Treibjagden bewährter Mädchenjäger: Prinz Johannes, Filmstar Curd, Seewolf Raimund, Regisseur Michelangelo, Schlagersänger Udo. Dazu Iris, Hanna und Barbara. »Lauter gute Leute!«
Schwerpunkt vier: Feinschmeckerlokal ›Boettner‹. Eine Hochzeitstafel: ›Bierbaron Schneppi hat seine Schloßsekretärin geheiratet‹, eine gewisse Edith. Speisenfolge: frischer Salm, ausgelöste Krebse, kalter Rehrücken. Schneppi hatte seine Edith »vor drei Monaten« kennengelernt und nahm sie, laut Zeitungsnotiz, »wie besichtigt und probegefahren« zur Frau.
Schwerpunkt fünf in dieser Nacht: Hotelhalle Conti – eine Art Presse-Konferenz. Intimer Rahmen, interne Bekenntnisse, verwertbare Eröffnungen: ›Dunja wird Mutter!‹ Die Sängerin, balkanesisch-mitteleuropäisch, erfolgreich, verheiratet mit Popchorleiter Les, geschieden von einem Kameramann erster Klasse, verkündetet: »Ich wünsche mir ein Mädchen, es kann aber auch ein Junge sein.« Als Geburtsort ist Hamburg vorgesehen. »Sonst noch Einzelheiten?«
Um 22 Uhr 40 traf Kriminalrat Zimmermann wieder im Präsidium ein. Er begab sich unverzüglich zu Felder; der schien bereits auf ihn gewartet zu haben. Er reichte ihm wortlos einen Notizzettel.
Zimmermann las, was darauf stand, mit steigendem Vergnügen und verkündete: »Damit werde ich Hädrich eine Freude bereiten!«
Er begab sich hoffnungsvoll zum Kriminaldirektor und fand ihn mitten in der Arbeit. Nicht ganz ohne berechtigten Stolz erklärte er: »Wir sind hier in voller Aktion – alles läuft durchaus vielversprechend. Ich habe auf diesen Kidnappingfall nunmehr hundertzwanzig Beamte ansetzen können. Es müßte mit dem Teufel zugehen, wenn wir da nicht weiterkommen.«
»Der Teufel«, meinte Zimmermann, »gehört zu unserem Metier; er steckt bei uns fast in jedem Detail – wir müssen also immer mit ihm rechnen.«
»Das hört sich nach Keller an«, stellte der Kriminaldirektor fest. »Kommen Sie etwa von ihm? Was veranstaltet denn unser sogenannter großer alter Mann? Glauben Sie, der kommt weiter?«
»Ich bin nur einer Routineangelegenheit wegen hier – die Sie allerdings kaum erfreuen wird. Aber sie muß Ihnen als dem zuständigen Kripochef dienstanweisungsgemäß gemeldet werden.«

»Um was handelt es sich dabei, bitte?«
»Einer unserer Kriminalbeamten ist von einer Streife aufgegriffen und ins nächste Revier eingeliefert worden – wegen Prügelei auf offener Straße.«
»Wer hat sich denn das geleistet?« wollte Hädrich empört wissen.
»Herr von Gotha.«
Worauf der Kriminaldirektor den Kriminalrat tief betrübt und besorgt anblickte. »Ausgerechnet von Gotha, der zu Ihrem Bereich gehört, aber von uns beurlaubt wurde, damit er sich diesem Unternehmen Keller anschließen konnte. Ein bisher recht seriöser, verläßlicher, vielversprechender Mann. Und nun das! In welch eine Einflußsphäre, muß ich mich wohl fragen, ist der da hineingeraten? Höchst bedauerlich. Aber bei Verstößen gegen unsere Grundregeln kenne ich kein Pardon.«
»Man sollte sich allerdings fragen«, empfahl Zimmermann, »warum oder eben für wen sich von Gotha herumgeprügelt hat.«
»Warum auch immer – ich bitte Sie! Und wenn selbst für diesen Keller. Das darf es in unserem Bereich einfach nicht geben.«
»Weiter wäre zu bedenken, daß der eigentliche Anlaß dieser Schlägerei ein weibliches Wesen war.«
»Was genau zu diesem aristokratischen Playboy paßt – diesem fragwürdigen Kriminalisten«, rief Hädrich empört aus. »Und so ein Mensch will hier bei uns leitender Beamter werden. Der spekuliert womöglich sogar auf Ihren oder meinen Posten. Aber dem werden wir einen kräftigen Riegel vorschieben. Meinen Sie nicht auch?«
»Werden wir vermutlich nicht«, meinte Zimmermann, »nicht gleich in diesem Fall. Denn bei diesem weiblichen Wesen, für das sich unser Herr von Gotha herumgeprügelt hat, handelt es sich um eine gewisse Isabella. Genauer: um Ihre Tochter.«
»Soll das etwa ein makabrer Scherz sein, Herr Zimmermann? Nein? Natürlich nicht.« Der Kriminaldirektor bemühte sich um Entschlossenheit – zunächst nicht sehr überzeugend. »Wie ich Sie kenne, versuchen Sie mir so was nur anzubieten, wenn es auch hundertprozentig stimmt.« Worauf er übergangslos, nahezu sehr menschlich, reagierte. »Was meinen Sie – könnte es sein, daß dieser Gotha irgendwas mit meiner Tochter hat?«
»Danach sollten Sie Ihre Tochter fragen.«
»Die redet doch kaum noch mit mir.«
»Weil Sie ihr keine Gelegenheit dazu bieten?«
»Bitte«, forderte der Kriminaldirektor übergangslos heftig, »mischen Sie sich nicht auch noch in mein Privatleben ein! Ihre dienstlichen Vorgriffe genügen mir.«
»Dennoch«, sagte Zimmermann ermunternd, »würde ich Ihnen raten,

diesen Vorgang zunächst einmal unter privaten Gesichtspunkten zu betrachten – Ihrer Tochter wegen.«

»Damit Sie dann«, mutmaßte Hädrich, »um so ungestörter mit Ihrem Herrn von Gotha dienstlich operieren können – womöglich sogar gegen mich!«

»Ziemlich heiß heute, geradezu bedrückend heiß – das erklärt wohl vieles«, stellte Zimmermann bedauernd und zugleich herausfordernd fest. »Haben wir denn nicht schon genug mit unseren Kriminellen zu tun? Müssen wir uns auch noch gegenseitig das Leben schwermachen?«

»Dieser von Gotha soll sich bei mir melden.«

»An Ihrer Stelle, Herr Kriminaldirektor, würde ich nicht darauf bestehen.«

»Und warum nicht?«

»Weil von Gotha bis auf weiteres zu Kellers Bereich gehört – dem ist er zugeteilt worden. Und Keller arbeitet mit seinen Leuten zur Zeit auf Hochtouren – er kann, schätze ich, im Augenblick auf niemanden verzichten.«

»Immer wieder dieser Keller! Ist der denn wirklich nicht zu vermeiden? Unter keinen Umständen?« Hädrich ließ sich ungehemmt zu diesen Bemerkungen hinreißen. »Der geht mir, ganz unter uns, langsam auf die Nerven – der und sein fragwürdiger, halblegaler Greiferverein!«

»Wollen Sie was dagegen unternehmen?« fragte Zimmermann, überaus neugierig. »Schließlich ist Keller der erklärte Mann des Präsidenten. Zumindest besitzt er sein ungeteiltes Wohlwollen.«

»Aber der Präsident hat keine diesbezügliche Weisung erteilt, keine entsprechende direkte Anregung gegeben. Wir haben also, ganz offiziell, völlig freie Hand. Wenn wir nur wollen. Beide, gemeinsam. Wollen wir?«

Aktionen des ehemaligen Kriminalbeamten Keller.
Ort: Hinterzimmer des Restaurants ›Zur letzten Heimat‹.
Uhrzeit: 22 Uhr 55 bis 23 Uhr 30.
Ständig anwesend: die Kriminaloberinspektorin Brasch.

Aktion eins:
Gesprächspartner Kellers: der Leitner-Georg.
Keller: »Freue mich, Sie hier zu sehen, Leitner. Ich begrüße es, daß gerade Sie mir zugeteilt wurden. Ein Mann von Ihren besonderen, vielseitigen Qualitäten hat mir gerade noch gefehlt.«
Leitner: »Ich hoffe nur, daß es hier bald rund geht! Der eintönige Bewacherrummel im Amt ödet einen auf die Dauer an. Ich will auch endlich wieder mal zum Schuß kommen – nicht immer nur auf dem Schießstand. Können Sie mir so was bieten, Chef?«
Keller: »Möglicherweise – wenn auch nicht gleich. Zunächst einmal ver-

traue ich Ihnen das für mich wohl Wichtigste an – meinen Hund Anton. Sie werden ihn zu mir nach Hause begleiten – da schläft er am ruhigsten. Und während Sie ihn bewachen, stehen Sie gleichzeitig auf Abruf für mich bereit. Meine Wirtschafterin, Frau Weber, wird Sie betreuen. Sehr intensiv – vermute ich.«
Leitner: »Erlauben Sie, bitte – aber schließlich bin ich für Sie persönlich...«
Keller: »Das Persönlichste bei mir ist dieser Hund. Und den mute ich Ihnen zu – ein großer Vertrauensbeweis, wenn Sie das auch kaum zu ahnen vermögen. Passen Sie gut auf Anton auf – gemeinsam mit Frau Weber. Sie ist immer noch eine sehr attraktive Person – dazu Witwe. Versuchen Sie aber keinerlei schnelle Intimitäten aufkommen zu lassen – schon gar nicht in meiner Wohnung. Und kein Genuß von Alkohol – außer Champagner; sagen wir: drei Gläser. Sie müssen stets damit rechnen, ganz plötzlich in Aktion zu treten.«

Aktion zwei:
Bearbeitung eines Polizeimeisters namens Bogner, der gebeten worden war, sich einzufinden.
Keller: »Ich entnehme unseren Unterlagen, Herr Kollege, daß Sie vor etlichen Jahren beim Revierdienst mit einem gewissen Schlesinger in Berührung gekommen sind. Mehrmals. Erinnern Sie sich daran?«
Der Polizeimeister: »Leider. Alle Bemühungen waren ohne jeden Erfolg. Dieser Schlesinger war glatt wie ein Aal; er hatte Hunderte von Ausreden und Ausflüchten parat. Einzelheiten sind damals von mir aufgezeichnet worden.«
Die Brasch: »Diese Berichte liegen vor; Herr Keller kennt sie. Jetzt kommt es darauf an, über Vermutungen hinaus eventuelle Verdachtsmomente deutlich zu machen. Was lag vor?«
Der Polizeimeister: »Eine ganze Menge – aber nichts direkt Beweisbares. Ich habe damals den zwingenden Eindruck gehabt: das ist ein ganz großer Fisch! Aber es war ihm einfach nicht beizukommen.«
Keller: »Nach meinem Aktenstudium scheint damals diese Angelegenheit beschleunigt abgeschlossen worden zu sein – sie kommt mir etwas schnell erledigt vor. Vielleicht sogar vorschnell. Warum?«
Der Polizeimeister: »Das ergab sich so – nach Lage der Dinge.«
Keller, beharrlich: »Und wie lagen die Dinge? Warum wurde Schlesinger für die Polizei ganz plötzlich zu einem kriminalistisch uninteressanten Objekt?«
Der Polizeimeister: »Es gab Schwierigkeiten. Und zwar politische; aber auch gleich sehr heftige. Ich erinnere mich noch recht genau daran. Kennen Sie einen gewissen Kaukasch?«

Keller: »Kaukasch? Ich erinnere mich nicht, einem Menschen dieses Namens jemals begegnet zu sein. Wer ist das?«
Der Polizeimeister: »Haben Sie noch nie von einer Organisation gehört, die sich ›Helft den Bedrohten‹ nennt? Das ist so ein Verein, der sich um Personen kümmert, deren Freiheit in Gefahr geraten ist – etwa durch die Justiz; in Besonderheit durch die Polizei. Der dafür maßgebliche Mann in München ist dieser Kaukasch.«
»Und der setzte sich für Schlesinger ein?«
»Mit Nachdruck. Kaukasch drohte mit der Öffentlichkeit und mit Gott, also mit irgendeinem Geistlichen; er verdächtigte uns als Rechtsbeuger, indirekt sogar als Folterknechte. Äußerst massiv. Dagegen war kaum was zu machen.«
Keller: »Sie gaben also auf?«
Der Polizeimeister: »Ich richtete mich, notgedrungen, nach den Weisungen meines Vorgesetzten. Und der befahl: Finger weg von Schlesinger. Und sagte weiter: wir haben schon genug Schwierigkeiten. Womit er Kaukasch meinte.«
»Kaukasch also heißt der Mann«, stellte Keller fest und blickte die Brasch kurz an. Sie notierte diesen Namen auf ihrer Liste. Ganz oben.

Aktion drei:
der Mann namens Moser.
Keller: »Sie wirken reichlich besorgt, mein Bester. Gerade von Ihnen habe ich mir vielversprechende Einzelheiten erhofft.«
Moser: »Beides trifft zu, Chef! Einmal: überaus Bedenkliches; dann auch: recht Vielversprechendes. Erlauben Sie mir, mit dem zu beginnen, was mich besorgt macht?«
Keller: »Bringen wir das hinter uns. Vermutlich handelt es sich dabei um diesen Weinert?«
Moser: »Genau, Chef! Er hat tatsächlich so einen Verzerrungsapparat gebaut und eine genaue Gebrauchsanweisung dafür angefertigt – nach telefonischem Auftrag. Ablieferung und dabei zugleich Entgegennahme des Honorars – per Schließfach. Wer der Empfänger war, kann er nicht sagen. Behauptet er.«
Keller: »Das ist gar nicht einmal so wichtig – entscheidend sind genaue technische Daten. Ist er bereit, sie zu liefern?«
Moser: »Anzunehmen – gegen angemessene Honorierung. Tut mir leid, Chef, daß ich den Kerl in mein Team aufgenommen habe.«
Keller: »Sie brauchen sich gar nicht zu entschuldigen, mein Lieber. Denn damit ist uns William Weinert so gut wie sicher. Machen wir also das denkbar Beste daraus – vereinnahmen wir ihn.«

Aktion vier:
die Kriminaloberinspektorin Brasch.
Keller: »Diesen Weinert gedenke ich mir persönlich vorzunehmen – lassen Sie ihn antransportieren, auf die sanfte Tour. Herr von Gotha hat sich unverzüglich zu Rechtsanwalt Messer zu begeben. Pinkus soll sich weiter mit Schlesinger beschäftigen. Zwischenberichte bitte unverzüglich hierher. Ich habe das Gefühl, nun wird hier alles ganz schnell heiß.«
Die Brasch: »Inzwischen liegt ein neuer Bericht von Kommissar Felder vor.«
Keller: »Fein. Zunächst jedoch nochmals Herrn Moser.«

Aktion fünf:
abermals Moser.
Moser: »Angezapft wurden, nicht ohne Schwierigkeiten, nicht ohne einige unvermeidbare Eingriffe...«
Keller: »Bitte, ersparen Sie mir diesbezügliche Details! Die sind, wie vereinbart, allein Ihre Sache.«
Moser: »Geht in Ordnung, Chef. Angezapft wurden also die Telefonapparate von Schlesinger; privat, aber auch im Büro. Dann diejenigen seiner nächsten Mitarbeiter. Etwa Werner, Geschäftsführer; ferner Hetzing, Vertrauter; auch Mucki Stein, Geliebte. Nach weiteren Kontakten wird gesucht.«
Keller: »Mit welchem Erfolg – bisher?«
Moser: »Zumeist hat es sich bei den bisher abgehörten Gesprächen um geschäftliche Dinge gehandelt, auch eine Menge Geschwätz war dabei. Das wurde alles registriert. Eigentlich ist es nur ein Gespräch, das vermutlich Beachtung verdient. Hier ist das Tonband.«

Das aufgezeichnete Gespräch lautete:
Anrufer, von Apparat Schlesinger, aus, Büro – dabei verzerrte Stimme: »Ist unsere Sendung gut angekommen?«
Der Angerufene, vermutlich ein älterer Mann, ergeben wirkend: »Ihre Sendung ist eingetroffen und wird sorgfältig betreut. Was aber nicht ganz einfach ist, da sich unerwartete Schwierigkeiten ergeben haben. Das Objekt reagiert ausgesprochen widerspenstig. Was uns aber nicht entmutigen kann. Wir schaffen das schon!«
Anrufer: »Tun Sie Ihr Möglichstes. Ihr Honorar wird, dieser Schwierigkeiten wegen, um fünftausend Mark erhöht. Diese Summe können Sie bei Abholung der Ihnen anvertrauten Sendung zusätzlich in Empfang nehmen – spätestens morgen mittag. Versuchen Sie bis dahin weitere Schwierigkeiten zu unterbinden. Ende.«
Keller: »Na also! Das hört sich doch schon nach etwas an. Hoffentlich ist

Ihr Mailänder Kollege Ponti bereits mit seinem Spezialerkennungssystem in Aktion getreten. Sollte er tatsächlich herausgefunden haben, welche Telefonnummer vom Apparat Schlesinger aus angewählt worden ist?«
Moser: »Das hat er herausgefunden. Allerdings mit zwei kleinen Schönheitsfehlern. Die gewählte sechsstellige Telefonnummer im Großraum München dürfte 66 33 17 sein. Sie könnte aber auch 67 33 18 lauten.«
Keller: »Wobei es sich nicht nur um zwei kleine Schönheitsfehler handelt, sondern möglicherweise um vier, wenn wir alle Kombinationen berücksichtigen. Dann könnte es sich nämlich um eine von vier Telefonnummern handeln: 663317 – 673317 – 663318 – 673318.«
Die Brasch: »Habe ich notiert.«
Keller: »Dann bitten Sie Kommissar Felder, die Adressen dieser vier Telefonbesitzer ausfindig zu machen – was kaum eine halbe Stunde in Anspruch nehmen dürfte. Unmittelbar danach werden wir Otto mit vier Gruppen zur Erkundung ansetzen – aber mit höchster Vorsicht. Ottos Leute sollen jedes Aufsehen, jeden Zugriff vermeiden; sie haben nur genau zu recherchieren und laufend Bericht zu erstatten. Die Auswertung dieser Ermittlungen übernehmen wir dann gemeinsam. In etwa zwei Stunden, hoffe ich.«
Moser: »Offenbar kommen Sie ganz gut vorwärts.«
Keller: »Nicht gut genug, selbst nicht bei Ihren vorzüglichen Leistungen, Herr Moser, die sich gewiß noch steigern lassen.«
Moser: »Was fehlt denn noch in Ihrer Sammlung?«
Keller: »Etwas sehr Wesentliches – eine Art Zwischenglied; also irgend jemand, der für Schlesinger, den Kopf, einen großen Teil der Organisation erledigt. Erst wenn wir den herausfinden, kommen wir weiter.«
Die Brasch: »Hier, Herr Moser, ein weiterer Name für Ihre Spezialeinheit – mit Adresse und Telefonnummer.«
Moser: »Kaukasch? Ausgerechnet dieser Menschenfreund!«
Keller: »Sie kennen ihn?«
Moser: »Sie kennen ihn nicht? Nein? Nun, warum sollten sie auch – der fängt meist da an, wo die Polizei aufhört. Was das für ein Mensch ist, wollen Sie wissen? So was wie ein Helfer in der Not, eine Art Auffangengel für Gestrandete, ein Rechtsfürsorger von sanfter Beharrlichkeit. Aber keinesfalls so einer wie etwa die Leute von Amnesty International – das sind ganz brauchbare Burschen. Kaukasch widmet sich Hochkriminellen – denen ebnet er Wege.«
Keller: »Und dafür lebt er? Oder: lebt er davon?«
Moser: »Und wie! Gar nicht schlecht.«
Keller: »Dann lassen Sie sich hier nicht länger aufhalten, mein Lieber – mein Interesse für erklärte Gerechtigkeitsverteidiger ist schon immer sehr groß gewesen.«

Das Kind Ulrike lag nunmehr auf einer Matratze in einer fensterlosen Abstellkammer – auf einem waschmittelweißen Laken. Sie war nur noch mit ihrem Unterhöschen bekleidet; die Kleider waren ihr, angeblich zwecks Reinigung, abgenommen worden. Eine zur Verfügung gestellte dumpfige Daunendecke hatte sie von sich geworfen – sie stank nach Schweiß und Urin; außerdem war es im Raum atembeklemmend schwül. Ulrike konnte nicht schlafen. Sie lag erschöpft da, horchte aber angestrengt um sich. Dabei vernahm sie wie aus weiter Ferne die Stimmen der Treudanks, die sich leicht unterscheiden ließen. Hart, hell und fordernd, die der Frau – nahezu gemütlich, fast besänftigend, aber auch besorgt, die des Mannes.

Das Kind erhob sich, schlich vorsichtig zur Tür, starrte durch das Schlüsselloch. Sie sah die beiden an einem Tisch sitzen – die Frau in einem geblümten Bademantel; den Mann in verdreckter Gärtnerkleidung. Zwischen ihnen eine Flasche, halb voll trüber, wasserartiger Flüssigkeit, also wohl Schnaps.

Was die beiden sagten, konnte Ulrike selbst bei größter Anstrengung nicht deutlich verstehen. Nur dies glaubte sie zu erkennen: es fielen Worte, die wie Zahlen klangen. Doch dann schnellte die Frau plötzlich hoch, stürzte auf die Tür zu, hinter der Ulrike stand, entriegelte sie mit schnellem Griff, stieß sie heftig auf. Worauf das Kind in den Raum zurückprallte, sich aufraffte und eilig auf seine Matratze zukroch.

»Was soll denn das!« rief Frau Treudank empört. »Spionierst du uns etwa nach?« Und zu ihrem Mann sagte sie: »Dieses kleine Luder spioniert uns tatsächlich nach.«

Worauf Herr Treudank besorgt herbeiwieselte und besänftigend meinte: »Das mußt du nicht tun, Kindchen! Wo wir es doch nur gut mit dir meinen – du solltest uns dafür dankbar sein.«

Ulrike lag nun wieder auf der Matratze. Sie zog sogar die stinkende Daunendecke über sich. »Ich muß mal – ganz dringend.«

»Unter deinem Bett steht ein Topf«, erklärte die Frau streng. »Für alles ist gesorgt. Was willst du noch«

»Es ist zu heiß – ich kann nicht schlafen.«

»Kinder müssen aber schlafen«, sagte der Mann betont fürsorglich. »Und zwar möglichst gut und lange. Ich gebe dir ein Glas Wein, aus Johannisbeeren gebraut, von mir persönlich, äußerst naturrein, also gesund – so was macht müde, garantiert.«

Ulrike wollte nun ausrufen: ich will von hier weg, ich will von hier weg, ich will zu meiner Mutter! Aber das tat sie nicht. Vielmehr bemühte sie sich, klug und einsichtig, wie sie war, eine gewisse Ergebenheit an den Tag zu legen. Sie sagte nur: »Mir ist fürchterlich schlecht – ich kann hier kaum noch atmen.«

»Das geht vorüber – sehr bald sogar«, versicherte der Mann bemüht freundlich, aber auch schon nervös. »Du mußt nur ein wenig Geduld haben.«
»Mir ist aber entsetzlich heiß – der Kopf tut mir weh – ich bin überall ganz naß von Schweiß.«
»Vielleicht sollten wir ihr kühle Umschläge machen«, erwog der Mann. »Oder ihr Tabletten geben.«
»Ich glaube«, sagte Ulrike vorsichtig, »ich habe Fieber. Kann ich nicht woanders schlafen? Könnte nicht ein Doktor kommen?«
Worauf Frau Treudank schnell auf Ulrike zutrat. Sie ergriff ihr linkes Handgelenk, dann befühlte sie die Stirn des Kindes, ganz die gelernte Krankenschwester. »Versuche nicht, uns für dumm zu verkaufen!« sagte sie danach. »Wir geben uns hier alle Mühe mit dir – warum bist du so undankbar?«
»Aber wenn die Kleine tatsächlich...«
Wobei die Frau ihren Mann entschlossen beiseiteschob, dann die Tür der Kammer zuknallte, sie abschloß und verriegelte. Dann hängte sie einen Teppichfetzen vor das Schlüsselloch. Völlige Dunkelheit umgab Ulrike. Das Kind vernahm, angestrengt lauschend, noch einmal die Stimme der Frau. Sie sagte zu ihrem Mann: »Laß dich nur nicht von diesem ausgekochten Luder täuschen! Dieses Kind ist höchst gefährlich. Für uns beide.«

In dieser Stadt, zu dieser Zeit – von den Zeitungen registriert:
»›Farbige Mieter nicht erwünscht!‹ Leo Smith, etwa 33, Jazzmusiker aus Chicago, mit blonddeutscher Lebensgefährtin, findet kein Unterkommen. Wie fünf andere Farbige, zumeist Afrikaner – noch ohne feste Freundin. Ihre Probleme wären gelöst, wenn sie sich ein Luxusappartement leisten könnten – für DM 450,–. Mindestens.
Ein Geschäftsmann ließ vier Wohnhäuser leerstehen und systematisch verkommen – um sie dann, geplanter Neubauten wegen, abreißen lassen zu können. Weitere dreizehn Häuser im gleichen Stadtteil waren als ähnliche Spekulationsobjekte erkennbar. Ein Haus davon – nur eins – wurde von einer Aktionsgruppe besetzt; dann durch die Polizei geräumt. Mit radikalem Erfolg.
Einer der beiden Stellvertreter des Oberbürgermeisters über diese Zwangsräumung: ›Rein rechtlich gesehen ist dergleichen nicht zu beanstanden. Sozialpolitisch jedoch ist das eine ziemliche Sauerei; nur auf krasseste Spekulationsgewinne bedacht. Aber was kann man dagegen machen?‹
Einer der Hausbesitzer: ›Wir denken dabei nur an den Fortschritt, an die Errungenschaften der Hygiene, an die Möglichkeiten, dieses Leben mög-

lichst lebenswert zu gestalten. Dafür darf uns doch nichts zu teuer, kein Preis zu hoch sein.‹ Also: Beseitigung. Von schäbig verkommenen Gastarbeitersilos, von vor sich hinstinkenden Absteigequartieren, von verwahrlosten, verwanzten Mietbuden. Wer auf Lebensqualität Wert legt, muß regelmäßig baden wollen. Was eben einiges kostet.«

Im Luxuslokal ›Henry privé‹ – das Schlesinger für sich und seine Organisation zu vereinnahmen nun entschlossen war – bahnten sich weitere Entblößungsspiele an. Auch Pinkus schien sie zu genießen. Wobei ihm jedoch nicht entging, daß Schlesinger eine gewisse Unruhe zu verbergen suchte – hinter betonter Geringschätzung.

»Höchst minderwertige Vergnügungen«, meinte er verächtlich. »Über den Unterleib kommen die nie heraus! Die sind bereit, sich gegenseitig ihre Geschlechtsteile abzulecken – und das nennen sie dann: letzte, wahre Freiheit.«

»Die Gelüste der einen sind die Geschäfte der anderen«, sagte Pinkus vertraulich.

Der erklärte Mittelpunkt dieser Daseinsfreudendemonstration waren noch immer ›La Chatte‹ und der ihr hörige Spirituosenmillionär. Ob er sich dabei wie ein Hahn auf einem Misthaufen vorkam, war nicht zu beweisen, doch anzunehmen.

Jedenfalls tänzelte das »Liebespaar des Jahres«, so Argus, der vielgelesene Gesellschaftsberichterstatter, jetzt auf dem Parkett herum. Bemüht rhythmisch. Er über sie gebeugt, sie sich ihm entgegenschmiegend.

»Das Leben – nichts wie ein Bett!« sagte Pinkus. »Oder das Verlangen danach. Ist das schon alles? Nicht für uns – was?«

»Ich habe den Eindruck«, versicherte Schlesinger fast herzlich, »wir haben uns gesucht und gefunden.«

Pinkus: »Scheint tatsächlich so.«

Und Mucki Stein sagte: »Was mich anbelangt – ich bin da eher konservativ. Ich bin für geregelte Verhältnisse. Ich will lieben und geliebt werden. Ich habe einen ausgeprägten Familiensinn. Später wünsche ich mir sogar ein Kind.«

»So was, meine Liebe«, versicherte ihr Schlesinger besänftigend, »mag ja ganz gut und schön sein, ist aber doch wohl nichts für Menschen, denen klar geworden ist, daß wir in einer äußerst explosiven Zeit leben – zwischen Atombombe und Weltraumfahrt, mit Pille und Plastik! Was hat ein Kind da noch für Chancen?«

»Dann will ich wenigstens einen Hund.«

»Nun – darüber ließe sich reden«, versprach Schlesinger nachsichtig. »Schließlich bin ich, wie du weißt, nicht kleinlich.«

»Was ich auch hoffe – das mit dem Hund. Und was mich freuen würde.«

Mucki Stein schmiegte sich an ihn, ergriff seine Hände, zog sie in ihren Schoß.
Pinkus nahm das interessiert zur Kenntnis, ließ sich aber nichts anmerken. Er schien sich vielmehr intensiv mit dem Schnapsmillionär und seiner ›Chatte‹ zu beschäftigen. »Durchaus gekonnt – irgendwie scheint diese Person tatsächlich große Klasse zu sein. Ob es Henry gelingen wird, sie nackt auftreten zu lassen?«
»Das ist doch in dieser ausziehgeilen, sexwütigen Welt nichts Besonderes; schon gar nicht bei Henry. Der arrangiert so was, falls gewünscht, zu jeder Nachtzeit; in der Hoffnung, dadurch seinen Umsatz zu heben. Was aber ein Irrtum ist. Nicht das schnelle Ausziehen steigert den Konsum, sondern das angeheizte Warten darauf.«
»Sie meinen also: Henry läßt seinen Laden zu schnell auf vollen Touren laufen!«
»Der hat schon jetzt«, erklärte Schlesinger sachverständig, »mindestens drei Leute auf sie angesetzt; die werden mit gutem Beispiel vorangehen und dieser ›Chatte‹ suggerieren, daß auch ihr nackter Arsch pure Begeisterung auslöst. Einmal die Berliner Brigitte, die sich bei jeder Gelegenheit auszieht – sie meint, das müßte selbst den stärksten Mann umhauen; was es nicht tut: ihre Titten sind wie Dörrgemüse. Dann Margot aus Rosenheim, die ihre Arschvorzeigung für eine wirksame Demonstration emanzipierten Lebensgefühls hält. Und nicht zuletzt Uschi, eine Kommunardin, die alles Bürgerliche zu verachten behauptet, aber jeden verheißungsvoll anstöhnt, bei dem sie Honorare wittert.«
»Sie kennen sich in dieser Branche verdammt gut aus!« bestätigte Pinkus dem lässig dasitzenden Schlesinger anerkennend.
Der nickte vor sich hin: »Wer diese Branche kennt, in allen Einzelheiten, wie ich, der kennt auch die Niederungen dieser Welt – er kann sie durchschauen, sie analysieren, sie auswerten. Um meinen Goethe zu zitieren: *Freud muß Leid, Leid muß Freude haben!*«
Pinkus glaubte Schlesinger zu verstehen: »Was sich hier anbietet, ist vermutlich für Sie so etwas wie ein verwertbares Signal über bestehende Zustände – mit denen sich einiges anfangen läßt.«
»Durchaus! Selbst mit diesen miesen, schleimigen, gierigen Hyänen der Vergnügungsbetriebe. Die besitzen zwar keinen Anhauch von schöpferischer Größe – aber: sie fordern ihn heraus.«
»Und das«, versicherte Pinkus ungeniert, »ist schließlich nicht jedem gegeben – vielleicht nur, zu jeder Zeit, einem einzigen.«

Weinert, William, Hochfrequenzspezialist der Gruppe Moser, nunmehr eingetroffen im Restaurant ›Zur letzten Heimat‹ – und damit bei Keller.
Keller: »Ich glaube, wir können uns jedes Herumgerede sparen. Wir wis-

sen ziemlich genau, was wir voneinander zu halten haben – wir kennen uns.«
Weinert: »Ich weiß – bei Ihnen hat man gar keine andere Wahl, als mitzuarbeiten, sofern Sie darauf bestehen. Wenn man mit einigermaßen heiler Haut davonkommen will. Und das will ich. Also – was soll's denn sein?«
Keller: »Sie haben einen Verzerrer gebaut und geliefert?«
Weinert: »Auftragsgemäß. Was sich gelohnt hat, finanziell, sogar sehr.«
Keller: »Das kann ich überbieten – mühelos.«
Weinert: »Tatsächlich?«
Keller: »Aber ich könnte Sie auch, gleichfalls mühelos, der Kriminalpolizei ausliefern, die Sie dann prompt und gern vereinnahmen wird. Sollten Sie darauf Wert legen?«
Weinert: »Sie bringen immer so schön überzeugende Argumente vor, Chef, denen kann man kaum widerstehen. Wieviel also mehr – fünftausend? Das wären dreißigtausend insgesamt. Abgemacht?«
Keller: »Noch solch ein Versuch, mich übers Ohr hauen zu wollen, Weinert, und Sie landen bei Fuhrmann Felder im Präsidium. Sie sollten wissen, daß ich die Preise Ihrer Branche ziemlich gut kenne. Zwanzigtausend also. Keine Mark mehr. Diese Summe aber bar auf die Hand, ohne Quittung – falls Sie nun unverzüglich ganz konkrete Angaben machen.«
Weinert: »Aber nur Ihnen gegenüber.«
Keller: »Klar. Die guten alten Spielregeln gelten immer noch: Sie liefern und ich mache damit, was ich für richtig halte. Verpflichte mich aber, den Lieferanten nicht preiszugeben. Abgemacht?«
Weinert: »Na schön – dann notieren Sie mal folgende Einzelheiten: die Formel für diesen Verzerrer lautet: Grundsystem FUK, direkt; Frequenzbereich Ultrakurz. Grundzahl 35 plus 3; Überlagerung durch Minuswert 7; unmittelbare Vorschaltung. Nur in dieser Phase verwertbar. Und das wär's schon. Jeder gute Spezialtechniker kann nach diesen Daten so einen Apparat nachkonstruieren. Kann ich jetzt kassieren?«
Keller: »An wen geliefert?«
Weinert: »Weiß ich nicht. Alles rollte anonym ab.«
Keller: »Ich kenne das System, Weinert. Aber ich kenne auch Sie, beziehungsweise Ihre Akten – und dabei ist mir aufgefallen, daß Sie stets versucht haben, sich gründlich abzusichern. Was praktisch heißt: Sie kaufen keine Katzen im Sack und wollen sich auch nicht als solche verkaufen lassen. Sie prüfen nach! Mit welchem Erfolg diesmal?«
Weinert: »Also gut, gut! Gehört das noch mit zu meinen zwanzigtausend Mark?«
Keller: »Es gehört dazu.«
Weinert: »Ich tue das aber gar nicht gerne – zumal dabei nichts wirklich

Greifbares zum Vorschein kam.«
Keller: »Das zu beurteilen, überlassen Sie mir. Tatsachen also – bitte!«
Weinert: »Ich deponierte das Gerät – Schließfach Hauptbahnhof. Und legte mich dort auf die Lauer. Stundenlang. Ausdauernd bin ich nun mal wie kaum ein zweiter. Dann erschien so ein Kerl.«
Keller: »Kannten Sie ihn? Nein? Aber Sie können ihn beschreiben?«
Weinert: »Aber ich bitte Sie, Chef – so eine Personalbeschreibung ist doch nur kriminalistischer Dünnschiß!«
Keller: »Zumindest ist anzunehmen, daß Sie die Person wiedererkennen würden?«
Weinert: »Aber sicher. Auch wenn es sich dabei um ein ziemlich neutrales Wesen handelt, fast eine Art Buchhaltertyp: halbwegs seriös wirkende Durchschnittsware, Kleinbürgerfassade.«
Keller: »Und Sie sind ihm gefolgt!?«
Weinert: »Bis zur Hohenzollernstraße, wo er in einem Haus mit der Nummer 111 verschwand. Da wohnen so ungefähr vierundzwanzig Mietparteien – wer will sich da durchfinden? Kann ich jetzt endlich kassieren?«

Hierzu Frau Brasch, nachdem sich William Weinert entfernt hatte: »Die angegebene Adresse Hohenzollernstraße 111 könnte stimmen – sie ist hier bereits registriert. Es ist die Adresse von Kaukasch, dem Kriminellenhelfer, auf den Moser bereits angesetzt ist.«

Telefongespräche – unmittelbar danach:
Erstens: Keller an Kriminaldirektor Hädrich im Präsidium.
Keller: »Was ich anzubieten habe, ist nur eine Kleinigkeit – falls Sie daran interessiert sein sollten.«
Hädrich: »Gut, daß Sie endlich anrufen, Herr Keller – ich wollte sowieso mit Ihnen sprechen. Ich muß schon sagen: ich bin empört! Nicht Ihretwegen, gewiß nicht – aber wegen diesem Herrn von Gotha, für den Sie ja zur Zeit verantwortlich sind. Was der sich da geleistet hat, geht entschieden zu weit! Wie mir berichtet wurde, hat er sich ordinär herumgeprügelt, mitten auf der Straße, mit höchst fragwürdigen Elementen – und das sogar, sagt man, wegen meiner Tochter.«
Keller: »Haben Sie Isabella danach gefragt?«
Hädrich: »Nun ja – ich habe es versucht. Es gelang mir sogar, meine Tochter telefonisch zu erreichen; in irgendeinem obskuren Lokal vermutlich. Die Antworten, die ich von ihr erhielt, ließen darauf schließen: fürchterlich-verworrene und betont aggressive Behauptungen. Mir von meiner Tochter zugemutet. Möglicherweise steht sie unter dem Einfluß Ihres von Gotha. Jedenfalls bin ich äußerst empört – und einigermaßen be-

sorgt.«
Keller: »Was eine völlig überflüssige Nebenreaktion sein dürfte. Lassen Sie sich dadurch nicht von Ihrem vielversprechenden Kidnappingfall ablenken. In dieser Hinsicht könnte ich Ihnen, wenn Sie wollen, etwas bieten.«
Hädrich: »Was denn?«
Keller: »Die technischen Details für die vom Erpresser verwendete Verzerrerapparatur.«
Hädrich: »Die kennen Sie? Woher?«
Keller: »Fragen Sie nicht! Ich gebe Ihnen Einzelheiten, die Sie registrieren und dann nachprüfen sollten. Das müßte zunächst genügen.«
Keller gab die angekündigten Details durch, Punkt für Punkt. Er genoß es, Hädrich verstummen zu hören. Was jedoch kein Dauerzustand war.
Hädrich: »Und mit diesen technischen Daten, meinen Sie, kann unser Labor die vorhandenen Tonbandaufzeichnungen entzerren – so daß dann die Originalstimme zum Vorschein kommt?«
Keller: »Durchaus. Sie brauchen dann nur noch den Träger dieser Stimme zu finden.«
Hädrich: »Kennen Sie ihn etwa schon?«
Keller: »Das kann sein. Aber jemanden kennen, heißt ja noch nicht, ihm auch Entscheidendes nachweisen zu können – das sind zwei Paar Schuhe. Jemanden zu finden, dem gleich beide passen, ist gar nicht so einfach.«

Zweitens: Erwin Schneider, Einbruchsspezialist, an Keller.
Schneider: »Sie wollten, daß ich Sie anrufe, wenn es wieder so weit ist.«
Keller: »Ist es wieder so weit, Erwin?«
Schneider: »Gleich morgen – oder heute noch; denn schließlich ist Mitternacht schon vorbei. Meine Anweisung diesmal: die gleiche Aktion, wie bereits erprobt. Das Honorar wie gehabt; doch nunmehr Zehntausend zusätzlich. In Empfang zu nehmen auf die übliche Weise, also an derselben Stelle – ab acht Uhr. Die Benachrichtigung, wo Schließfachschlüssel vorzufinden ist, erfolgt kurz vorher. Danach, etwa zwischen neun und zehn Uhr, weitere Anweisungen.«
Keller: »Sprechen Sie von Ihrem Apparat aus?«
Schneider: »Ich bin doch nicht von vorgestern, Chef! Schließlich ist das ein reichlich gefährlicher Verein, an den ich da herangeraten bin; das haben Sie mir klargemacht. Ich bin in einer Kneipe in der Nähe meiner Wohnung, wo ich immer mein Bier trinke. In einer schalldichten Kabine. Dem Wirt habe ich gesagt: ich muß mal ganz dringend meine Kleine anrufen.«
Keller: »Wir bleiben weiter in Verbindung, Erwin – Sie können mich, beziehungsweise Frau Brasch, Tag und Nacht erreichen.«

Schneider: »Am liebsten würde ich aussteigen, Chef. Diese ganze Angelegenheit ist doch wohl ein verdammt heißes Eisen – was?«
Keller: »Versuch jetzt nicht abzuspringen, Erwin – du würdest dir dabei garantiert das Genick brechen. Du machst mit – bis zum Ende. Du mußt bei deinem Auftraggeber den Eindruck erwecken, daß du ohne jede Frage mitspielst – und zugleich unterrichtest du mich über jede Einzelheit. Das ist deine einzige Chance, aus dieser Sache einigermaßen unbeschädigt herauszukommen.«

Drittens: Keller an Moser.
Keller: »Ein zusätzlicher Auftrag für Sie und Ihre Leute: Installierung von Fernsehkameras im Bereich der Schließfächer im Hauptbahnhof. Dabei eine zentrale Überwachungsanlage mit Aufzeichnungsgeräten. Noch heute nacht einzubauen.«
Moser: »Das müßte sich machen lassen, dürfte aber einiges kosten.«
Keller: »Was auch immer. Ich bitte Kommissar Felder, sich mit der Bahnpolizei in Verbindung zu setzen. Sie werden dort, etwa ab zwei Uhr, völlig freie Hand haben – beziehungsweise die von Ihnen eingesetzten Firmen und Mitarbeiter. Gegen fünf Uhr sollte die Falle fertig montiert sein. Weitere Anweisungen danach. Zwischenberichte bitte laufend hierher.«

Im Luxuslokal ›Henry privé‹ trat die von den meisten Anwesenden erhoffte ›Sensation‹ des Abends ein – nachdem Brigitte, Margot und Uschi, wie erwartet, und weil auch dafür bezahlt, sich beim Tanzen ihrer Kleidungsstücke animierend entledigt hatten.
Das war ein vergleichsweise schneller Vorgang – sonderlich viel auszuziehen hatten sie nicht. Uschi, die Konsumkommunardin, demonstrierte, daß sie keinen Büstenhalter nötig hatte. Margot, Rosenheim, hatte sich schon ohne Schlüpfer auf die Tanzfläche begeben – etliche Kenner meinten: die geht immer unten ohne – außer an bestimmten Tagen. Nur Brigitte, Berlin, hatte einige Mühe, sich von ihrem hautengen blutroten Hosenanzug zu befreien – sie legte sich lang auf das Parkett und ließ ihren Partner werken.
Ein etwas plumper Anblick, den ›La Chatte‹ mit leicht verächtlicher Überlegenheit registrierte. Sie bewegte sich im Go-Go-Girl-Rhythmus – leicht geöffneter Mund, flatternde Hände, mit weit um sich stoßenden Hüftbewegungen. Anfeuernd bejubelt, von ihrem Schnapsmillionär verzückt betrachtet, schleuderte sie ihre Kleidungsstücke, Dior-Paris, von sich. Wobei ein Hintern zum Vorschein kam, der zwar allgemein bestaunt wurde, aber für die versammelten Kenner derartiger Demonstrationen keine sonderliche Sensation darstellte. Einer von ihnen meinte: »Allein damit kann sie das alles gar nicht geschafft haben. Aber vielleicht hat sie

ein reiches Innenleben anzubieten.«
»Bei mir«, versicherte Mucki Stein, »ist das alles viel feiner – und auch fester.«
»Was nahezu allgemein bekannt ist«, bestätigte Pinkus galant. »Von einigen Filmen her.«
»Doch immerhin künstlerischen.«
Schlesinger lehnte sich, Abstand demonstrierend, weit in seinen Sessel zurück und lächelte Pinkus zu. »Diese Darbietung, nicht wahr, besagt doch wohl alles.«
Pinkus lächelte zurück. »Ich verstehe Sie immer mehr, Herr Schlesinger. Sie, nicht wahr, haben diese Welt durchschaut. Die Welt der käuflichen Menschen – hier speziell Mädchen –, die Welt der primitiven Geilheit, die so gern als Wille zum Lebensgenuß deklariert wird. Und so was kotzt Sie an!«
»Nicht unbedingt gleich das«, sagte Schlesinger nahezu versonnen. »Damit lassen sich Geschäfte machen – sogar ganz brauchbare. Aber eben nicht: die ganz großen! Wobei hinzu kommt, daß mich so was langsam anödet. Ich bitte Sie – wer einige Dutzend dieser Ärsche kennt, kennt alle. Auf die Dauer ist die Beschäftigung damit pure Zeitvergeudung.«
Pinkus zögerte nicht, diese Ansicht zu bestätigen. »Sicherlich haben Sie recht – wir sollten unser Dasein sinnvoller nützen. Was schlagen Sie vor?«
Worauf Schlesinger, überraschend plötzlich, wissen wollte: »Kennen Sie den Rechtsanwalt Messer?«
»Wer in meiner Branche kennt ihn nicht?« Pinkus reagierte höchst vorsichtig. »Ein äußerst interessanter, bestimmt vielseitig verwendungsfähiger Mann.«
»Kennen Sie ihn gut?« Schlesinger sah Pinkus zustimmend nicken. »Ich würde mich gern mal mit ihm unterhalten.«
»Das könnte ich arrangieren.«
»Heute nacht noch?«
»Mal sehen, was sich machen läßt.« Pinkus bemühte sich, seine Überraschung zu verbergen. »Ich werde ihn anrufen. Wie ich ihn kenne, ist er Tag und Nacht bereit, in Aktion zu treten. Falls sich das lohnt.«
Pinkus entfernte sich, um nach knapp sieben Minuten wieder bei Schlesinger und Mucki zu erscheinen. Und dort verkündete er: »Herr Messer erwartet Sie. Ausnahmsweise, sagte er; was aber bedeutet: er ist entschlossen, so gut wie nichts auszulassen, wovon er sich einiges verspricht.«
»Was durchaus sein kann«, sagte Schlesinger. Er leerte sein Champagnerglas und erhob sich. »Dann wollen wir also mal sehen, was sich mit ihm anfangen läßt. Komm mit, Mucki.«

»Ich nehme nicht an, daß Sie auf meine Begleitung besonderen Wert legen?« fragte Pinkus vorsichtig. »Zumal ich mir diese Unterleibsdemonstrationen noch gern etwas näher ansehen würde.«
»Was Ihnen gegönnt sei, lieber Freund. Doch danach, etwa gegen zwei Uhr, würde ich mich freuen, Sie in meiner Wohnung zu sehen. Sagen wir: zu einem Nachspiel; ganz unter uns. Werden Sie kommen?«
»Sehr gern, lieber Freund!«

Aschaffenburg, der radikal-revolutionäre Studentenführer, wurde von seiner Gefolgschaft umringt – eng, kritisch, aber auch hoffnungs- und vertrauensvoll. Denn sie hatten erkannt: dieser Aschaffenburg war ein Mann von großer Antriebskraft und mit aussichtsreichen Beziehungen. Er gab nunmehr seinen neuesten Schlachtplan bekannt:
»Unsere scheißliberal sozialisierten Konsumbürgermassen, die sich beharrlich borniert in ihren heiligen Blechkühen vorwärtsbewegen, tun das gewöhnlich täglich zu drei Stoßzeiten. Einmal morgens – wo aber halbwegs gewinnunentschlossene Mitmenschen, wie einige von uns, noch schlafen. Dann abends: wo die Opfer derart massiert sich aufdrängender Bürgerbanalität, also auch hier einige von uns, bereits wieder müde geworden sind. Schließlich findet aber auch um die Mittagszeit tagtäglich eine weitere dieser Massenmenschenbewegungen statt.«
»Wobei dann dieses Herdenvieh«, bestätigte ein Gesinnungsfreund erheitert, »beharrlich diversen Freßtrögen zufährt. Um dort Kaviar oder nur Bratwürste in sich hineinzumampfen. Der Geschmack dieser verschissenen Zeitgenossen ist genauso katastrophal wie ihr Charakter!«
»So ungefähr«, bestätigte Aschaffenburg. »Und deshalb schlage ich vor, daß wir diesmal kurz vor der Mittagspause dieser notorischen Fresser und Verdauer in Erscheinung treten. Wozu wir uns im Alten Botanischen Garten versammeln – gegen elf Uhr. Um dann von dort aus, etwa dreißig Minuten später, vorzustoßen – und zwar in Richtung Lenbachplatz.«
»Womit wir den ganzen Mittagsverkehr dieser halbkapitalistischen Kakker blockieren«, erkannte Isabella entzückt. »Und zwar von der Brienner Straße bis zum Stachus. Das wird ein Gedränge geben! Die werden garantiert blöd aus ihrer Modewäsche schauen.«
»Auf die dämlichen Gesichter der Bullen freue ich mich jetzt schon«, versicherte einer.
»Dabei jedoch, bitte, keine leichtfertige Provokation – keine direkte«, mahnte Aschaffenburg besorgt. »Vielmehr sollte alles äußerst gelassen, geradezu heiter abrollen, beinahe schon spielerisch. Umarmt die Polizisten, von mir aus; drückt sie an euch, lenkt sie ab – versucht sie zu verunsichern.«
»Für solche Manipulationen«, meinte Isabella belustigt, »dürften von

dem Verein wohl nur sehr wenige in Frage kommen. Aber versuchen könnte man sogar das.«
Zwischenfragen: »Und wo bleibt das Revolutionäre? Welche Parolen werden ausgegeben? Welche Ziele setzt sich unsere Organisation?«
Schließlich: »Besteht nicht die Gefahr, daß wir uns überschätzen? Wohl sind wir willig – alle! Aber gewisse materielle Mittel müssen schließlich auch vorhanden sein – wenn wir möglichst viele Mitmacher mobilisieren wollen.«
»All das ist bereits eingehend vorbereitet worden«, versicherte Aschaffenburg und zählte zur freudigen Überraschung seiner Gesinnungsgenossen auf: »Tausende von Flugblättern befinden sich bereits im Druck – markante schwarze Schrift auf anfeuernd rotem Papier! Spruchbänder, gängige Parolen darauf, sind in Fabrikation, werden rechtzeitig angeliefert. Dazu Bildplakate – etwa Brandt darstellend, Strauß, Scheel und sonstige reaktionäre Standardtypen; sie müssen nur noch mit breitem Pinsel kreuz und quer durchgestrichen werden. Das ist symbolkräftig genug. Dazu können wir diesmal über zahlreiche Funksprechgeräte und Megaphone neuester Bauart verfügen; über drei Dutzend sogar. Sogar sechs Lautsprecherwagen sind gemietet worden.«
»Ein reichlich kostspieliges Vergnügen.« Heinz Boerner gab sich bedenklich.
»Wir vertreten hier eine gute, gerechte Sache, und die hat glücklicherweise Freunde und Förderer!« Aschaffenburg ließ zu diesem Punkt keine überflüssige Diskussion aufkommen. »Worauf wir uns jetzt, Genossen, konzentrieren müssen, ist dies: welchen Teil der hierbei notwendigen Organisation gedenkt jeder einzelne von uns verantwortlich zu übernehmen? Meldet eure Wünsche an.«
Sofort entstand ein lebhaftes Gedränge nach den verschiedenen Positionen. Am gefragtesten waren Funksprechgeräte und Lautsprecher. Isabella versicherte, für die intime Beeinflussung der Polizei durch weibliche Demonstrationsteilnehmer sorgen zu wollen. Zwei andere Genossen erklärten, über besondere Erfahrungen als Provokateure von zu mobilisierenden Massen zu verfügen. Heinz Boerner endlich bot an, sich mit der Abholung und Auslieferung der Flugblätter beschäftigen zu wollen – was ihm dann auch anvertraut wurde.
»Du entwickelst dich langsam«, sagte Isabella hoffnungsvoll.
»So gut wie nichts«, sagte er, »was ich nicht für dich zu tun bereit bin. Selbst auf die Gefahr hin, wieder einmal von dir mißverstanden zu werden.«

Im Restaurant ›Zur letzten Heimat‹ traf die neueste Meldung von Moser ein: »Überwachung Telefon Kaukasch seit zwanzig Minuten angelaufen.

Offenbar recht aufschlußreich.«
Keller, ein wenig ungeduldig: »Schöne Vermutungen können Sie sich sparen. Ich benötige handfeste Einzelheiten. Lassen Sie mich sofort wissen, wenn Sie irgend etwas Greifbares herausgefunden haben.«

Als Karl Schlesinger mit Mucki Stein bei Dr. Messer eintraf – von Pinkus telefonisch angemeldet –, war es bereits gegen 2 Uhr. Eine Sekretärin, blaßblond, glatt, gefällig, führte sie unverzüglich in das Hauptbüro. Und selbst zwei Stunden nach Mitternacht wirkte hier alles, als handele es sich um einen normalen Tagesablauf.
Messer, hinter seinem Schreibtisch stehend, zeigte sich erwartungsvoll erfreut. Er streckte seine Hand weit aus, schüttelte die Rechte Schlesingers und stellte dann seinen »Mitarbeiter« vor – einen gewissen Herrn von Gotha. Worauf Schlesinger, nicht minder herzlich, beide mit seiner Begleiterin bekannt machte. Mucki erregte erwartungsgemäß ihr Wohlwollen.
»Sie sind offenbar noch um diese Zeit aktionsbereit«, stellte Schlesinger anerkennend fest. Die gediegene altenglische Einrichtung des Raumes gefiel ihm – er kannte die Preise dafür. Wer sich das leisten konnte, mußte erfolgreich sein.
»Sie gehören also zu denen, die nichts auslassen, was sich auszahlen könnte.«
»Ich stehe immer zur Verfügung«, erklärte Messer schlicht, »wenn es sich lohnt. Und zwar pausenlos. Rund um die Uhr.«
»Hier gefällt es mir«, stellte Mucki fest und ließ sich in einen Sessel fallen. »Haben Sie die Einrichtung direkt aus London importiert?«
»Direkt von dort. Von einer Werkstatt, die auch für den Ölmagnaten Getty Ähnliches produziert hat – was kein Kriterium ist, aber wohl nicht ganz uninteressant«, versicherte Messer, der Schlesinger nicht aus den Augen ließ, während von Gotha sich abseits hielt. »Darf ich fragen, was Sie zu mir führt? Und was Sie zu trinken wünschen?«
»Dürfen Sie! Trinken würden wir gerne Champagner. Ich selbstverständlich pur, während Mucki halb und halb mit Orangensaft vermischt bevorzugt. Ich habe sie aufgesucht, weil ich schnelle Entschlüsse liebe. Ich hoffe, Sie wissen, wer ich bin.«
»Herr Pinkus hat mir angedeutet, mit wem ich es zu tun habe.« Messer nickte von Gotha zu. Der entnahm einem Eisschrank eine Flasche Champagner, dazu mehrere Gläser; er bewährte sich auch als Kellner. »Sie haben den Wunsch geäußert, mich kennenzulernen, Herr Schlesinger. Warum?«
»Sagen wir: weil ich einen verläßlichen, vielfach befähigten Anwalt benötige. Und weil Zeit für mich Geld ist; ich gedenke nichts davon zu ver-

schwenden. Zumal sich meine Geschäfte in dieser Stadt schnell zu ganz erheblichen Größenordnungen ausgeweitet haben. Mein Jahresumsatz liegt bei mehreren Millionen – aber das ist nur ein Anfang. Wären Sie bereit, bei großzügigem Honorar, meine Interessen zu vertreten?«
»Im Prinzip durchaus«, bestätigte Rechtsanwalt Messer. »Zumal Herr Pinkus, den zu schätzen stets ratsam ist, mir versichert hat, daß Sie, Herr Schlesinger, ein Mann sind, den man ernst nehmen muß; geradezu eine Institution. Was aber auch, glaube ich, für mich zutrifft. Zunächst wäre wohl zwischen uns eine möglichst umfassende Offenlegung aller in Frage kommenden Konstellationen ratsam.«
»Das ist auch in meinem Sinne!« bestätigte ihm Schlesinger erfreut. »Gleich morgen, oder heute, am Nachmittag, sollen Sie einen ersten Einblick in alle diesbezüglichen Unterlagen erhalten. Zunächst jedoch genügt es mir, Sie nicht abgeneigt zu sehen. Betrachten Sie mich also ab sofort als Ihren zukünftigen Klienten. Doch nun will ich nicht mehr länger stören. Kommst du mit, Mucki?«
»Ich würde mich hier gerne noch ein wenig umsehen«, sie dehnte sich in ihrem Sessel. »Ich muß gestehen, daß es mir hier gefällt. Bin ich willkommen?«
Messer bestätigte es, sie entzückt betrachtend. Auch von Gotha zögerte nicht zu behaupten, daß er einen Anblick wie den ihren für außerordentlich erfreulich hielte.
»Was ich jedem gönne!« behauptete Schlesinger, bevor er sich entfernte. »Denn eins meiner Grundprinzipien ist ein sehr münchnerisches: leben und leben lassen! Großzügiger als ich ist wohl kaum jemand. Dabei stets ähnliche Großzügigkeit erhoffend. Ich wünsche Ihnen also eine gelungene Nacht.«

Weitere Stationen dieser letzten Nacht: 3 Uhr bis Sonnenaufgang.

Moser bei Keller.
Moser: »Der Einbau von vier schwenkbaren Fernsehkameras plus Überwachungsanlage und Aufzeichnungsgerät bei den Schließfächern im Hauptbahnhof ist in vollem Gang. Dabei keinerlei Schwierigkeiten. Die von mir beauftragte und von einem meiner Spezialisten überwachte Firma ist sehr willig; zumindest verdienstwillig. Die Leute leisten ganze Arbeit. Und die Bahnpolizei war geradezu entzückt über das großzügige Geschenk eines unbekannten Spenders – ihr Etat hätte ihnen so was nie erlaubt.«
Keller: »In Ordnung. Doch weiter: stimmen die Angaben von Weinert über den von ihm gebauten Verzerrer?«
Moser: »Die stimmen! Dennoch scheint dieses heimtückische Schwein

versucht zu haben, uns für dumm zu verkaufen. Das ergibt sich aus folgendem: ich habe zunächst die Originalstimme Schlesingers untersuchen lassen – mit Hilfe der von Ihnen gelieferten Tonbandaufnahme Ihres Gespräches mit ihm im Flughafenrestaurant. Die Vergleiche stimmen; hundertprozentig.«
Keller: »Und was irritiert Sie daran?«
Moser: »Die Tatsache, daß auf den Tonbändern der Polizei und denen, die von Messer und Winter kamen, noch eine zweite Stimme registriert werden konnte – außer der Schlesingers. Und dann sogar noch eine dritte.«
Keller: »Das, Herr Moser, scheint mir nicht ungewöhnlich zu sein. Wir haben es hier selbstverständlich nicht mit einem Ein-Mann-Unternehmen zu tun, sondern vermutlich mit einem führenden Kopf und dessen ausführenden Organen. Bei dieser Größenordnung schafft das einer ganz allein nicht. Durchaus anzunehmen also, daß Schlesingers Telefon, in seinem Auftrag, auch von anderen benutzt wurde – mit dem gleichen Verzerrereffekt. Genau gesagt: von zwei anderen.«
Moser: »Nachweisbar ist einmal die Stimme von Schlesinger – die zweite noch nicht; sie könnte Hetzing gehören. Die dritte Stimme konnten wir wieder identifizieren. Es ist die von Kaukasch, dem menschenfreundlichen Bedrohtenhelfer. Der telefoniert jetzt pausenlos – und gleichfalls verzerrt. Aber nicht von Schlesingers Telefonapparat aus, sondern über seinen eigenen Anschluß, Hohenzollernstraße.«
Keller: »Dann hat Weinert uns also verschwiegen, daß er nicht nur einen, sondern zwei Verzerrer gebaut und geliefert hat. Und das bestätigt tatsächlich Ihre Vermutung, Herr Moser: Weinert scheint versucht zu haben, uns zu verschaukeln! Dagegen müssen wir uns aber unter allen Umständen absichern. Isolieren Sie ihn!«
Moser: »Ist bereits geschehen, Chef. Der arbeitet heute nacht, unter ganz scharfer Aufsicht, in einer Elektrowerkstatt. Er baut Verzerrer. Und gleich morgen früh lasse ich ihn, direkt von seinem Arbeitsplatz aus, nach New York fliegen – zwecks Ankaufs neuester Überwachungsgeräte. Damit ist er für nahezu achtundvierzig Stunden ausgeschaltet. Wird das ausreichen?«
Keller: »Das müßte ausreichen, Herr Moser. Jetzt scheint es hier wohl nur noch darauf anzukommen, wer den ersten wirklich gefährlichen Fehler macht. Wenn wir es nicht sind, dann haben wir eine gute Chance, diesen kriminellen Verein innerhalb von zwölf Stunden zu vereinnahmen – wenn alles so weiterläuft.«

Schlesinger war inzwischen in seiner Wohnung, Leopoldstraße, eingetroffen. Dort fand er, wie verabredet, Pinkus vor. Er saß auf der dachgar-

tenähnlichen Terrasse und hatte sich von Schlesingers Butler Mineralwasser servieren lassen; was durchaus stilvoll geschehen war. Nun sah er seinem Gastgeber hoffnungsvoll entgegen.
Schlesinger sagte ungefragt, was Pinkus wissen wollte. Er äußerte sich befriedigt – und zwar über seinen Besuch bei Messer. »Das scheint ein Mann von gleicher Wellenlänge zu sein. Der könnte zu uns passen!«
»In welcher Hinsicht – meinen Sie?«
Schlesinger ließ sich entspannt und zufrieden neben Pinkus nieder. Auch er trank stark geeistes Mineralwasser und blickte versonnen abwärts – zur Leopoldstraße hin, auf der nur noch mäßiger Verkehr herrschte; dann zum Siegestor hinunter, dessen schlanke Konturen sich in dieser südländisch zu nennenden Nacht deutlich gegen den sanftblau leuchtenden Himmel abzeichneten; weiter in Richtung Feilitzschplatz – dort leuchteten noch Neonlichter in hellster Schockfarbe, wie versessen darauf, diese Nacht, wie jede dieser Nächte, nicht verlöschen zu lassen.
»Hier, in dieser Stadt«, sagte Schlesinger verhalten, »könnte man ein Imperium begründen, das nirgendwo seinesgleichen hat – selbst in Las Vegas nicht. Man muß nur unbeirrbar entschlossen sein – aber auch in der Lage, befähigte Mitarbeiter zu finden. Sie könnten dazu gehören, Herr Pinkus; und dieser Messer möglicherweise auch.«
»Wozu aber wohl«, gab der vorsichtig zu bedenken, »ein äußerst stattliches Grundkapital notwendig wäre.«
»Das, mein Lieber, ist vorhanden. Und noch weit mehr als das läßt sich beschaffen – auf sehr zeitgemäße Weise; also mit der dabei notwendigen Entschlossenheit. Ich arbeite bereits daran. Wollen Sie mitmachen?«
»Sie dürfen mir einiges zutrauen«, versicherte Pinkus. »Mein Job als Versicherungsfachmann besteht darin, Verluste zu vermeiden, also Gewinne zu erzielen. Ich bin konsequent auf den finanziellen Erfolg programmiert. Bietet sich hier so etwas an?«
»Absolut!« versicherte Schlesinger überzeugt. »Die Situation sieht vordergründig etwa so aus: die konsumierenden Massen, an denen wirksam verdient werden kann, sind pausenlos durch Fernsehen, Filme und Zeitungen aufgeheizt worden. Nichts wie systematisch vernebelte Hirne – durch gezielte Reklame, Werbung, Illustriertengeschwätz, Magazinsuggestion. Diese aufgepeitschte Menge geilt sich nur noch den vier großen F entgegen: Fressen, Fernsehen, Flaschenbier und Ficken! Alles das kann ihnen geliefert werden – in jeder gewünschten Preislage, in jeder verlangten Besonderheit. Damit lassen sich große Gelder machen.«
»Doch nicht gleich die ganz großen! Dazu gehört doch noch etwas mehr. Und eben darauf gedenken Sie sich zu spezialisieren. Was also haben Sie vor?«
Schlesinger kam nicht mehr dazu, diese Frage zu beantworten. Denn nun

erschien WW, der Journalist, und verkündete: »Da scheint sich einiges zusammenzubrauen! Eine ganz dicke Scheiße, wenn man mich fragt. Und einige strampeln schon darin herum!«

Moser, noch immer bei Keller, Hinterzimmer Restaurant ›Zur letzten Heimat‹.
Keller: »Konzentrieren wir uns auf diesen Kaukasch. Der telefoniert unentwegt, sagten Sie? Mit wem? Und mit welchem Inhalt?«
Moser: »Der beschäftigt mich schwer. Meine Leute haben in seinem Haus, Hohenzollernstraße, einen Kellerraum besetzt, sozusagen gemietet. Was Sie aber verabredungsgemäß nicht interessiert, Chef; meine Spezialmethoden gehen Sie schließlich nichts an. Aber festzustellen ist nur: dieser Bursche, also Kaukasch, ist pausenlos am Werk.«
Keller: »Ich nehme an, daß Sie alle seine Gespräche aufzeichnen lassen. Eine Aufstellung darüber lassen Sie mir zugehen. Was ich jedoch wissen will, ist dies: zeichnet sich dabei bereits schon jetzt irgendein Schwerpunkt ab?«
Moser: »Soweit erkennbar, versucht Kaukasch auf eine Art studentischer Hochsommerdemonstration ganz direkt Einfluß zu nehmen. Er telefoniert mit einer Fahnenfabrik, dann mit einer Druckerei, auch mit einem gewissen Aschaffenburg. Das alles äußerst dringend.«
Keller: »Eine Demonstration also. Schon erkennbar: wann und wo?«
Moser: »So ungefähr. Zeitpunkt: schon heute, gegen Mittag, vermutlich elf Uhr. Ort: Alter Botanischer Garten – Treffpunkt und Ausgangsstellung. Können Sie damit was anfangen? Doch wohl kaum – schließlich machen wir hier nicht in Politik.«
Keller: »Lassen Sie sich nicht davon ablenken, Herr Moser, gönnen Sie das anderen. Ich nehme an, daß diese Demonstration nicht alles war, womit sich dieser Kaukasch beschäftigt hat.«
Moser: »Allerdings fanden zwischendurch auch noch ganz andere Telefongespräche statt. Mit höchst unklaren Formulierungen – ich jedenfalls kann mir keinen Reim darauf machen. Dabei ging es um Zeitangaben, Örtlichkeiten, Honorare – zumeist mit der Bemerkung: wie gehabt, wie üblich! Also nicht eindeutig erkennbar: warum, wofür, weshalb! Die Auswertung dieser Aufzeichnungen dürfte nicht einfach sein.«
Keller: »Überlassen Sie das mir. Sie liefern lediglich jede irgend greifbare Einzelheit. Lassen Sie alle Tonbandaufnahmen schriftlich fixieren und mir laufend zukommen. Otto soll dafür ein Schnelltransportunternehmen organisieren.«

Nunmehr der Kriminalbeamte a.D. Keller an Kommissar Felder:
Keller: »Setzen Sie sich, bitte, mit dem Einbruchsdezernat in Verbin-

dung. Machen Sie die dortigen Beamten auf zwei Zielpunkte aufmerksam: Lenbachplatz und Karlsplatz, genannt Stachus, mit der Anregung: diese Örtlichkeiten sind vom Alten Botanischen Garten aus fast gleichzeitig direkt zu erreichen und total zu blockieren.«
Felder: »Also auch die dort befindlichen Geldinstitute. Falls ich Sie richtig verstanden habe.«
Keller: »Haben Sie! Veranlassen Sie das Einbruchsdezernat, vorsorglich Alarm- und Einsatzpläne zu erstellen. Über die ich dann unterrichtet zu werden wünsche. Das wird sich machen lassen – nicht wahr?«

Walter Waldmann, der Journalist, ließ sich auf der dachgartenähnlichen Terrasse nieder – in einem Liegestuhl – zwischen Schlesinger und Pinkus. Er wirkte ungemein selbstsicher, was jedoch bei ihm nichts Besonderes war.
Und WW verkündete, sich genüßlich dehnend: »Da habe ich mich nun nahezu eine Stunde lang im Polizeipräsidium aufgehalten; und zwar bei diesem Hädrich – dem derzeit maßgeblichen Mann unserer Kripo. Den habe ich mächtig angeheizt.«
»Hädrich?« fragte Pinkus, vorsichtig provozierend. »Der ist doch nur ein Vollzugsbeamter, kalt wie ein Fisch, soweit ich ihn kenne.«
»Ich kenne ihn besser!« behauptete WW überzeugt. »Seit Jahren schon findet zwischen uns folgendes Spiel statt: ich drohe einen scharf aufklärenden Artikel an; zähle dabei meine diesbezüglichen Argumente auf. Und er versucht dann, sie zu entkräften. Auf diese Weise läßt sich immer einiges herausbekommen.«
»Was denn diesmal?«
»Eine ganz erstaunliche Menge! Dieser Hädrich scheint leicht angeschlagen zu sein – wozu bei ihm schon einiges gehört.« WW sonnte sich geradezu in seinen Kenntnissen. »Aber auch der ist nur ein Mensch; hat seine persönlichen Sorgen. Vor allem wohl seiner recht eigenwilligen Tochter wegen, die in einschlägigen Kreisen die ›rote Isabella‹ genannt wird. Was ja vorkommen kann, aber für einen Kriminaldirektor doch etwas peinlich sein muß.«
»Isabella?« fragte Schlesinger aufhorchend. »Irgendwo, glaube ich, ist mir dieser Name schon einmal begegnet. Aber wo?«
»Wo auch immer«, meinte Pinkus, sich schnell einschaltend. »Was bedeutet denn schon ein Mädchenname, wenn es um einen amtierenden Kriminaldirektor geht.«
»Hädrich jedenfalls«, berichtete WW weiter, »kommt offenbar mit dem Kidnappingfall, den er an sich gezogen hat, nicht schnell genug vorwärts. Das kränkt ihn persönlich. Dennoch scheint er nicht völlig hoffnungslos zu sein; er rechnet mit einem gewissen Keller, der offenbar eine Art selb-

ständige Sondergruppe gebildet hat, mit der er sich völlig ungeniert, abseits von allen Verordnungen und Dienstvorschriften, bewegen kann.«
»Keller – wer ist denn das?« wollte Schlesinger leicht gelangweilt wissen. »Den Namen habe ich noch nie gehört.«
»Keller: das ist ein pensionierter – und zwar vorzeitig pensionierter – Kriminalbeamter. Aber auf keinen Fall ein Niemand.« WW erklärte das nicht ohne persönliches Bedauern. »Ich habe im Verlauf meiner fast zwanzigjährigen Tätigkeit als Journalist eine Menge unbequemer Polizisten kennenlernen müssen – aber so unbequem und undurchschaubar wie der war keiner.«
Nun schaltete Pinkus sich behutsam ein: »Ich kenne diesen Keller auch. Er ist eine Art Spezialist in recht abseitigen Bereichen – er wurde zumeist ›Leichenkeller‹ genannt. Ein Außenseiter; vielleicht auch ein verhinderter Wissenschaftler – es heißt, daß er Fachbücher schreibt.«
WW öffnete die dünne, schwarzlederne Aktentasche, die er bei sich trug. »Über diesen Keller sammle ich alles irgendwie erreichbare Material – oder ich lasse es sammeln. Es ist mir sogar gelungen, ein Foto von ihm aufzutreiben – was Seltenheitswert besitzt. Keller ist ein erklärter Hintergrundmensch. Er meidet die Öffentlichkeit wie die Pest; und bisher ist ihm das immer gelungen.«
Damit überreichte WW Schlesinger das Foto. Der nahm es, zunächst gelangweilt, entgegen und betrachtete es, erst lässig, dann mit plötzlicher Anteilnahme. Um schließlich festzustellen: »Diesen Mann kenne ich! Dem bin ich begegnet. Und zwar erst gestern abend, im Flughafenrestaurant.«
»Tatsächlich?« fragte WW aufhorchend. »Ich kann nur hoffen, du irrst dich.«
»Er war es!« stellte Schlesinger fest. »Unverkennbar. Ich habe mich sogar mit ihm unterhalten, wobei er mir reichlich kurios vorkam; im Grunde wohl unbedeutend: ein alter Mann, der Gesprächspartner sucht. Was sollte daran schon interessant oder gar beunruhigend sein?«
»Genau das ist seine Masche!« erklärte WW. »Keller hat schon immer auf harmlos gemacht. Wer ihn nicht näher kennt, kann ihn für einen alten Trottel halten. Aber ich kenne ihn. Der hat sogar mich fast einmal fertiggemacht. Und ich weiß: bei dem ist so gut wie nichts zufällig. Der wird immer noch als der schnelle, schräge, schlaue Fuchs bezeichnet. Was ohne jeden Zweifel zutrifft.«
»Nun ja – neugierig war dieser Keller schon immer«, sagte Pinkus, bestrebt abschätzig. »Und jetzt, da er pensioniert ist, kann er sich seine etwas abseitigen Vergnügungen unbedenklich leisten. Und das tut er denn wohl auch – mit Wonne.«
Schlesinger starrte noch immer auf das Foto. Es war anläßlich der Beerdi-

gung eines im Dienst getöteten Polizisten aufgenommen worden: ein betont würdig blickender Polizeipräsident, von weiteren Beamten umringt; doch unmittelbar neben ihm: Keller. Und zwischen beiden ein Hund.
»Was ist dieser Keller für ein Mensch?« wollte Schlesinger wissen.
»Wie gesagt: völlig undurchsichtig!« behauptete WW. »Absolut unberechenbar.«
»Ein Mann«, ergänzte Pinkus, »mit sicherlich sehr ausgeprägtem Eigenleben – doch nur ein absonderlicher Außenseiter.«
»Und was ist das für ein Hund?« wollte Schlesinger wissen. »Gehört der zu ihm? Und wie kommt so ein Hund auf einen Friedhof? Besteht da nicht ein absolutes Verbot für Tiere jeder Art?«
»Dieser Hund«, wußte WW zu berichten, »kommt überall hin, wenn Keller darauf besteht. Die beiden sind einfach unzertrennlich – nur in möglicherweise gefährlichen Situationen wird das Tier vorsorglich in Sicherheit gebracht.«
»Auf dem Flugplatz jedenfalls war dieser Hund nicht dabei«, stellte Schlesinger nachdenklich fest.
»Schließlich«, sagte Pinkus, »handelt es sich um einen kleinen, klugen, äußerst ruhigen Hund. Er wird sehr leicht übersehen.«
»In meiner Artikelserie«, verkündete WW schwungvoll, »wird dieser Anton jedenfalls nicht übersehen werden. Mit der Folgerung: wenn Keller, ein im Grunde eiskalter Praktiker, dennoch einer menschlichen Regung fähig zu sein scheint, dann diesem Hund gegenüber. Mit dem lebt er. Den liebt er. Der ist sein ein und alles! Also: ein ausgekochter Menschengreifer – aber auf den Hund gekommen!«

Otto, der Absicherer, nun mit seinen Leuten auch als Aufspürer angesetzt, meldet sich bei Keller in der ›Letzten Heimat‹ zur Berichterstattung.
Otto: »Zu überprüfen waren vier Telefonnummern. Zwei davon scheiden aus. Einmal eine, die von der Post bereits seit Tagen gesperrt worden ist, wegen Nichtzahlung von Gebühren. Die zweite gehört zu einer Werkskantine, deren Telefon nach Betriebsschluß nicht mehr benutzt werden kann. Die Nummern drei und vier kämen möglicherweise in Frage.«
Keller: »Welche davon scheint Ihnen weniger wichtig?»
Otto: »Diese Nummer drei – ein Mietshaus, sehr modern, Potsdamer Straße. Dort ein junges Ehepaar – er Mechaniker bei BMW, sie Halbtagsarbeit verrichtend, bei einem Schauspieler. Scheinbar recht solide Leute – doch was weiß man schon...«
Keller: »Kinder?«
Otto: »Zwei. Vier und sechs Jahre alt. Beides Mädchen.«
Keller: »Dann bitte Nummer vier!«
Otto: »Ein Haus am Rand des Englischen Gartens, in Isarnähe – mehr

eine Hütte. Wohnkolonie – in der Regel nur am Wochenende benutzt. An einem Nebenweg gelegen. Zwei ältere Bewohner, Mann und Frau. Mit Namen Treudank. Er war Eisenbahnbeamter, seit einigen Jahren pensioniert – sie ehemalige Krankenschwester, immer noch aktiv, zur Aushilfe. Ob sich damit was anfangen läßt?«
Keller: »Setzen Sie alle verfügbaren Leute auf die Objekte drei und vier an – doch mit Schwerpunkt auf vier; den übernehmen Sie persönlich. Versuchen Sie herauszufinden, was sich irgendwie herausfinden läßt. Umstellen Sie die Objekte, aber so vorsichtig wie irgend möglich. Alle Ergebnisse unverzüglich hierher.«
Otto: »Kein unmittelbarer Zugriff also. Verstehe.«
Keller: »Mit einer einzigen Ausnahme, Otto. Falls Sie eine direkte Lebensgefahr für ein Kind, ein Mädchen, wittern sollten, dann schlagen sie rücksichtslos zu. Aber nur dann!«

Bei Schlesinger traf nunmehr auch Hetzing ein. Zunächst gab er sich gleichmütig. Er lümmelte sich in einen Sessel, trank Champagner, nickte Pinkus und Waldmann zu und wartete darauf, daß sie abgewimmelt würden. Was auch geschah.
Als sie dann ganz unter sich waren, Schlesinger und Hetzing, lächelten sie sich zunächst noch ein wenig mühsam an. Dann verkündete Hetzing bemüht stimmungsfördernd: »Ich komme gerade von Kaukasch – der ist ganz groß in Form. Der telefoniert wie verrückt. Der organisiert einfach alles.«
»Wenigstens einer, der voll funktioniert«, stellte Schlesinger bedächtig fest. Dann wollte er wissen: »Kennst du einen gewissen Keller?«
»Keller? Wer soll denn das sein? Nie von ihm gehört.«
»Aber eine Isabella kennst du – was?«
»Eine, die so heißt, kenne ich tatsächlich. Irgendeins dieser vergnügungslüsternen Pipimädchen, von denen es hier nur so wimmelt. Die sind hier zu Hunderten aufzureißen.«
»Wäre es möglich, daß diese Isabella mit Nachnamen Hädrich heißt?«
»Weiß ich nicht. Könnte aber sein.« Hetzing zeigte sich mäßig belustigt. »Was geht mich denn der Nachname dieser Bienen an? Ich bitte dich, im Bett sind doch alle Katzen grau. Allerdings habe ich bei ihr eine Handtasche entdeckt – darauf die Buchstaben IH.«
»Wobei das I durchaus Isabella bedeuten könnte. Das H aber sogar Hädrich. Und ein Mann namens Hädrich, dessen Tochter Isabella heißt, ist in dieser Stadt Kriminaldirektor.«
»Na, und wenn schon!« Hetzing wehrte großzügig ab. »So eine Prominentenkuh ist schließlich im Bett auch nicht anders als ein Ladenmädchen. Gestemmt werden wollen beide.«

»Deine Einstellung gefällt mir nicht«, sagte Schlesinger. »Hier geht es um eine Million – und bald danach noch um weit mehr. Darauf haben wir uns zu konzentrieren. Aber du leistest dir unbedenklich Sondertouren. Du läßt dich immer wieder von irgendwelchen Weibern ablenken. Du schlägst dich sogar für sie herum, bis du schließlich in den Bereich der Kriminalpolizei geraten bist. So was ist nie ungefährlich.«
»Aber ganz im Gegenteil. Ein angeblich ausgedehntes, möglichst schleimiges Privatleben ist für Kriminalisten doch geradezu ein Beweis dafür, daß man kaum Zeit hat, sich auch noch kriminell zu betätigen.« Dann wollte Hetzing, schnell ablenkend, wissen: »Hast du Messer aufgesucht?«
Schlesinger nickte. »Ein sehr brauchbarer Mann, schätze ich – für unsere Zwecke. Ich habe zwecks weiterer Stimmungsförderung unsere Mucki bei ihm zurückgelassen. Die wird ihn garantiert ablenken und zugleich aufmuntern – und damit auch seinen Mitarbeiter, einen gewissen von Gotha.«
»Was sagst du da?« Hetzing blickte seinen Partner nahezu entgeistert an. »Hast du eben tatsächlich den Namen von Gotha genannt?«
»Na und?« fragte Schlesinger lauernd verwundert. »Was stört dich daran?«
»Handelt es sich dabei um einen mittelgroßen Mann? Schwarzhaarig, schmales Gesicht, leicht vornehm wirkende Visage; dabei sanfte, etwas gezierte Sprache; ausgesucht dezent gekleidet.«
»Stimmt so ungefähr. Kennst du den etwa?«
»Könnte sein. Einer, der so heißt und exakt dieser Beschreibung entspricht, ist mir begegnet. Mit dem habe ich mich herumgeprügelt und wurde deshalb auf eine Polizeiwache geschleppt. Vielleicht nur ein Zufall – was?«
Schlesinger starrte vor sich hin. »Hoffentlich nur ein Zufall«, sagte er dann. »Aber selbst dann sind das zu viele Zufälle auf einmal. Das beunruhigt mich. Erheblich! Hoffentlich unbegründet.«

Kriminalstatistik – die Bundesrepublik Deutschland betreffend:
»Tagtäglich geschehen hierzulande neun Morde. Alle 39 Minuten wird ein Mensch beraubt. Alle 9 Minuten findet ein Einbruch statt; alle 3 Minuten ein Betrug; ein Diebstahl folgt dem anderen in Abständen von 20 Sekunden.«
Hierzu Kriminalrat Zimmermann: »Wir haben jetzt einen Zustand erreicht, der folgendes signalisiert: die Verbrechen nehmen rapide zu, doch ihre Aufklärungsquote verringert sich alarmierend. Was ganz lapidar heißt: die Kriminellen gewinnen immer mehr an Boden und drohen alsbald ein erdrückendes Übergewicht zu bekommen. Wenn wir damit nicht fertig werden, sind wir am Ende.«

Nunmehr drei Telefongespräche – geführt von Keller.

Erstens: mit seiner Wohnung. Viktualienmarkt, in der sich der ihm als Leibwächter zugeteilte Georg Leitner aufhielt.
Keller: »Nun – läuft dort alles?«
Leitner: »Bestens. Ich werde glänzend versorgt. Ihre Frau Weber ist eine ganz prächtige Person.«
Keller: »Weiß ich. Ich kann nur hoffen, Sie finden sie nicht gleich allzu prächtig. Was mich aber noch mehr interessiert – wie geht es Anton?«
Leitner: »Gleichfalls bestens. Ihr Hund befindet sich jetzt im Schlafzimmer, er liegt auf Ihrem Bett. Während ich mich in Ihrem Arbeitszimmer aufhalte – bei weit geöffneter Tür. Wenn Anton nicht schläft, kann er mich sehen.«
Keller: »Passen Sie gut auf ihn auf. Aber auch auf sich; nicht zuletzt im Hinblick auf Frau Weber.«

Zweitens: mit dem Polizeipräsidium, Kommissar Felder.
Keller: »Uns fehlt hier, nach Feststellung von Frau Brasch, das Ergebnis der Überprüfung der Fingerabdrücke dieses Hetzing, die ihm auf dem Polizeirevier abgenommen wurden. Der Befund hätte schon vor einigen Stunden fertig sein müssen. Normalerweise.«
Felder: »Normalerweise durchaus. Aber der darauf angesetzte Beamte vom Erkennungsdienst kommt mit seiner Untersuchung nicht schnell genug vorwärts. Er meint, es scheine sich dabei um doppelte, sich überlagernde Zeichnungen zu handeln, die nur schwer zu bestimmen seien.«
Keller: »Für solche Fälle gibt es einen Experten im Landeskriminalamt.«
Felder: »Bei dem ist unser Mann schon. Beide arbeiten jetzt gemeinsam an der Lösung. Sobald ein Resultat vorliegt, erfolgt Benachrichtigung.«

Drittens: mit Moser, Abhörzentrale.
Keller: »Viel zu tun? Hoffentlich.«
Moser: »Wie man es nimmt, Chef. Die Fernsehkameras plus Aufzeichnungsgerät zur Beobachtung der Schließfächer im Hauptbahnhof sind installiert. Der abgehörte Apparat Schlesinger – kaum benutzt. Der von Hetzing – so gut wie tot. Diese Stein – offenbar unterwegs. Interessant ist allenfalls Werner, Schlesingers Geschäftsführer; der Bursche scheint sich absichern zu wollen. Unklar noch, in welcher Weise. Und ganz groß ist dieser Kaukasch. Der telefoniert wie besessen, unentwegt, mit zwei nunmehr deutlich erkennbaren Schwerpunkten: Organisation einer Demonstration – aber auch Vorbereitungen für einen Bankraub.«
Keller: »Die Zentralbank am Lenbachplatz vermutlich.«
Moser: »Genau, Chef. Woher wissen Sie das?«

Keller: »Ich kann kombinieren.«
Moser: »Offenbar kommen Sie recht gut vorwärts.«
Keller: »Einigermaßen. In der Hoffnung, daß uns kein schwerwiegender Fehler unterläuft, der uns blockiert oder gar lahmlegt. Wenn wir jetzt auch nur einige Stunden verlieren, können wir einpacken. Und in unserem Metier, mein Lieber, ist das Unberechenbare gar nicht selten das Selbstverständliche. Darauf müssen wir immer gefaßt sein.«

Schlesinger war aufgestanden – er versuchte nun nicht mehr, seine Unruhe zu verbergen. Das hatte er in Gegenwart Hetzings auch nicht nötig. Dem brauchte er keinerlei Überlegenheit vorzuspielen – sie kannten sich zu gut.
Er rief den Journalisten Waldmann in der Redaktion an und wollte von ihm wissen: »Ist dir ein gewisser von Gotha bekannt?«
WW's Stimme klang mäßig amüsiert. »Bekannt! Das ist irgend so ein Adliger, der unter die Kriminalisten geraten ist. Er scheint in diesem Greiferverein sogar recht brauchbar zu sein. Auch über den habe ich schon einiges Material gesammelt – der kommt auch in meiner Story vor.«
»In der, die du über diesen Keller schreiben willst?«
»Genau! Soweit ich informiert bin, hat Keller diese adlige Type entdeckt und großgezogen. Vermutlich auch wie eine Art Hund – aber einen mit ganz großem Stammbaum der bis ins fünfzehnte Jahrhundert reichen soll.«
»Existiert hier sonst noch irgendein von Gotha?«
»Es ist der einzige mit diesem Namen – weit und breit. Was wohl auch genügt.«
Hetzing, der das Gespräch mitgehört hatte, meinte danach, instinktiv reagierend: »Daß es sich bei diesem von Gotha möglicherweise um einen Polizeispitzel gehandelt hat, überrascht mich nicht sonderlich. Irgendwie kam der mir gleich so vor. Von der Sorte gibt es Dutzende. Mit denen muß man sich abfinden. Aber wer ist dieser Keller?«
»Soweit ich informiert bin: ein vorzeitig pensionierter Kriminalbeamter. Ein notorischer Außenseiter. Er schreibt Fachartikel und so was. Ein Theoretiker, sagt man. Doch nun soll er so was wie eine private Detektivagentur leiten.«
Hetzing lachte erleichtert auf. »Das sagt doch wohl alles! Wo gibt es da Probleme? So eine Agentur ist auch nur auf Umsatz aus – sie muß und will verdienen. An jedem und von jedem; wer sich irgendwie dabei anbietet. Hat sich dieser Keller schon an dich herangewanzt?«
»Ich bin ihm tatsächlich begegnet – gestern abend im Flughafenrestaurant. Wobei man auch sagen kann: er hat mich dort aufgesucht, gestellt,

besichtigt.«
»Hat er dir ein Angebot gemacht?«
»Das war nicht direkt erkennbar.«
»Dann kommt das wohl noch. Solche Kerle wollen nur mitkassieren. Ein ehemaliger Polizist, der sich als Privatschnüffler betätigt, der will doch nur seine Pension aufbessern. Solche Leute, die bei der Kripo gestrandet sind, arbeiten für jeden, der sie bezahlt.«
»Ich wünschte dringend, Hetzing, du hättest recht. Ich bin da aber keinesfalls sicher. Was durch diesen Keller auf uns zukommen könnte, scheint mir bedrohlich. Vielleicht wäre es das beste, wir machen nun Schluß. Also alle Verbindungen abbrechen. Wir ziehen uns zurück.«
»Willst du etwa diese nächste Million sausen lassen – und dazu mindestens zwei bis drei weitere in der Zentralbank? Das kann doch nicht dein Ernst sein! Jetzt, wo wir so kurz vor unserem Ziel stehen. Und einfach Schluß machen – ohne Kaukasch zu befragen?«
»Unser Kaukasch«, stellte Schlesinger fest, »leistet ganz vorzügliche Arbeit, durchaus. Aber was sinnvoll und notwendig ist, bestimme nur ich – klar?«
»Klar!« bestätigte Hetzing nach sehr kurzem Zögern. »Aber wenn etwa Kaukasch...?«
»Dann wird er ausgeschaltet – von dir. Oder solltest du etwa...«
»Nein. Natürlich nicht«, versicherte Hetzing unverzüglich. »Auf mich kannst du dich verlassen.«
»Das will ich auch hoffen! Sieh das so: ich will vermeiden, daß wir in eine Falle hineingeraten – ich will uns nicht gefährden, verstehst du? Dafür ist unser System viel zu gut – das dürfen wir nicht leichtfertig aufs Spiel setzen.«
»Redest du immer noch von diesem Keller?«
»Wenn ich nur wüßte, wer das wirklich ist. Dann würde mir jede weitere Entscheidung wesentlich leichter fallen. Also muß ich das wissen! Und wenn wir es tatsächlich mit einem Faktor X zu tun haben sollten, so muß ich mich doch wohl fragen: wie wäre der am sichersten auszuschalten? Was müßte geschehen, um ihn außer Gefecht zu setzen? Wo also ist dieser Keller am leichtesten und am tiefsten verwundbar? Laß mich darüber nachdenken.«

»Na, wir drei Hübschen«, meinte Mucki Stein ermunternd. »Was fangen wir denn nun miteinander an?«
Sie dehnte sich behaglich auf dem breiten britischen Sofa im Wohnraum des Rechtsanwalts Messer. Die Tür zum Arbeitszimmer stand weit offen, des Telefons wegen; die zum angrenzenden Schlafzimmer aber auch. Natürlich nur zwecks Durchlüftung der Wohnung – was in dieser schwülen

Augustnacht durchaus zweckmäßig schien.
Messer und von Gotha betrachteten das vor ihnen einladend hingelagerte Filmgeschöpf mit steigender Anteilnahme. »Wen von uns beiden würden Sie bevorzugen?«
»Schließlich bin ich kein Paris, der dem jeweils bevorzugten Objekt einen antiken Apfel in die Hand drückt. Ich bin durchaus demokratisch gesinnt. Keinen bevorzugen heißt niemanden vernachlässigen.«
»Und wie, bitte, stellen Sie sich das praktisch vor?«
»Etwa so: einer bleibt immer am Telefon; und der andere entspannt sich. Bei mir. Mit mir. Ist das ein Vorschlag?«

Gegen 4 Uhr 30 traf Pinkus im Restaurant ›Zur letzten Heimat‹ ein. Im Hauptlokal herrschte Hochbetrieb. Taxifahrer kamen und gingen. Für die Moserleute war die linke hintere Ecke reserviert; dort standen zwei Funkgeräte, beide in voller Funktion; dazu eine Fernsprechvermittlung. Hinten rechts hielten sich Ottos Männer auf, soweit sie nicht im Einsatz waren.
Im Hinterzimmer jedoch, einer eifrigen Spinne vergleichbar, hockte die unermüdliche Brasch. Vor sich Meldeblocks; dazu Stapel von Stadt- und Stadtteilplänen. Kein Winkel von München, der ihr nicht bekannt war. Die Küche des Restaurants war immer noch voll funktionsfähig. Speisen und Getränke, nach beliebiger Wahl, waren selbst jetzt noch frei. Ohne jede Preisangabe. Jeder konnte bestellen, wonach es ihn verlangte; jedoch mit einer Ausnahme, von Keller angeordnet: es gab nichts Alkoholisches. Nicht einmal Bier. Mutter Lauter war dennoch pausenlos beschäftigt.
»Na, endlich!« rief Frau Brasch Pinkus zu. »Wir warten schon auf Sie.«
»Nun?« fragte der im Hintergrund hockende Keller, »haben Sie sich gut amüsiert – in Schlesingers unmittelbarer Nähe?«
Pinkus ließ sich neben ihm nieder. »Was erwarten Sie von mir? Daß ich Sie als eine Art Genie feiere? Alle Ihre noch so kühnen Vermutungen scheinen tatsächlich zu stimmen. Was aber gewisse Unvollkommenheiten nicht ausschließen muß.«
»Sie meinen vermutlich: Fehlerquellen. Gewiß – die sind so gut wie unvermeidlich; zumal wenn man mit einem größeren Apparat arbeiten muß.« Keller blickte nun geradezu neugierig. »Und um welchen Fehler handelt es sich denn – Ihrer Ansicht nach?«
»Schlesinger weiß, wer Sie sind.«
»Sagen wir: er nimmt an, es zu wissen. Doch das besagt so gut wie nichts. Die meisten Menschen glauben immer nur das, woran sie zu glauben bereit sind. Und woher will er mich kennen – etwa von seiner Begegnung mit mir im Flughafenrestaurant?«
»Genau«, bestätigte Pinkus. »Schlesinger hat Sie auf einem Foto wieder-

erkannt, das der Journalist Waldmann ihm gezeigt hat. Zuvor hatte WW ausdauernd im Präsidium herumgeschnüffelt; er kam direkt von Hädrich. Wobei er herausgefunden zu haben glaubt, daß Sie eine Art Sondergruppe gebildet haben. Wohl eine private, aber im Dienst der Polizei stehende Agentur, wenn das auch ein absolutes Novum in der Kriminalgeschichte wäre. Aber mußten Sie sich denn unbedingt von diesem Schlesinger besichtigen lassen?«

»Das war ein sogenanntes kalkuliertes Risiko«, erklärte Keller bedächtig.

»Sie haben diese Begegnung also bewußt gesucht? Ich bin ja bei Ihnen auf alle möglichen Überraschungen gefaßt, aber warum gleich das?«

»Einmal, Pinkus, weil Sie diese Begegnung selbst veranlaßt haben; Sie haben mich telefonisch von Schlesingers Anwesenheit im Flughafenrestaurant verständigt. Sie werden sich, nahm ich an, einiges dabei gedacht haben.« Keller lächelte mild. »Dann aber wollte ich diesen Menschen kennenlernen; ich wollte einfach wissen: wie sieht der aus, wie reagiert der, wie könnte der denken? Darüber hinaus habe ich nicht einmal gezögert, ihn direkt zu warnen. So eine Warnung, lieber Pinkus, löst meist zwei Reaktionen aus; und mit beiden läßt sich stets etwas anfangen, wenn man scharf aufpaßt. Entweder der Mann schreckt zurück – womit sich die kriminelle Bilanz erheblich vermindert. Oder er wird zu einer gewissen Eile getrieben, wobei er Fehler machen könnte – etwa, indem er die eine oder andere Absicherungsmöglichkeit übersieht; dann könnten wir ihn um so leichter kassieren. Was, meinen Sie wohl – welche Reaktionen könnten bei dem zutreffen?«

»Die letztere – vermutlich. Wobei allerdings zu bedenken wäre: seine allzu schnell angeheizte Entschlossenheit könnte zu einem Amoklauf führen – also Menschenleben kosten.«

»Gewöhnlich ist damit zu rechnen«, gab Keller zu. »Aber ich habe diesmal den für mich ebenso peinlichen wie hoffnungsvollen Eindruck, daß es mir nicht gelungen ist, Schlesinger zu beeindrucken. Vermutlich hält er mich für einen senilen, sabbernden Greis, der zitternd darauf aus ist, sich noch einmal zu bestätigen. Soll er! Während er, meint er wohl, ein Mann der Tat ist, der kühnen Entschlüsse, der letzten Verwegenheit. Soll er!«

»Sie sind also sicher: er wird weitermachen?«

»Der macht weiter, soweit ich ihn kenne. Sein Antrieb ist kompakte Menschenverachtung; er hält das Leben für eine Rechnung, die er zu kassieren gedenkt; Gefühle, gleich welcher Art, sind für ihn nur Ausbeutungsobjekte. Er kommt sich vor wie ein Herrscher im kriminellen Bereich. Er scheint direkt von Hitler gelernt zu haben. Oder bezweifeln Sie das?«

»Nein«, bestätigte Pinkus. »Genau das ist auch mein Eindruck von diesem Schlesinger. Sie dürften wieder einmal recht haben, Herr Keller. Ich frage mich nur: was könnte sich daraus noch alles ergeben?«

Das Kind Ulrike konnte nicht schlafen. Es war abermals zur verschlossenen Tür seiner Kammer geschlichen und lauschte angestrengt.
Ulrike vernahm die Stimme der Frau Treudank durch alle Isolierschichten hindurch. »Wir müssen einfach alle Möglichkeiten durchdenken, und uns dann darauf einrichten.«
Worauf Herr Treudank bieder meinte: »Warum machst du dir Sorgen? Alles ist doch bestens geregelt! Wir betreuen hier ein Kind – darum sind wir gebeten worden. Und das ist schon alles.«
Frau Treudank: »Weißt du denn, wer dieses vorlaute Kind bei uns angeliefert hat – und wer es hier abholen wird? Was ist, wenn niemand kommt? Dann haben wir die kleine Bestie auf dem Hals. Wir müssen uns vorsehen, wenn wir nicht dabei auf die Schnauze fallen wollen.«

Interview in der gleichen Nacht:
»›Ein Millionär, der im Bett trainiert!‹ So ›Welt-Blick‹. Damit gemeint: HRB, angeblich 42, erfolgreicher Manager bundesdeutscher Song-Idole: Udo, von gestern; Heino, eindeutig von heute; Michael, vermutlich von morgen.
HRB versichert: er bevorzuge Mädchen, die auf der Matratze wissen, ›wo es lang geht‹. Und dann: ›Sex ist für mich eine Sache der richtigen Telefonnummer.‹ Wie der Fahrplan der Bundesbahn: ›Ankunft, Abfahrt – basta!‹
Wie er die Frauen herumkriegt? Ganz einfach: ›Schon in der ersten Sekunde gebrauche ich Ausdrücke und äußere Wünsche, die kein noch so aufgeklärter Ehemann auszusprechen wagt!‹ So was macht Frauen ›weich, weicher, am weichsten‹.
Mithin einer von ›Münchens goldenen Junggesellen‹.«
»Also nur eine Sau mehr«, meinte Zimmermann sachverständig. »Von dieser Sorte gibt es hier hunderte – nur daß der Dreck, in dem sie sich wälzen, nicht selten für ein Schaumbad gehalten wird.«

»Ulrike«, versicherte Herr Treudank, »ist ein sehr liebes Kind. Du siehst alles viel zu schwarz.«
»Ich sehe ganz genau, was uns hier übrigbleibt«, behauptete seine Frau entschlossen. »Einmal können wir Ulrike, sozusagen als Fundobjekt, der Polizei übergeben – aber dafür ist es nun wohl zu spät. Wir könnten das Kind aber auch einfach laufen lassen – es also irgendwo, etwa in der Innenstadt, aussetzen.«
»Das ist gar keine schlechte Idee«, sagte Herr Treudank. »Ich schlage den Marienplatz vor, den Kreuzungspunkt der U- und S-Bahnen; da könnten wir sie hinbringen.«
»Was sich«, sagte Frau Treudank, »ganz gut anhört, aber praktisch ziem-

lich sinnlos ist. Ulrike, da bin ich sicher, ist schließlich keine Transuse. Das ist ein hellwaches kleines Luder. Die hat ganz scharf aufgepaßt. Was heißt: die kann uns beschreiben – mit allen Einzelheiten. Dazu noch unser Haus, unsere Gegend, jede Kleinigkeit davon. Willst du es unbedingt darauf ankommen lassen?«
»Nicht unbedingt.«
»Dann aber«, sagte Frau Treudank betrübt, »wird uns wohl nichts anderes übrig bleiben, als uns des Kindes zu entledigen. Wenn wir nicht in Gefahr geraten wollen, lebenslänglich eingesperrt zu werden. Willst du das?«
»Nein«, sagte er finster.
Ulrike hörte mit. Glücklicherweise begriff sie nicht ganz, was das Gespräch wirklich zu bedeuten hatte. Sie sank völlig entkräftet an der Tür zusammen. Blieb dort liegen. Schlief dann ein.

Keller erreichte, wenige Minuten vor Sonnenaufgang, den Viktualienmarkt. Vor dem Haus, in dem er wohnte, entdeckte er vier Funkstreifenwagen, absperrende Polizeikommandos, dazu drei Fahrzeuge, die zur Sonderkommission Zimmermann-Felder gehörten. Auch zwei Krankenwagen rollten an.
Die Absperrkette öffnete sich unverzüglich, als Keller erschien. Der leitende Polizeibeamte kannte ihn und meldete: »Kommissar Felder ist schon in Ihrer Wohnung.«
Keller eilte die Treppen hinauf. An seiner Wohnungstür angekommen, schob er zwei Polizeibeamte zur Seite. Dann erblickte er die auf dem Fußboden liegende Frau Weber, offenbar bewußtlos; zwei Sanitäter bemühten sich um sie. Ihm gegenüber lehnte Leitner an der Wand; er starrte blutüberstömt, leicht taumelnd, vor sich hin. Zwischen ihnen stand Felder – wie stets durch nichts zu erschüttern.
Kommissar Felder, der Fuhrmann, berichtete: »Offenbar nur geringer Sachschaden. Immerhin: Frau Weber ist zusammengeschlagen worden; doch soweit bis jetzt erkennbar, keine ernsthaften Verletzungen. Unser Leitner jedoch scheint sich hier eine Schlacht geleistet zu haben, deren Folgen sich noch nicht übersehen lassen. Das Ganze war ein Überfall einer Rockerbande.«
Erst jetzt brüllte Leitner zutiefst empört auf: »Diese scheißverdammten elendigen Saukerle! Mindestens einen von diesem Schlägerverein muß ich krankenhausreif geschossen haben – wenn nicht drei. Bevor dann einer von hinten meinen Schädel bearbeitet hat – mehrmals, mit einer Eisenkette vermutlich. Aber diesen bestellten Mördertypen werde ich es zeigen – die kauf ich mir. Jeden einzelnen davon!«
»Nur ruhig Blut«, empfahl Felder. »Einer dieser Leute ist uns in die Hände gefallen. Leitner hat ihm beide Beine angeschossen. Darüber hin-

aus gibt es noch Blutspuren – offenbar von weiteren Verletzten, die sich aber wohl noch wegschleppen konnten. Oder weggeschleppt wurden.«
»Wenn wir einen von diesen bezahlten Schlägern haben, dann finden wir auch die anderen!« brüllte Leitner aus sich heraus und versuchte, sich das Blut aus dem verzerrten Gesicht zu wischen. »Diese schäbigen Schweine nehme ich mir vor! Die sollen mich kennenlernen!«
»Und wo ist Anton?« wollte Keller wissen.
»Der«, mutmaßte Felder, »wird sich vermutlich irgendwo verkrochen haben. Oder er hat versucht, sich ins Freie zu flüchten.«
Keller sagte nicht, was er dachte – nämlich: ein Anton verkriecht sich nicht; der flüchtet auch nicht. Er stürzte in seine zertrümmerte Wohnung und rief nach seinem Hund. Aber der meldete sich nicht.
Worauf sich Keller an Felder wandte und ihn fragte: »Sollte Anton etwa inzwischen aufgefunden worden sein – verletzt oder gar tot? Bitte, sagen Sie mir das, ganz offen.«
»Nein. Wir haben keine Spur von ihm«, berichtete Felder aufrichtig. »Allerdings existiert ein Hinweis von Zeugen. Danach sollen die Rocker nicht nur einige ihrer Verwundeten mit sich geschleppt haben, sondern auch einen Hund. Einen kleinen, schwarzen, wild um sich schnappenden Hund.«
»Diese elenden Scheißer!« brüllte nun Leitner, sich qualvoll von der Wand abstemmend. »Ich hätte diese Sauhunde zusammenschießen sollen – immer wieder in diese brutalen Visagen hinein. Aber nein! Ich Idiot halte mich selbst dabei noch an unsere scheißliberalen Vorschriften. Umlegen hätte ich diese Sauhunde sollen! Zumal es sich um eine Geiselnahme gehandelt hat.«
»Um was, bitte?« fragte Felder besorgt. »Sie sind offenbar überfordert, Kollege Leitner – wie so mancher von uns. Sie gehören dringend in ärztliche Behandlung.«
»Ich scheiße auf ärztliche Behandlung, Herr Kommissar!« rief der Leitner-Georg, der nun breitbeinig entschlossen dastand, sich Blut aus den Augen wischend, »mir, mir persönlich ist Anton anvertraut worden! Und ich habe nicht verhindern können, daß er als Geisel abgeschleppt wurde. Das geht einfach gegen meine Ehre – da kenne ich nichts.«
Felder blickte Keller hilfesuchend an. Und der sagte zu Leitner: »Die Hauptsache ist doch wohl, daß Anton lebt – wo und unter welchen Umständen auch immer! Wir werden ihn finden und befreien.«
»Den werden wir herausprügeln! Wenn es sein muß: herausschießen. Wo er mir doch anvertraut war. Dieser liebe kleine Kerl.«
»Da scheint offenbar irgend jemand zu glauben«, meinte Keller bedächtig, »mich durch so etwas beeindrucken, wenn nicht gar einschüchtern zu können. Aber wer das wagt, der kennt mich nicht. Der weiß nicht, was

ein Hund einem Mann bedeuten kann. Und darüber wird er stolpern. Wie in sein sicheres Grab.«

Ansichten des Polizeipräsidenten:
»Bei diesen sich plötzlich spektakulär und überstürzend schnell entwikkelnden Vorgängen kam es auch zu Vermutungen, die für mich nicht ganz ungefährlich waren, wenn sie auch glücklicherweise nicht zutrafen. So wurde etwa behauptet, ich hätte geradezu kampfähnliche Situationen – und zwar zwischen Hädrich und Zimmermann – nicht nur bewußt geduldet, sondern auch noch systematisch gefördert. Also meine wichtigsten Mitarbeiter gezielt gegeneinander ausgespielt – und zwar nur, um sie zu Höchstleistungen anzutreiben.
Wobei ich Zimmermann gegenüber angedeutet haben soll: ich begrüßte seine Versuche, unkonventionelle Methoden anzuwenden. Was gegen Hädrich ging. Und zu Hädrich soll ich gesagt haben: ich gedächte voreilige Experimente keinesfalls zu dulden. Womit Zimmermann gemeint war. Selbstverständlich habe ich dergleichen niemals gesagt: Um noch deutlicher zu werden: ich brauchte es erst gar nicht zu sagen. Denn die Rivalität der beiden war sozusagen amtsbekannt und mußte nicht erst gefördert werden. In der Praxis waren sie wie Hechte im Karpfenteich – ihre beständigen Auseinandersetzungen, auf verschiedenartigen Grundpraktiken beruhend, waren wie Antriebsmotoren für unseren Dienstablauf.
Dann jedoch, zugegeben, drohten diese Konkurrenzkämpfe ganz plötzlich in interne Polizeischlachten auszuarten – nämlich, als es Zimmermann gelang, seinen Freund Keller einzuschalten. Er schien damit sozusagen ein gigantisches trojanisches Pferd in unseren Bereich hineinmanövriert zu haben. Und wenn es jemandem gelingen könnte, mußte ich mir sagen, alle uns gegebenen Grenzen zu sprengen, dann diesem Keller.
Dennoch ließ ich ihm, indirekt, völlig freie Hand. Nach längeren Überlegungen. Und schließlich aus einem ganz simplen, aber ungemein gewichtigen Grund: ich beschloß, ihm zu vertrauen. Und wenn das auch, zugegeben, in einer Position wie der meinen eine nahezu sentimentale Anwandlung war – einmal, wenigstens noch einmal, wollte ich mir vorbehaltloses Vertrauen leisten.
Eins war mir dabei klar: wenn das schiefging, war ich in dieser Stadt als Polizeipräsident erledigt. Und das möglicherweise nur wegen eines Hundes!«

9 Die Abrechnung des letzten halben Tages

»Frühbesprechung« – Uhrzeit nunmehr 7 Uhr – Restaurant ›Zur letzten Heimat‹. Dabei anwesend: die Brasch, von Gotha, Pinkus, Moser, Otto und Keller. Letzterer ohne seinen Hund Anton, ein Umstand, der keinen der Anwesenden dazu veranlaßte, Beileidskundgebungen zu äußern; so taktvoll waren sie.
Aber übermüdet wirkten auch sie. Pinkus gähnte ungeniert; von Gotha drohte einzuschlafen; selbst Moser hatte beide Augen geschlossen – was jedoch auch als ein Zeichen letzter Konzentration gelten konnte. Mutter Lauter war bemüht, einen extra starken Kaffee zu brauen. Nur die Brasch wirkte völlig unverändert: sachlich, nüchtern, sogar nachsichtig – den sichtlich strapazierten Männern gegenüber.
Sie berichtete: »Die Fingerabdrücke dieses Hetzing sind noch immer nicht eindeutig bestimmbar. Nach mehreren vorgenommenen Vergleichen könnte es sich dabei um einen vielfach gesuchten Gewaltverbrecher namens Steiner handeln. Unterlagen über ihn läßt Kommissar Felder zusammenstellen.«
Keller: »Setzen Sie auf diesen Hetzing-Steiner zwei Ihrer Leute an, Otto – sie sollen ihn pausenlos beschatten.«
Otto nickte nur.
Die Brasch fuhr in ihrem Bericht fort: »Weitere Details über Kaukasch sind inzwischen eingetroffen. An sich nichts neues, nur Bestätigungen. Eine ausgesprochen fragwürdige Erscheinung – aber polizeilich nicht zu belangen; juristisch schon gar nicht.«
Moser: »Bisher nicht! Aber jetzt ist er fällig. Denn nun liegen Protokolle zahlreicher, von ihm in dieser Nacht geführter Telefongespräche vor. Und die hauen hin!«
»Sind aber amtlich nicht zu verwenden«, gab die aufmerksame Brasch zu bedenken. »Ein offizieller Antrag auf Telefonüberwachung ist nicht gestellt, also auch nicht genehmigt worden. Die Überwachung darf also, rein juristisch, gar nicht stattgefunden haben.«
»Allein wichtig ist«, entschied Keller, »was wir tatsächlich wissen – und wie wir es auswerten können. Über das weitere Verfahren spreche ich mit Zimmermann – der weiß, wie man auch ohne direkte Anzeige und ohne offizielle Anweisung erfolgreiche Polizeiaktionen auslösen kann. Wie geht es Leitner? Ist er bei den Vorgängen in meiner Wohnung erheblich verletzt worden?«

Die Brasch: »Gehirnerschütterung vermutlich. Und sonst noch einiges in dieser Größenordnung. Er müßte eigentlich im Krankenhaus liegen, ist aber offenbar schon wieder in voller Aktion und betätigt sich, nach Auskunft von Felder, als eine Art Racheengel. Er greift Rocker auf. Und zwar mit direkter Unterstützung, zumindest mit bewußter Billigung von Kriminalrat Zimmermann, der ihm etliche Spezialisten für sein Unternehmen bewilligt hat.«
Keller blinzelte erheitert vor sich hin. Einen Kommentar hierzu leistete er sich nicht. Wie um davon abzulenken, fragte er: »Und womit gedenken Sie sich nun zu vergnügen, Pinkus?«
Pinkus: »Das heißt vermutlich, daß ich mich um Schlesinger jetzt nicht mehr zu kümmern brauche. Den nehmen Sie sich von nun an selber vor.«
Keller nickte: »Genau das heißt es. Widmen Sie sich diesem Hetzing. Unsere Frau Brasch wird Sie mit allen bisher über diesen Mann vorliegenden Unterlagen versorgen – die studieren Sie. Sie übernehmen ihn dann, sobald er erkennbar fällig wird; in Verbindung mit Ottos Leuten, die ihn überwachen.«
Pinkus: »Bis dahin dürften wir einige Stunden Zeit haben. Inzwischen könnte ich mich doch einmal mit Kommissar Krebs über diesen Nuttenmord in der Lazarettstraße unterhalten. Möglicherweise habe ich da irgendwas übersehen. Zumal erst jetzt klar wird, worauf es Ihnen hier anzukommen scheint.«
»Gut«, bestätigte Keller und wandte sich dann an von Gotha: »Und Sie konzentrieren sich ab jetzt auf diesen Kaukasch – in enger Zusammenarbeit mit Frau Brasch und Herrn Moser. Kaukasch ist nun Ihr Zielobjekt Nummer eins.«
»Und was, bitte, ist mit Herrn Messer – und mit der bei ihm bereitgestellten Million?« wollte von Gotha wissen. »Soll ich den sich selbst überlassen?«
»Der wird kaum noch in Aktion zu treten brauchen«, erklärte Keller bedächtig.
Von Gotha blickte ungläubig. Pinkus blinzelte vor sich hin. Die Brasch verzog keine Miene. Nur Moser wollte wissen: »Kennen Sie denn etwa schon den Aufenthaltsort des entführten Kindes?«
Keller kannte Otto und hatte ihn noch nie so zuversichtlich gesehen. Nun kam seine große Minute. Keller nickte ihm ermunternd zu.
Otto berichtete: »Eine Hütte am Rand des Englischen Gartens, Stadtteil Hirschau, in der Nähe der Isar. Wir haben das Gebäude mit sechs Mann überwacht. Da wohnt ein Ehepaar namens Treudank. Das Licht in dieser Bretterbude brannte die ganze Nacht. Mit Sicherheit hält sich dort eine weitere Person auf. Die von Ihnen als Zielpunkt eins bestimmte Adresse Nummer vier, Chef, scheint tatsächlich zu stimmen.«

»Dieses Objekt, Otto, überwachen Sie weiter; Sie persönlich!« ordnete Keller an. »Gehen Sie so dicht wie möglich heran; versuchen Sie aber, dabei unsichtbar zu bleiben. Operieren Sie mit zwei Gruppen – eine direkt, eine abrufbereit in der Nähe. Herr Moser wird sich um das Treudank-Telefon kümmern und dann auch für unmittelbare Funkverbindung zwischen Ihnen, Ihrer Einsatzgruppe und unserem Hauptquartier sorgen. Geht das, Herr Moser?«

»Geht«, bestätigte der.

Eine Bestätigung von Otto war nicht notwendig.

»Außerdem«, berichtete die Brasch, »liegen weitere Unterlagen über Schlesinger vor – die werden Sie durchsehen wollen.«

»Von dem«, erklärte Keller geradezu begierig, »kann ich gar nicht genug wissen. Zumindest benötige ich dringend seine Privatadresse. Zwecks Klärung letzter Details zwischen uns.« Über seinen Hund Anton kein Wort.

Tiere in diesen Tagen – in dieser Stadt, die noch mit einiger Berechtigung als tierlieb, speziell als hundefreundlich bezeichnet werden konnte:

»Selbstmörder, 52, nahm seinen Hund mit in den Tod. Buben, 10 und 11, erdrosselten einen jungen Bernhardiner mit Blumendraht. Eine Frau, 22, tötete einen Dackel durch Stiche mit einem Eispickel – ›weil mein Mann ihn mehr liebte als mich‹.

Ein Schüler, 14, ließ einen lebenden Hasen in einer Wäscheschleuder rotieren. Dann tauchte er ein Meerschweinchen in einem Aquarium unter. Danach rieb er eine Katze mit Schnupftabak ein und setzte sie unter eine kalte Brause – mit Hilfe zweier weiterer Schüler, 12 und 13; einer weiblich.

Sadisten, unbekannte, rissen einer Gans, zwei Tauben und vier Zwerghühnern die Köpfe ab. Das geschah bei dem sogenannten ›Tiervater vom Flaucher‹ – einem alten Mann, dessen einziges Lebensziel darin bestand, hilflose Geschöpfe zu betreuen. Ein ›Tierpfleger‹ zündete, da er sich von seinem Arbeitgeber ungerecht behandelt fühlte, ›aus Rache‹ den Stall an, in dem sich die von ihm betreuten Tiere befanden – sechs Pferde starben qualvoll an ihren Brandwunden.

Schlachtviehtransporte, die durch Bayern nach Italien dirigiert wurden, arteten zu ›einer Massentierquälerei‹ aus. Allein im vergangenen Jahr verendeten dabei 565 Tiere – ohne Wasser und ›zu eng in die Waggons gepfercht‹. ›10000 Hähnchen erstickten‹ – durch einen Defekt in der Klimaanlage einer Massenzüchterei. Im Zoo: ›Seelöwe zu Tode gefüttert‹. – Kurz vorher ein Elefant. Ein Mädchen, 6, griff sechs Kaninchen auf und preßte sie an sich, bis sie erstickten – ihre Kadaver wurden in Müllkästen gefunden.

Eine Familie hatte Pilze gesammelt; war jedoch nicht sicher, nur ungiftige

Exemplare verkocht zu haben. Also ließ man den zum Hause gehörenden Hund davon kosten; der fraß schweifwedelnd. Und hierauf fraßen sie auch. Danach aber fing der Hund jämmerlich zu jaulen an, wälzte sich wie in Qualen auf dem Fußboden. Worauf sich die Familie unverzüglich zum nächsten Krankenhaus begab, um sich den Magen auspumpen zu lassen.
Doch danach heimgekehrt, mußten sie erkennen: der Hund, eine Hündin, war gar nicht vergiftet worden, sondern nur hochschwanger und bekam ›ihre ersten Wehen‹.«

Karl Schlesinger hatte vor, noch einige Stunden zu schlafen; das hatte er dringend nötig. Er legte sich hin, wartete aber noch auf Mucki Stein. Sie erschien bald und wirkte überaus munter. Sie suchte schnell die Toilette auf und rief ihm von dort aus zu: »Diese geilen Böcke waren wie wild auf mich – Messer und von Gotha. Sonst sind das ganz nette Kerle. War nicht ganz einfach, sie mir vom Hals zu halten, oder von anderswo, hat aber auch Spaß gemacht.«
»Und bei denen liegt tatsächlich eine Million bereit?«
»Die habe ich gesehen!« berichtete Mucki eifrig. »In einem mittelgroßen Koffer – in kleineren Scheinen. Mein Gott, was für ein schöner Anblick! Zehn Filme, mindestens, müßte ich dafür machen – in etwa fünf Jahren, wenn ich Glück habe. Aber da liegt nun eine Million auf einmal bereit – es ging mir durch und durch.«
Schlesinger lächelte überlegen. »Eine Summe, die mir nicht mehr imponieren kann. Auch du brauchst dich deswegen nicht jahrelang abstrampeln; halte dich nur an mich.«
»Soll ich mich zu dir legen?« wollte Mucki bereitwillig wissen.
»Das wäre sicher sehr schön«, versicherte er, »muß aber jetzt nicht unbedingt sein.«
»Verstehe – du bist müde.«
»Ich bin nie müde«, erklärte er streng. »Wenn es sich um wichtige Dinge handelt, ist mein Leistungsvermögen unbegrenzt. Aber diesmal will ich dich nicht von etwas abhalten, das dich ganz besonders freuen wird.«
»Und was ist das?« wollte sie wissen.
»In deiner Wohnung wartet jemand auf dich.«
»Wer?«
»Jemand, den du dir schon immer gewünscht hast.«
»Doch nicht etwa – ein Hund?«
»Ein Hund. Ein höchst seltenes, sehr eigenwilliges Exemplar. Wenn ich diesen Köter richtig einschätze, ist er so gut wie unbezahlbar. Er ist dir übrigens, mußt du wissen, zugelaufen, falls irgendwann jemand danach fragen sollte. Du hast den kleinen Kläffer irgendwo auf der Straße aufge-

griffen.«
»Den muß ich sehen!«

Der Leitner-Georg war für seine Antirockeraktion vom Präsidium abgezweigt worden. Dafür hatte Kriminalrat Zimmermann gesorgt. Er hatte ihm für das, was nun wohl unvermeidlich war, das Polizeirevier 13, Schwabing, zugewiesen.
Weisung von Zimmermann an den dortigen Reviervorsteher: »Machen Sie für eine Sonderaktion einige Räume frei – schirmen Sie sie durch Ihre Leute ab, die aber nicht einzugreifen brauchen. Die Leitung des Unternehmens liegt in den Händen von Oberinspektor Leitner – dem etliche Fachleute für Überfall und Raub, mit speziellen Rockerkenntnissen, zugeteilt werden. Zunächst etwa zwei Dutzend – weitere Verstärkungen sind vorgesehen. Eine völlig selbständig operierende Spezialeinheit also, der Sie jede gewünschte Amtshilfe leisten werden.
Und noch etwas, mein Lieber: falls sich dabei besondere Schwierigkeiten ergeben sollten – was wohl nicht ganz auszuschließen ist – dann greifen sie, bitte, nicht ein! Verständigen Sie mich unverzüglich. Das bleibt vertraulich; schließlich kennen wir uns gut genug.«
Und schon bald verwandelte sich das an vergnügungsgeile Komplikationen gewöhnte Revier in kriminellen Zirkus mit effektvollen Solonummern. Denn hier wurde so gut wie alles angeschleppt, was auf den Listen der eingesetzten Fachleute für Gewaltkriminalität irgendwie und irgendwo als rockerverdächtig registriert war. In einer knappen Stunde wurden an die fünfzig bis sechzig Personen eingeliefert.
Leitner immer mitten unter ihnen – leicht taumelnd, mit blutendem Kopfverband. Wie ein Tiger lauernd, betrachtete er sie. Schließlich stürzte er auf einen der Rocker zu, riß ihn hoch und schrie ihn an: »Dich kenne ich! Du hast auf mich eingeschlagen!«
»Nicht daß ich wüßte«, behauptete der, und versuchte vergeblich auszuweichen. »Was glauben Sie mir denn nachweisen zu können?«
Leitner sonderte ihn aus. Was praktisch hieß: er ließ sich auf keine Diskussion ein, zerrte ihn seitwärts, stieß ihn in einen Nebenraum. Dann nahm er sich einen weiteren Rocker vor. »Du bist auch dabeigewesen!«
Auch der versuchte vergeblich zu protestieren – er wurde ebenfalls abgesondert. Dann noch ein Dritter.
Wobei ein zur Absicherung eingeteilter Revierbeamter nicht ganz unbesorgt sagte: »Das sind aber reichlich bedenkliche Methoden!«
Der Reviervorsteher, einer von Zimmermanns ehemaligen Schülern, noch dazu ein in dessen Augen »höchst bewährter«, entgegnete nur: »Ungewöhnliche Vorgänge können unter Umständen durchaus außergewöhnliche Methoden rechtfertigen – aber das haben in diesem Fall nicht

wir zu verantworten, sondern allein das Präsidium.«
Der Beamte blieb jedoch hartnäckig. »Ein solches Vorgehen kann dem Ansehen der Polizei erheblich schaden.«
»Ihre Einstellung unter Umständen auch.«
»Dennoch müßte ich eine dienstliche Meldung...«
»Tun sie, was Sie nicht lassen können!« Der Reviervorsteher hob einen Telefonhörer ab und reichte ihn seinem Beamten hin. »Wenden Sie sich an Kriminalrat Zimmermann – Präsidium.«

Zur gleichen Zeit begann Leitner, sich im Nebenraum mit seinen drei Rockern äußerst intensiv zu beschäftigen – unter heftigen Schmerzen und mit blutenden Verbänden. Er baute sich vor ihnen auf und knallte sie dann einzeln gegen die Wand. Die drei starrten ihn an, sichtlich besorgt; ihnen wurde klar, daß sie ihm ausgeliefert waren.
Er musterte sie längere Zeit – wortlos warnend. Dann sagte er zu ihnen: »Euch Saukerle sollte man einfach fertigmachen. Mit den gleichen Methoden, die ihr anwendet. Also – euch zusammenschlagen. Mit Bleirohren oder Ketten. So wie ihr mich bearbeitet habt. Aber ich bin nicht so leicht fertigzumachen.«
»Ist doch möglich«, meinte einer von den drei Rockern höchst vorsichtig, »daß hier eine Art Irrtum...«
»Habe ich dich was gefragt, du Saukerl?« rief Leitner drohend. »Ich brauche dich gar nichts zu fragen, denn alles ist klar. Du bist an einem Raubüberfall beteiligt gewesen und deine beiden Kumpels auch. Das kann ich bezeugen. Und es gibt noch andere Zeugen! Euch Schlägertypen für längere Zeit hinter Schloß und Riegel zu bringen, wäre eine Kleinigkeit! Aber darauf kommt es überhaupt nicht an.«
»Darauf nicht?« fragte der Anführer der drei Rocker, hoffnungsvoll und zugleich ungläubig staunend. »Auf was kommt es Ihnen denn an?«
»Ich hoffe nicht«, erklärte Leitner, »daß ihr mich für eine Art Sozialfürsorger haltet oder für einen Krankenpfleger für Kriminelle – das ist bei mir nicht drin! Am liebsten würde ich euch alle drei durch den Fleischwolf drehen. Das wäre nicht mehr als ein Akt der ausgleichenden Gerechtigkeit; aber ich bin auf etwas anderes aus. Ich bin nämlich bereit, euch eine Art Geschäft vorzuschlagen.«
»Sagten Sie – ein Geschäft?« wurde Leitner ungläubig gefragt. »Und wie soll das aussehen?«
»Ganz einfach so: Ihr sagt mir, wer euer Auftraggeber ist und wie euer Auftrag genau gelautet hat.«
»Und was dann?«
»Lasse ich euch laufen. Alle.«
»Und wenn nicht?«

»Mache ich euch zur Sau! Jeden einzelnen. Ohne Rücksicht auf Verluste. Wobei ich garantieren kann, daß ihr für etliche Jahre aus dem Verkehr gezogen werdet. Ihr braucht also jetzt nur zu wählen: zwischen Käfig und Kneipe.«
Die bedrohten Rocker sahen sich fragend an – wofür ihnen Leitner eine Minute gönnte. Dann jedoch überließen sie die Entscheidung dem, der von ihnen ›Asterix, der Germane‹, genannt wurde: einem kantigen, dennoch nicht durch bohrende Dummheit blockierten Kneipenkerl von unergründlichem Wesen. Und der meinte, vorsichtig bieder: »Wir haben da natürlich auch unseren Ehrenkodex...«
»Geschenkt!« rief Leitner. »Diesmal habt ihr prügelwütigen Armleuchter euch dazu verleiten lassen, sogar gegen die Polizei vom Leder zu ziehen! Dazu noch gegen einen höheren Beamten, bei dem ich persönlich...«
»Das konnten wir nicht wissen!« versicherte Asterix fast feierlich. »Aber wenn es wirklich so ist... Das ist es? Wirklich? Ja, dann haben Sie recht. So was macht man nicht; nicht mit uns. Wir hatten nur einen uns unverdächtig erscheinenden Auftrag erhalten: Befreiung eines Hundes. Dazu Name und Adresse.«
»Und wo ist dieser Hund?«
»Wissen wir nicht – wirklich nicht! Ehrenwort. Wir haben ihn befreit – aber dann ist er abgehauen. Wer weiß, wohin. Vielleicht hat ihn jemand aufgegriffen, während wir alle Hände voll zu tun hatten, um mit Ihnen fertig zu werden. Sie waren eine Wucht! Mann, das war wie im Kino!«
»Komplimente könnt ihr euch schenken!« versicherte Leitner. »Ich will wissen, wer euer Auftraggeber gewesen ist.«
»Den kennen wir nicht!« wurde ihm versichert. »Solche Aufträge kommen immer per Telefon. Das Geld dafür war in Schließfächern deponiert. Allerbeste Organisation!«
»Ist das alles, was ihr mir zu sagen habt? Das reicht noch nicht aus – nicht für mich. Wohl aber für euch – wenn ihr eingesargt werden wollt. Mit unkenntlichen Visagen – denn die schlage ich euch ein, falls euer Gedächtnis nicht dennoch funktioniert.«
»Nun ja – einmal, aber nur einmal, bei einer ganz schnellen Sache, ist uns dieser Auftraggeber direkt über den Weg gelaufen; wir haben ihn gesehen – aber nur kurz. Vorgestellt hat er sich nicht.«
»Beschreibt ihn!« forderte Leitner.
Was prompt versucht wurde. Nach der üblichen Fahndungsmethode: ein Zusammensetzspiel, eine Art Puzzle, aus diversen Details. Doch das Ergebnis blieb unbefriedigend, wenn nicht gar kläglich. Eine Art Neutrum kam dabei zum Vorschein.
Leitner war empört: »Ich haue euch zusammen«, drohte er seinen drei Rockern, »wenn ihr nicht endlich richtig spurt.«

»Wir tun, was wir können«, versuchte der germanische Asterix zu versichern. »Schließlich wollen wir nichts wie hier raus. Könnten Sie uns nicht ein wenig entgegenkommen? Etwa mit einem Hinweis darauf, wer für uns als Auftraggeber in Frage kommt?«
Worauf Leitner die Brasch anrief. Und die verständigte Keller, der immer noch die Unterlagen über Schlesinger gründlich studierte. Der sagte: »Unter unseren Fotos ist auch eins von diesem Hetzing. Stellen Sie es Leitner schnellstens zu. Er soll es seinen Rockern vorlegen.«
Was unverzüglich geschah. Mit eindeutigem Erfolg – Asterix, der Germane, aber auch seine von Leitner arg bedrängten Rockergefährten bestätigten sichtlich erleichtert: »Das ist er! Genau!«

Pinkus war inzwischen im Polizeipräsidium eingetroffen – bei Kommissar Krebs, Chef des Dezernats Sitte, der wie üblich Tag und Nacht einsatzbereit war und sachlich fragte: »Woran sind Sie interessiert – und damit Keller?«
»An diesem Nuttenmord – immer noch.«
»Ein im Grunde fast alltäglicher Vorgang«, erklärte Krebs gelassen. »Ein weibliches Wesen mit häufig wechselnden Geschlechtspartnern – also eine durchaus zeitgemäße Erscheinung. Schnelle Bettenwechsel sind heutzutage kaum mehr Gegenstand wichtiger Beichtgeheimnisse. Aber ein Beruf mit besonders hohem Risiko – Lockvögel für Entartete.«
Pinkus: »Heißt das etwa wieder einmal: nicht der Mörder, sondern der Ermordete ist schuldig?«
Krebs: »Das heißt es nicht, Herr Pinkus. Eine solche Formulierung ist Provokation – mehr nicht. Viel wesentlicher scheint mir die Mitschuld einer dritten Kraft – der Gesellschaft und ihrer Moral. Sie kann den einen, das Opfer, labil machen, den anderen, den Täter, brutalisieren. Jede Zeit hat ihre speziellen Krankheiten. Es ist schließlich noch nicht allzulange her, daß bei uns das Morden für völkische Pflichterfüllung gehalten wurde!«
Pinkus wurde ein wenig unruhig – so viel Zeit, um sich auf Diskussionen einzulassen, hatte er nicht. »So gerne ich auch mehr darüber erfahren würde, Herr Kommissar – ich bin im Auftrag von Herrn Keller hier, und damit unter Zeitdruck. Herr Keller will wissen: gab es bei diesem Mord in der Lazarettstraße irgendwelche erkennbaren Besonderheiten?«
»Wohl nur eins«, meinte Krebs bedächtig. »Die Ermordete scheint einen besonderen Hang zum Fotografieren gehabt zu haben.«
»Pornographisches?«
»Machen Sie sich keine allzu großen Hoffnungen, Herr Pinkus«, sagte Krebs nachsichtig lächelnd. »Das eine oder andere davon fand sich zwar auch in diesem Fall – aber nur im Rahmen des Handelsüblichen. Die Dame

scheint vielmehr künstlerische Anwandlungen gehabt zu haben – sie fotografierte Blumen und Sonnenuntergänge, verkehrsreiche Straßen, sterbende Bäume, spielende Kinder. Dann sogar ein Telefon – und zwar gleich mehrmals. Sie arbeitete mit einer Minikamera, die wir übrigens nach längerem Suchen auch gefunden haben. Der darin befindliche Film wurde entwickelt, die Fotos ließ ich vergrößern.«

Pinkus machte nun ein geradezu andächtiges Gesicht. »Sagten Sie tatsächlich: sie hätte ein Telefon fotografiert?« Er faltete seine Hände, als wollte er beten – wie in Dankbarkeit. »Kann ich die Aufnahmen sehen?«

Krebs griff nach einer dicken, neben ihm liegenden Mappe, öffnete sie sorgfältig und legte dann Foto nach Foto vor Pinkus hin. Der starrte wie entzückt darauf. Denn er erkannte: hier war nicht nur irgendein Telefonapparat fotografiert worden – sondern vielmehr ein ganz bestimmter, ein bestimmbarer. Die Rufnummer, auf einem Pappschild inmitten der Wählerzahlen, war deutlich erkennbar; es handelte sich um die Schlesingers. Und unmittelbar dabei, gleichfalls erfreulich genau eingefangen: eine streichholzschachtelgroße Zusatzapparatur – der Verzerrer!

»Genau das, wonach Keller sucht«, stellte Pinkus anerkennend fest. »Und dazu wohl auch noch das, wonach Sie suchen. Diese Fotos liefern ein überzeugendes Motiv für den Mord!«

»Bitte, denken Sie immer daran, Herr Pinkus – eine absolute Sicherheit gibt es nicht in unserem Metier.«

»Nicht für Lebewesen wie uns – zugegeben. Aber für Keller bestimmt. Wenn es jemals einen Menschen gegeben hat, der alle erdenklichen Regeln und deren mögliche Ausnahmen in diesem Bereich beherrscht – dann ist er es!«

Die Umstellung des Hauses am hinteren Rand des Englischen Gartens, Stadtteil Hirschau, war planvoll und sorgfältig durchgeführt worden. Otto, der absolut Verläßliche, wußte genau, daß ihm hier eine Aufgabe von äußerster Wichtigkeit zugespielt worden war. Er war entschlossen, sogar sich selbst zu übertreffen.

Jede Viertelstunde meldete er sich bei der Zentrale, ›Zur letzten Heimat‹, über Funk. Seine Berichte bestätigten alle bisherigen Vermutungen.

Etwa: 8 Uhr 30: Herr Treudank im Garten; alsbald von seiner Frau hereingeholt. 8 Uhr 45: Rauch im Schornstein; wobei die Fensterläden, rückwärts, geschlossen bleiben.

9 Uhr: Herr Treudank geht einkaufen – sechs Brötchen, einen Liter Milch, drei verschiedene Portionen Speiseeis. 9 Uhr 15: hintere Fensterläden immer noch geschlossen.

Hierzu die Meldung von Moser: »Telefon Treudank funktioniert, wird jedoch seit Stunden nicht benutzt. Kein Ruf. Kein Anruf. Überwachung

wird fortgesetzt.«
Dann wieder die Gruppe Otto: »9 Uhr 30: im Hause Treudank, unter Benutzung der von Moser gelieferten Richtmikrophone, drei verschiedene Stimmen erkennbar. Die Stimme einer Frau, die eines Mannes, die eines Kindes. Letzteres offenbar weiblich.«
Hierzu die Brasch: »Zugegeben – das alles klingt verdächtig. Aber es könnte sich dabei auch um eine Kette irreführender Zufälle handeln. Dennoch, meine ich, sollten wir schnellstens zugreifen – des Kindes wegen.«
»Sie reagieren, in äußerst heiklen Situationen, immer noch als Frau – also nicht bewußt genug als Kriminalbeamtin«, stellte Keller fest. »Was Sie sehr ehrt, liebe Kollegin.«
»Ich weiß – wir sind ein Privatunternehmen! Aber gerade deshalb können wir uns einiges leisten!«
»Eine ganze Menge, Frau Brasch! Aber nicht einen massiven Hausfriedensbruch. Das müssen wir den sogenannten amtlichen Kräften, also der Polizei, überlassen.«
»Aber eben das zögern Sie hinaus, Herr Keller. Warum?«
»Ich bin«, sagte der einfach, »dazu verdammt, lebenslänglich Kriminalbeamter zu sein. Aber als solcher habe ich ausschließlich überzeugende, unerschütterliche Beweise zu liefern.«
»Eben das, Herr Keller, scheint Ihnen zu gelingen.«
»Kann sein. Ich versuche es. Aber – mit welchen möglichen Verlusten? Sogar ein Hund – mein Hund – könnte einer solchen Aktion zum Opfer fallen. Doch was auch immer geschieht – fast alles kommt mir entschieden überbezahlt vor. Dies, Verehrteste, ist eine Welt voller Hyänen!«

Kriminalrat Zimmermann beim Polizeipräsidenten.
Zimmermann: »Ich kann mir denken, was Sie wissen wollen, Herr Präsident, empfehle aber nicht, mich danach zu befragen. Nur so viel sollten Sie erfahren: Keller ist offenbar entschlossen, seine Partie ganz allein durchzuspielen. Also ohne mich – auch ohne Hädrich. Das zu hören, freut Sie vermutlich.«
Der Polizeipräsident: »Wenn das etwa heißen soll, daß wir, also Sie, jede Kontrolle über diesen Keller verloren haben, dann sehe ich schwarz. Dann macht der mit uns, was er will. Nur ein entscheidender Fehler – und wir können unsere Koffer packen. Wir beide!«

Karl Schlesinger wurde durch kräftig anhaltendes Klopfen an seiner Wohnungstür geweckt. Er richtete sich empört in seinem breiten Bett auf, starrte auf die beiden bereitstehenden Weckuhren und stellte fest: noch mindestens eine Stunde hatte er schlafen wollen. Doch das beharrlich-

fordernde Klopfen an seiner Tür hörte nicht auf.
Hastig massierte er sein Gesicht und zog den Morgenmantel über. Mit schleppenden Schritten, von einem eingenommenen Schlafmittel noch halb betäubt, begab er sich zur Tür, öffnete jedoch nicht. Statt dessen rief er: »Was erlauben Sie sich! Wer sind Sie! Was wollen Sie von mir?«
»Ich bin Keller«, sagte eine überraschend laute Stimme. »Ich will mich mit Ihnen unterhalten.«
Schlesinger öffnete unverzüglich, ließ Keller aber zunächst nicht eintreten, sondern musterte den vor ihm stehenden Mann eingehend, mit steigendem Interesse. Und er glaubte zu erkennen: der war alt, wirkte völlig übermüdet, stand nahezu ergeben da. Alles andere als eine imposante Figur. Doch seine hellwachen Augen sah er nicht.
»Sie wünschen also, sich mit mir zu unterhalten«, stellte Schlesinger belustigt fest. »Fragt sich aber, ob ich mich auch mit Ihnen unterhalten will. Was sollte das denn für einen Sinn haben?«
»Praktisch wohl keinen mehr«, sagte Keller, fast sanft. »Sie sind so gut wie erledigt. Aber Sie können damit rechnen, daß ich bemüht bin, weitere unnötige Opfer zu vermeiden.«
»Was verstehen Sie darunter?« Schlesinger lachte ungeniert. Zugleich öffnete er die Tür zu seiner Wohnung weit – mit einladender Geste. »Wollen Sie mir etwa Schwierigkeiten machen? Ausgerechnet Sie?«
Keller trat ein. Er begab sich in das Wohnzimmer und betrachtete dort das ihm aus den Berichten bekannte blütenhafte Weiß. Wie besitzergreifend ließ er sich in einem der Eisbärfellsessel nieder und fragte den vor ihm stehenden Schlesinger: »Und warum, bitte, fühlen Sie sich durch mich nicht gefährdet?«
»Sie sollten gelegentlich in einen Spiegel sehen«, empfahl Schlesinger verächtlich. »Schließlich sind Sie nicht mehr der Jüngste. Sie haben Falten wie ein Dackel und Ihre Haare werden weiß. Wenn Sie einen Raum betreten, suchen Sie nach einer möglichst bequemen Sitzgelegenheit. Treppensteigen ermüdet Sie. Und mit Frauen werden Sie kaum noch was anzufangen wissen. Aber wir leben in einer bewußten Leistungsgesellschaft. Ich bin dreißig Jahre jünger als Sie und Ihnen schon deshalb weit überlegen.«
Keller lächelte nachsichtig vor sich hin. »Was das auch immer besagen mag – Ihre Einschätzung meiner körperlichen Konstitution stimmt, einigermaßen. In der Tat spüre ich gelegentlich Ermüdungserscheinungen und plötzliche Schweißausbrüche. Ich verdünne sogar meine Weine mit Mineralwasser. Auch betreibe ich keinen Sport – ich spiele nicht mehr Tennis, schon gar nicht Golf; dazu hatte ich nie Gelegenheit. Außerdem bin ich, was Sie vermutlich wissen, so eine Art verkrachter, also vorzeitig pensionierter Kriminalbeamter. Und alle diese Feststellungen bewirken

also schon, daß mein Anblick Sie nicht beunruhigt?«

Nun lächelte auch Schlesinger. »Sehr vereinfacht könnte man wohl sagen: Sie sind von gestern, wenn nicht von vorgestern – aber ich bin ein Mensch von morgen!«

»Das erklärt wohl einiges«, sagte Keller aufreizend nachsichtig. »Aber Sie übersehen dabei, daß Leidenschaften, Verirrungen und Verbrechen zeitlos sind. Zwar ändern sich die dabei angewendeten Methoden – aber ganz eindeutig ist kaum eine davon.«

»Ich weiß, ich weiß – Sie gelten als ein schlauer, alter Fuchs; hat man mir gesagt«, stellte Schlesinger entgegenkommend fest. »Nichts, was Ihnen nicht zuzutrauen wäre! Sie beginnen mit theoretischen Abhandlungen – die Sie sich bei mir schenken können. Kommen Sie zur Sache. Was glauben Sie mir denn anhängen zu können? Nun ja – vermuten läßt sich vieles – es zu beweisen, gelingt nur selten; in den meisten Fällen schon gar nicht. Was mich betrifft – ich bin ein Ausnahmefall. Wenn Sie so klug sind, wie man von Ihnen behauptet, werden Sie das herausgefunden haben. Und sich danach richten.«

»Ihre Sicherheit, Herr Schlesinger, überrascht mich.«

»Sie ist absolut selbstverständlich, Herr Keller. Hier geht es ausschließlich um Leistungsvermögen. Das meine ist so gut wie unbegrenzt. Und Sie sind ein alter Mann.«

»Wobei Sie jedoch zumindest eine Konstellation völlig verkannt haben; die Funktion eines Hundes. Meines Hundes.«

»Der soll Ihnen, habe ich zufällig gehört, abhanden gekommen sein. Wie bedauerlich! Nun, ich wäre bereit, Ihnen bei der Suche nach Ihrem Hund behilflich zu sein – mit, sagen wir, garantiertem Erfolg. Was halten sie davon?«

»Soll das ein Angebot sein – oder ein Erpressungsversuch?«

»Mein Einflußbereich, Herr Keller, ist weit größer, als Sie zu vermuten scheinen. Und wenn Sie tatsächlich die Ihnen nachgerühmte Fuchsschlauheit besitzen sollten, dann müßten Sie die einmalige Chance, die ich Ihnen biete, erkennen. Sie besteht in einer intensiven Zusammenarbeit mit mir. Das wäre mir durchaus einiges wert – und zwar, um nun ganz konkret zu werden, monatlich etwa soviel, wie Sie bisher jährlich verdient haben. Auch über eine Pauschalabfindung ließe sich reden. Nun? Was halten Sie davon?«

»Wo ist mein Hund?« wollte Keller wissen.

»In Sicherheit«, erklärte Schlesinger lapidar. »Zumindest so lange, wie auch ich in Sicherheit bin.«

Drei Meldungen, eintreffend bei der Organisation Keller – ›Zur letzten Heimat‹ – und dort von der Brasch notiert:

1. Felder, Kommissar:
»Die Fingerabdrücke Hetzing dürfen nunmehr als einwandfrei entschlüsselt gelten. Nach Ansicht der Experten handelt es sich um einen vor Jahren vorgenommenen operativen Eingriff an den Fingerspitzen zwecks Beseitigung des Grundmusters. Doch nun beginnt die ursprüngliche Zeichnung wieder hervorzutreten. Diese Fingerabdrücke gehören, wie vermutet, einem gewissen Steiner, der sich jetzt Hetzing nennt. Haftbefehl gegen ihn liegt vor. Vorstrafenregister und Aktenauszüge sind unterwegs.«
Diese Meldung wurde unverzüglich an Pinkus weitergegeben, da er direkt auf Hetzing-Steiner angesetzt war. Dazu noch folgende Einzelheiten: Telefon des Hetzing-Steiner unbenutzt – er hat seine Wohnung seit gestern abend nicht mehr betreten. Sein derzeitiger Aufenthaltsort ist nicht auszumachen. Auch die Ottoleute haben seine Spur verloren.
Zusatzanordnung der Brasch: »Verhaftung nur auf direkte Anordnung von Herrn Keller – oder im äußersten Notfall.«

2. Beobachtungsgruppe Hauptbahnhof; Zweigstelle Moser:
»Alle Schließfächer werden überwacht. Dabei laufende Aufzeichnungen verdächtig erscheinender Vorgänge. Diese Aufzeichnungen werden, anordnungsgemäß, dem Einbruchsdezernat übermittelt.«
Dazu das Einbruchsdezernat:
»Anhand dieser Aufzeichnungen mindestens drei Personen erkennbar, die hierorts registriert sind. Darunter zwei amtsbekannte Bankraubspezialisten. Unterlagen über sie verfügbar. Das Dezernat bildet eine Sondergruppe. Voll einsatzbereit ab 10 Uhr.«
Weiter: »Überprüfung aller Geldinstitute in der Nähe des Alten Botanischen Gartens ergab: in der Zentralbank, beim Lenbachplatz, werden an diesem Vormittag bis gegen 11 Uhr nahezu drei Millionen Mark deponiert sein – von diversen Großfirmen. Weitertransport dieser Gelder ist, nach Aufrechnung, erst am späten Nachmittag vorgesehen.«

3. Abhörgruppe Moser – dort nunmehr Moser persönlich:
»Ich muß unverzüglich den Chef sprechen! In einer äußerst wichtigen Angelegenheit. Wo ist er zu erreichen?«
Die Brasch: »Herr Keller hält sich zur Zeit bei Herrn Schlesinger auf. Dort könnte er angerufen werden. Aber besser wäre wohl eine Verständigung über das ihn begleitende Polizeifahrzeug; es verfügt über ein Funktelefon. Aber was, bitte, halten Sie für so äußerst dringend?«
Moser: »Ich glaube zu wissen, wo Kellers Hund zur Zeit steckt.«
Die Brasch: »Ich könnte mir kaum etwas Wichtigeres vorstellen.«
Die gewünschte Verbindung kam innerhalb weniger Minuten zustande.

Die Brasch erreichte Keller über Funktelefon und informierte ihn kurz. Worauf er sich unverzüglich bei Moser meldete.
Keller: »Was Sie möglicherweise glauben, ist unwichtig. Ich will nur wissen: was haben Sie, ganz konkret, herausgefunden?«
Moser: »Folgendes: eine von uns automatisch, aber bisher völlig unergiebig überwachte Person begann plötzlich mit unerwarteter Ausdauer zu telefonieren. Mit einer Freundin, einem Freund, einem Tierarzt – und zwar wegen eines Hundes! Sie wollte wissen, wie er zu ernähren wäre, wann er austreten muß, wie und wo er am besten schläft. Interessiert Sie das, Chef?«
Keller: »Wer?«
Moser: »Den Namen und die dazugehörige Adresse kennen Sie bereits. Es handelt sich um Mucki Stein.«
»Bin schon unterwegs«, sagte Keller, um dann aber noch dankbar hinzuzufügen: »Sehr gut, verehrter Freund.«
Worauf Moser vor Freude verstummte. Diese Anrede empfand er als das größte Kompliment seines Lebens. Von einem Keller »Freund« genannt zu werden, war ein Vorgang von äußerstem Seltenheitswert.

Winter, der Zeitungsgewaltige, rief den Polizeipräsidenten an und sprach den Wunsch aus, mit ihm ein sehr persönliches Gespräch führen zu dürfen. Was eine dringliche Einladung war, der unverzüglich Folge geleistet wurde. Die Herren trafen sich sozusagen auf neutralem Boden – in einem Bierlokal, gut bürgerlich, am Marienplatz.
Hier waren um diese Zeit nur wenige Gäste anzutreffen – sie durften sich völlig ungestört und unbeobachtet fühlen. Sie bestellten Weißwürste und Bier – aßen und tranken jedoch nicht davon. Sie belauerten sich. Einige Gemeinplätze folgten, etwa: »Die Presse sollte eigentlich mehr Verständnis für die Polizei entwickeln« – oder: »Die Informationsbereitschaft unserer Polizei der Presse gegenüber dürfte getrost intensiver werden.« Erst dann kam Winter zu seinem eigentlichen Anliegen.
Er sagte: »Sicherlich sind Sie über alles informiert, was ein gewisser Keller da veranstaltet. Mit meinem Geld!«
Der Polizeipräsident: »Darüber bin ich nicht informiert, nicht in allen Einzelheiten – ich habe lediglich davon gehört. Also kann ich dazu nur so viel sagen: Herr Keller gehört nicht zu meinen Beamten – er ist eine Privatperson. Und es handelt sich um Ihr Geld. Sie haben es ihm anvertraut – ich habe nicht den geringsten Einfluß darauf.«
»Ich aber auch nicht!«
»Herr Winter«, erklärte nun der Präsident bemüht höflich, »ich habe ein Vierteljahrhundert intensiver Polizeiarbeit hinter mir, und dabei ist mir klar geworden: dieser Keller ist von einer Eigenwilligkeit, die einmalig

ist. Normalerweise sollte man sich mit ihm nie vorbehaltlos einlassen. Aber eben das haben Sie, soweit ich informiert bin, getan.«
»Weil er mich überzeugt hat! Gestern oder vorgestern. Doch nun höre und sehe ich nichts von ihm. Und wenn ihn einer vielleicht noch steuern, wohl gar bremsen kann – dann sind doch wohl Sie es!«
Der Polizeipräsident hob beschwörend beide Hände. »Als Keller noch bei mir im Amt war, gab es für uns nur eine Chance, mit seiner Eigenwilligkeit halbwegs fertigzuwerden – man mußte ihn auf ein Nebengleis schieben. Also wurde er Todesermittlungsbeamter – bald der beste, über den die deutsche Kriminalpolizei jemals verfügen konnte. Anders gesagt, Herr Winter: was man ihm auch immer zumutet – der erledigt es denkbar radikal, so gut wie vollkommen.«
Winter: »Heißt das also, Herr Präsident, wer sich mit ihm einläßt, ist ihm auch so gut wie ausgeliefert?«
»Rechnen sie damit«, empfahl der Präsident nicht unbetrübt. »Auch damit, daß für ihn Ihre investierte Million keine sonderliche Größenordnung darstellt. Mit ihm haben Sie sich einen Mann eingekauft, der mit nichts zu bezahlen ist. Wünschen Sie etwa, sich von ihm zu trennen?«

Zur gleichen Zeit ließ sich Keller, auf Tempo drängend, zu Mucki Steins Wohnung fahren – im Polizeiwagen, den ihm Zimmermann zur Verfügung gestellt hatte. Dort angekommen, klingelte er ausdauernd.
Als ihm die Tür des Appartements endlich geöffnet wurde, stürzte ihm sein Anton entgegen – beglückt aufjaulend, freudig im Kreis herumtänzelnd, mit ausgelassenem Schwanzwedeln. Keller kniete sich hin, um seinem Hund möglichst nahe zu sein.
Erst dann entdeckte er Mucki Stein, die, fotogen wie stets, im Türrahmen stand. Wenn auch übermüdet und ungekämmt, wirkte sie selbst jetzt noch nicht ganz unattraktiv. Sie fragte gähnend: »Ist das etwa Ihr Hund?«
»Wir leben miteinander«, sagte Keller, bei seinem Anton kniend. »Wir gehören zusammen!«
»Durchaus verständlich«, versicherte Mucki. »Auch mir hat dieser Hund sofort gefallen – und ich ihm wohl auch. Aber nun wollen sie ihn mir wieder wegnehmen? Er hätte es sehr, sehr gut bei mir. Kann er nicht hierbleiben?«
Keller richtete sich auf – wobei sich Anton dicht vor seine Füße setzte. Beide musterten Mucki Stein nicht ohne Wohlwollen.
Und dann sagte Keller bedächtig: »So ein Hund hat, müssen Sie wissen, wenn alles gut geht, etwa zwölf Jahre zu leben – möglicherweise sogar fünfzehn, bei sorgfältiger Pflege. Aber wissen Sie genau, wie Ihre nächsten zwei, drei Jahre aussehen werden?«
»Das«, gestand Mucki Stein aufrichtig, »weiß ich natürlich nicht. Aber

schließlich verdiene ich eine Menge Geld. Ich kann mir einen Hund ohne weiteres leisten.«

»Einen Hund, Fräulein Stein, leistet man sich nicht – wie etwa ein Schmuckstück, einen Pelz, einen Teppich. Mit einem Hund muß man vorbehaltlos leben wollen – solange er zu leben hat. Könnten Sie ihm absolute Sicherheit bieten? In der Umgebung eines Schlesingers, zu der Sie gehören?«

»Ich weiß nur, daß ich diesen Hund mag. Sehr!«

»Das freut mich, Fräulein Stein!« versicherte Keller anerkennend. »Aber ich wüßte ganz gern, wie mein Anton zu Ihnen geraten ist?«

»Der ist mir zugelaufen«, erklärte sie nun eifrig und weisungsgemäß. »Plötzlich war er da. Aber nun nehmen Sie ihn mir wieder weg – wo ich ihn doch liebe. Könnte ich ihn nicht wiedersehen? Gelegentlich?«

»Jederzeit. So oft Sie wollen. Bei mir«, versicherte Keller dankbar. »Es beglückt mich, meinen Anton geliebt zu sehen, unter welchen Umständen auch immer. Er scheint es bei Ihnen gut gehabt zu haben. Suchen Sie ihn also auf – wann Sie wollen – hier unsere Adresse.« Er gab ihr seine Karte.

»Rechnen Sie damit, daß ich komme. Sehr bald sogar. Schon heute – vielleicht.«

»Sie sind uns jederzeit willkommen«, bestätigte Keller.

Als Keller unmittelbar danach wieder in seinem Hauptquartier eintraf, wurde er freudig begrüßt. Seine Mitarbeiter erhoben sich, lächelten ihn an, nickten ihm zu. Hoffnungsvolle Stimmung kam auf, nur weil Anton den Chef wieder begleitete.

Anton schien dieses lebhaft-herzliche Interesse durchaus zu genießen – weit mehr aber die praktische Betreuung von Mutter Lauter. Sie hatte Weißwürste für ihn; und zwar fünf. Der Hund kaute sie mit würgender Wonne.

»Ein erfreulicher Anblick«, stellte die Brasch fest und musterte Keller aufmerksam. »Sie sehen glücklich aus. Aber ganz zufrieden sind Sie selbst jetzt noch nicht.«

»Weil jetzt die entscheidende Phase mit großer Schnelligkeit auf uns zukommt«, bekannte Keller. »Mag sein, daß mir alle fälligen Entscheidungen ein wenig leichter fallen, weil Anton wieder bei mir ist. Aber immer noch gilt die entscheidende Erkenntnis: nur ein Fehler – und alle unsere Bauelemente könnten zusammenfallen. Wie ein Kartenhaus.«

»Vermutlich brauchen Sie Zeit, um intensiv nachzudenken. Eine Abwechslung könnte Ihnen vielleicht willkommen sein. Ein gewisser Heinz Boerner will unbedingt mit Ihnen sprechen – er läßt sich nicht abwimmeln.«

»Der gehört dazu!« stellte Keller fest. »Wenn er wohl auch noch nicht

genau weiß, warum. Aber er scheint es zu ahnen. Er ist mir willkommen.«
Heinz Boerner erschien, offenbar bemüht, sich provokant zu geben. Er ließ sich unaufgefordert dicht vor Keller nieder, musterte ihn herausfordernd und erklärte zunächst: »Ich traue Ihnen nicht!«
»Wer«, meinte Keller, lässig zustimmend, »könnte das schon – in dieser Zeit, die sich in denkbar totale Veränderungen hineinzukatapultieren versucht. Vergeblich! Vielleicht halten Sie meine Ansichten für fortschrittsfeindlich – versuchen Sie dennoch nicht gleich, mich für völlig vergreist zu halten. Das könnte sich lohnen. Für Sie, Heinz. Und für mich.«
»Gerade deshalb bin ich ja hier!« versicherte Boerner. »Sie wissen vermutlich immer noch, was das heißt: entschlossen zu sein, sich nicht alles gefallen zu lassen! Zumindest gehören Sie nicht zu den stinkenden Kadavern der Nachnazizeit. Sie sind ein Erneuerer. Und gerade dazu brauchen Sie uns.«
»Nehmen Sie an, es wäre so, Heinz!« bestätigte Keller vorsichtig. Weitere Hinweise in dieser Richtung leistete er sich nicht. Sicherlich hätte er sagen können: auch ich habe da meine sehr speziellen Erfahrungen machen müssen, etwa in diversen Gefängnissen, in zwei KZ-Lagern, in einer Spezialfolterkammer. Nur weil ich niemals bedingungslos ja sagen konnte. Aber davon schwieg er.
»Nehmen Sie mal an, Heinz, daß meine Neugier, menschliche Möglichkeiten betreffend, schon immer größer gewesen ist als jedes Absicherungsbedürfnis.«
»So ähnlich, Herr Keller, empfinde ich auch«, gestand Heinz Boerner. »Aber das hat nun dazu geführt, daß ich für eine angeblich revolutionäre Demonstration mitverantwortlich gemacht werden kann – speziell für deren Flugblätter. Lust dazu habe ich nicht. Aber ich muß wohl.«
»Wegen Isabella?«
»Ihretwegen! Deshalb habe ich doch gar keine andere Wahl, als mitzumachen. Wenn ich in ihrer Nähe bleiben will, weil sie Schutz braucht.«
»Verstehe – das ist also Ihr Problem, Heinz. Also: hier Isabella, dort diese Demonstration; speziell dabei für Sie die Aktion Flugblätter. Doch wohl eindeutig, was Sie bevorzugen würden: die sogenannte menschliche Entscheidung.«
»Wobei natürlich die ganze Veranstaltung – von unserer studentischen Sicht aus – eine gute, notwendige Sache ist. Nur ihre Finanzierung gefällt mir nicht – die fließt aus recht dunklen Quellen.«
»Was an sich ja nichts Besonderes ist«, meinte Keller bedächtig. »Denken Sie doch nur an die schönen, bequemen Sprichworte. Wie ›Geld stinkt nicht‹. Oder ›Der Zweck heiligt die Mittel‹. Damit läßt sich immer eine Menge anfangen.«

»Aber nicht bei mir! Ich meine: nicht nur die Sache muß gut, auch die Quellen müssen sauber sein.«
Keller nickte zustimmend. »Dann müssen Sie eben aus Ihren Erkenntnissen die Konsequenzen ziehen, Heinz. Und die könnten, in Ihrem heiklen Fall, etwa so aussehen: Isabella ist offenbar nicht so leicht zu verändern – aber mit Flugblättern läßt sich durchaus einiges machen. Ihr Text muß schließlich nicht endgültig sein.«
»Meinen Sie etwa – ich soll ihn manipulieren?« Heinz Boerner zeigte sich nahezu beglückt. »Daran habe ich auch schon gedacht – wenn auch mit gebotener Vorsicht. Aber das ließe sich machen! Etwa: Austausch von Frage- und Ausrufungszeichen. Irritierende Unterstreichungen. Auch zusätzliche Anmerkungen, eingestreute, gegenteilige Formulierungen ... Das würde gewiß einige Verwirrung stiften.«
»Wenn nicht gar Gelächter erzeugen, Heinz – was noch besser wäre.«
»Aber – wie würde Isabella darauf reagieren?«
»Vermutlich ganz eindeutig – entweder gegen Sie oder für Sie. Womit Sie dann eine endgültige Klärung herbeigeführt hätten. Und die sollten Sie riskieren. Zumal sie damit rechnen können, daß jüngeren weiblichen Wesen jugendliche Kühnheit weit mehr gefällt als etwa die ausgewogene Bedächtigkeit alter Männer. Sie wollen, daß man ihnen imponiert.«
»Da haben Sie mir aber was Schönes eingeredet«, sagte Heinz Boerner dankbar.
»Gern geschehen«, versicherte Keller. Um dann, wie nebensächlich, wissen zu wollen: »Und wann soll dieser Politzirkus über die Bühne gehen?«
Boerner berichtete bereitwilligst: »Versammlung der Teilnehmer bis 11 Uhr im Alten Botanischen Garten. Dann Ausgabe der Parolen, Spruchbänder und Flugblätter bis 11 Uhr 15. Hierauf Inmarschsetzung des Demonstrationszuges durch die Lautsprechergenossen – in Richtung Lenbachplatz.«
»Also – los! Tun Sie, was Sie nicht lassen können«, sagte Keller ermunternd. »Und falls Isabella und Sie danach noch Lust haben sollten, sich mit mir zu unterhalten, sind Sie herzlich willkommen. Sie wissen ja, wo ich zu finden bin.«
»Danke«, sagte Boerner.
»Ich habe Ihnen zu danken, Heinz«, sagte Keller. »Viel Glück!« Um verhalten hinzuzufügen: »Uns beiden.«

Unmittelbar danach gab Keller folgende Anordnungen:

Erstens: Kriminaldirektor Hädrich wird gebeten, das am Tatort vorgefundene rote Halstuch des entführten Kindes zur Verfügung zu stellen. Das geschah. Allerdings mit der Bemerkung: man vertraue Kellers bisher

sorgfältig beachteter Loyalität und mache darauf aufmerksam, daß eventuell sich daraus ergebende Zu- und Eingriffe nach den maßgeblichen polizeilichen Vorschriften zu erfolgen hätten.
Zweitens: Rechtsanwalt Messer wird gebeten, sich mit Herrn Winter in Verbindung zu setzen. Dabei Rückgabe der nun nicht mehr benötigten Lösegeld-Million.
Weiter sei Herrn Winter mitzuteilen: Abschluß der von ihm finanzierten Sonderaktion sei noch heute, gegen Mittag, zu erwarten.
Ferner könne eine Zeitung des Winter-Unternehmens einen Reporter und einen Fotografen auf sofortigen Abruf bereitstellen. Diese würden möglicherweise Gelegenheit erhalten, bei der Auffindung und Befreiung des entführten Kindes anwesend zu sein; als Gegenleistung für investierte Summen.
Was unverzüglich veranlaßt wurde. Winter mobilisierte Rechtsanwalt Messer, der versuchen sollte, weitere, genauere Informationen zu erlangen. Und zwar bei Keller. Vergeblich.

Drittens: Kommissar Krebs, Chef des Dezernats Sitte, wird gebeten, seine Tochter Sabine zur Betreuung des Hundes Anton zur Verfügung zu stellen.
Was prompt – ohne jede Zusatzfrage – geschah.
Uhrzeit nunmehr: 10 Uhr 35.

Panorama dieses Tages – von München aus gesehen:
»Die Zeitungen meldeten: ›Kissinger, der neue US-Außenminister – in Bayern geboren.‹ Golda Meir, Israel, dazu: ›Auch ein Jude, aber einer mit deutschem Akzent.‹
›Hermann, 39, der neueste Betreuer von Liz, der von ihrem Richard Getrennten, beide Weltstars; dieser Hermann jedoch: mehrfacher US-Millionär – aber gleichfalls ein gebürtiger Bayer.‹
›Marianne, 37, in Bayern lebende Prinzessin, heiratete Avery, 85 – der ebenfalls: mehrfacher US-Millionär; bis vor kurzem der oberste aller Olympia-Bosse.‹
Neun Kohlenkumpel verendeten in tausend Meter Tiefe. Fluglotsen blokkierten seit Monaten den Luftraum über der Bundesrepublik. Vier US-Soldaten überrollten mit einem Panzer ein Zeltlager, in dem sich 21 Personen befanden – Deutsche. Vergleichsweise nur wenige Tote.
Terroristen, arabische, sprengten Jumbo-Jet. Weitere Terroristen richteten auf dem Flugplatz Athen ›ein Blutbad‹ an. Andere Terroristen verlangten von Österreichs Bundeskanzler, auch er ein Jude, das Übergangslager für russische Einwanderer nach Israel zu schließen.
In München meldete ein Großbauunternehmer Konkurs an – mit 40 Mil-

lionen Mark Schulden. Die Bundesregierung verkündete: ›Mehr Vermögen für alle!‹ In Schwabing wurden drei Nepplokale geschlossen – in einem davon war für angeblich 14 Gläser Sekt mit Orangensaft eine Rechnung von 1374 Mark präsentiert und dann gewaltsam kassiert worden. Weiter konnten innerhalb von 24 Stunden registriert werden: zwei Selbstmorde, drei Vergewaltigungen, zwei Kindestötungen, vier Raubüberfälle, ein Mord – dabei insgesamt sieben Tote.«
Kommentar von Zimmermann: »Bisher haben wir versucht, zwischen den Verbrechen und der Verbrechensbekämpfung ein gewisses Gleichgewicht herzustellen. Doch seit etwa zwei Jahren gelingt das nicht mehr. Wir leisten nur noch angestrengte und auf die Dauer völlig vergebliche Abwehrkämpfe.«

Die entscheidende Aktion der Organisation Keller begann nur wenige Minuten später. Ort: der am östlichen Rande des nördlichen Teils des Englischen Gartens gelegene kleine, selbst jetzt noch ländlich-idyllisch wirkende Stadtteil Hirschau. Dort, am Ende einer Sackgasse, zwischen Wiesen und Waldfetzen, das Haus, besser wohl: die baufällige Hütte der Treudanks. Aber mit Fernsehantenne und Telefon.
Hier, in einiger Entfernung, auf gut getarntem Beobachtungsposten: Otto und seine Leute – nunmehr sechs. Keller traf sie bei einem verwahrlosten Geräteschuppen. Er wurde begleitet von dem Kind Sabine und dem Hund Anton.
Otto meinte zuversichtlich: »Wenn wir hier nicht tausendprozentig richtig liegen, fresse ich eine Zeitung – die dickste Wochenendausgabe!«
»Selbst die würden Sie verdauen«, erwiderte Keller, dabei das Gelände musternd. »Aber ich will absolute Gewißheit.«
»Bevor sie uns zugreifen lassen?«
»Bevor ich die Polizei verständige – und ihr dann das Feld überlasse«, erklärte Keller seinem sichtlich enttäuschten Mitarbeiter. »Tut mir leid, Otto, wenn ich Ihnen und Ihren Leuten diese letzte und wohl auch verdiente Freude nicht gönnen kann. Hier wird nur Ihre Arbeit honoriert; Triumphe oder gar Lorbeeren sind nicht vorgesehen. Für keinen von uns.«
Dann winkte Keller Sabine zu sich und ging mit ihr, von Anton gefolgt, zu einer Strauchgruppe beim Schuppen. Er erklärte ihr: »Von hier aus kannst du ein kleines Haus sehen. Es wirkt leicht verfallen, hat aber einen schön gepflegten Vorgarten. Schau es dir genau an. Da gehst du hin, Anton wird dich begleiten.«
»Und was machen wir da?« wollte Sabine wissen.
»Du brauchst nur anzuklopfen – mit Ausdauer, falls nötig. Wenn dann geöffnet wird, fragst du nach einer Familie Müller – du hättest gehört,

die wohnt hier. Man wird dir sagen: die wohnt nicht hier. Dann fragst du, ob man weiß, wo die wohnen könnte.«
»Verstehe!« versicherte das Kind ernsthaft. »Ich rede also wie ahnungslos herum. Und das ist alles?«
»Nicht ganz, Sabine. Du mußt dabei genau aufpassen – auf alles, was du dort erblicken kannst. Möglicherweise ein Kind – das dir sehr ähnlich ist. Achte auch darauf, daß Anton sich frei bewegen kann. Laß ihn machen, was er will.«
»Und was, bitte, meinst du, wird er machen wollen?«
»Mal sehen!« sagte Keller und entnahm seiner Aktentasche ein rotes Tuch und ließ Anton daran riechen. Dann aber band er seinem Hund das Tuch um den Hals. »Also los, Sabine.«
Worauf sich das Kind mit dem Hund – äußerst intensiv beobachtet – zum Haus der Treudanks begab. Dort anklopfte.
Die Tür wurde geöffnet. Sabine begann das verabredete Gespräch – wobei sich Anton ebenso heftig wie geschickt in das Haus hineindrängte.
Knapp zwei Minuten später war alles klar. Anton tauchte wieder auf – ohne das rote Tuch. Er erreichte Keller mit Sabine. Das Kind berichtete: »In diesem Haus ist ein Mädchen – wohl etwas älter als ich; aber nicht viel. Das hat mich nur angeschaut, unserem Anton das rote Halstuch abgenommen und es sich dann selbst umgebunden. Die Leute waren sehr freundlich zu mir; besonders der alte Herr. Das ist alles.«

Hierauf Keller:
1. Benachrichtigung über Funk an Kriminaldirektor Hädrich: »Aufenthaltsort des entführten Kindes festgestellt. Die Adresse hat Kommissar Felder, unter dem Kennwort: Waldsiedlung Hirschau, Treudank. Sofortiger Zugriff wird empfohlen. Bis dahin schirmen unsere Männer das Objekt ab.«

2. Anordnung an Otto, direkt:
»Im Gasthof ›Zur Hirschau‹ halten sich ein Reporter und ein Fotograf einer Winter-Zeitung auf. Beide haben sich auszuweisen und sind dann in die Nähe des Verwahrungsortes zu führen, dort aber in voller Deckung zu halten – bis die Polizei Stellung bezogen hat. Inzwischen sind die Presseleute mit der gegebenen Situation vertraut zu machen. Doch darf ihnen weder die Funktion unserer Gruppe noch einer unserer Namen mitgeteilt werden.«

Der erfolgreiche Zugriff der Polizei, unter persönlicher Leitung von Kriminaldirektor Hädrich, erfolgte kaum mehr als fünfundzwanzig Minuten später – ein glänzend organisierter Großeinsatz. Das Kind Ulrike wurde

befreit – das Ehepaar Treudank festgenommen.
Anwesend waren ein Reporter und ein Fotograf. Was später als großes Journalistenglück bezeichnet werden sollte. Allein das Bild ›Leitender Kriminalbeamter bringt entführtes Kind mit sorglicher Beschützergeste in Sicherheit‹ dürfte schon jetzt als das Foto des Jahres gelten.

»Na, du Kulissenkuli!« rief Isabella gutgelaunt Heinz Boerner zu. »Bist du schwer dabei, dich für die Weltrevolution abzustrampeln, an die du nicht glaubst?«
»Wer glaubt denn schon heutzutage ernsthaft an so was oder an irgend jemanden – außer ich an dich?«
»Unverbesserlicher Witzbold«, rief sie ihm erheitert zu.
Sie trafen sich auf der Treppe des Hauses, in dem Aschaffenburg sein Zimmer hatte. Boerner kam von ihm herunter, um nach den Flugblättern zu sehen – sie wollte hinauf, weitere Vergnügungen erhoffend.
Die Treppenhauswände wirkten strapaziert und abgegriffen; zerstört in endlosen Jahren, durch Hitze und Kälte, Nässe und Staub, betastet von tausend schmutzigen Kinderhänden, beschmiert und zerkratzt. Einst wohl in weißen und blauen Farben leuchtend; nun jedoch verwesend in fahlem Grau und klebrigem Braun. Keiner von beiden sah das – sie sahen nur sich.
»Jedenfalls«, stellte Isabella fest, »kommst du mir reichlich beschäftigt vor. Solltest du endlich auch zu Aschaffenburgs Politsklaven gehören?«
»Dem werde ich seine undurchsichtigen Manipulationen versauen!« verkündete Heinz Boerner drohend.
»Ach nein! Ausgerechnet du!«
»Ausgerechnet ich! Und zwar deinetwegen, Isabella!«
»Mach keine Dummheiten!« warnte sie. »Du hast schon genug Gefühlsmist produziert; der stinkt einigen bereits kräftig. Komm nur nicht noch mit Absicherungsdrohungen!« Um dann wissen zu wollen: »Wie stellst du dir das denn eigentlich vor?«
»Ganz einfach, Isabella. Entweder dieser hochgeputschte Politzirkus geht gut aus, was ich aber weder hoffe noch annehme – gut, dann kannst du dich an Aschaffenburg halten. Sollte aber dieser enthemmte Herdenauftrieb in die Binsen gehen, wobei ich kräftig mithelfen werde, dann bin ich da. Für dich! Als überzeugende Entlastung – besonders deinem Vater gegenüber.«
Isabella Hädrich betrachtete Heinz Boerner ungewöhnlich nachdenklich. »Das kann doch nicht auf deinem Mist gewachsen sein – das muß dir irgend jemand eingeredet haben. Aber wer? Doch was wohl noch wichtiger ist: was hast du tatsächlich vor?«
»Das wirst du schon noch sehen!« behauptete Heinz schwungvoll. »Und

dann staunen!«
»Ich staune jetzt schon«, sagte sie. »Aber ich kann dich nur warnen: komm nicht auf die Idee, irgendeine Verrücktheit als eine Art Liebeserklärung ausgeben zu wollen. Ich bin für das ganz und gar Reale.«
»Genau das habe ich vor zu liefern.«

Zur gleichen Zeit: zwei Pressekonferenzen.

Die eine: stattfindend im Polizeipräsidium, gegeben von Kriminaldirektor Hädrich.
Hädrich: »Ich darf feststellen: unserer Polizei ist es gelungen, innerhalb von nur wenigen Stunden den Aufenthaltsort eines entführten Kindes herauszufinden und dieses dann in Sicherheit zu bringen. Einzelheiten darüber – etwa die Personalien des Kindes, die Adresse der Leute, bei denen es aufgefunden wurde, eine Aufstellung der polizeilichen Maßnahmen – sind vervielfältigt worden und stehen Ihnen zur Verfügung. Allerdings muß noch darauf aufmerksam gemacht werden, daß bisher keinerlei abgeschlossene Ermittlungen vorliegen. Bis das der Fall ist, wird gebeten, von voreiligen Folgerungen abzusehen. In Zweifelsfällen bitte ich die Damen und Herren, sich direkt an mich zu wenden.
Weiter ist mitzuteilen: das entführte und von uns befreite Kind wurde unverzüglich zum Präsidium transportiert und hier seinen Eltern übergeben. Das geschah mit dem Ersuchen, dieses Kind eingehend befragen zu dürfen, was uns von den Eltern auch gestattet wurde. Diese Befragung wird noch einige Zeit beanspruchen.«
Hierauf einer der anwesenden Reporter: »Warum, bitte, erfolgte keine rechtzeitige Benachrichtigung der Presse über diesen Fall?«
Hädrich: »Das, meine verehrten Damen und Herren, dürfte wohl eine Frage des Ermessens der Verantwortlichen sein. Soweit bisher erkennbar, erfolgte die Tat gestern – am frühen Vormittag. Amtlich wurde sie gegen Abend bekannt. Erst danach konnten unsere Maßnahmen anlaufen – mit eindeutig positivem Erfolg. Eine vorzeitig die Öffentlichkeit erregende, also möglicherweise den oder die Täter zu Kurzschlußhandlungen verführende Alarmierung schien uns nicht ratsam.«
Worauf ein anderer der anwesenden Reporter, von Waldmann inspiriert, wissen wollte: »Wollen Sie damit sagen, Herr Kriminaldirektor, daß dieser offensichtliche Erfolg allein unserer Polizei zu verdanken ist?«
Hädrich: »Ich verstehe Ihre Frage nicht. Bitte, beachten Sie dies: die Arbeit unserer Polizei findet niemals auf nur einer Ebene statt. Wir setzen nicht nur unsere Spezialisten an, wir arbeiten auch möglichst eng mit der Bevölkerung zusammen. In diesem Fall haben wir in denkbar kürzester Zeit über zweihundert Spuren verfolgt. Das war zwar äußerst mühsam,

führte aber schließlich zum Erfolg. Denn, nicht wahr: wir haben das Kind!«

Die andere Pressekonferenz – veranstaltet im Winter-Hochhaus. Tonangebend: Herr Winter persönlich – neben ihm Rechtsanwalt Messer.
Winter: »Erlauben Sie mir, verehrte Damen und Herren, meinen weiteren Ausführungen diese Erklärung voranzusetzen: unsere Geduld den existierenden zeitbedingten kriminellen Gegebenheiten gegenüber hat ihre Grenzen. Ich bin, wie Sie wissen, ein erklärter Mann von Sicherheit und Ordnung. Eben deshalb war ich über das an mich herangetragene Ansinnen verbrecherischer Elemente ebenso empört wie darüber, zu höchsten Lösegeldsummen erpreßt zu werden.
Einer mir gewichtig erscheinenden Erkenntnis jedoch vermochte ich nicht auszuweichen. Nämlich dieser: der Preis für ein Menschenleben ist niemals bestimmbar. In meinen Augen, das gestehe ich offen, kann dieser Preis kaum jemals hoch genug angesetzt werden. Aber eben damit rechneten auch gewisse kriminelle Elemente.
Ich habe Herrn Rechtsanwalt Messer folgenden Auftrag erteilt: er möge dafür Sorge tragen, daß unverzüglich, also ohne jedwede Rücksicht auf finanzielle Verluste, höchstmögliche Sicherheit für das Leben des entführten Kindes gewährleistet wurde. Allein darauf kam es mir an.«
Hierauf Messer: »Selbstverständlich waren wir dabei jederzeit zu loyaler Zusammenarbeit mit der Polizei bereit, die dann auch vorbehaltlos erfolgte. Darüber hinaus sind zahlreiche bewährte Reporter der zum Verlag von Herrn Winter gehörenden Zeitungen auf diesen Fall angesetzt worden. Auch haben wir ein privates Auskunftsunternehmen, das nicht genannt sein will, um zusätzliche Recherchen gebeten. Auch diese wurden durchgeführt, gleichfalls im engen Einvernehmen mit der Polizei.«
Frage eines Journalisten: »Sie besaßen also Kenntnisse von einem alarmierenden Kidnappingfall, sogar Unterlagen über diesen – behinderten, verzögerten aber trotzdem eine unverzügliche journalistische Auswertung?«
Messer: »Auf meinen juristischen Rat hin! Die Situation war zu unübersichtlich, zu heikel – zu kompliziert.«
Winter: »Sehr richtig! Gewiß war dies ein Vorgang von höchstem offiziellem Interesse, wie Sie sehr richtig erkannt haben; eine journalistische Sensation allerersten Ranges, wie man so sagt. Dennoch haben wir darauf verzichtet – als Zeitungsleute sozusagen schweren Herzens, als Mitverantwortliche für das Leben eines Kindes jedoch bedingungslos. Wir haben alles, was irgendwie zu mobilisieren war, in den Dienst einer möglichst sicheren Lösung gestellt.«
Zusatzfrage des gleichen Journalisten: »Das muß doch horrende Summen

gekostet haben!«
Nun gleich wieder Winter: »Die finanzielle Seite dieser Angelegenheit darf nicht als entscheidend angesehen werden. Nicht für uns. Man sollte das wohl so sehen: Kriminelle, in welchen Sparten sie auch immer tätig sein mögen, sind eine unentwegte, bedrohliche und manchmal auch, wie hier, fürchterliche Herausforderung. Dagegen muß man sich entschlossen zur Wehr setzen, wenn man seine humane Grundeinstellung nicht aufgeben will – und zwar mit allen verfügbaren Mitteln.«
Weitere Frage eines Journalisten: »Falls die rechtzeitige Befreiung des entführten Kindes nicht gelungen wäre – würden Sie dann das Lösegeld von einer Million gezahlt haben?«
Winter: »Selbstverständlich. Die Summe lag bereit. Nur war niemand von uns gewillt, eine Million hilflos oder gar leichtfertig auszuliefern. Dieses Verbrechertum, das sich krebsgeschwürartig ausbreitet, muß endlich lernen: Verbrechen lohnen sich nicht!«

Pinkus suchte mit steigender Unruhe nach dem wie vom Erdboden verschwundenen Hetzing. Wofür er etliche von Ottos besten Leuten, aber auch ein Rudel der Plötzke-Taxifahrer einsetzte.
Pinkus entwickelte dabei geradezu strategische Ambitionen. Er ließ seine Leute an allen bisher bekannt gewordenen Örtlichkeiten Stellung beziehen, die Hetzing aufzusuchen pflegte. Das waren: seine Wohnung, Germanienstraße; ein Lokal in der Leopoldstraße; ein Stundenhotel am Rotkreuzplatz; die Appartements von Mucki Stein und Schlesinger; die Lager-, Verwaltungs- und Bürobaracke im Zwischenhof.
Und von dort bekam Pinkus, der sich bei der Brasch aufhielt, die erste brauchbare Nachricht: Hetzing, meldete einer der angesetzten Otto-Leute, sei soeben eingetroffen; er habe sich von rückwärts, durch die Lagerräume hindurch, in Schlesingers Büro begeben, ihn dort jedoch nicht angetroffen. Auch seine Sekretärin nicht. Nur Werner, den Geschäftsführer.
Worauf sich Pinkus unverzüglich in seinen Jaguar setzte und in lebensgefährlich überhöhtem Tempo zur Geschäftsbaracke fuhr.
Am Hintereingang erwartete ihn bereits ein Otto-Mann, der wie ein gemütlicher, leicht versoffen erscheinender Eckensteher aussah und berichtete: »Hetzing ist schon wieder unterwegs. Aber nach einer ziemlich lautstarken Auseinandersetzung im Büro.«
»Folgt ihm jemand? Von uns?«
»Klar, Herr Pinkus! Ein verläßlicher Kollege, der mit mir in Funksprechverbindung steht. Sie brauchen also nur zu warten, bis seine nächste Adresse bekannt ist.«
»Warten ist nicht gerade meine Stärke«, bekannte Pinkus munter.

»Wenn ich schon mal hier bin, will ich mich auch ein wenig umsehen. Nur um mir die Zeit zu vertreiben.«
Er begab sich in die Baracke hinein, durchquerte sie, gelangte in das leere Vorzimmer. Dann stieß er die Tür zu Schlesingers Büro auf. Dort fand er den Geschäftsführer Werner vor, der ihm sichtlich überrascht entgegenblickte. Sein biederes Kassenbotengesicht lächelte bemüht neutral.
»Falls Sie Herrn Schlesinger suchen – er ist nicht hier.«
Pinkus stellte auf den ersten Blick fest: dieser Raum wirkte wie eilig durchwühlt.
Die Tür des Panzerschranks stand offen. Und auf dem Schreibtisch lag ein Koffer.
»Mit Herrn Schlesinger«, sagte Pinkus, nun hellwach, »kann ich mich immer noch unterhalten. Im Augenblick sind Sie für mich weitaus wichtiger, Herr Werner.«
»Aber ich bitte Sie!« wehrte Werner ab. »Ich bin hier nur ein Angestellter; einer unter zahlreichen anderen. Was sollte an mir schon wichtig sein?«
»Einiges durchaus!« Pinkus hatte sich, wie um einen Überblick bemüht, in Türnähe postiert. »Etwa der offene Panzerschrank.«
»Für den habe ich einen Schlüssel.«
»Und noch einen Nachschlüssel dazu. Denn zu einem solchen Tresor gehören zwei.«
»Ich habe hier alle Vollmachten!«
»Obgleich sie nur ein Angestellter sind«, zitierte Pinkus. »Einer unter zahlreichen anderen.«
»Was geht sie das an?« Werner versuchte nun energisch zu werden. »Was haben Sie hier überhaupt zu suchen?«
»Was ich hier suchen wollte, scheint mir jetzt gar nicht mehr sonderlich wichtig. Weitaus interessanter ist, was ich gefunden habe!«
»Na, was denn wohl – Ihrer Ansicht nach?«
»Diesen Koffer!« stellte Pinkus fest. »Der da vor Ihnen auf dem Schreibtisch liegt. Den glaube ich zu kennen.«
»Woher?«
»Aus Beschreibungen und von Abbildungen. In einem solchen Koffer hat Rechtsanwalt Messer erst neulich eine ganze Million abgeliefert. Sollte die etwa noch darin sein?«
»Was denken Sie denn von mir!«
»Das, was dieser Anblick vermuten läßt«, sagte Pinkus. »Sie hatten vor wenigen Minuten eine ziemlich heftige Auseinandersetzung mit Hetzing, wobei Ihnen vermutlich klar geworden ist, daß es um Schlesingers angeblich ganz große und absolut sichere Geschäfte ziemlich schlecht steht. Also beschlossen Sie, sich schleunigst in Sicherheit zu bringen – aber

nicht, ohne vorher noch gründlich zu kassieren.«
»Sind Sie etwa im Auftrag von Schlesinger hier?« Werner wirkte nun sichtlich verwirrt. »Um mir nachzuspüren? Das kann ich mir kaum vorstellen. Was wollen Sie also? Sich beteiligen? Und wie, bitte? In welchem Ausmaß?«
»Sie halten mich für eine Ratte – was?« Pinkus lächelte erheitert. »Wohl weil Sie eine sind? Aber damit sind Sie bei mir auf dem falschen Dampfer. Ich bin, müssen Sie wissen, ein Großverdiener und kann mir sogar den Luxus leisten, einiges für die sogenannte Gerechtigkeit zu tun.«
»Etwa – gegen Schlesinger?«
»Was sich gerade so anbietet«, meinte Pinkus lässig. »Derjenige, vor dem ich zurückschrecke, muß wohl erst noch geboren werden. Und Sie gehören mit Sicherheit nicht dazu. Also?«
»Sie verkennen mich!« versicherte Werner hastig. »Ich bin nur ein Angestellter. Mit all dem, was Schlesinger angelastet werden könnte, habe ich nichts zu tun. Davon habe ich so gut wie nichts gewußt. Zugegeben – einiges geahnt habe ich schon – wenn auch nur sehr vage. Aber was diesen Koffer mit Inhalt anbelangt...«
»So wollten sie ihn der Polizei übergeben?«
»Durchaus! Genau das.«
»Na, wie schön«, sagte Pinkus einladend. »Dann kommen Sie nur mit – ich begleite Sie gerne. Sie und Ihren Koffer.«

»Wie mag der wohl aussehen?« fragte von Gotha neugierig. Er saß bei Moser in dessen Abhörraum, einem Keller in der Hohenzollernstraße. Dieser Kaukasch, auf den er angesetzt worden war, beschäftigte ihn ungemein. »Ich weiß nun schon eine ganze Menge von ihm, aber ich kann ihn mir nicht vorstellen.«
»Warum wollen Sie das unbedingt?« fragte Moser. »Was sollte das für einen praktischen Sinn haben? Glauben Sie denn, ihn durchschauen zu können, wenn Sie ihn direkt vor sich sehen?«
»Ich will nur wissen, wie er aussieht.«
»Pure Zeitverschwendung, Herr von Gotha! Ich bin Leuten begegnet, die harmlos wie verspielte Kinder aussahen, aber brutal-sadistische Mörder waren. Und dann dieser Einstein, das Genie des Jahrhunderts – sah er nicht manchmal aus wie ein verwahrloster Caféhausgeiger? Und denken Sie doch auch an unseren Keller. Äußerlich scheint er ein harmlos gutmütiger Hundefreund zu sein, ein Pensionär mit literarischen Ambitionen, immer hilfsbereit, verständnisvoll und entgegenkommend. Und was ist er wirklich? Der wohl schärfste und entschlossenste Greifer in seinem Metier.«
»Sie versuchen mich zu provozieren, Herr Moser!« vermutete von Gotha.

»Sie wollen vermutlich herausfinden, wie ich zu Keller stehe. Ich kann Ihnen nur sagen: ich bewundere ihn, vorbehaltlos! Wie Sie ja wohl auch.«
»Wollen Sie genau wissen, warum ich hier mitmache – und zwar, wie Sie richtig vermuten, gleichfalls vorbehaltlos?« Moser lächelte von Gotha lauernd an. »Weil ich es mir nicht leisten kann, Kellers Wünschen nicht zu entsprechen – das kann niemand; es sei denn, er wäre entschieden lebensmüde.«
»Das, Herr Moser, kann ich nicht beurteilen. Für mich ist Keller der Inbegriff eines großen Kriminalisten, und ich folge bereitwillig seinen Anordnungen. In diesem Fall Kaukasch betreffend.«
»Der, Verehrtester, ist zunächst nur zu überwachen; irgendwelche psychoanalytischen Erkenntnisse werden dabei nicht verlangt. Der ist nur ein auszuwertender Gegenstand – und keinesfalls ein Studienobjekt.«
»Dennoch«, gestand von Gotha ein, »beschäftigt er mich ungemein.«
Er glaubte nämlich, von Kaukasch höchst interessante Einzelheiten zu wissen. Einmal aus den von Felder gelieferten Unterlagen. Dann auch nach den abgehörten Telefongesprächen. Ein äußerst herausforderndes Bild – wie mit Vorder- und Kehrseite. Und als Ganzes: vielseitig schillernd, aufreizend unklar, verlockend mehrdeutig.
Da war einmal ein Kaukasch, der sich als erklärter Betreuer aller Bedrohten bemühte und beharrlich für den gewiß mühsamen ›Weg in die Freiheit‹ sorgte. Er vermittelte Speisungen, Unterkünfte, Beschäftigungen – wobei Rückschläge nicht auszubleiben schienen. Dennoch: ein reiner Menschenfreund. Aber da gab es dann noch einen Kaukasch, der offenbar ganz exakt zu kalkulieren verstand. Der setzte Kriminelle in Bewegung, brachte sie in Position, wertete ihre speziellen Fähigkeiten geschickt aus. Der schien noch zu wissen, was Einbruchstaktik und Bankraubstrategie waren!
»Dieser Mann«, meinte von Gotha nachdenklich, »besitzt offenbar die Fähigkeiten eines Generalstabsoffiziers. Wobei ich allerdings zugeben muß, daß der Unterschied zwischen notorischen Kriminellen und entschlossenen Kriegern wohl nicht sonderlich groß ist. Dennoch – diesen Menschen möchte ich tatsächlich einmal sehen!«
»Wenn Sie das unbedingt wollen, brauchen Sie nur von diesem Raum aus drei Treppen hochzusteigen«, sagte Moser nachsichtig. »Und vermutlich werden Sie dann einigermaßen enttäuscht sein. Ich nehme das an, weil ich Kaukasch bereits kenne. Er sieht absolut gewöhnlich und solide aus. Eine halbwegs geglückte Mischung aus Buchhalter, Postbeamter und Sozialfürsorger: blasse Augen, glattes Gesicht, farblose Haut, leicht verfettet, Ansatz zur Vollglatze. Scheinbar nur ein Kleinbürger – aber einer mit kriminalistischem Höhenflug. Wobei man sich mit Sicherheit das Genick brechen kann. Wenn man einen Keller zum Gegner hat.«

»Und wann, meinen Sie, Herr Moser, werden wir zugreifen können?«
»Ob Sie, Herr von Gotha, diesen Kaukasch jemals zu sehen bekommen werden, steht keinesfalls fest. Anhand unserer Unterlagen kann er nun keine Ausweichmanöver mehr machen. Zu seiner Verhaftung wird eine Funkstreife ausreichen. Während ein Mann Ihrer Größenordnung anderweitig äußerst gefragt zu sein scheint – im Präsidium. Denn von dort kommt gerade die Aufforderung für Sie, an einer abschließenden Besprechung für einen letzten Großeinsatz teilzunehmen. Man scheint dort geradezu gespannt auf das zu sein, was Sie inzwischen herausgefunden haben.«
»Und was«, fragte von Gotha ratlos, »habe ich herausgefunden?«
»Herr Keller, der gleichfalls dort anwesend ist, wird das wissen. Sie brauchen sich nur nach ihm zu richten. So einfach ist alles bei ihm.«

Pinkus erreichte inzwischen mit Werner, dem Geschäftsführer, und dessen Millionenkoffer den hinteren Ausgang der Bürobaracke. Hier meldete sich diskret der dort postierte Otto-Mann. Er berichtete:
»Laut Funkmeldung meines Kollegen hat Hetzing nunmehr die Leopoldstraße erreicht. Und dort das Haus, in dem ein gewisser Schlesinger wohnt. Das scheint sein derzeitiger Zielpunkt zu sein!«
»Bestens!« bestätigte Pinkus erfreut und befahl dem Otto-Mann: »Übernehmen Sie diesen Herrn – mitsamt seinem Koffer. Liefern Sie beide unbeschädigt im Präsidium ab. Bei Kriminaldirektor Hädrich persönlich. Und gleichzeitig verständigen Sie Kriminalrat Zimmermann.«
»Wird gemacht!« bestätigte der stämmige Otto-Mann. »Und was soll ich dabei wem sagen?«
»Beiden das gleiche: mit den besten Empfehlungen von Herrn Keller. Das dürfte genügen.«

Hetzing traf bei Schlesinger ein. Er wirkte überaus besorgt und war daher um so überraschter, seinen Partner gelassen dasitzen zu sehen. Schlesinger manikürte mit fast peinlicher Sorgfalt seine Fingernägel.
Hetzing blieb mitten im Raum stehen und verkündete: »Das scheint völlig schief gegangen zu sein – das mit dem Kind.«
»Bin informiert«, bestätigte Schlesinger, kaum aufsehend. »Na – und?«
»Das alarmiert dich nicht?«
»Warum denn – bei unseren Absicherungsmethoden! Oder sollten die etwa nicht absolut zuverlässig sein?«
»Durchaus«, versicherte Hetzing. »Die beiden Transporteure, Kerlchen und Kätzchen, sind inzwischen nach Spanien ausgeflogen, also in Sicherheit. Und die beiden Betreuer, die Treudanks, wissen so gut wie nichts.«
»Na also! Was regst du dich dann auf?«

»Die Polizei – die das Kind gefunden hat. Noch dazu mit dieser Schnelligkeit. Das ist doch äußerst verdächtig.«
Schlesinger wehrte souverän ab. »So was kann nur ein Zufall sein – irgendein alarmierendes Ereignis ist das nicht. Schon gar nicht für uns – wo wir doch stets mehrere Eisen im Feuer haben. Und wenn eins davon platzt – was besagt das schon?«
»In diesem Fall einen Verlust von einer Million!«
»Aber ich bitte dich – selbst das ist doch für uns keine besondere Größenordnung mehr. Wenn alles Weitere nur halbwegs normal verläuft, dann können wir gegen Mittag nahezu drei Millionen kassieren. Konzentrieren wir uns darauf.«
Nach einer Weile erschienen in Schlesingers Wohnung: Pinkus, der Versicherungsagent, und Waldmann, der Journalist. Beide waren sich im Hausflur begegnet und gemeinsam heraufgekommen. Als seien sie überzeugt davon, die gleichen Interessen zu vertreten.
WW erklärte unverzüglich: »Das war kein Zufall – das war dieser Keller!«
»Was ich befürchtet habe!« rief Hetzing alarmiert aus.
Schlesinger schüttelte, zunächst noch nachsichtig, seinen Kopf, der flüchtig an spätrömische Plastiken erinnerte – nahezu senatorenwürdig. »Dieser Keller scheint ja geradezu den Blick einer giftigen Schlange zu haben, der angeblich erstarren macht.«
»Aber wie man sich auch dreht und wendet«, gab Hetzing zu bedenken, »immer wieder stößt man auf ihn. Oder auf seine Helfershelfer.«
Schlesinger gab sich gelassen. »Ich bin ihm nun schon zweimal begegnet. Und was kam dabei zum Vorschein? Ein scheißkluger Schwätzer – im Höchstfall ein leicht erregbarer Hundefreund.«
»Unterschätze ihn nicht!« empfahl WW ehrlich besorgt. »Dieser scheinbar nur unbequem herumwieselnde Onkeltyp ist im Grunde ein geradezu besessener Greifer. Er ist der wohl einzige Mordspezialist, dem es jemals gelang, alle ihm übertragenen Fälle fast hundertprozentig aufzuklären. Was sogar seinen Präsidenten beunruhigte. Denn auf Kellers Abschußliste standen unter zahlreichen anderen: ein Großbauunternehmer, ein Ladenketteninhaber, eine Fernsehlady, zwei Politiker, sogar ein Minister.«
»Halten auch Sie diesen Mann für gefährlich?« wollte Schlesinger nun von Pinkus wissen.
Der sagte vorsichtig: »Fragt sich wohl nur – gefährlich für wen?«
»So einen«, sagte Hetzing fordernd, »kann man doch nicht frei herumlaufen lassen – wenn er nur darauf aus ist, Abschußlisten anzulegen.«
»Den werde ich erledigen«, erbot sich WW. »Den mache ich mit meiner Artikelserie fertig. Wie schon angekündigt. Und zwar mit einem Material, das ihn endgültig entlarven wird; als fleißigen Zuträger für die je-

weiligen Mächtigen, als Spekulanten mit angeblich kriminalistisch notwendigen Methoden; die jedoch, genau besehen, ausgesprochen kriminell sind.« Worauf er sich gemeinsam mit Pinkus entfernte.
Schlesinger und Hetzing blieben zurück. Letzterer sagte: »Nichts wie Geschwätz! Diesem Keller muß man das Handwerk legen – ganz direkt.«
»Ich bin ganz deiner Ansicht«, bestätigte Schlesinger. »Sorge dafür!«
»Wird gemacht«, versicherte Hetzing entschlossen. »Wenn wir den großen Fischzug gelandet haben, wird er fertiggmacht.«

Nunmehr trat auch Kriminalrat Zimmermann in Aktion. Er war vom Polizeipräsidenten persönlich mit allen erdenklichen Vollmachten ausgestattet worden. Und die gedachte er zu nutzen – mit der ihm eigenen Entschlossenheit.
Dabei waren ihm unterstellt: das Einbruchsdezernat, insbesondere die Spezialgruppe Bankraub; eine Sonderkommission unter Felder, dem Fuhrmann, für die Einsatzorganisation; weiter zwei Fahndungsgruppen, mit neuesten, vom FBI gelieferten Überwachungsapparaten ausgestattet. Und dazu kam dann noch: Keller. Sein Hund Anton begleitete ihn, dazu von Gotha. Hinter beiden Moser, bewaffnet mit einer Aktentasche; darin Arbeitsnotizen und aufgezeichnete Telefongespräche, Schwerpunkt Kaukasch.
Der Konferenzraum des Präsidenten war prall gefüllt. Zimmermann schien es zu genießen. Großaktionen erfreuten ihn immer – sie beanspruchten ihn bis an die Grenze seiner Leistungsfähigkeit. Und die zu erproben, war er stets bereit. »Zielpunkt also«, stellte er fest, »ist offenbar die Zentralbank am Lenbachplatz.«
»Erkannt«, bestätigte der Chef der Spezialgruppe Bankraub – ein Mann wie ein beständiger Biergartenbesucher, lässig wirkend, gemütlich sogar, durch nichts zu erschüttern: hervorgestreckter Bauch, Hamsterbacken, doch überraschend kräftige Stimme. »Erkannt – und recherchiert; in allen Einzelheiten. Kein Winkel ist uns dort entgangen. Aber wie soll die spezielle Machart unserer Kunden dabei aussehen?«
»Das System scheint inzwischen durchschaubar«, erklärte Keller bedächtig. »Offensichtlich handelt es sich um eine ziemlich exakt durchgeplante Fünferaktion.«
»Was verstehst du darunter?« wollte Zimmermann wissen.
»Den genau kalkulierten Einsatz von fünf Leuten!« stellte Keller fest.
»Normalerweise«, meinte der Bankraubspezialist sachverständig, »reichen für so was drei Mann aus.«
»Wir haben es aber mit sehr gut organisierten Kriminellen zu tun«, sagte Keller, nachdem Moser ihm einen Zettel zugeschoben hatte, auf dem stand: Kaukasch neigt zu großer Gründlichkeit, erstrebt absolute Perfek-

tion! »Die zu erwartende Aktion basiert auf wohlberechneter Arbeitsteilung; sie könnte als eine organisatorische Leistung von einiger Einmaligkeit bezeichnet werden.«

»Was sich erst noch herausstellen muß«, warf Zimmermann ein, um dann von Keller wissen zu wollen: »Aber was, bitte, verstehst du unter einem Vorgang, den du als ›Fünferfunktion‹ bezeichnet hast?«

»Fünf Mann im Einsatz! Der Erste: der sogenannte Kassierer – am Schalter, mit Pistole und Tragetasche. Der Zweite und Dritte: Absicherer und Bedroher, vermutlich mit Maschinenwaffen am Eingang und Ausgang der Schalterhalle postiert; nach Erledigung ihres Auftrags tauchen sie in der Menge unter. Zuvor jedoch übergeben Nummer Zwei und Drei ihre Waffen zwecks Abtransport einem bisher nicht in Erscheinung getretenen, also auch nicht von den Überfallenen identifizierbaren Vierten. Erst dann tritt der Fünfte in Erscheinung – er übernimmt vom Ersten, dem Kassierer, das Geld; vielleicht auch seine Pistole. Dann verschwindet auch der Erste in der Menge – frei von jedem Belastungsmaterial.«

»Na, phantastisch!« stellte der Chef der Bankraubspezialisten wenig erfreut fest. »Diese Burschen lernen immer noch was dazu. Das ist ja geradezu Generalstabsplanung. Wem fällt so was ein?«

»Wohl niemals einem allein«, meinte Keller freundlich. »Um nun Ihre gar nicht so abwegige Formulierung von der Generalstabsplanung aufzugreifen: dazu gehört einmal eine Art Feldherr von einiger Entschlossenheit – dann aber auch ein Organisator, der seine Einfälle in die Praxis umsetzen kann. Endlich eine Art Kommandeur der direkt operierenden Fronttruppe. Also sämtlich sorgfältig ausgesuchte Spezialisten.«

»Dieser Einfall«, sagte der Bankraubspezialist widerwillig anerkennend, »daß sich die direkten Täter unverzüglich von allen belastenden Materialien befreien können, ob nun Schußwaffen oder Beute, ist jedenfalls genial. Das könnte schon im Vorraum der Bank geschehen – oder gleich an der nächsten Straßenecke.«

»Genau«, bestätigte Keller. »Und dazu noch in einem großen Menschengedränge, etwa einer Demonstration, die jeden Überblick maßlos erschwert.«

»Aber so weit«, meinte Zimmermann zuversichtlich, »darf es erst gar nicht kommen.«

»Genau so weit muß die Sache laufen«, forderte Keller beharrlich. »Denn auf den fünften Mann kommt es entscheidend an. Den müssen wir haben!«

»Was mutest du uns da zu?« fragte Zimmermann beunruhigt. »Sollen wir etwa riskieren, daß uns drei Millionen durch die Lappen gehen! Nur damit du zum letzten Glied deiner Beweiskette kommst? Einfach nicht auszudenken, wenn das ein Fehlschlag werden sollte. Wir müssen vielmehr

mit unserem ganzen Apparat schnell und gezielt in Aktion treten – also aufgreifen und einkassieren, was irgend erreichbar ist.«
»Dann – ohne mich«, sagte Keller, mit der ihm eigenen sanften Hartnäkkigkeit.
Zimmermann starrte ihn an. »Du kannst dir vielleicht dieses Spielchen ›Alles oder Nichts‹ leisten – aber ich nicht! Ich bin schließlich kein Privatmensch, der seine Freizeit gestaltet, ich bin verpflichteter Beamter. Und als solcher muß ich auf Nummer Sicher gehen.«
»Das geht am besten nach meiner Methode.«
»Zumindest«, meinte der Bankraubfachmann warnend, »sind wir auf Herrn Keller und seine Ermittlungsergebnisse angewiesen. Ohne die könnte das Ganze sehr leicht eine Partie ins Blaue werden.«
»Was schlägst du vor?« fragte Zimmermann, widerwillig zu einem Arrangement bereit.
»Die in Aktion tretenden Leute, also Eins, Zwei, Drei und Vier, dürften sich anhand unserer Unterlagen bestimmen lassen«, erklärte Keller. »Auf die sollten wir Beamte in Zivil ansetzen – doch nicht mehr als zwei auf jeden. Sie dürfen aber nicht eingreifen, was auch immer geschieht. Sie beobachten, bleiben am Mann. Bis alles gelaufen ist, einfach alles – dann erst darf eingegriffen werden.«
»Du bist also scharf auf Nummer Fünf? Den willst du haben!« stellte Zimmermann fest. »Den kennst du vermutlich bereits – aber den willst du sozusagen auf frischer Tat erwischen. Wer ist das?«
»Ein gewisser Hetzing. Er wird von uns schon jetzt intensiv betreut. Auf den habe ich Pinkus persönlich angesetzt.«
»Wenn es so ist«, meinte nun der Bankraubspezialist sachverständig, »dann sollten wir das riskieren. Immer vorausgesetzt, die Jungen entschlüpfen uns nicht – etwa durch bereitgestellte Fahrzeuge.«
»Die lassen sich blockieren«, sagte der bedächtige Keller.
»Durchaus!« bestätigte Zimmermann aktionsbereit. »Etwa durch ein massiertes Aufgebot von Polizeiwagen.«
»Vorschlag abgelehnt«, erklärte Keller nachsichtig. »Stark in Erscheinung tretende Polizeiaufgebote erzeugen unvermeidlich alarmierende Situationen – sie fördern die angeblich stets aufgestauten Aggressionen. Mit ein wenig Geschicklichkeit und Einfühlungsvermögen läßt sich so gut wie alles lösen. Wenn man noch dazu Glück hat. Und das soll, heißt es, der Tüchtige haben.«

WW, der Journalist, war von Pinkus gebeten worden, Rechtsanwalt Messer aufzusuchen. Mit dem Hinweis, es könne sich lohnen. Eine derart verheißungsvolle Anregung pflegte WW nie zu überhören.
Rechtsanwalt Messer empfing ihn geradezu herzlich und versicherte ihm:

»Freut mich ungemein, daß Sie so schnell gekommen sind. Herr Pinkus, dem man wohl kaum etwas abschlagen kann, hat mir geraten, Ihretwegen ein Telefongespräch zu führen. Und zwar mit Herrn Winter.«
»Tatsächlich?« fragte WW, überrascht aufhorchend. »Gleich mit dem? Und warum?«
»Ich gehöre zu Herrn Winters Rechtsberatern und genieße als solcher sein Vertrauen. Und ich weiß, daß er durchaus in der Lage ist, besondere Werte zu erkennen – zumindest im journalistischen Bereich. Etwa bei Ihnen!«
»Soll das etwa«, fragte WW, mühsam um Überlegenheit bedacht, »ein Angebot sein?«
»Ich weiß sehr wohl, verehrter Herr Waldmann, daß im Grunde ein Talent Ihrer Größenordnung stets unterbezahlt bleibt. Dennoch ließen sich Ihre bisherigen Honorare nahezu verdoppeln. Herr Winter wäre dazu bereit.«
»Unter welchen Bedingungen?«
»Unter ganz und gar normalen, selbstverständlich«, versicherte Messer. »Herr Winter braucht dringend einen Journalisten, der sich in allen internen Gegebenheiten dieser Stadt auskennt; speziell was extreme Erscheinungen anbelangt – also etwa Entführungen, Nuttenmorde, Bankraub. Wären Sie dazu bereit – sagen wir: mit einem garantierten Fünfjahresvertrag?«
»Und – was hat dabei flachzufallen?«
»Nur eine Kleinigkeit: alles, was mit einem gewissen Keller zusammenhängt. Den sollten Sie vergessen. Sonst jedoch haben Sie freie Hand.«
»Wer ist denn schon Keller?« versicherte WW nahezu schwungvoll. »Existiert er überhaupt? Für mich zumindest dann nicht, wenn Sie mir den angekündigten Fünfjahresvertrag mit verdoppeltem Honorar vorlegen können. Können Sie das?«
»Hier ist er!« sagte Messer.

Die Schlußphase aller dieser Vorgänge setzte fast genau so ein, als wäre sie von Keller allein geplant und arrangiert worden. Keller hielt sich gelassen im Hinterzimmer des Restaurants ›Zur letzten Heimat‹ auf und befand sich damit vom Großtatort Zentralbank etwa zwei Kilometer weit entfernt; Luftlinie. Er trank Kaffee.
Der Hund Anton lag zu seinen Füßen. Ihm gegenüber saß die Brasch mit ihren Listen. An einem Nebentisch hockten zwei Moser-Männer vor ihren Spezialapparaturen und Funktelefonen.
»Erlauben Sie mir, bitte, eine Frage?« Die Brasch sagte das sehr behutsam.
»Sie wollen vermutlich darüber aufgeklärt werden, warum ich ausgerechnet jetzt hier bin – also nicht da, wo sich vermutlich die entscheidende

Endphase abspielt?« Keller lächelte sie an. »Ganz einfach: hier können die nun abrollenden Vorgänge weit übersichtlicher, wie von einem Hügel aus, beobachtet werden. Wenn meine Berechnungen stimmen, läuft dort alles wie ein aufgezogenes Uhrwerk ab. Stimmen sie nicht, dann würde auch meine Anwesenheit am Lenbachplatz nichts daran ändern.«
»Und was, bitte, ist mit diesem Schlesinger? Eine erneute persönliche Begegnung mit ihm werden Sie sich doch nicht entgehen lassen.«
»Der läuft uns nicht weg«, sagte Keller. »Das kann er nun nicht mehr. Also können wir abwarten. Dabei immer vorausgesetzt, daß unsere Kalkulationen stimmen. Schon in der nächsten halben Stunde werden wir wissen, ob wir Gewinner oder Verlierer sind.«

Verschiedene an Keller gelangende Meldungen –
zunächst vom Polizeipräsidium, Kommissar Felder; dann von der Gruppe Moser; ferner von seiner sonstigen Mannschaft – über Funk, Funksprechgeräte, Sonderschaltungen, Polizeifunk, normales Fernsprechnetz.

Die wichtigsten Meldungen lauteten:
11 Uhr. »Ansammlung protestbereiter Studenten im Alten Botanischen Garten, schnell an Zahl zunehmend. Maßgeblich dabei, wie vorausgesehen, ein gewisser Aschaffenburg. Unmittelbar neben ihm: Isabella Hädrich. Dazu geparkte Lautsprecherwagen, vermutlich vier; sie verbreiten modische Musik; dazwischen zumeist bereits bekannte Parolen. Stimmung: heiter, aber nicht unentschlossen.«
11 Uhr 13. »Schlesinger begibt sich, begleitet von WW und ähnlichen Freunden – jedoch ohne Mucki Stein – in das Restaurant Mövenpick im Künstlerhaus am Lenbachplatz, bezieht einen für ihn reservierten Ecktisch – oben, hinten, links – unmittelbar an der Fensterfront. Von dort aus ein nahezu umfassender Überblick bis zum Alten Botanischen Garten und zur Zentralbank. Seine Bestellung: Champagner – Pommery brut, Jahrgang 1971.«
11 Uhr 37. »Kriminalrat Zimmermann, hauptverantwortlich für den Großeinsatz, betritt das Dach des Justizpalastes. Von dort aus: Überblick über Karlsplatz bis Lenbachplatz, einschließlich Alten Botanischen Garten plus Künstlerhaus. Zimmermann begleitend: neun Mann, zwei davon mit Funksprechgeräten – einer für die speziellen Kripogruppen, der andere für die uniformierte Polizei. Ein dritter Mann sorgt für die Fernsprechverbindung zum Präsidium. Zwei weitere Beamte sind mit starken Ferngläsern bewaffnet. Im Hintergrund abrufbereit: zwei Melder und zwei Scharfschützen.«
11 Uhr 39. Plötzke, Taxigroßunternehmer, läßt wissen: »Von unseren hundertzwanzig Taxen sind jetzt nahezu neunzig verfügbar. Sie können,

wie gefordert, in etwa zehn bis fünfzehn Minuten eingesetzt werden – und zwar an den von Herrn Keller vermuteten Schwerpunkten. Also auf allen Fahrbahnen, die zum Lenbachplatz führen.«
11 Uhr 41. Dezernat Einbruch, Spezialabteilung Bankraub, meldet: »Drei der Zielobjekte sind erkannt, werden beschattet. Objekt Vier noch nicht eindeutig auszumachen. Alle übermittelten Hinweise scheinen zu stimmen.«
11 Uhr 42. »Vom Alten Botanischen Garten aus setzen sich die demonstrierenden Studenten, wie erwartet, wenn auch mit einiger Verspätung, in Bewegung. Sie fluten auf den Lenbachplatz zu und beginnen ihn zu füllen. Sie behindern den Verkehr – drohen ihn zum Erliegen zu bringen. Dabei jedoch eine unvorhergesehene Komplikation: die Masse der Demonstranten scheint nicht ganz bei der Sache zu sein.«

Aschaffenburg, antreibend: »Vorwärts, Freunde, vorwärts! Es ist höchste Zeit. Wir müssen unsere Forderungen mit Nachdruck in die Öffentlichkeit tragen. Also gehen wir auf die Straße, um uns Gehör zu verschaffen.«
Dazu waren seine Anhänger und Mitläufer denn auch bereit – sie schoben sich vorwärts; nicht zuletzt, weil sie von hinten vorwärtsgetrieben wurden. Doch diesmal ließen viele seiner Leute jeden revolutionären Schwung vermissen. Sie drängten also nicht entschlossen auf den Lenbachplatz zu – sie taten es ohne jede Zielstrebigkeit, vielmehr geradezu erheitert – wenn nicht gar amüsiert.
»Was ist denn hier so lustig?« fragte Aschaffenburg ehrlich verwundert. »Stimmt da irgend etwas nicht?«
»Vermutlich hängt es mit den ausgegebenen Flugblättern zusammen«, mutmaßte einer seiner engeren Gesinnungsfreunde. »Die Texte sind mehr als fragwürdig.«
»Die habe ich selbst entworfen.«
»Die sind aber tatsächlich reichlich blöd«, stellte Isabella Hädrich dicht neben Aschaffenburg fest. »Hätte nie gedacht, daß du einen derartigen Seich von dir geben könntest!«
Einige dieser irritierenden Flugblattformulierungen lauteten:
»Wir verlangen die totale Mitbestimmung – was darunter zu verstehen ist, bestimmen wir!« Oder: »Wir fordern wahre Gerechtigkeit – sie muß uns jedoch bedingungslos angepaßt sein!« Endlich: »Unser Kampf für eine bessere Welt ist völlig selbstlos und absolut tolerant – wer uns daran hindert, hat zu verschwinden.«
»Das ist nicht von mir!« stellte Aschaffenburg fassungslos fest. »Das sind ganz ungeheuerliche Vereinfachungen! Infame Verdrehungen sogar. Da hat mir einer das Konzept versaut! Für diese Flugblätter ist Boerner verantwortlich – der muß dafür zur Rechenschaft gezogen werden.«

Und der, in der Nähe stehend, erklärte: »Ach, Mensch – was hier veranstaltet wird, das ist doch sowieso nichts wie primitivste Politscheiße! Weltanschauliche Arschlochmentalität. Ein dilettantischer Zirkus bestenfalls.«
Aschaffenburg musterte ihn scharf: »Das ist eine Infamie, Boerner. Die lasse ich dir nicht durchgehen.«
Und einer von Aschaffenburgs Gesinnungsfreunden rief auch in dieser Hinsicht aktionsbereit aus: »Sollen wir diesem hinterhältigen Einschleicher einen Denkzettel verpassen? Bis er Knochen kotzt? Hier – mitten in München?«
»Mit dem rechnen wir später ab!« entschied Aschaffenburg schnell. »Jetzt dürfen wir keine Zeit mehr verlieren, uns durch nichts abhalten lassen – unser Plan muß durchgeführt werden. Also vorwärts, Freunde.«
Worauf er sich entschlossen in Bewegung setzte – und seine Gesinnungsgenossen mit ihm. Sie drängten auf den Lenbachplatz zu. Heinz Boerner rief ihnen nach: »So viel Idiotie – und dazu noch auf Bestellung! Im voraus bezahlt. Nichts wie honorierte Hirnvernebelung, ausgenutzte Handlangerarbeit! Aber gerade das wird noch einige von euch verdammt teuer zu stehen kommen!«
»Du bist reichlich kühn oder auch nur ziemlich blöd – vielleicht beides!« stellte Isabella fest. Sie war mit Heinz Boerner zurückgeblieben. »Irgendwie, muß ich gestehen, gefällt mir das. Und was nun? Die werden dich fertigmachen.«
»Täte das dir etwa leid, Isabella?«
»Na, und wie! Zumindest eine Belustigung weniger. Mußt du mir das unbedingt antun?«
»Muß ich wohl – weil ich dich liebe!«
»Du schreckst wirklich vor gar nichts zurück!«

Weitere an Keller gelangende Meldungen, die von ihm eingeleitete Schlußphase betreffend:

11 Uhr 47. »Die Aktion der Kriminellen in der Zentralbank beginnt. Ein- und Ausgang wird von zwei Mann abgesichert – ein weiterer Mann am Bankschalter. Dabei die üblichen Methoden: alle Angestellten und Bankbesucher an die Wand. Keinerlei Warnschüsse notwendig. Die sechs eingesetzten Kriminalbeamten spielen weisungsgemäß mit. Sie beobachten jede Einzelheit.«
11 Uhr 48. »Die Demonstranten erreichen den Lenbachplatz, legen dort den Verkehr lahm und umlagern die anliegenden Gebäude, auch die Zentralbank. Zugleich Parolen, über Lautsprecher verkündet. Unüberhörbar dabei das Organ Aschaffenburgs: ›Wir haben uns hier in friedlicher Ab-

sicht versammelt. Wir bitten um Gehör! Wir appellieren an das demokratische Bewußtsein unserer Mitbürger!«
11 Uhr 51. Meldung Plötzke, Funktaxiunternehmer: »Alle eingesetzten Fahrzeuge, etwa neunzig, sind am Bestimmungsort eingetroffen. Totale Verkehrsblockade gesichert.«
11 Uhr 52. Anordnung von Kriminalrat Zimmermann: »Sämtliche bereitgestellten Polizeieinheiten haben nunmehr freie Fahrt in Richtung Lenbachplatz, auf die Zentralbank zu. Für sie hat die Verkehrszentrale alle Ampeln auf grün zu schalten – ohne Rücksicht auf den sonstigen Verkehr.«
Bemerkung des diensthabenden Beamten der Verkehrszentrale, nach Betrachtung seiner drei Dutzend Bildschirme: »Mein Gott – das ist das größte Verkehrschaos, das wir jemals hatten! Da kommt niemand herein und so leicht keiner heraus. Das ist eine gigantische Falle.«
11 Uhr 54. Kommissar Felder: »Die Aktion in der Zentralbank ist wie geplant abgelaufen. Kein Verlust an Menschenleben. Die dort gelagerte Summe wurde kassiert – annähernd drei Millionen Mark.«
11 Uhr 55. »Höchst erfolgreiche Demonstration feststellbar. Hunderte von Autofahrern sitzen unbeweglich fest und werden unentwegt mit gängigen Parolen berieselt. Hierbei immer noch dominierend Aschaffenburg: ›Die Zeit der Privilegierten nähert sich ihrem Ende. Das Auto hat aufgehört, eine heilige Blechkuh zu sein. Der bewußte Sozialismus ist unvermeidlich. Es gilt, die Zeichen dieser Zeit zu erkennen – und daraus endlich Konsequenzen zu ziehen!‹«
11 Uhr 57. Spezialgruppe Bankraub meldet: »Nummer Eins bis Vier gestellt und verhaftet. Ohne sonderliche Gegenwehr. Der Abtransport verzögert sich. Hier kommt kein Fahrzeug durch.«
11 Uhr 58. Eine doppelte Funkstreife vereinnahmt Kaukasch. Kriminaldirektor Hädrich beantragt Haftbefehle gegen ›Kerlchen‹ und ›Kätzchen‹. Herr und Frau Treudank sind weitgehend geständig. Ulrike wird ihren Eltern übergeben. Weitere Pressekonferenzen werden angekündigt.
12 Uhr. Pinkus stürzt sich auf Nummer Fünf. Dabei heftiges Handgemenge. Beide verletzt – Hetzing jedoch schwerer. Worauf Pinkus melden kann: »Beute in Sicherheit. Aktion damit beendet. Liefere Hetzing und seine drei Millionen im Präsidium ab. Danach gehe ich einen heben. Was dagegen?«

»Das war's denn wohl«, sagte Keller, sich erhebend. Er nickte der Brasch zu – und seinem Hund Anton. »Wir begeben uns jetzt nach Hause. Danach gehen wir, wie üblich, spazieren. Den hier noch anfallenden Rest erledigen Sie bitte.«
»Und was ist mit Schlesinger?«

»Den wird Kriminalrat Zimmermann übernehmen wollen – er freut sich gewiß schon darauf.«
»Sie wollen sich Schlesinger entgehen lassen?« fragte die Brasch ehrlich verwundert. »Zumal der Kriminalrat telefonisch versichert hat: Sie hätten dabei selbstverständlich den Vortritt – nicht zuletzt Antons wegen.«
»Das allerdings«, sagte Keller erheitert, »ist ein Argument – wenn auch ein wesentlich anderes, als unser Freund Zimmermann anzunehmen scheint. Dann soll Otto diesen Schlesinger bei mir anliefern. Und noch eins: wer von unseren Kollegen heute abend Zeit haben sollte, ist hier herzlich willkommen. Als Gast des Unternehmens.«
»Wird gemacht, Chef. Sonst noch was?«
»Nur noch eins, Frau Kollegin – aber das können Sie überhören, wenn Sie wollen.« Keller betrachtete die Brasch mit freundlichem Lächeln. »Was ich Ihnen noch sagen wollte: Sie waren großartig. Oder: Sie haben alle meine Erwartungen erfüllt. Ich danke Ihnen.«
»Ich habe«, bekannte die Brasch mit spontaner Offenheit, »noch nie in meinem Leben einen Mann getroffen, der so liebenswert gewesen ist wie Sie!«
»Täuschen Sie sich da nicht«, sagte Keller lächelnd, »ich bin ausschließlich Kriminalist – lebenslänglich dazu verurteilt.«

Kurz nachdem Keller mit Anton in seiner Wohnung angekommen war, erschien dort der Polizeipräsident. Ohne Begleitung. Er versicherte nahezu feierlich: »Ganz ausgezeichnete Arbeit, mein Lieber!«
»Ich werde Ihr Kompliment gern an meine Mitarbeiter weitergeben; sie verdienen es. Jede Organisation ist nur so wertvoll wie die Leute, über die sie verfügt.«
»Eine Erkenntnis, die ich nur bestätigen kann. Und nicht zuletzt deshalb, Herr Keller, bin ich hier. Ich war immer schon der Ansicht, daß Sie viel zu früh in Pension gegangen sind. Kommen Sie zu uns zurück – wir brauchen Sie!«
Keller lachte gedämpft auf und blinzelte seinem Anton zu, der sich erwartungsvoll aufgerichtet hatte. »Verehrter Herr Präsident«, sagte der große alte Mann fast nachsichtig, »ich kann mir durchaus vorstellen, was Sie zu diesem Vorschlag veranlaßt hat. Nämlich folgender Gedankengang: wenn ich Mitglied des Präsidiums wäre, könnten alle Erfolge dieses Tages ganz einwandfrei als Erfolge unserer Polizei ausgegeben werden. Aber eben das wäre vielleicht nicht ganz ungefährlich.«
»Würden Sie mir das, bitte, ein wenig näher erklären?«
»Ich habe bei meinen Aktionen – notgedrungen, aber auch wohlberechnet – Methoden angewendet oder anwenden müssen, die sich sonst kein Polizeibeamter leisten darf. Und es könnte durchaus sein, daß ich diese Me-

thoden verantworten muß; womöglich sogar vor Gericht. Und gerade da werden Sie doch kaum einen Ihrer engsten Mitarbeiter antreffen wollen? Ein Privatmann jedoch geht Sie nichts an!«
»Klingt überzeugend«, gestand der Präsident sehr nachdenklich, um dann fast klagend hinzuzufügen: »Aber wie stehe ich dann jetzt da – vor der Öffentlichkeit?«
»Als Präsident einer höchst erfolgreichen Polizeiorganisation! Schließlich sind alle abschließenden Aktionen von Ihren Leuten durchgeführt worden.«
»Ohne Sie, Herr Keller, wäre uns das nicht gelungen! Aber – wenn das jemals publik werden sollte...«
»Sehen Sie das praktisch so, Herr Präsident: was wir, meine Spezialisten und ich, Ihnen beziehungsweise Ihren Leuten zugespielt haben, das sind doch im Grunde nichts anderes als sogenannte brauchbare Hinweise aus der Bevölkerung – wie in jedem Fall üblich.«
»Wenn Sie das so sehen«, stellte der Präsident erleichtert fest, »und wenn ich mich auf diese Ihre Ansicht verlassen kann...«
»Sehen Sie das so«, sagte Keller einfach. »Aber ersparen Sie mir Mutmaßungen über meine Verläßlichkeit.«
»Ich bitte für diese Frage sehr um Entschuldigung«, sagte der Präsident, sich höflich verbeugend.

Der nächste Besucher bei Keller war, von Otto begleitet, Schlesinger. Bei seinem Anblick verkroch sich der Hund Anton vorsorglich unter dem Schreibtisch.
Schlesinger rief Keller zu, kaum daß er sein Arbeitszimmer betreten hatte: »Glauben Sie nicht, daß mich Ihre Privatbullen mit Gewalt dazu gebracht haben, hier zu erscheinen. Ich bin völlig freiwillig gekommen – nur, um Ihr dummes Gesicht zu sehen!«
»Sie halten mich für dumm?« fragte Keller sanft erheitert. »Kommen Sie sich denn etwa klug vor – mir gegenüber?«
Schlesinger gab sich maßlos überlegen. »Nun ja, zugegeben – Sie scheinen ganz clever, ziemlich ausgekocht, sogar reichlich raffiniert zu sein. Aber es kommt doch wohl darauf an, an wen Sie diesmal geraten sind.«
»Nehmen Sie Platz«, forderte ihn Keller höflich auf. »Und geben Sie sich keinerlei Mühe, mich herauszufordern. Ich bin gern bereit, Ihnen alles zu sagen, was ich von Ihnen weiß.«
»Was Sie zu wissen glauben. Aber was auch immer – Sie können nichts davon beweisen!«
»Und Sie können nicht wissen, daß ich immer nur sage, was ich auch beweisen kann«, erklärte Keller. »Sie können übrigens damit rechnen, daß ich mich Ihnen verpflichtet fühle. Daher mein Entgegenkommen.«

»Was sagten Sie da?« fragte Schlesinger perplex. Er ließ sich auf den Stuhl fallen, der vor Kellers Schreibtisch stand. »Sie wären mir verpflichtet? Wie denn das?«
»Meines Hundes wegen.«
»Aha!« rief Schlesinger nun nahezu erfreut. »Dieser Köter ist also tatsächlich für Sie der springende Punkt. Das scheine ich also ganz richtig erkannt zu haben. Sie wollen ihn also unbedingt in Sicherheit wissen, ja? Um welchen Preis? Was ist Ihnen so ein Hundeleben wert?«
»Schauen Sie unter meinen Schreibtisch«, empfahl Keller.
Das geschah. Schlesinger erblickte Anton, der abermals zurückwich. Worauf Schlesinger sichtlich beeindruckt sagte: »Den haben Sie also wieder. So gut wie unbeschädigt, nehme ich an. Was Sie mir hoffentlich hoch anrechnen werden?«
»Genau das tue ich«, versicherte ihm Keller ernsthaft. »Und eben deshalb sind Sie hier. Aus Dankbarkeit für das Leben dieses Hundes gedenke ich Sie nun aufzuklären – über das, was Sie erwartet.«
»Und – was erwartet mich?«
»Zunächst ein Kriminalrat namens Zimmermann; sobald Sie dieses Haus verlassen. Sein Wagen steht bereits vor der Tür. Ihn begleitet ein gewisser Leitner – der gleiche Leitner, der in dieser Wohnung von Rockern überfallen und zusammengeschlagen wurde. Angeworben von Hetzing – auf Ihre Anordnung hin.«
»Das ist doch geradezu lächerlich!« wehrte sich Schlesinger kopfschüttelnd. »Was versucht man mir denn da anzuhängen? Mir! Wie oft soll ich das denn noch sagen: ich bin völlig außer Obligo – mir irgend etwas zu beweisen, schafft keiner, nicht einmal Sie.«
»Lassen Sie sich aufklären!« sagte Keller nachsichtig. »Sie sind ein enorm tüchtiger und rücksichtsloser Mann. Sie glauben erkannt zu haben, daß der schnelle, bedenkenlose Gewinn das einzige Signal unserer besitzentschlossenen Zeit ist. Auf diese Weise haben Sie sich auch Ihr Vergnügungsimperium in Schwabing aufgebaut.«
»Aber alles ganz legal, Mann. Gekauft und bezahlt. Völlig gesetzmäßig – juristisch absolut einwandfrei. Wollen Sie das bezweifeln?«
»Diese Mühe kann ich mir sparen: Unstimmigkeiten werden Ihnen andere nachweisen«, sagte Keller. »Was jedoch wie zwangsläufig danach kam, scheint mir weitaus interessanter zu sein. Sie begannen sehr schnell eine erstaunlich zielstrebige Phantasie zu entwickeln. Sie hatten erkannt, was tatsächlich stimmt: die völlig überbelastete, nicht selten auch zweckentfremdete Polizei konnte gerade noch mit den Standardverbrechen einigermaßen fertigwerden – nicht aber mit ungewöhnlichen, regelwidrigen, neuartigen kriminellen Ereignissen.«
»Das sagen Sie! Aber da Sie ein sogenannter Bulle sind, wenn auch einer

der Sonderklasse, wie ich höre, werden Sie vermutlich wissen, wovon Sie reden.« Schlesinger gab sich bemüht überlegen. »Haben Sie etwa vor, mir verwertbare Anregungen zu geben?«
»Nicht mehr nötig. Jetzt ist alles gelaufen.«
»Erlauben Sie mal«, sagte Schlesinger, äußerlich noch immer unbeeindruckt. »Sind Sie tatsächlich sicher, daß Ihre Theorien irgend etwas mit mir zu tun haben? Ich bin schließlich nur ein Geschäftsmann – wenn auch nicht gerade einer mit Samthandschuhen; zugegeben!«
»Das ist eine ziemlich zutreffende Formulierung«, bestätigte Keller. »Nur daß Sie sich auch in kriminellen Bereichen als Geschäftsmann versucht haben – also mit allen dabei üblichen Tricks und Täuschungen, Manipulationen und Pressionen, Bestechungen und Erpressungen. Aber dabei wechselten dann nicht mehr nur Nachtlokale ihre Besitzer; vielmehr bezogen Sie auch Menschenleben in Ihr Geschäftsrisiko ein.«
Schlesinger versuchte aufzulachen, was ihm freilich nicht gelang. »Ihre Phantasie möchte ich haben.«
»Die haben Sie!« bestätigte ihm Keller. »Bei der Demonstration am Feilitzschplatz waren Sie zufällig anwesend – Sie beobachteten den dabei von irgendwelchen Ganoven improvisierten Sparkassenüberfall. Und Sie erkannten dabei prompt: so was müßte sich eigentlich ganz systematisch in den Griff bekommen lassen. Die nächste Demonstration wurde dann von Ihnen finanziert und gesteuert; zugleich wurde der dabei stattfindende Banküberfall organisiert – am Odeonsplatz. Zwischendurch, nachdem Sie den Überraschungseffekt als entscheidend wirksames Element erkannt hatten, verlegten sie sich auch auf Kidnapping – die wohl unberechenbarste aller kriminellen Aktivitäten. Aber auch darauf ließen Sie sich ein.«
»Was reden Sie da!« Schlesinger konnte seine heftige Beunruhigung kaum noch verbergen. »Meine Hände sind sauber. Für einen ausgekochten Saukerl können Sie mich meinetwegen halten – aber doch nicht für einen blöden Gangster.«
»Im Gegenteil – Sie sind nahezu ein Genie«, versicherte Keller. »Beim Bankraub am Odeonsplatz hat Ihre Organisation etwa eine halbe Million kassiert. Nach der Entführung des dann ermordet vorgefundenen Knaben vereinnahmten Sie eine Million. Eine weitere Million gedachten Sie dann bei der Entführung des Mädchens zu kassieren. Und dann noch gleich drei Millionen beim heutigen Überfall auf die Zentralbank. Ist das nicht ein wenig zuviel des Guten?«
»Was soll das alles?« rief Schlesinger erregt aus. »Ich habe mich in den letzten Tagen in keiner Bank aufgehalten, mich mit keinem Kind beschäftigt, keine größere Summe kassiert.«
»Ich weiß. Sie haben lediglich telefoniert«, bestätigte Keller. »Von einem Apparat aus, der mit einem Verzerrer ausgestattet ist. Den dann eine Ih-

rer nächtlichen Besucherinnen fotografiert hatte – worauf sie ausgeschaltet, also umgebracht wurde. Nicht durch Sie persönlich. Weil Ihre Hände sauber sind – wie Sie immer wieder versichern. Das mag sein. Denn die Drecksarbeit für Sie erledigten andere.«
»Aber die müssen Sie erst einmal finden!«
»Die haben wir bereits«, stellte Keller fest. »Gefunden, vereinnahmt und so gut wie überführt. Einmal Hetzing – der wurde mit drei Millionen im Gepäck verhaftet. Dann Kaukasch – der konnte gleichfalls sichergestellt werden; und mit ihm ein Stapel Tonbänder von abgehörten Gesprächen, Ihre Organisation betreffend. Schließlich Werner, der sich jedoch der Polizei anvertraut hat; mit einem Koffer, den er Ihrem Panzerschrank entnommen hatte. Dessen Inhalt: eine Million. Was aber wollen Sie noch?«
»Sie verlassen! Schnellstens!«
»Tun Sie das, Schlesinger.«
»Ich hätte Ihren Hund erledigen sollen – und sie dazu! Rechtzeitig. Oder versuchen sollen, Sie zu kaufen. Zu einem angemessenen Preis. Etwa – eine Million! Bar auf die Hand. Ist es dafür zu spät?«
»Was ich wert bin, weiß ich nicht«, bekannte Keller nachdenklich. »Aber ich weiß, daß ein Hund, und nicht nur mein Anton, für viele Menschen so gut wie unbezahlbar ist. Damit, Schlesinger, hätten Sie rechnen müssen. Aber gerade das konnten Sie nicht. Und dies war wohl Ihr entscheidender Fehler!«

Der Kriminalbeamte außer Dienst begab sich mit seinem Hund Anton, wie täglich um diese Zeit, in den Hofgarten. Dort ging er auf jene Bank zu, die stets für ihn reserviert zu sein schien – abseits, zwischen verblühten Rosenbüschen, im unteren Teil des Geländes.
Und Keller sagte zu seinem Hund, der sich aufmerksam vor ihm niederließ: »Wir brauchen hier nicht auf irgend jemanden zu warten – hierher kommt niemand. Wir sind, wie immer, ganz unter uns.«
Anton, der Hund, betrachtete seinen Freund nicht unbesorgt.
Doch der fuhr fort: »Wer nichts erwartet, mein Kleiner, kann auch nicht enttäuscht werden. Du kannst dich also getrost in die Büsche schlagen, eins deiner Hinterbeine heben und dein dringend notwendiges Geschäft verrichten.«
Und du? schien der Hund zu fragen.
Keller griff nach seinem Buch und begann zu lesen.

Hurra wir leben noch

Johannes Mario Simmel

Roman

Droemer

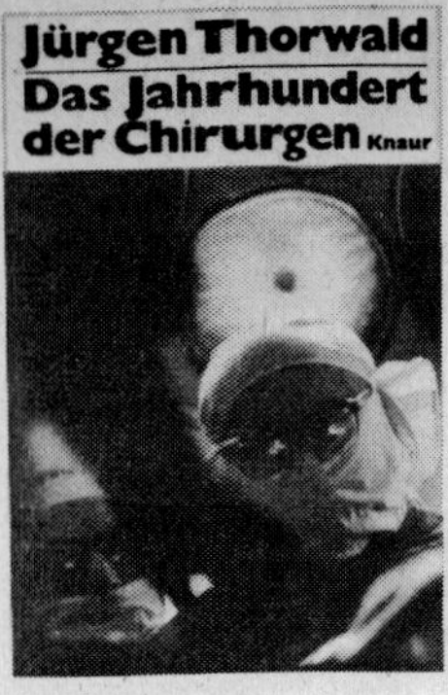
Jürgen Thorwald
Das Jahrhundert der Chirurgen
Knaur

Jürgen Thorwald
Die Patienten
Die Helden dieses Buches sind Menschen wie Du und ich
Knaur

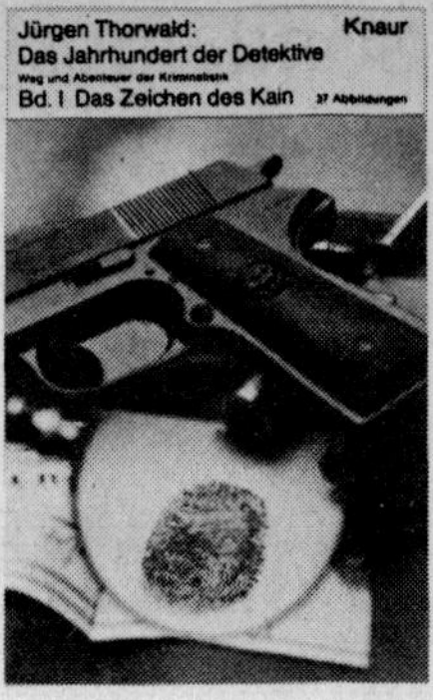
Jürgen Thorwald:
Knaur
Das Jahrhundert der Detektive
Bd. I Das Zeichen des Kain